高等教育機会の地域格差

地方における高校生の大学進学行動

朴澤 泰男

東信堂

はしがき

本書は、現代日本の高等教育機会の地域格差について、地方における高校生の大学進学行動に焦点を当てながら論じた研究書である。

「高等教育を受ける機会は、住む場所によらず均等であるのか」を判断するためには、本来は膨大な情報を、それも長期にわたって入手する必要がある。例えば、家計の所得や、近くにある大学の種類など、様々な条件の違いを揃えた上での比較をしなければ、機会格差の大きさを見誤ることになるだろう。また、大学進学という選択は、18歳という1時点で行われるというよりも、かなり以前からの積み重ね(例えば、子どもの頃からの学力形成や、進学費用の準備など)を基礎になされるとすれば、人々の生活を長期間、追跡(ないし遡及)して情報を得なければならないと考えられる。

以上の問題は、既に多くの論者が指摘しているところだが、このように進学機会の格差の大きさを確定することは、なかなか難しい作業だと言える。そこで本書では反対に、大学進学率という「結果」から、高等教育の機会について問うことにした。すなわち、大学進学率の地域格差(都道府県間の差)は、どのようなメカニズムで生じているのかを明らかにする。ここから、進学の機会そのものにも、やはり一定の不均衡があったのではないかという推論の可能性が開かれるだろう。

本書の問いは、具体的には、「地方」(大都市圏以外)にはなぜ、大学進学率の低い県があるのかというものだ。大都市圏と地方の間だけでなく、「地方」県どうしの間にも小さくない相違があるのはどうしてか。その考察を進める中で、「地方」を大きく、日本列島の外縁部に位置する地域(北海道、東北、九州・沖縄)と、より大都市圏まで近い距離にある地域(北関東、甲信越静、北陸、中国、四国)とに2分割して理解するのが適切だと考えるようになった。

さらに詳しい内容は、本文を参照していただくことにして、そもそも地方の高校生の大学進学機会について問うことには、どのような公共的意義があるのだろうか。それは高等教育の機会均等をめぐる問題群の多くは、「地域」を媒介にして生じている側面が大きいという点に尽きる。よく知られているように、地方では家計所得が平均的には高くない。言い換えれば、日本全体で見た「低所得者」のうち、少なくない部分が地方在住者だということになる。また、高校までと比べ、大学に入る時点で、家計への教育費負担が跳ね上がる(にもかかわらず、半ば無理をして進学させようとする)のも、地方から大都市の有名大学を目指す場合が少なくないためでもあろう。

よって、大学進学機会の所得階級間の格差や、家計の重い教育費負担といった問題については、地域間で個人属性の平均像や、進学先の豊富さがどう異なるかを視野に入れることで、理解が相当深まると考えられる。いっぽう、大学進学率の低い地域(その多くは、平均的な家計所得が低い地域でもある)にも、中学生の学力の平均が高い県が少なくない事実は、本文で述べる通りである。もし「学力が低くないのに、大学に進学しない」人は、地方に多いのだとしたら、そこには「能力があるにもかかわらず、経済的理由によって修学が困難」という、古典的な機会不平等の問題が存在することを示唆する。

それだけではない。地方の問題は、都市の問題とつながっていることが重要だ。大都市からの労働需要のあり方が、地方の高校生の進路選択に影響しうることは、本文でも強調するところである(例えば、卒業後に大都市の大きな会社に就職することを視野に、大都市圏の大学へ進学するなど)。だが他方では、地方からの労働供給のあり方も、大都市圏に住む高校生の進路に影響すると考えられる。端的には、高卒就職の機会が、地方出身の優秀層に奪われている可能性があろう。大都市圏で、「高卒ではよい就職先がみつからないから」大学に進学する生徒(それも学力面では中位者や低位者)が少なくないなら、ある意味では進学が強制されていることになる。よって地方の高校生の進路という問題は、東京圏の住民にとっても無縁の話ではない。

最後の点を敷衍すれば、大学進学について考察するとは、「進学しない人」

の進路や人生について考えることでもあるだろう。本書が第4章で、高卒就職の問題を大きく扱っているのもそのためである（ちなみに第4章では、2000年『国勢調査』における20～24歳の若年者について、高卒者と大卒者の職業を対比しているが、この世代はちょうど筆者自身が属するものである）。サブタイトルにある「地方における」「大学進学」の語には、地方において進学という行為が、進学以外の選択肢に比べてどのような意味を持つのか、という問題意識が込められている。進学問題を扱いながら一見、矛盾するようだが、「（ある年齢時点で）大学進学を強制されない社会」のあり方も、同時に探求されてよいテーマだと考えている。

とは言え、大学進学率が最も低い地方の道県の高校生にとって、進学機会が確保されていることは、やはり望ましいことである。地元の大学だけでなく、大都市にある歴史の長い大学にも「行きたければ行ける」状況があることは重要だと思われる。地方の「学力が低くないのに、大学に進学しない」人にとって、生涯に期待される所得の総額が、大学に行った場合より低い（少なくとも、そのリスクが大きい）ようなことがあれば、本人が「損をする」（公正でない）だけに問題はとどまらない。大学教育に外部性がある場合、社会にとっても損失となる可能性は否定できないだろう。よって、公平性だけでなく、効率性の観点からも、地域間における高等教育の機会均等は、依然として重要な課題だと考えられる。

その意味では、近年、「地方」についての社会的な関心が高まっていることは幸いと言うべきだろう。ただ、地方在住者を一種の他者と観て、異化するような言論の存在が気にならないわけではない。そこにはそもそも、大都市圏以外を「地方」と一括すること以外には、適切な言葉の使い方が思い当たらないという問題もあるのだが、かつて、これらとは異なる「地方」概念が唱えられたこともあった。

渡辺京二によれば、「東京という都との対立における地方、地域的偏差としてとらえられた地方、そういう地方の概念が消失したあとに、どうしようもなく現れて来る領域」こそが「地方」なのだという（『地方という鏡』葦書房、1980年、p. 257）。「世界は、無数の小さな小宇宙の複合体であり、その複合体を鞏固な統一物と見せかけているのがもろもろの文化的観念的構築なのである。(中略—引用者)〈地方〉とは、だから、世界あるいは国家という抽象を解除したときに見えて来る個の日常的生のことだといえる」(同、p. 259)。

「日常的生」をよりよく理解できる場所として地方を捉え、(未発の可能性を歴史に探るのと同様に)主流と見なされてはいないが、確固として存在する類型を見出す。そう引き取ってしまうと陳腐に聞こえるが、ここに「地方」研究の意義があると言えよう。

虚心坦懐な「地方」研究のためにはまず、現状の理解から始めなければならない。本書には、具体的な都道府県名や地域名を挙げてデータを紹介している箇所が多い。図表の数も、多すぎると感じられるかもしれない。しかし、地域区分の方法も含めて、筆者なりの見方に基づいて集計を行い、数値として示すことそのものが、(後に別の地域区分、別の見方から捉え直せるようにしておく意味でも)重要だと考えた次第である。

もっとも本書は、マクロな統計にやや頼り過ぎた面があるようにも思う。「状況証拠」を積み上げつつ推論を重ねた結果、主張するに至った論点のいくつかについては、今後、高校生自身や、かつて高校生だった人、そして子を持つ親たちの声をより直接、たずねることで考察を深めたいと考えている。また、本書が主に扱うのは2000年代中葉のデータである。その後の変化も視野に入れた分析も必要とされよう。高等教育政策の効果を直接には研究対象としていない点や、地域区分の単純化に伴う問題もある(「地方」を大きく2類型に分けると、どうしても各類型内の多様性を捨象してしまうきらいが生ずる)。

以上のように、本書に残された課題は少なくない。今後の研究で、1つ1つ取り組んでいければと考えている。論じ切ることに成功している、と感じられる主張は、必ずしも多くはないかもしれないが、本書が地方の高校生にとっての大学進学機会について考える上で、1つの手がかりとなれば望外の幸せである。

本書は、平成27年度日本学術振興会科学研究費補助金研究成果公開促進費(学術図書)(課題番号15HP5182)の交付を受けて刊行される。

目　次

終章　結論と含意 …… 315

図表一覧

序章

第1章

第2章

第3章

第4章

第5章

第6章

終　章

凡　例

・本文の図の中に示した回答の割合(%)は、原則として無回答を除いて算出した。ただし、無回答が多い場合は(概ね5%以上)、図中に示す場合がある。
・小数点第2位以下の四捨五入により、図の中に示した回答の割合(%)の合計が100%にならない場合がある。
・本研究では、「47都道府県」を「47県」や「全県」、「39道県」(埼玉、千葉、東京、神奈川、京都、大阪、兵庫、愛知の8都府県以外)を「39県」と略記することがある。
・原則として、敬称を略した。

高等教育機会の地域格差

序 章

課題と方法

地方にはなぜ、大学進学率の低い県があるのか。この問いに答えること、具体的には、現代日本において大学進学率の地域格差(都道府県間の差)が生じるメカニズムに関し、高等教育投資の費用と便益に着目して説明することが本研究の目的である[1]。まず第1節で問題の所在を明らかにした上で、第2節では先行研究の成果と課題を検討する。第3節で分析枠組み、第4節で地域区分・データを説明し、第5節で論文全体の構成を述べる。

第1節　問題の所在

1. 大学進学率の地域格差

大学進学率には地域間の格差が存在することが、繰り返し指摘されてきた(以下、単に「進学率」と記す場合、高等学校卒業者の4年制大学進学率を指す。進学率の定義はすぐ後に記す)。2015年度の進学率は男子の場合、全国で61.8%だが、最も低い岩手では41.3%にとどまっている。最も高い東京(78.9%)との間に約40ポイントの差があるが、地方県間で比べても、広島(66.8%)や山梨(64.2%)との間に、25ポイント以上の開きがある(**図序-1**)。女子の場合も、全国で51.3%であるところ、最も低い鹿児島は32.0%であった。東京(72.9%)との差が大きいだけでなく、地方県でも値の高い広島(57.0%)や茨城(51.3%)との差はやはり大きく、約20ポイントに及んでいる(**図序-2**)。

なぜ地方には、進学率の低い県があるのだろうか。本研究は、第2節で述べるように、そのメカニズムのうち重要な部分が、まだ十分には解明されていないと考える。そこで、大学教育投資の費用と便益の要因(その地域間の相違)に焦点を当て、官庁統計と質問紙調査データの分析を行うことにより、大学進学率の地域格差の説明を試みる。

本研究では分析対象を、高校生の4年制大学への進学行動に限定する[2]。そのため、大学進学率を次のように定義する。出身高校の所在地県別大学入学者数(いわゆる受験浪人を含む。「その他」出身は除く)を分子とし、分母は同年3月の高等学校(全日制・定時制。以下同じ)卒業者数として、除した値である[3]。分

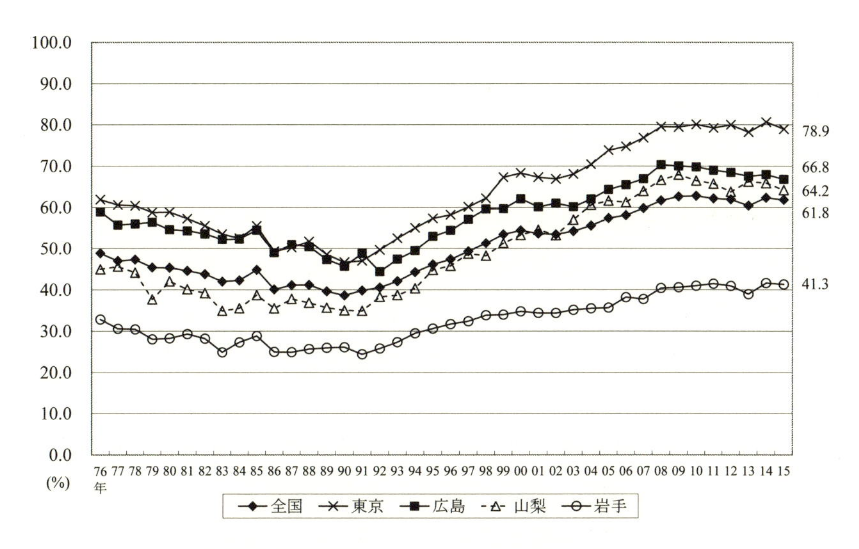

図序-1　男子の大学進学率の推移（1976～2015年度、全国・東京・広島・山梨・岩手）

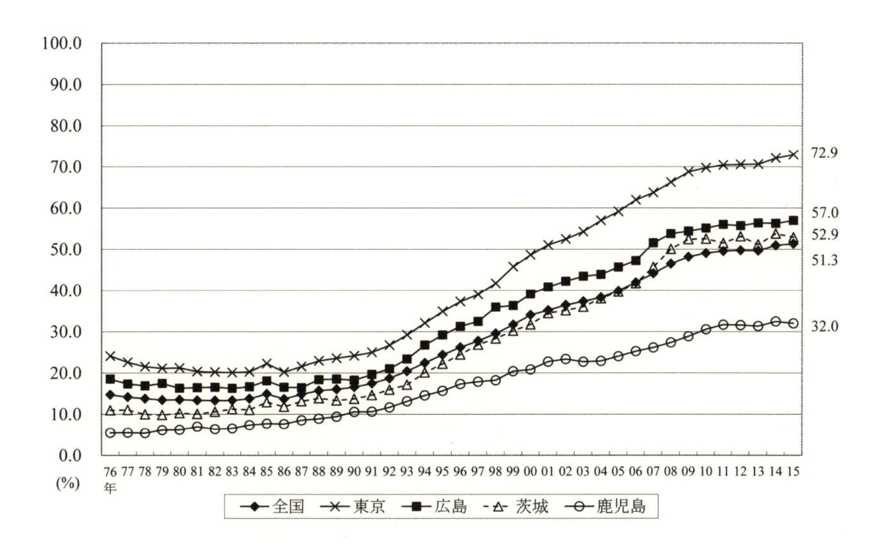

図序-2　女子の大学進学率の推移（1976～2015年度、全国・東京・広島・茨城・鹿児島）

子と分母の値は、それぞれ文部科学省『学校基本調査報告書(高等教育機関編)』、同『学校基本調査報告書(初等中等教育機関・専修学校・各種学校編)』(卒業後の状況調査)から得られる。なお、分子に上記の大学入学者数を用いる理由は、出身県内と県外の大学への進学率を区別するためである。

2. 大学進学率の地域格差はなぜ問題か

そもそもなぜ、大学進学率の地域格差を問題にする必要があるのだろうか。その理由は教育基本法(平成18年12月22日法律第120号)が「すべて国民は、ひとしく、その能力に応じた教育を受ける機会を与えられなければならず」と規定した、第4条第1項前段の理念が実現されていない疑いがある、という単純なものである[4]。例えば、学力が高いにも関わらず、進学率の低い集団があるとすれば、「その能力に応じた教育を受ける機会」が、均等に与えられていない可能性を示唆する事実と言えるだろう。

荒井(1995)も、「地域間で非常に大きな進学率格差のあること(中略—引用者)は、能力のある個人で大学に進学しない者が、多数いる可能性を示唆している。このような格差を是正する教育政策を行えば、大学進学者の学力を低下させずに、大学進学者数を増大させることが可能であろう」(p. 211)と指摘する。

実際、都道府県(以下、原則として「県」と略す)別の進学率と、学力との関係を検討したいくつかの研究は、この事実を繰り返し指摘している[5]。平木(2008)は、県別データを用いて、2007年度「大学(学部)進学率」と、公立中学校3年生の数学の学力(文部科学省が2007年に行った『全国学力・学習状況調査』「数学A」の平均正答率)の散布図を描いている。その図を吟味しつつ、両者の相関係数は.285にとどまることや、「今回のテストで上位に並んだ県が、大学進学率などにおいて必ずしも上位にランクされるわけではない」ことを指摘した(p. 19)。

舞田(2013b)も同様の散布図を報告している。『全国学力・学習状況調査』の「数学B」(公立中学校3年生。2013年)の平均正答率と[6]、2013年度の大学進学率(文部科学省の定義するもの。第1章でみる「大学進学率(3年前中卒者基準)」)を用いた散布図である。この散布図からは、「学力と大学進学率の間に、有意な正の相関関係はみられ」ないこと、「秋田や福井のように、生徒の学力は高くとも、大学進学率が低い県」が少なくないことがわかるという(舞田2013b)。

このように、学力が高いにも関わらず、進学率の低い集団が実際に存在する。また、そもそも県別データでは、公立中学校3年生の学力と、大学進学率との相関は大きなものではなかった。この事実から、「能力に応じた教育を受ける機会」が均等ではない可能性を主張する理由は、大学進学率の低い地域でも、中学校3年生の段階においては、まだ進学希望率が低いとは言えないためである。

次の**図序-3**を見てみよう。これは内閣府政策統括官(共生社会政策担当)付青少年支援担当が、2011年10～11月に、全国の中学校3年生(1996年4月2日～1997年4月1日生まれの男女)及びその保護者を対象として行った「親と子の生活意識に関する調査」結果から作成したものである[7]。「あなたは、現実的には、どの学校まで行くことになると思いますか」(問15)と中学校3年生に尋ねたと

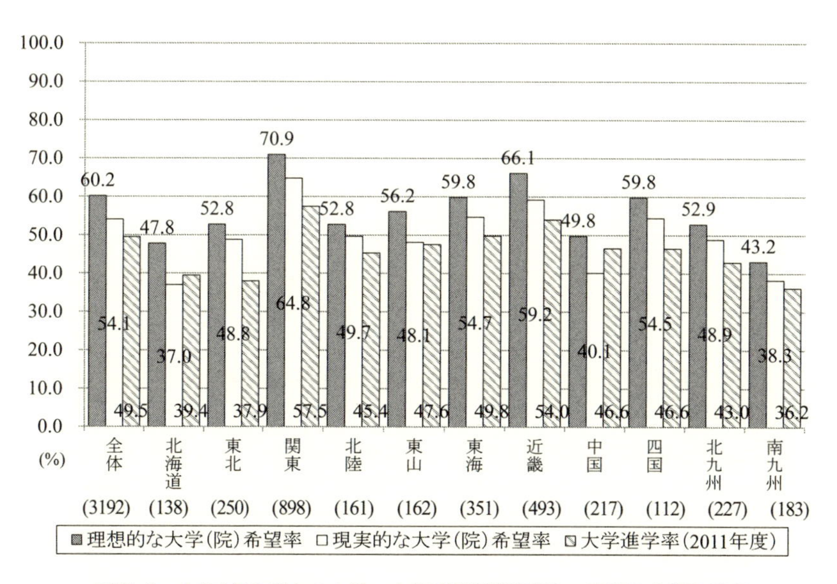

図序-3　中学3年生男女の大学・大学院進学希望率と、実際の大学進学率

(注)内閣府「親と子の生活意識に関する調査」(2011年10～11月)より作成。括弧内はケース数。「北陸」は新潟、富山、石川、福井の4県、「東山」は山梨、長野、岐阜の3県、「東海」は静岡、愛知、三重の3県を指す。大学進学率(2011年度)は、『学校基本調査』より次式で算出。大学入学者数(浪人を含む)／3年前中卒者数×100。

ころ、「大学まで」又は「大学院まで」という回答の割合は、例えば東北地方でも低くなく(48.8%)、北陸(49.7%)や東山(48.1%)に匹敵する水準にある。しかし、東北地方の実際の大学進学率(2011年度。ここでは分母を高卒者でなく、3年前中卒者とした)は37.9%であり、北陸(45.4%)や東山(47.6%)よりも低くなっていることがわかる[8]。

以上の基礎的な事実の検討からも、中学校3年生の段階では学力が低いわけではなく、また、大学進学希望を持っていたにも関わらず、高校を卒業する頃までには大学進学以外へと進路を変更する生徒が、進学率の低い地域には少なくない可能性が示唆されよう[9]。

第2節　先行研究とその問題点

1. 大学進学率の地域分布

本節では、先行研究が大学進学率の地域格差のメカニズムについて、どのような説明を行ってきたかをレビューする。そして、そこにはどのような問題点があるのかを明らかにしていく。その前にまず、進学率の地域間の分布そのものが、どのように語られてきたかを整理しておこう(進学率の時点間変化の様相が、地域によって異なる問題については、本節の最後に言及する)。

大学進学率の地域分布について、これまで指摘されてきた知見は主に2つある。第一は東日本より西日本の方が、概ね進学率が高いというもので、第二は大都市圏を中心とした同心円状の地域分布を強調するものである。以下で、順に整理する。

第一の西日本と東日本の差については、天野・河上・吉本・吉田・橋本(1984)が指摘した。「瀬戸内を中心に進学率の高い県がひろがり、一方東北地方に進学率の低い県が集中しており、西高東低型となっている」というのである(p. 6。吉本執筆部分)。また、吉本(1993)も「地域ブロックごとの進学行動の類似性は、多くの人が指摘していることであり、もっとも拡大してみれば西日本と東日本の進学行動の差異と、その歴史的文化的背景を論じることもできよう」と指摘する(p. 8)。

西日本で進学率が高い背景には、「社会経済的側面ばかりでなく、新制高校教育の初期からの高い高校進学率と低い普通科率とに示される西日本諸県の高校教育システムの特性とも関わっているだろうし、そうしたものを生み出す歴史・文化的風土の差をも示しているだろう」とされる(天野・河上・吉本・吉田・橋本1984、p. 18。吉本執筆部分)。ここで西日本とは、「京都・滋賀・奈良・和歌山以西」と定義されている(同、p. 21)。

現在でも、こうした傾向は見られるのだろうか。上山(2013)は1990年、2000年、2010年の3時点について県別の大学進学率(男女計)の地域分布を検討し、1990年は東日本が22.0%、西日本が23.9%であることから「西高東低型」だったとしても、2000年は東日本36.1%、西日本36.3%、2010年には東日本46.5%、西日本44.5%となることから、むしろ「東高西低型」へと変化したと結論づけている(pp. 102-103、p. 107)。

第二の同心円状の地域分布とは、佐々木(2006)が「中心－周辺型の三重構造」と表現するものである[10]。「進学可能性としての大学教育機会の地域格差には、『1. 三大都市圏、2. 三大都市圏に隣接する北関東から中国・四国に至る地域、3. 北海道・東北および九州・沖縄』という中心－周辺型の三重構造が認められる」(p. 313)というのである。ここで「1. 三大都市圏」とは埼玉、千葉、東京、神奈川、愛知、京都、大阪、兵庫、奈良の9都府県を指しており、「3」は北海道・東北、九州・沖縄の15道県、「2」はその他の23県のことである(p. 318。上山2013、p. 117も参照。各々の進学率水準については次に述べる)。

上山(2013)は、この「中心－周辺型の三重構造」が存在するかについても、1990年、2000年、2010年の3時点の県別大学進学率(男女計)データから検討し、この構造が一貫して存在してきたことを指摘している。すなわち、大学進学率は1990年で「3大都市圏」が27.0%、「3大都市圏の隣接地域」は23.7%、「北海道東北および九州沖縄」では19.4%であったところ、2000年ではそれぞれ44.9%、37.3%、29.3%、2010年はそれぞれ、56.4%、46.2%、38.0%であった(p. 103)。

なお天野・河上・吉本・吉田・橋本(1984)も、東京又は大阪(いずれか近い方)から地理的位置が近い県ほど、4年制大学や大学・短大への就学率(浪人を含む進学者数を、3年前中卒者数で除したもの)、大学・短大志願率が高い事実を、1980年のデータから指摘している。また、大学・短大志願率や大学・短大就学率に対しては、男子より女子の方が地理的位置の標準化偏回帰係数が大きいという(pp. 7-9・橋本執筆部分、pp. 18-19・吉本執筆部分)。地理的位置は、東京又は大阪からの距離が200kmごとに、5段階のカテゴリカルな変数として指標化されているから、佐々木(2006)の指摘とかなり近い事実を指摘していたとも解釈できる。「たとえ自宅通学が不可能な距離にあっても、東京、大阪に近ければそれだけ東京、大阪の集積利益の享受が可能になると考えられる」ことが、大都市からの距離が進学に影響する理由だという(天野・河上・吉本・吉田・橋本1984、p. 14。橋本執筆部分)。

以上のように、日本列島を東西に2分割する議論、大都市圏を中心に3分割する議論のほか、その基礎として、地域ブロック単位での進学率の違い(中国地方は高く、東北地方は低いなど)に言及する研究も数多い。むしろ、高等教育機関の地域配置に関する政策的関心の高さから、こちらの方が早い時期から認識されてきた事実とも言えよう。現在までのところ、ブロック間の進学(確)率の違いを最も周到な方法で検証した中澤(2011)は、質問紙調査データを分析し、傾向スコア・マッチングという方法を用いて4年制大学進学(や他の高卒進路)の平均予測確率を算出している。全国を9ブロック(北海道、東北、関東、甲信越北陸、東海、近畿、中国、四国、九州・沖縄)に分けて分析した結果、両親の学歴、父親の職業、中学3年時と高校3年時の成績などの変数を調整した後も、北海道や東北、九州・沖縄の進学確率の予測値が低いことは変わらないという。

もっとも、地域ブロックダミーを用いる分析は、ダミー変数が具体的に何を示すのか、意味内容が必ずしも明確ではないといううらみがある[11]。天野・河上・吉本・吉田・橋本(1984)も(天野執筆部分)、「西日本ダミー」が示すのは「説明されない要因」であると明言していた(p. 43)。そこで、地域(県)によって値の異なる変数を用いて、進学率の要因分析を行った研究を検討する必要が生じる。それが次項の目的となる。

なお、大学進学率の県間格差(標準偏差や変動係数などの格差指標で捉えられる)は、1980年代までに縮小傾向にあったが(天野・河上・吉本・吉田・橋本1984など)、90年代以降に、再び拡大していることが指摘されている(佐々木2006、上山2011)。この問題は第1章第1節であらためて取り上げる。

2. 大学進学率の地域格差の要因

(1) 男女に共通した要因

大学進学率の地域格差の要因分析を行った先行研究は数多い。高等教育論や教育社会学において、最も研究蓄積の進んだ分野の1つと言えるだろうし[12]、経済学者の関心も比較的高かったと思われる。

『学校基本調査』から算出した県別の進学率・志願率の要因分析をした研究を中心に、概要を述べると、分析上は大きく2つのことが明らかにされてきた。

第一に、地域の社会経済特性や大学の収容力が、進学率・志願率に関連していることである。社会経済特性とは、具体的には、地域の所得水準(一人あたり県民所得、父親世代の平均賃金)や職業構成(ホワイトカラー比率など)、学歴水準(全体、親世代)などの変数を指す。天野・河上・吉本・吉田・橋本(1984)によれば、これは「高卒者の家庭的背景」としても、その県の「社会経済的属性」としても解釈できる。後者は具体的には「産業構造、職業構造、都市部比率、労働市場など」を意味する(p. 2。天野執筆部分)。

この後者の側面は、次のようなメカニズムを通して、高校生の進路選択に影響するのだとされる。「都市部在住者は(中略—引用者)都市に存在するさまざまの有形・無形の学習機会を利用できること、また周囲に多くの大卒者向きの職業機会が存在することなどから、大学進学の費用を低下させ、便益を増大させることが可能な立場に置かれている」し、第2次・第3次産業やホワイトカラー的職業では、「他の産業・職業におけるよりも大卒と高卒の効用格差が大きいと考えられるので、進学需要はさらに上昇する」だろう。さらには、「都市部では大学に進学することが生活様式の重要な構成部分として成立しており、もともと大学進学への選好が高い」というわけである(天野・河上・吉本・吉田・橋本1984、pp. 6-7。橋本執筆部分)。

いっぽう、収容力は、進学(適齢)者数に対する出身県内での大学教育供給量の規模を示す。天野・河上・吉本・吉田・橋本(1984)によれば、「収容力の差異は下宿費を含む通学費用の差異にもなるし、大学への心理的な距離感の差異にもなる」、つまり収容力の多寡が、「経済的心理的コストの差異」を生じさせるため、収容力が大きい県ほど進学率が高いというメカニズムが想定できる[13](p. 15。吉本執筆部分)。

もっとも、地方の場合、県内の大学の受入可能な学力層の幅は大都市圏より狭く、自らの学力では入学困難な(又は易しすぎる)生徒が入学して来ないから(西野2002など)、もともと地方所在大学でも、入学者が通学圏内や県内出身者だけで占められることはない(塚原1986)。また、より学生の選抜性の高い大学への進学を目指す移動は、一般的とも言える[14](Ono, 2004)。学力が高いほど、県外進学する傾向にあることは、つとに指摘されている(田中1984)。このような意味で、進学を志願する者が皆、地元の大学への進学を主目的としているかのような前提に立って、収容力という指標の意味を解釈する誤りは、避けられなければならない(村山2007)。

ところで、「どの地域であっても、高所得層の方が低所得層よりも進学率は高い。しかし同時に、同じ低所得層の進学率も、高所得層が集まる大都市地域ほど、低所得層が集まる地域よりも高いといった傾向がある」(吉本1993、p. 7)。よって、県単位のデータの分析では県の平均像は議論できるものの、各県の中の(家庭の所得などの)多様性は考慮できないことになる[15]。そこで、個人単位の質問紙調査データを用いた研究が入用になり、特にSSM調査(「社会階層と社会移動全国調査」)を用いた地位達成研究(教育達成に及ぼす地域効果の研究)が、同様の問題を扱っている。すなわち県単位で測定される、地域における教育機会の多寡を表す要因(大学の収容力、平均教育年数など)を追加したデータを分析すると概ね、職業階層を統制しても、なお地域変数の及ぼす独立の効果があるという結論が得られるという(尾嶋1986、尾嶋1988、林1998a、林1998b、林2002など)。

さて、先行研究の第二の知見は、地域の社会経済特性や大学の収容力と、進学率・志願率の関連性の経年変化に関するものである。60年代から70年代初めにかけて、社会経済特性や収容力と進学率・志願率の関連性は強かったが、70年代後半からは縮小ないし横ばいとなる(友田1970、山本1979、天野・河上・吉本・吉田・橋本1984)。それが90年代以降、やはり再び強まったと言われている[16](間渕1997、佐々木2006、上山2011)。社会経済特性と収容力の連関も同様の推移を示す(佐々木2006)。

(2) 男女の違い

以上は男子と女子に概ね共通する知見だが、男女の違いを考察したものは、大きく次の2点を明らかにしてきたと思われる。第一に、地域の所得水準や職業構成、学歴水準といった社会経済特性と進学率・志願率の関連性は概ね女子の方が弱いことである(友田1970、山本1979、佐々木2006、上山2011)。

第二に、地元の進学機会、つまり進学適齢者数に比した出身県内での大学教育供給量の規模(収容力)の進学率に対する効果は、対象年は違っても女子の方が重要である(女子のみ統計的に有意、標準化偏回帰係数は女子の方が大きい)ことだ[17](天野・河上・吉本・吉田・橋本1984)。これは、進学率を県内進学率(出身高校の所在地と同じ県の大学への進学率)と県外進学率(違う県の大学への進学率)に分けた場合、(女子で高い)県内進学率と、収容力の関連性が大きい(天野・河上・吉本・吉田・橋本1984、浦田1989)ことにもよる。特に1990年代以降、男子とは異なり、(社会経済特性よりも)大学の収容力が、進学率と最も強く関連している(佐々木2006、上山2011)。

この2点を総合すると、現在の女子進学率の地域格差は、収容力が最もよく説明することになりそうである。果たしてそう考えてよいのか、次に検討しよう。

3. 先行研究の問題点

以上のような先行研究の知見を踏まえながらも、本研究が現在の、すなわち1990年代以降における大学進学率の地域格差のメカニズムは、実は未だ解明し尽くされていないのではないか(また、女子の大学進学率の地域格差を、主に収容力で説明することには留保が必要ではないか)と考える理由は3つある。その3つは互いに密接に関連している。

第一に、「地方県どうしの違い」の吟味が不十分なことである。社会経済特性にせよ、収容力にせよ、大都市のある県(東京)では飛び抜けて高い値を取ることがある。特に、収容力は東京と京都だけ外れ値となっており[18]、このことは第2章第3節でみるように、収容力と進学率で散布図を描いてみると明瞭に理解できる(1989年の大学・短大進学率についての吉本1993や、1990年及び2010年の大学進学率についての上山2013も参照)。そして地方県だけで両者の相関係数を出してみると、全県で算出した値よりも低くなる[19](第2章第3節)。よって、47都道府県のデータで分析すると、実質的には専ら「大都市と地方の間の差」を説明する結果となる恐れがあるだろう。地方県に限って分析し、全国に関する分析と整合的に解釈できる結果が得られて初めて、「地方県の間の差」がある理由も、明らかになったと言えるのではないだろうか。

大学進学率の地域格差のメカニズムが、解明し尽くされたとは言えないと判断する第二の理由は、県外進学に説明の余地が残されていることである。進学率を県内進学率と県外進学率に分け、各々を所得(県内進学率に負の関連、県外進学率に正の関連)や収容力、県内大学が提供する専門分野の多様性(県内に正、県外に負)等に回帰させると、県外進学率の回帰モデルの説明力は県内よりも低くなる(浦田1989、藤村1999など)。決定係数さえ高ければよいのではないが、他の重要な説明変数の存在を示唆していよう。

県外進学率が重要な理由は、「進学率の全体の動向を反映するのは、(県内より―引用者)県外進学率である」(藤村1999、p. 122)ことによる[20](全体・県内・県外進学率の47県間の分布を1971年から96年まで観察した結果から指摘されている)。先行研究では指摘されていない点だが、第1章に見るように(表1-6)、先ほどの地方39道県の間では県外進学率と進学率全体の相関が(男子.643、女子.571)、県内進学率と進学率全体の相関(男子.185、女子.219)よりも高いことからも、地方に進学率の低い県がある理由を明らかにするには、県外進学に着目する必要がある[21]。

進学率全体に対する収容力の効果が必ずしも一貫しないことも、県外及び県内の進学を別個に扱うことの重要性を示唆する。先述のように出身県内の大学の収容力が大きければ親元から通学できる可能性が高く、修学の費用が抑制され、進学率も高くなるメカニズムが想定できる[22]。しかし進学率や志願率への収容力の効果は、地域の社会経済特性を考慮すると、必ずしも大きいものではなかった[23](山本1979、天野・河上・吉本・吉田・橋本1984、浦田1989など)。

さらに、「収容力が強い影響を与えているのは、県全体の進学率ではなく、県内進学率だ」(矢野1982c、p. 116)という指摘さえある。収容力は県内進学率に正、県外には負の効果をもつ一方(天野・河上・吉本・吉田・橋本1984、浦田1989、藤村1999)、従来は明示的に指摘されていないが、第1章第2節で見るように、県内進学率と県外進学率は負の相関関係にある(表1-6)。出身県の収容力の大きさが、進学率全体の高さに直結しないのはこのためであろう[24]。

第三の理由は、進学の便益を明示的に取り込んで、進学率の地域格差を分析した研究がほとんどなされていないことである。浦田(1989)は県外進学率の分析に関し、より高い説明力をもつ回帰モデルの必要性に触れた箇所で、こう指摘する。「多くの高校生が、高い経費負担を伴う県外(ブロック外)進学を選択するのはなぜか。そのコストを上回る便益がもたらされるからであろうが、このことを表現するモデルを構築し、適切な指標によって検討することが必要である」(p. 169)。

便益変数の考慮が欠かせないことは、潮木(2008)の研究も暗示している。1991年以降の進学率の時系列分析を県別に行うと、「主要県収容力」(A県出身者が最も多く進学するB県の大学・短大入学者数を、A県の18歳人口で除した値)の正の効果は、群馬、和歌山、島根、香川などで強いという(pp. 17-18)。東京の収容力の変化が、進学率の増減に寄与する事例に挙げられた長野や山梨も含め(p. 11, 15)、これらは地方県でも進学率が比較的高い。また県外進学率が高いため、全体の進学率も高いという特徴を持つ[25]。一方、進学率全体が低い東北や九州の各県と比べても、出身県内の収容力は実はそう変わらない(佐々木2006、p. 309)。したがって、出身県であれ主要県であれ、供給されている大学教育機会の利用へとプッシュする要因が、こうした大都市圏から中間的な距離にある地域では高い可能性がある[26]。

ここまでの議論をまとめると、本研究で進学率の地域格差を分析するに際しては、地方県どうしの違いに注意を払う。そのためには県外及び県内進学を別個に扱う必要がある。さらに、県外進学をよりよく説明するには、進学費用だけでなく便益の要因をも考慮することが必要となるだろう。これらの課題に対処するための分析枠組みを検討するのが次節の目的となる。

4. 分析対象の限定――1990年代以降の大学進学行動の地域格差

なお以上の先行研究を踏まえると、本研究は分析対象を、1990年代以降における大学進学率の地域格差の問題に限定する必要が生じる。というのも既に言及したように、90年代以降は進学率の地域格差が拡大傾向にあるが、過去からの趨勢として拡大傾向のある時期と、停滞傾向にある時期とでは、進学率の地域差をよく説明する要因が、異なる可能性があるためである。

そう判断することの背景には、1950年代後半から70年代半ばまで、大学進学率の上昇した時期には、進学率の高い県ほど進学率は上昇したのに対し、70年代半ばから90年頃までの進学率の停滞した時期は、進学率の低い県で上昇したこと[27](天野・河上・吉本・吉田・橋本1984)。そして90年代以降は、再び進学率の高い県ほど、進学率が上昇する傾向にあることがある[28](吉本1993、上山2013)。

まず、1970年代半ばまでの時期について、天野・河上・吉本・吉田・橋本(1984)は、「進学率の上昇期においては、近畿・瀬戸内の諸県の比較的水準の高い県を中心に全体の水準が上昇しており、その結果が格差拡大に結びついている」とし、1956年から1977年まで、相関比でみた県間格差が拡大したと指摘している(p. 6。吉本執筆部分)。

1970年代後半以降については、吉本(1993)が1973年以降(1991年まで)、北関東、北陸、中国・四国、九州で進学率(大学・短大入学者数を高卒者数で除したもの―引用者)が上昇していることに言及しつつ、「中四国を除けば、総じて進学率の高い地域で進学率が低下し、進学率の低い地域で進学率上昇が起きている」と指摘する(p. 4)。特に東京では1975年から91年まで、57.8%から48.3%へと10%ポイント近く低下した結果、「東京は、今や奈良、兵庫、広島、香川といった近畿・中国地方の諸県に肩を並べるといった程度」にまで変化した[29](pp. 3-4)。

90年代以降については、上山(2013)がある年の大学進学率(男女計)と、その年から5年後までの増分との相関係数を検討し、「そもそも大学進学率が高い地域でより大学進学率が上昇した結果として大学進学率の地域間格差が拡大していた」(p. 115)と指摘する。すなわち「1990年と1990～1995年の増分、1995年と1995～2000年の増分、2005年と2005～2010年の増分の相関係数が正に有意」であったとし、相関係数はそれぞれ.623、.370、.511だと報告している[30](pp. 107-108)。この結果は、男女別の進学率を用いても同様だったとされる(p. 117)。

1990年代以降は、70年代半ばまでの時期と同様、進学率の高い県ほど進学率が上昇しているなら、進学率の地域格差の説明には、かつてと同様のモデルで十分ではないかという疑念があるかも知れない。しかし、かつてに比べ現在では、より「選択的」な進学が増えたという事実を踏まえなければならない。県外進学のうち、出身県での入学機会が絶対的に不足して生じたと見なされている「構造的県外進学率」は、1971～91年にかけて(秋永・島1995)、また、90年代以降も(佐藤2008)、減少しているためである[31]。よって、1990年代以降を、あらためて分析の遡上に乗せることが必要となる。

第3節　分析枠組み

1. 大学進学か否かの選択の違いを個人間に生み出すメカニズム

本研究では人的資本理論(Human Capital Theory)の概念枠組み(Becker訳書、1976)を援用して、大学進学率の地域格差の説明を試みる。第2節の検討から明らかになったように、1990年代以降の大学進学率の地域格差を分析するには、3つの課題に対処する必要がある。すなわち、⑴地方県どうしの違いに注意を払い、⑵県外及び県内進学を別個に扱った上で、⑶進学費用だけでなく便益の要因も考慮することである。そこで本節では、これらに対応しうる分析枠組みを検討する。

具体的にはまず、⑶費用と便益、特に便益の要因を、最も体系的に進学行動の説明に位置づけた人的資本理論について論じる(第1項)。この枠組みでは、生徒の学業成績と、家計所得の違いが、個人間に「進学か否か」の選択の違いを生み出すと考える。しかし、個々人の進学選択を地域(県)ごとに単純に足し上げたものが、地域レベルの進学率だと捉えると、実は地域間の進学率の違いは、地域間の学力分布の違いや、学力水準(平均)の違いとは小さな関連しか持たないことが後に明らかになる(第2章付論)。また、地域間の進学率の差を、地域間の平均所得の差だけに帰することも難しい(第2章第1節)。そのため、「個人間で値の異なる変数」(学力、所得)だけでなく、「地域間で値の異なる変数」の導入も必要となる(第2項)。具体的には、進学の便益、費用をそれぞれ左右すると考えられる「相対就業者数」(大卒就業者数を高卒就業者数で除した値)、「収容率」(大学入学者数を3年前中卒者数で除した値)という変数(詳細は後述)に着目する(第3項)。

地域間で値の異なる変数のうち、本研究は「相対就業者数」を特に重視する。この変数は、ある地域における大卒者への労働需要の大きさを反映するが、これが(2)地方からの県外進学の説明に、とりわけ有効だと考えられるためである。というのも進学の便益は、卒業後の労働市場の状況に左右されるが、その労働市場が地域ごとに分断・セグメント化されており(第2項)、かつ進学先大学の所在地に近い地域(典型的には、大卒労働需要の多い大都市圏)の労働市場に参入する可能性が高いとすれば、地方出身者にとって、県外進学と県内進学の意味合いは大きく異なってくるからである。

先述のように、地方県の中でも進学率全体の水準が高い県は、県外進学率が高いことがその背景となっている事情があったから、「相対就業者数」への着目は、(1)地方県どうしの違いの説明のために欠かせない。なお、第4項では以上を踏まえ、第1章以下の展開のうち特に重要なポイントを具体的に議論する。

では分析枠組みの説明に移りたい。そもそも教育経済学における人的資本理論は、なぜ人々の間に生産性(その指標である賃金)の相違が生ずるのかを説明しようと考案された理論モデルであった。(より長期間の)教育を受けることによって知識・技能が身につき、それが人々の生産性を高めるから賃金格差が生ずる、というのがその説明である。

この着想と、費用便益分析の考え方とが結びつき、大学進学の意思決定を合理的に解釈する枠組みとして適用される。すなわち、進学に要する費用を、進学から得られる便益が上回ると見込まれるなら高校生は進学を選択するであろう。これを実際に、高校生個人の選択行動の説明に用いるのが「質的選択モデル」である(金子1987、Becker, 1990)。

ここで、費用とは、進学(修学)それ自体のために必要となる直接費用、すなわち学校納付金(授業料、入学金など)や修学費(教科書代など)だけでなく、機会費用(進学せず高卒直後に就職していたならば、4年間に得られたであろう賃金。放棄所得あるいは放棄稼得と呼ばれる)が含まれる。それだけではない。これらの額面の他、「その調達に要する犠牲」も必要となる。「調達に要する犠牲」も加えたものは「実効コスト」(effective cost)と呼ばれる(金子1987)。額面上のコストよりも実効コストが重要なのは、「調達に要する犠牲は家庭の所得が低いほど大きい」(資金の借入における利子率が、高くなるため)ことから、「家庭が富裕であれば、金融・土地資産の相続にかかる税金を回避し得るという点で進学費用の調達コストはむしろマイナスとなり、実効費用は額面の費用より低くなる場合も生じる」ためである[32](金子1987、p. 41)。

いっぽう、便益とは、高校卒で就職した場合と、大学に進学してから就職した場合との期待生涯賃金の格差が、通常用いられている。

費用も便益も、金銭的(経済的)なものだけでなく、理論的には非金銭的なものも想定されている。大学入試の準備に、大きな精神的負荷がかかるなら非金銭的な費用が大きいと見なされるだろう。一方、非金銭的便益の例としては、将来の快適な労働条件などが挙げられる(荒井1995)。これらの推計は難しいため、実際に本研究が考慮できるのは、金銭的な費用と便益に限られる[33](以下では、特に断りのない限り「費用」及び「便益」は金銭的なものを指す)。

さて、ベッカーは「個人が直面する人的資本投資の需要曲線と供給曲線」(一般的な市場における需要曲線と供給曲線とは異なる)を議論している[34]。横軸に人的資本投資の量、縦軸に限界収益率(限界利子率)を取る図に両曲線を表現し(**図序-4**)、これらの相対的な位置は、彼(女)の能力と家計所得にそれぞれ依存するというモデルを考えた。両曲線の交点で、最適な人的資本投資量と、限界収益率・限界利子率が決定されるため、「進学するか否か」の選択が個人によって異なることになる(Becker訳書、1976、pp. 95-116)。

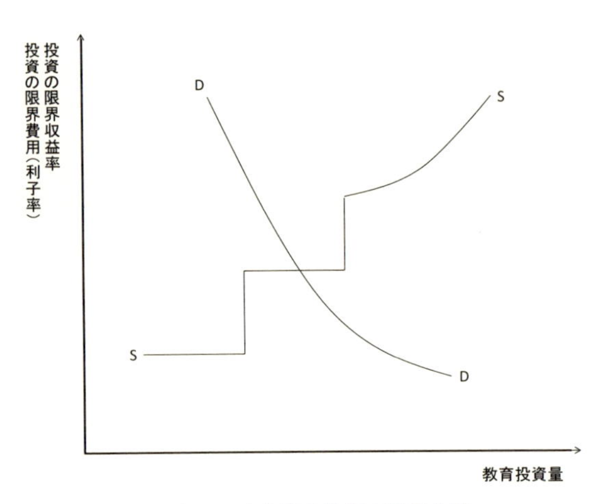

図序-4　人的資本投資の需給曲線

（注）Becker訳書（1976）p. 99、八代（1980）、p. 31より作成。

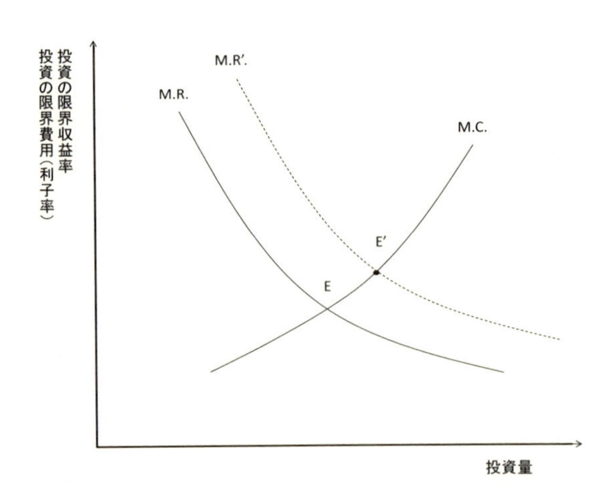

図序-5　人的資本投資の需要曲線の右シフト

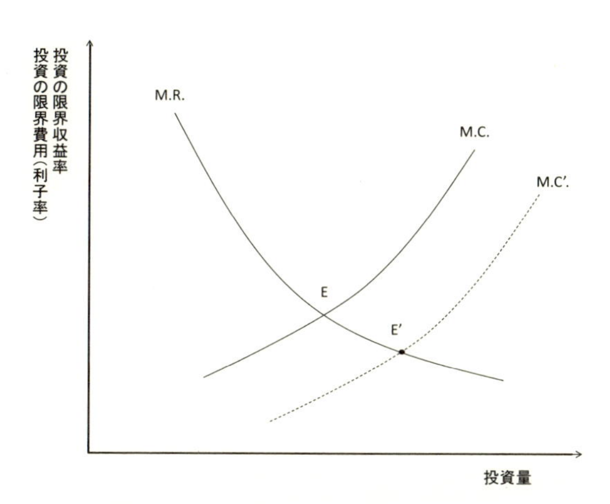

図序-6　人的資本投資の供給曲線の右シフト

この2つの曲線が、相対的に右側にあるような高校生ほど進学の確率が高いことになるが、それはどのような個人か。まず学力が高いほど、投資量が同じでも、収益はより多いと期待されるため、需要曲線は右にシフトする(**図序-5**)。というのも、進学から得られる便益は、大学の選抜性が高いほど(将来の就職先選択で有利なため)大きいと考えられるが、入学しうる大学の選抜性は、学力の違いに依存する。そのため学業成績が良いほど、進学の便益が大きいことになるだろう。一方、供給曲線を右シフトさせるのは、家計所得の多さである(**図序-6**)。先述のように所得が多いほど、より少ない費用で教育資金の調達が行えると考えられるためである(八代 1980、矢野 1984、金子 1987、荒井 1995)。

以上の議論から、学業成績が良いほど、家庭の所得が多いほど、進学を選択する可能性は高まる。その際に重要なのは、進学か否かの選択が、便益、費用それぞれの水準だけで決まるのでなく、「両者の相対的な関係によって決定される」点にある。そのため、「学業成績が低く、したがって入学を期待し得る大学の選抜度が低く、将来期待される大学卒業による便益」が「実効コスト」を下回るほど低い場合は、家庭に経済的余裕があっても進学しない選択がありうる。一方、「家庭の所得がいちじるしく低いために、実効コスト」は大きくとも、学業成績がよく、進学による便益が費用を上回るなら「多少ムリをしても」進学する場合も生ずることになる(金子 1987、pp. 40-41)。

なお、家庭の所得が多いほど、学業成績は良い可能性が高いから、進学の便益も大きくなる。進学に対する所得の影響には、こうした学業成績との相関を通した間接効果も考えられるという(金子 1987、pp. 40-41)。よって、実証分析の結果を解釈する上では、個人の学業成績が主に進学の便益を左右する一方[35]、家計所得については進学の便益と費用の双方に関わってくることに注意する必要がある。

2. 地域間で値の異なる変数の導入
――学卒労働市場の地域によるセグメント化への着目

以上が、大学に進学するか否かの選択行動の違いを、個人間に生じさせるメカニズムについての理論的な説明であった。学業成績と家計所得という、個人間で値の異なる変数の違いが、ベッカー独自の「人的資本投資の需要曲線・供給曲線」をそれぞれシフトさせることを通じて、進学の選択を左右するというものである。

これを拡張することで、進学率に地域格差が生ずるメカニズムについて考察することができる。「この個人レベルの枠組を集計すれば、全体の投資量を同じように考えることができる。つまり、n人の教育水準の総計を横軸にとり、縦軸は個人の場合と同じように限界収益率と限界利子率をとる。この時、全体の投資需要曲線は、個人の能力によって異なるものを足しあげればよい。結果的にはやはり右下りの曲線になる。同様に総供給曲線は右上りになると考えられる。進学率の上昇は、それだけ教育投資の総量がふえたということである」(矢野 1984、p. 141)。つまり、集団間の進学率の差は、個々の選択を足し上げたものの集積として生ずると考えられよう[36]。

だとすれば、地域間の進学率の違いは、地域間の平均的な学力水準や、所得水準の違いによって説明できることになる。だが先述のように、これらの変数(個人間で値の異なる変数を、地域ごとに集計した変数)だけでは、進学率の地域差のうち、説明できない部分が残る(第2章第1節及び付論で検討する)。

そこで本研究は、地域(集計)レベルで見た場合、この2つの曲線をシフトさせる要因には、「個人間で値の異なる変数」(学力、所得)のアグリゲートだけでなく、「地域(集団)間で値の異なる変数」もありうるのではないかと考える。これにより、そうした変数の大きさが県によって異なるため、(個人の進学選択の集計としての)進学率の地域差が生じるという説明が可能になるだろう。具体的には、大卒労働需要に関わる「相対就業者数」と、大学教育供給に関わる「収容率」という変数に着目するのだが、その前にまず、やや迂遠だが、なぜ地域間で値の異なる変数の導入が主張できるのかを議論しておきたい。

そもそも、「家庭所得その他の観察可能な要因以外の、きわめて個別的・偶発的な要因も、実効コスト、便益の双方に大きな影響を与えるから、同一の所得水準にある個人がすべて同じ選択をするわけではない」(金子1987、p. 41)。そしてベッカーは、集団間には、個人の能力差に帰せられないような収益率の差があることを指摘している。彼は「女子や非白人や農村(出身者—引用者)の高校卒業者があまり大学に進学しないのは、主として収益率が相対的に低いためであろうか。または、経済上の困難や、差別や、その他の要因によるのであろうか」(p. 164)という問いに対し、「都市の白人男子卒業者との差は普通言われるほど大きくはないけれども、利益は少ない」と結論づける(Becker訳書、1976、p. 183)。「大学卒業者と高校卒業者の所得格差は、都市より農村の方が明らかに小さい」事実を踏まえた上で、都市と農村出身者との間の「収益の差の方が、費用の差よりも重要である」というのである[37](同、pp. 191-192)。

より本質的な理由として、本研究が重要だと考えるのは、学卒労働市場が地域によってセグメント化されているのではないか、ということである。もともと教育経済学的な大学進学行動の研究では、日本全体の大学進学率あるいは志願率を用いた時系列データの分析が主流であった(矢野1984、金子1986、Nakata & Mosk, 1987、島1999など多数)。そのことからも明らかなように、例えば**図序-7**のような国民経済全体を想定し、そこでの教育需要の規定要因を家計所得や、(学歴別の賃金格差の構造に起因する)進学インセンティブに求めようとするものだった。

図序-7は、Kaneko(1987)が提示した「人的資本市場モデル」で(一部改変)、国民経済に教育機会市場と労働市場とを位置づけ、この2つの市場を巨視的に結びつけて理解するための枠組みである[38](本研究が、このモデルをそのまま検証するわけではない)。学歴別賃金構造は、学卒労働市場における高卒者と大卒者それぞれの労働力供給と、企業からの学歴別労働力需要との兼ね合いによって決まる。他方で、学歴別の労働力供給の量は、教育機会市場における教育需要と、(学校からの)教育供給との相互作用に規定される。ここにおいて、教育機会市場と、学卒労働市場とはリンクしていることになる(Kaneko, 1987、吉本1991、金子・小林1996)。

本研究は、この学卒労働市場が、地域によってセグメント化されていると考える。労働市場のセグメント化は、労働市場が様々な属性(性別、年齢、学歴、資格など)によって細かく分断されていることを指す。日本全国で、あら

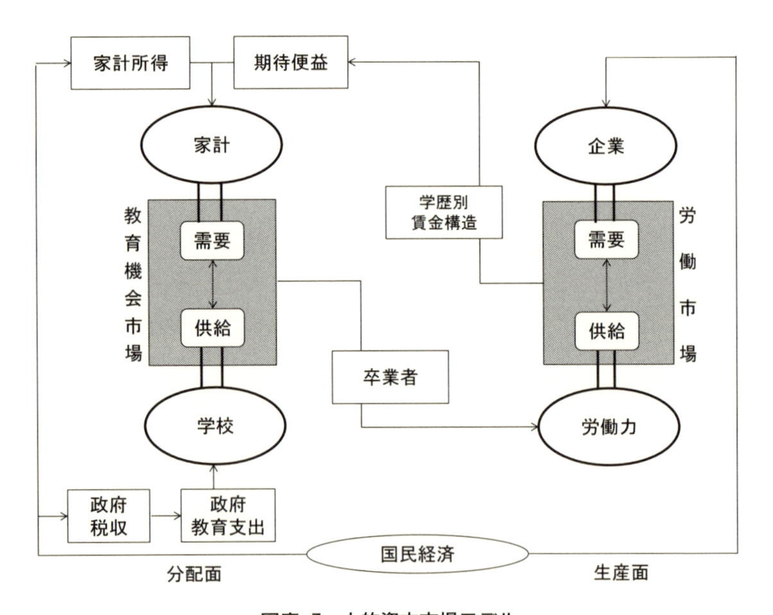

図序-7　人的資本市場モデル

(注)Kaneko(1987), p. 6、金子・小林(1996)、p. 76より作成(一部を改変)。

ゆる属性の求職者が参加できる、単一の労働市場が成立しているなどという事実はなく、「小さな市場」がいくつも存在する、という認識である。人によって、参加できる労働市場には制約があると同時に、求職者が労働市場の間を自由に移動することは容易ではないことが、セグメント化の重要な帰結となる[39]（小林1981、吉本1988）。

このような学卒労働市場のセグメント化の問題はかつて、日本企業の採用慣行や内部労働市場に関する議論において盛んに言及され（小林1981など）、企業別に労働市場が成立しているといった文脈で議論されたが、地域によるセグメント化については吉本（1988）が高卒労働市場について、明示的に議論していた以外には、必ずしも発展してこなかったように思われる。

地域による労働市場のセグメント化とは、移動費用や通勤費用が存在する以上、労働者が広範囲に渡る地域で職を求めることができないために、労働市場は、一定の地理的範囲（地域）ごとに成立する、とする議論である（大野・山本2011）。たとえば、職安の管轄ごとに労働市場が成立しているという見方もありうるし、パートタイム労働に関する研究で、しばしば用いられる枠組みである（第3章付論2も参照）。

新規学卒労働市場の場合は、県境をまたぐ就職も珍しくないため、本来はセグメント化が起こりにくいという考えもありうるが（吉本1988）、実態として高卒就職の県内割合や、県外からの参入の多さなどを元に、県ごとの労働市場の類型化を行う議論が近年、精力的に行われるようになった。例えば、流入も流出も少ない、流出超過、流入超過、といった特徴づけを県ごとに行う議論（小杉2010）である（第4章で詳しく検討する）。

実は、第4章で詳しく検討するように、学卒時の県間移動が、高卒者の場合より大規模に生じると予想される大卒労働市場でも、地域によるセグメント化が、一定程度起こっていると見なせるのではないか。教員養成系学部の卒業者が大学所在県に就職する事例だけでなく、大卒事務系や技術系の就職でも、就職先の県は比較的限定されてくるということである。大学の所在県や、地方出身者の場合の出身県（Uターン就職）が主な就職地なら、この議論は成立するだろう。

そもそも大卒労働市場は、専門分野と、大学の入学難易度の2つによってセグメント化されているという議論が一般的であった。例えば金子・小林(1996)は、大卒者と雇用者とのマッチングが専門知識と、一般的な知的能力とを媒介とする、2つの原理で行われているとして、それぞれを「専門性リンク」、「選抜性リンク」と呼んでいる。具体的には、大学在学時の専門分野と職業とが対応し、出身大学の入学難易度と企業規模とが対応するマッチングとなる[40](pp. 80-81)。

この議論は、本質的には、大卒労働市場における情報の非対称性の問題が背景となっているとも考えられる。学卒者を採用する側の企業にとってみれば、ある求職者が本当に採用に値する人物なのかどうか、何らかの信用保証(正当化)を必要としている。その信用保証の機能を学校側(むしろ教育システムと呼ぶべきか)は、特定の専門分野のカリキュラムや、入学難易度を通して行ってきた。ある地域に立地する企業にとっては、「地元(の高校)出身」であることや、「大都市の(有名)大学を出ている」ことも、一種の信用として働いている可能性があるだろう。

このような視点に立てば、以上の2つを補完する原理として、「地域性リンク」とでも呼べるものを考えてみることも検討に値するのではないか[41]。現に大卒労働市場が、どのようなセグメントに分かれているかについては職業(特に、ある専門分野を修めなければ、就くことのできない専門・技術職の場合)、企業規模(主に事務、販売、サービス職の場合)の他、地域という3つ目の要素を考慮すべきだという指摘は既になされている[42]。また、大卒労働力の地元定着や、どの県でUターン就職が主流なのかといった分析は、以前から見られたところである(矢野1979)。

新規学卒者が就職するにあたって、必ずしも就職先の地域を自由に選べるわけではない(地域ごとの労働市場間を自由に移動することができない)。(統計の入手の容易さから)地域労働市場を県単位で捉えるならば、このことは、各県の高卒者や大卒者それぞれの賃金に関し、市場の価格調整メカニズムが円滑には働きにくいことを意味する。よって、図序-7に示すような学歴別の労働力供給の量や、さらには(労働力供給に占める新卒者の重要性を踏まえると)学歴別賃金構造が、県によって異なってくるだろう。企業からの学歴別労働力の需要も県ごとに異なるとすれば、やはり学歴別賃金の違いに影響を与えるはずである。

以上の議論が、ベッカー・モデルを地域(集計)レベルで適用した場合、人的資本投資の需要曲線をシフトさせる要因として(供給曲線のシフトについては後述)、地域間で値の異なる変数も検討する必要があると主張することの根拠である。地域による学卒労働市場のセグメント化の観点からは、特に、学歴別労働力の需給に関する変数が重要だと言える。結局、大学進学の便益を考察するには教育機会市場だけでなく、労働市場に関する考察も必要になる。便益は労働需要にも左右される一方で、労働需要は労働市場自体のメカニズムによって決まってくるからである。本研究が丸ごと1章分を費やして(第4章)、学卒労働市場の構造(さらに、その地域による相違)を検討するのは、このためである。

3. 大学進学率の地域格差が生ずるメカニズム

地域間で値の異なる変数、特に学卒労働市場における学歴別労働力の需給に関する変数が、進学率の違いに関連するという議論は、先行研究にも見られる。

例えば、矢野(1984)は、「需要曲線は個人の能力だけでなく、労働需要によって変化すると考えるべきである」と指摘する。「質的に高度な(例えば、大卒に対する—引用者)労働需要が高まれば、教育の限界収益は増加し、曲線は上にシフトしよう。その場合には、教育投資量が増えても、収益率は不変ないし上昇ということにもなる」(p. 141)。時系列的変化を想定したこの論理は[43]、地域間の相違に対しても適用できると思われる。

原・盛山(1999)も、学歴別労働力需給の重要性を強調する。大卒者が増えると、その市場価値が下落する(高卒者との学歴間賃金格差が縮小する)という一般的な見方を否定する文脈で、こう論じている。(ベッカー・モデルでなく、一般的な学卒労働市場において—引用者)高学歴者と低学歴者に関する供給関数だけが(それぞれ右方、左方に)シフトするなら学歴間賃金格差は縮小するが、需要曲線も(それぞれ右方、左方に)シフトするなら、縮小しないことは十分起こりうるというのである[44](pp. 57-59)。「第一に、もしも大卒者の供給の拡大が、経済システムの高度化という要因を背景にしているとしたら、この要因は他方で大卒者への需要をも増大させるはずである。第二に、低学歴者の減少がもしもその平均の限界生産性の低下を意味していたら、それは低学歴者への需要曲線の左方(下方)へのシフトをもたらす」(pp. 58-59)という。

これらの指摘を踏まえると、ベッカー・モデルにおける人的資本投資の需要曲線を右にシフトさせる要因は、大卒の労働力需給、特に労働需要の大きさが重要だと考えられる。そこで本研究でも、大卒労働需要(特に、大卒者への労働需要が、高卒者への労働需要に比べて、相対的にどれくらい大きいか)に着目するが、理論的に重要な変数だとは言え、実際には需給バランスによって就業者数が決まることから、労働需要のみを労働供給から識別して観察することはできない。よって本研究では、大卒者の「相対就業者数」という変数(大卒就業者数を高卒就業者数で除したもの)を使用する。

では、人的資本投資の供給曲線を右シフトさせる要因についてはどうか。やはり地域間で値の異なる変数を想定しうると考えられる。特に地方では、県境をまたぐ進学が(その多くは自宅外通学となる)、多くの追加的な移動コストを発生させる事実を踏まえた場合、限界費用に影響する要因は、個人所得の平均の違いには尽きないだろう。家計所得の平均が同程度の2つ地域でも、地元の進学機会の多寡によって進学費用は大きく異なりうる。

そこで本研究では、収容力という変数をここに位置づける。収容力は、大学教育供給量の大きさを反映した指標だが、以下では特に、「ある県全体の4年制大学入学者数を3年前中卒者数で除した値」をもって「収容率」と呼ぶ。どの大学でも良いなら、あるコホートのうち何割まで県内の大学に進学できるかを表現するから(収容率が100%を超えれば、全員が県内に進学できると想定する)、見方を変えれば、「大学進学のために県外に出なくてよい確率」に近い値と解釈できる。言いかえれば、「大学進学のために追加的費用(下宿費用)をかけなくてよい確率」に近いと考えられるから、収容率は需要側から捉えれば、費用を左右する要因として理解できよう。収容率が大きい地域ほど、同じ量の教育投資を行う(例：大学進学)ために要する費用が低いことになる。よって、人的資本投資の供給曲線は右シフトする。

以上を要するに、相対就業者数や収容率といった変数の値が大きい地域ほど、進学率は高い可能性がある。そこで本研究は、地域によってセグメント化された学卒労働市場の下で便益を左右する要因(地域間で値の異なる変数)として、県別に見た大卒者の相対就業者数に着目する。また、進学に要する追加的費用(下宿の費用)に影響する要因(やはり地域間で値が異なるはずである)として、4年制大学の収容率にも着目したい。

4. 本研究の議論の展開

上に述べた2変数への着目は、本研究の重要な出発点、言わば「足場」とも言えるが、これだけではまだ、進学率の県ごとの違いを具体的に検討するには不十分である。そこで次章以下で明らかにする内容も先取りしつつ、もう一段、具体的に議論の展開の見取り図を説明しておきたい。

「地方県どうしの違い」に注意を払う本研究は、まず、全体を通して、地方県でも特に進学率の低い道県(「外縁地方」と呼ぶ)と、高い諸県(「中間地方」)とを区別する(地域区分について詳しくは、第4節を参照)。さらに、県別データの検討でも、47都道府県を用いた分析と、地方39道県に限った分析の両方を行っていく。

こうして地方を見ると、外縁地方に比べ、中間地方では、県内進学より県外進学(進学先は大都市圏の私学が中心)が主流であることが明らかになる。そこで、県外進学率と県内進学率、そして大学進学率全体の相互関係に着目をすると、県外進学率と県内進学率が負の相関関係にあることや(**図序-8**のA)、県外進学率の水準が、大学進学率全体を左右する(図序-8のBの関連が正である)ことがわかる(第1章)。

県外進学率が、説明を要する重要な変数であることはわかった。ならば、進学の便益の要因を重視する本研究は、本節第2項と第3項での議論を受けて、大卒の相対就業者数の大きい県ほど、大学進学率全体や、県外進学率が高いのかどうかを分析する必要があろう(図序-8のC、Dの関連がそれぞれプラス)。

ところで、このCやDの関連がプラスであることの前提になるのは、先に

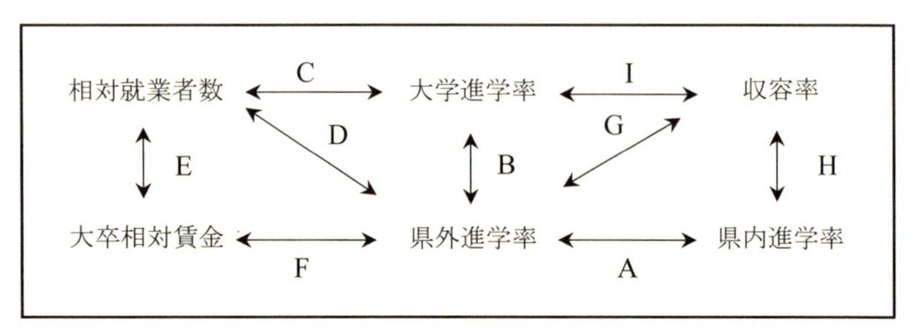

図序-8　主要な変数どうしの連関

引用した矢野(1984)が指摘する「質的に高度な労働需要が高」いほど、「教育の限界収益」は大きくなるという関係である。単純な価格理論の論理を適用すれば、大卒者への相対的な労働需要が大きく(相対就業者数が大きく)、(高卒に対する)大卒労働力の稀少性が高ければ、大卒と高卒の学歴間賃金格差が大きくなる(大卒者の高卒者に対する相対賃金、以下「大卒相対賃金」が高くなる)、つまり、進学の限界収益が大きくなると考えられるが、この関係は横断面分析で成り立つのか。言い換えれば、図序-8のEの関連は、プラスとなるのか。議論の前提として検討しておく必要がある。

実は、学歴別労働力の代替弾力性の分析を行うと、図序-8のEの関連はマイナスとなるのである(第4章)。クロスセクションでは男女とも、相対就業者数の大きい県ほど、大卒相対賃金は低い事実が見られる(企業側に、賃金として支払える総額に限度があるという費用の制約が背景にある可能性も考えられる)。言いかえれば、高卒と大卒の(若年)労働力は代替的な(同種の仕事をめぐって競合する)関係にあるのであり、「質的に高度な労働需要が大きい県ほど、進学の限界収益は大きい」とは考えられない。

ここで重要となるのは、大卒相対賃金と県外進学率の関連である(図序-8のF)。理論的には学歴間賃金格差が大きいほど、進学率が高いと予想されるが、分析の結果、実は両者の間にはマイナスの相関が見られるのである(第3章)。図序-8では省略したが、大卒相対賃金と、大学進学率全体も負の相関関係にある。

以上を踏まえると、「相対就業者数が大きい県ほど、進学率が高い」という関係は、別の筋道で成立する可能性もあることがわかる。すなわち「相対就業者数、大卒相対賃金、県外進学率(大学進学率)は互いに正の相関関係」にあるのでなく、「相対就業者数と大卒相対賃金の相関(図序-8のE)は負で、大卒相対賃金と県外進学率(大学進学率)の相関(F)も負だから、相対就業者数と県外進学率(大学進学率)は正の相関関係(DやCの関連が正)」という論理もありうるということだ。そして実際に、図序-8のDやCの関連はプラスとなる(第6章)。

では、大卒相対賃金が低い県(中間地方に多い)ほど、県外進学率(や大学進学率)が大きくなるのはどうしてなのか。次のように考えることができるだろう。第1章第2節で明らかにするように、実は、地方からの県外進学の多くは、大都市圏の大学への就学である。例えば、2006年度は、地方出身男子131,510人が県外大学に進学したが、その60.8%が大都市圏の大学であった。日本全体では214,780人の男子県外進学者のうち、大都市圏で学ぶ者が67.8%を占める。

県外進学とは(特に地方出身者にとって)、卒業後の就職先を大学所在地に比較的近い地域で見つけることが期待できるならば、いずれ賃金水準の高い大都市圏で働くという可能性を意味するだろう[45]。また出身県に戻って就職するにせよ、大卒であることは有利だという判断もあるかも知れない[46]。いっぽうそれとは反対に、県内進学が卒業後の県内就職の蓋然性を高めるなら、進学から期待される便益は、出身県における賃金格差に相当する。よって出身県の学歴間賃金格差が小さい者ほど、県外進学に動機づけられても不思議ではないことになる(地方の39県は、大学進学の大半が県外だから、地方における進学を特に説明する論理と言えよう)。大卒者の就職先の地域と、出身地や在学地の関連性を検討し、上の傍点部分が成立していれば、このような主張が可能となるだろう[47](第4章で詳しく検討する)。

なお、先行研究でも指摘されていたように、収容率は県外進学率に負の相関(図序-8のG)、県内進学率には正の相関(図序-8のH)がある。だが大学進学率全体との相関(図序-8のI)は大きくない。これは収容率の、県外進学率との間の負の相関と、県内進学率との間の正の相関が相殺されるためだと考えられる(第2章)。

以上の検討から、本研究が大学進学率の地域差を説明する上では、相対就業者数の方が収容率よりも重要な変数となることが予想される。そこで、実証分析では、県別データを使用して、これらの変数を同時に考慮した回帰分析を行い、果たして予想通りの結果が得られることを確かめる。ただし県別データの分析で見出した関連性を、個人間の行動選択の違いへ一般化することは難しいため(生態学的誤謬)、「高校生調査」を用いて大学進学希望を分析し、同様の傾向が見られることを明らかにする(第6章)。

第4節　地域区分とデータ

1. 地域区分

本研究では分析の目的に応じて、**図序-9**に示した4つの地域区分を用いることにする。いずれも都道府県をもとにして、複数の都道府県を合同した領域を1つの「地域」と見なして区分するものである。具体的には、集計の目的に応じ、大きく2つの区分を用いる。(都道府県別でなく)ブロック別を基本単位として集計を行う際に使用するのが「区分A」～「区分C」であり、都道府県単位に分析を行う際に用いるのが「区分D」である。

「区分A」～「区分C」は、主に地域ごとの特徴を記述するために使用する。例えば、高卒就職者の就職先所在地の構成比など、比率や平均値によって地域特性の記述を行う。この目的のために47都道府県全てを用いて示すと煩雑にすぎるが、といって地域ブロックを大括りにしすぎると、各地域の具体性が曖昧になってしまう。そこで15ブロックを基礎にした区分を用いることにした。それが区分A～Cのうち、最も基礎になる区分Aである。北海道、北東北、南東北、北関東、南関東、東京、甲信越静、北陸、東海、東近畿、京阪神、中国、四国、北九州、南九州の15地域で構成される[48]。より大括りの区分で集計する必要があれば、区分B(7ブロック)を用いる。その内訳は北海道・東北、北関東・甲信越静、東京圏、北陸・東海、近畿、中国・四国、九州・沖縄の7つである(図序-9)。

<table>
<tr><th></th><th></th><th>区分A
(15ブロック)</th><th>区分B
(7ブロック)</th><th>区分C
(3ブロック)</th><th>区分D
(2類型)</th><th></th></tr>
<tr><td>1</td><td>北海道</td><td>1. 北海道</td><td rowspan="7">1. 北海道・東北</td><td rowspan="7">1. 外縁地方</td><td rowspan="14">1. 地方県</td><td>北海道</td></tr>
<tr><td>2</td><td>青　森</td><td rowspan="3">2. 北東北</td><td>青　森</td></tr>
<tr><td>3</td><td>岩　手</td><td>岩　手</td></tr>
<tr><td>5</td><td>秋　田</td><td>秋　田</td></tr>
<tr><td>4</td><td>宮　城</td><td rowspan="3">3. 南東北</td><td>宮　城</td></tr>
<tr><td>6</td><td>山　形</td><td>山　形</td></tr>
<tr><td>7</td><td>福　島</td><td>福　島</td></tr>
<tr><td>8</td><td>茨　城</td><td rowspan="3">4. 北関東</td><td rowspan="7">2. 北関東・甲信越静</td><td rowspan="7">2. 中間地方</td><td>茨　城</td></tr>
<tr><td>9</td><td>栃　木</td><td>栃　木</td></tr>
<tr><td>10</td><td>群　馬</td><td>群　馬</td></tr>
<tr><td>15</td><td>新　潟</td><td rowspan="4">5. 甲信越静</td><td>新　潟</td></tr>
<tr><td>19</td><td>山　梨</td><td>山　梨</td></tr>
<tr><td>20</td><td>長　野</td><td>長　野</td></tr>
<tr><td>22</td><td>静　岡</td><td>静　岡</td></tr>
<tr><td>11</td><td>埼　玉</td><td rowspan="3">6. 南関東</td><td rowspan="4">3. 東京圏</td><td rowspan="4">3. 大都市圏</td><td rowspan="4">2. 中央県</td><td>埼　玉</td></tr>
<tr><td>12</td><td>千　葉</td><td>千　葉</td></tr>
<tr><td>14</td><td>神奈川</td><td>神奈川</td></tr>
<tr><td>13</td><td>東　京</td><td>7. 東　京</td><td>東　京</td></tr>
<tr><td>16</td><td>富　山</td><td rowspan="3">8. 北　陸</td><td rowspan="6">4. 北陸・東海</td><td rowspan="3">2. 中間地方</td><td rowspan="4">1. 地方県</td><td>富　山</td></tr>
<tr><td>17</td><td>石　川</td><td>石　川</td></tr>
<tr><td>18</td><td>福　井</td><td>福　井</td></tr>
<tr><td>21</td><td>岐　阜</td><td rowspan="3">9. 東　海</td><td rowspan="9">3. 大都市圏</td><td>岐　阜</td></tr>
<tr><td>23</td><td>愛　知</td><td>2. 中央県</td><td>愛　知</td></tr>
<tr><td>24</td><td>三　重</td><td rowspan="4">1. 地方県</td><td>三　重</td></tr>
<tr><td>25</td><td>滋　賀</td><td rowspan="3">10. 東近畿</td><td rowspan="6">5. 近　畿</td><td>滋　賀</td></tr>
<tr><td>29</td><td>奈　良</td><td>奈　良</td></tr>
<tr><td>30</td><td>和歌山</td><td>和歌山</td></tr>
<tr><td>26</td><td>京　都</td><td rowspan="3">11. 京阪神</td><td rowspan="3">2. 中央県</td><td>京　都</td></tr>
<tr><td>27</td><td>大　阪</td><td>大　阪</td></tr>
<tr><td>28</td><td>兵　庫</td><td>兵　庫</td></tr>
<tr><td>31</td><td>鳥　取</td><td rowspan="5">12. 中　国</td><td rowspan="9">6. 中国・四国</td><td rowspan="9">2. 中間地方</td><td rowspan="17">1. 地方県</td><td>鳥　取</td></tr>
<tr><td>32</td><td>島　根</td><td>島　根</td></tr>
<tr><td>33</td><td>岡　山</td><td>岡　山</td></tr>
<tr><td>34</td><td>広　島</td><td>広　島</td></tr>
<tr><td>35</td><td>山　口</td><td>山　口</td></tr>
<tr><td>36</td><td>徳　島</td><td rowspan="4">13. 四　国</td><td>徳　島</td></tr>
<tr><td>37</td><td>香　川</td><td>香　川</td></tr>
<tr><td>38</td><td>愛　媛</td><td>愛　媛</td></tr>
<tr><td>39</td><td>高　知</td><td>高　知</td></tr>
<tr><td>40</td><td>福　岡</td><td rowspan="4">14. 北九州</td><td rowspan="8">7. 九州・沖縄</td><td rowspan="8">1. 外縁地方</td><td>福　岡</td></tr>
<tr><td>41</td><td>佐　賀</td><td>佐　賀</td></tr>
<tr><td>42</td><td>長　崎</td><td>長　崎</td></tr>
<tr><td>44</td><td>大　分</td><td>大　分</td></tr>
<tr><td>43</td><td>熊　本</td><td rowspan="4">15. 南九州</td><td>熊　本</td></tr>
<tr><td>45</td><td>宮　崎</td><td>宮　崎</td></tr>
<tr><td>46</td><td>鹿児島</td><td>鹿児島</td></tr>
<tr><td>47</td><td>沖　縄</td><td>沖　縄</td></tr>
</table>

図序-9　地域区分

(注)都道府県名に付記した番号は、総務省統計局の統計に用いる標準地域コード。

また、区分Aの15ブロックのうち、三大都市圏に属する5ブロック(南関東、東京、東海、東近畿、京阪神)を「大都市圏」とし、それ以外の10ブロックを「非大都市圏」と呼ぶ。第2節で言及した「中心－周辺型の三重構造」(佐々木2006、上山2013)を参考に、「非大都市圏」をさらに2つの類型に分け、進学率の相対的に低い5ブロック(北海道、北東北、南東北、北九州、南九州)を「外縁地方」、相対的に高い5ブロック(北関東、甲信越静、北陸、中国、四国)を「中間地方」とする。この外縁地方、中間地方、大都市圏からなるものが区分C(3ブロック)である(図序-9)。この3類型は、佐々木(2006)が見出し、上山(2013)が1990年以降、経年的に一貫して存在することを確かめた「中心－周辺型の三重構造」に由来する[49](本章第2節第1項を参照)。

東海(岐阜、愛知、三重)、東近畿(滋賀、奈良、和歌山)については(又は、愛知を除く東海と、東近畿は)、むしろ、「中間地方」に含めるべきだという考えもあるだろう[50]。しかしここでは、「三大都市圏」の郊外に当たるエリアがほぼ含まれない地域に「非大都市圏」を限定した上で、「非大都市圏」内の多様性(それは大きく、二分法で把握できる)を理解することに主眼をおくため、この区分を用いることにした。

最後に、区分D(2類型)についてである。「大都市圏」のうち、とりわけ多くの大学が立地している8都府県(埼玉、千葉、東京、神奈川、愛知、京都、大阪、兵庫)を、「学問のセンター(中心地)」という意味で「中央県」と呼び、それ以外の39道県を「地方県」と呼ぶことにしたい(「地方39県」や、「39県」の表記も用いる)。この区分は、先行研究でもしばしば用いられる二分法である(林2002など)。都道府県を単位とした、この区分は主に、県単位の変数どうしの関連(例：収容力と進学率)を、散布図や相関係数などで検討する目的で用いる。全都道府県では関連が小さいが、地方県に限ると大きい、などのようにである。

2. データ

本研究は、(1) 政府統計、(2)「高校生調査」の2種類のデータを使用する。(1)は『学校基本調査』など、政府やその関係機関が実施した調査の集計表に基づいたマクロ(集計)データ、(2)は、高校生に対する質問紙調査を元にしたミクロ(個票)データである。

本研究では以下、『学校基本調査』から算出する大学進学率をはじめとして、2006年度のデータを示すことが多くなる。10年近く前の値を中心的に用いる理由は、「高校生調査」の実施時期に合わせるためである。

(1) 政府統計

主に用いる政府統計は、文部科学省『学校基本調査』(学校調査、卒業後の状況調査)、総務省統計局『国勢調査』、及び厚生労働省『賃金構造基本統計調査』である。それぞれの調査の対象について、簡単に言及しておこう。

『学校基本調査』は、周知のように学校教育法に規定されている学校(及び市町村教育委員会)を対象に、毎年行われている全数調査である。

『国勢調査』は5年ごとに実施される全数調査で、調査対象は、調査時(10月1日午前零時)において、本邦内に常住している者(当該住居に3か月以上にわたって住んでいるか、又は住むことになっている者)とされる。本研究では、学歴(最終卒業学校の種類)別の集計を中心に行うが、その際に注意を要するのが専修学校卒の扱いである。2000年の同調査では、大学・短大・高校レベルを包含する非一条校である性格を踏まえ、修業年限に応じて一条校(短大・高専又は高校)に対応させて回答する形式が取られている(2010年調査では大学・大学院、短大・高専、又は高校)。

『賃金構造基本統計調査』は、毎年6月分の賃金等を調査するために行われる抽出調査である。調査票(事業所票、個人票)が配布される対象は、5人以上の常用労働者を雇用する民営事業所(5～9人の事業所については、企業規模が5～9人の事業所に限る)及び10人以上の常用労働者を雇用する公営事業所となっている。同調査個人票でも、最終学歴が専修学校卒の場合、やはりその修業年限に応じて高校、高専・短大、又は大学・大学院と回答することとされている[51]。

(2) 高校生調査

「高校生調査」の概要は次の通りである。東京大学大学院教育学研究科大学経営・政策研究センターは、平成17年度～平成21年度日本学術振興会科学研究費補助金(学術創成研究費)「高等教育グランドデザイン策定のための基礎的調査分析」(研究代表者　金子元久)の交付を受けて、2005年から一連の「高校生の進路についての調査」を実施した。このデータを以下、「高校生調査」と呼ぶ[52]。

これは日本全国から無作為に選ばれた4,000人の高校3年生(男女各2,000人)を対象に、2005年11月に行われた質問紙調査(第1回調査)、及びその回答者に対する一連の追跡調査で構成されている。追跡調査はこれまで、2006年3月(第2回調査)、2006年11月(第2回補充調査、第3回調査)、2008年1月(第4回調査)、2009年12月(第5回調査)、2011年2月(第6回調査)の5回にわたって行われた。また、第1回調査では、調査対象となった高校3年生の保護者4,000

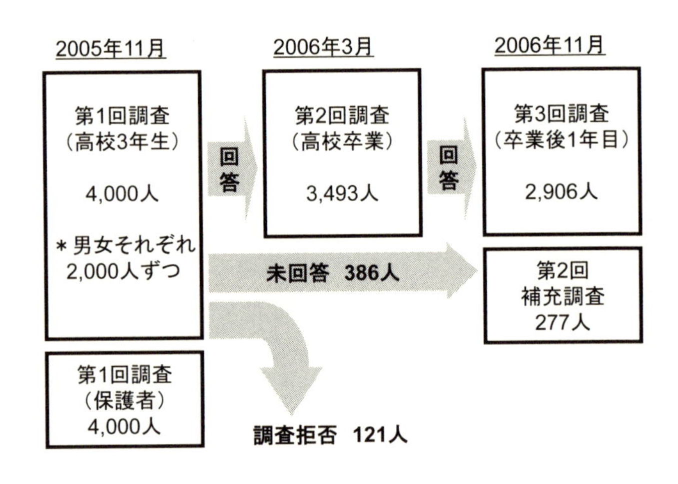

図序-10 「高校生調査」の設計

(注)東京大学大学院教育学研究科　大学経営・政策研究センターのウェブサイトに掲載された図「『高校生の進路についての追跡調査』の設計」より作成した(最終アクセス日2015年6月29日、http://ump.p.u-tokyo.ac.jp/crump/cat77/cat81/)。

人を対象とする調査も行われた(父、母、その他の保護者のいずれかが回答)。

本研究では以上のうち、第1回調査(高校生、保護者)、第2回調査、および第2回補充調査のデータを使用する[53](図序-10)。

第1回調査は、層化二段抽出法によって無作為に抽出された全国の高校3年生とその保護者を対象に留置法で行われた。調査員が全国19,819軒の家庭を訪問し、高校生4,000人、保護者4,000人の回答を得た(調査に対する協力率は20.2%)。調査対象の抽出は、まず県別・都市規模別(5区分)の比例配分により全国400地点が抽出され、次に各々の地点ごとに、エリアサンプリングによって男子5人、女子5人の合計10人ずつの生徒が選ばれる形で行われた。これにより、県ごとの回答者数は、基本的には地域間の人口分布を反映したものとなる。彼(女)ら高校生用の調査票には高校生活や学習状況、希望進路などの項目が、保護者用の質問紙には、家庭背景や保護者の希望する進路などが含まれている。

第2回調査は、第1回調査に回答した高校3年生を対象に郵送法で行われ(一部、電話調査も併用)、3,493人から回答を得た(回収率は87.3%)。調査票では、2006年3月時点で予定している4月からの進路を詳細に尋ねている。

第2回補充調査は、第2回調査への非回答者について、2006年4月からの進路を把握する目的で行われたものである。非回答者507人のうち、調査拒否の121人を除く未回答者386人に対して電話で調査を実施し、277人から回答を得ている(回収率は71.8%)。

(3) 高校生調査の利点

高校生の進学行動に関する従来の研究で用いられてきたミクロデータに比べて、「高校生調査」のデータはいかなるメリットを持つと言えるのか。全国から相当数の対象者を偏りなく抽出し、高校生を直接に調査対象としており、かつ、研究者が自ら集計・分析できる最新のミクロデータであることのほか、次の4点が挙げられる[54]。

第一に、家庭の所得を把握していることである。第1回調査では保護者用調査票で父母(保護者)の税込み年収を尋ねているが、このことが「高校生調査」の最大の利点と言っても過言ではない。本研究の目的に即して言えば、これにより、大都市圏に住む低所得層と、非大都市圏の在住者(その多くは、全国平均で見れば「低所得層」である)とを区別することが可能となる。従来、研究者が高校生を対象に行った質問紙調査では、しばしば教育委員会や高校を通して協力依頼がなされたために、所得を尋ねることが困難であった[55]。

「高校生調査」の利点の第二は、学力の指標が利用できることである。第1回調査の高校生用調査票では、対象者の中学時代の成績、高校での成績を尋ねている(ただし、どちらも5段階自己申告)。ある高校生が大学に進学できるか否かは、家庭の所得(資力)以前に、学力によって大きく左右されるだろう。にもかかわらず、大学教育機会の地域間格差に関する議論や研究においては、主に資料的な制約から、生徒の学力の違い(に伴う進学先の違い)が明示的に視野に入れられることは、必ずしも多くなかったように思われる[56]。

第三に、高校生の希望する進学先が詳細に把握できる点も重要である。第1回調査の高校生用調査票では、進学希望者に対して希望する学校種(国公立大学、私立大学、短期大学、専門学校など)、所在地(在住の県内、県外)、通学方法(自宅、自宅外)、専攻分野を尋ねている。また、保護者用調査票にも同様の質問項目がある。

従来の大学進学率の地域格差に関する研究では、進学先の学校種や所在地を視野に入れて分析する場合(例えば国立大学への進学率や、県内の大学への進学率など)、『学校基本調査』の県別データを用いることが通例であった。しかしそれでは、大学への出願に踏み切って入学許可を得て、実際に入学を果たした者しかデータ上に現れてこない。もともと大学進学を希望していた生徒の中には、出願前に進学を断念する者もいれば、出願先をごく狭い範囲に絞る者や、出願しても首尾よく入学許可が得られない者も、少なくないだろう(入学許可が下りたのは1校だけなのに入学しない、という場合さえあるかも知れない)。高校生の潜在的な大学進学需要(特に、地方におけるそれ)を、具体的に知ることができるのは大きなメリットである。

第四の利点は、大学への在学に要する費用や、大学教育を受けることで得られる便益に関して、高校生や保護者がどう認識しているかが把握できることである。第1回調査の高校生用調査票では、様々な進学先について学費や生活費を負担することが可能かどうかや、大卒者の将来の収入は高卒者の何倍くらいだと思うかを尋ねている。また、学費・生活費の負担可能性の項目は、保護者用調査票でも同じものを採用している。

「高校生調査」の限界についても、3点指摘しておきたい。第一は、高校を経由していないため、言い換えれば、全国からまず高校を無作為抽出した上で各高校から生徒を抽出するというサンプリングを行っていないため、同じ高校出身の生徒が一定のケース数確保できるとは限らないことである。そのため、高校生の進路選択の学校社会学的研究(進路分化と、高校のタイプ・ランクや学校文化との関連を問うもの)には必ずしも適していない。全国から地域(地点)を無作為抽出した上で、各地域(地点)から生徒を抽出するという調査設計は、むしろ、大学教育機会の地域間格差を扱う本研究のような場合にこそ最も力を発揮すると言える。

第二に、全国で4,000というサンプルサイズは十分に大きいため、分析結果を「全国的な傾向」として一般化することは可能でも、県別に分析し、「各県ごとの傾向」として一般化することは難しい。その理由としては県ごとに十分に大きなサンプルサイズが確保されていないことのほか、個々の県内における調査地点数が、県内各地域の居住者の多様性を反映するほど多くは設定されていないことが挙げられる。

第三に、第1回調査における大学進学希望率や、第2回調査・第2回補充調査における大学進学率は、2006年度の『学校基本調査』のそれよりも高い数値となっている。これは、調査協力率が必ずしも高いとは言えないことから生じたと考えられる。したがって、『学校基本調査』によって把握される実態に比べれば、やや進学(希望)者の多いサンプルとなっていることには注意する必要がある。

第5節　本研究の限界

本研究には、分析枠組みやデータに関して、大きく3つの限界がある。すなわち、人的資本理論の枠組みそのものの問題、人的資本理論の発想を受け入れた場合の技術的な問題、そして本研究のアプローチ固有の問題である。そのような限界を抱えつつも、なお本研究に取り組むことには一定の理論的・政策的な意義があると考えるが(終章第2節を参照)、ここではこれらの限界と、それに対する本研究の立場を明らかにしておきたい。

まず、人的資本理論の枠組み自体の問題である。論点は3つある。第一に、学歴間賃金格差で測られる、期待される収益が進学に影響するという枠組み自体に批判がある。だが「人々は収益率を計算して進路を決定するわけではない。彼らは日常的な経験と見聞にもとづいて、教育に期待をもつことになる。この期待の総体と収益率は不可分に結びついている。つまり、収益率を期待形成の1つの指標に用いているのにすぎない」(矢野1980、p. 213)と言える[57]。次に触れるManski(1993)の議論も踏まえると、進学率の地域格差の分析でも、人的資本理論の枠組みを用いる試みは十分に検討に値するのではないか[58]。

第二に、高校生の将来を見通す能力には限界があるのではないか、という問題である。先の図序-7のように、学卒労働市場における労働需給が学歴別の賃金格差の構造を形成し、それが家計にとって、教育機会市場における進学インセンティブとなると考えるためには、高校生が、4年後の大卒労働市場の状況も予測して進路選択を行うという想定を置く必要がある。現実にそんなことが可能かと言えば、せいぜい数年先の学歴取得しか見通せないのではないか、とはしばしば指摘されるところである[59]。

この問題については、自らの将来自体を予測するのではなく、先行世代(「先輩」たち)の状況を観察して判断すると考えることができよう[60]。近年の教育経済学でも、高校生は将来の進学と非進学の帰結を完全に予見し、最適な選択を行うといった非現実的仮定でなく、限定合理的な仮定から出発する議論が展開されている。すなわち高校生は、認識能力の限界から、周囲の先行世代(特に、高校の先輩)の進路選択や能力、所得を観察して、期待形成を行うと考える(高校生はある意味で、「所得関数の推計」を行う「思春期の計量経済分析家」である)。こうして形成された期待が、概ね合理的となるような条件(能力を観察できるかどうか、など)の探求が試みられている(Manski, 1993)。本研究がそれらの議論に立ち入ることはできないが、十分に傾聴に値する。

第三の問題は、高校生が、現在の勤労者の賃金構造(横断面データ)を参照しつつ進路選択を行うと想定してよいか、というものである。島(1999)は、こうした「生徒が親世代の賃金構造を想定して進路選択を行う」仮定への批判に対して、反批判を行った。すなわち、現在の高校生の親世代が進路選択の時に期待した「事前的収益率」と、実際に獲得した賃金に基づく「事後的収益率」の関係を検証したところ、両者の「差は必ずしも大きくなく、進学の経済的効果の期待値としての事前的収益率は、ある程度妥当性があることが確認された」(p. 112) という。ただし、学歴別・企業規模別・産業別の比較では、短大・高専、中企業、小企業、製造業において、事後的収益率が事前的収益率を下回っているという結果も報告されている(島1999)。

次に、人的資本理論の発想を受け入れた場合の技術的な問題だが、これについては論点が2つある。第一に、進学率に地域差がある理由は、そもそも地域によって人々の選好が異なるためではないかという議論がありうる。確かに、期待生涯賃金の学歴間格差は生涯賃金の推計値を、一定の割引率(利子率)で現在価値に直した上で、比較するものである(荒井2002、金子・小林1996)。よって、主観的な割引率(時間選好率)が大きい人ほど、つまりせっかちな(現在志向が強い)人ほど、期待される生涯賃金の格差(進学の便益)が小さく認識されることになる。こうした時間選好率が、地方ほど大きいならば、大学進学の主観的な便益が小さいため進学率が低いという推論も可能だろう[61]。しかし、詳細な結果は省略するが、中学校3年生の「現在志向」を単純に地域間で比較すると、大きくは分布が異なっていないことから[62]、この議論には無理があるように思われる[63]。

第二は、識別問題である。本研究では第6章の実証分析において、県別の大学進学率を被説明変数とした回帰分析を行う。しかし実際にデータに現れてくる進学率は、集計的な進学需要と、集計的な教育供給とが一致したものだから、厳密には両者の識別はできない(荒井1995)。本研究はあくまで需要側の選択として進学率の分析にアプローチしており、供給側の要因は、直接には扱えない(費用として現れる)という限界がある。

最後に、本研究のアプローチ固有の問題がある。本研究では、公表された政府統計から県別の集計データを作成し、その分析を元に、先行研究も参考にしつつ推論を重ねている部分が少なくない。言わば「状況証拠」のみの積み上げにより、重要な論点にアプローチしている場合があることは否定できない。例えば、先に触れた、「出身県に戻って就職する場合も、大卒であることは有利という判断」という論点や、次節で述べるように、地域によっては「女子が進学によって、将来に有利な条件で就業でき、結婚の上でも不利になることが少ない」といった論点である。学卒労働市場がどの程度、地域によってセグメント化されているかという問題も、第4章で提示する「証拠」では不十分だという批判があるかも知れない。この問題については本研究を1つの出発点にしつつ、今後、探求していくべき課題としたい。

第6節　本研究の構成

次章以下は、次のように展開していく(**図序-11**をも参照)。

まず第1章で、高等教育機会の地域格差の趨勢と構造を記述的に理解する。主に『学校基本調査』に依拠して、県ごとの大学進学率の分布や、地域格差の時系列的な変化を概観する。また、地方出身者の進学先の大学所在地に焦点を当て、県外進学率と県内進学率が負の相関関係にあることや、県外進学率の水準が大学進学率全体を左右することを示す。地方でも、進学率の低い県(「外縁地方」)に比べ、高い県(「中間地方」)では、県内進学より県外進学が主流であることも明らかにする。さらに、「高校生調査」を使用して、自宅通学か、(より多くの費用が必要となる)自宅外通学かという区分により進学先の検討を行う。その結果、自宅通学が県内進学と、自宅外通学が県外進学と、それぞれ、大部分は重なり合った現象であることも明らかとなる。また、高校3年生の11月時点の大学進学希望率に着目しても、進学率の地域差を検討する目的には有効であることにも言及する。

第1章ではまた、先行研究に依拠し、趨勢として大学進学率の地域格差が縮小してきたのかという問題についても跡付ける。これまでの研究では、この問題と密接に関連した、いわゆる大学の地方分散政策(1970年代後半以降の大都市圏における大学等新増設の抑制政策)と、進学率の関係が重要な焦点の一つとなってきたが(潮木1984、島1996、小林2009など)、本研究ではこの問題については言及するにとどめたい。

(なお、第1章末尾の「付論」では、都道府県別の大学進学率の指標について技術的な検討を行っている。このように第1章〜第4章それぞれに付設された付論は、本編の議論の展開上、不可欠な部分とは言えないために分離したが、本論を理解する上で助けとなる内容を付加する必要から設けたものである。)

第2章では、大学進学の費用について検討し、費用への着目だけでは進学率の地域差、特に「地方県どうしの違い」(が、高い費用を要する県外進学率の高低によって生じていること)をうまく説明できないことを明らかにする。まず、大学進学率の低い地域は、平均的な家計所得(「高校生調査」による)も低いこと、しかし、所得の地域差を調整しても、なお相当の進学率の地域差が残ると予想されることを示す。次に、進学の機会費用(高卒で就職した場合の、4年間の放棄稼得)及び直接費用の県別推計を試みる。進学率との相関分析の結果、機会費用(または直接費用)が高いと考えられる県ほど、進学率が低い関係はみられないことを示す。さらに、大学教育供給量に関わる変数である収容率に関して考察し、県別の進学率と収容率の相関は小さいことを示す。また、「高校生調査」で高校生の学費・生活費の負担可能性に関する意識を分析し、収容力が同程度である外縁地方と中間地方とを比較すると、後者に住む高校生の方が、家計所得を統制しても、自宅外通学による進学費用の負担に前向きであることがわかる(費用以外の要因の重要性が示唆される)。

続く2つの章は密接に関連しており、第3章の分析を、第4章が補完する関係にあることは、先に第3節第4項で述べた通りである。

第3章では、大学進学の便益の地域による相違を議論する。まず第1節で、一般労働者の平均賃金を大卒者と高卒者について県別、男女別に推計する。その上で、第2節では学歴間賃金格差(大卒者の相対賃金)を県別に算出して、県別大学進学率との相関を検討し、マイナスとなることを確かめる。第3節では、高卒就職や大卒就職の時点の地域移動を考慮し、(実際の地域移動者の数で調整した)賃金や相対賃金の推計を行う。さらに高卒就職時に地方から大都市圏へ移動することが、所得に対して持つ潜在的効果も検討する。

第4章では、新規学卒者(大卒、高卒)の労働市場の構造を地域的な相違に着目して検討する。具体的にはまず、第1節で大卒労働市場について検討し、大都市圏所在の大学への就学は地方出身者に、大都市圏で就職するチャンスを提供していることを示す。ただし、大学卒業後は出身県で就職する地方出

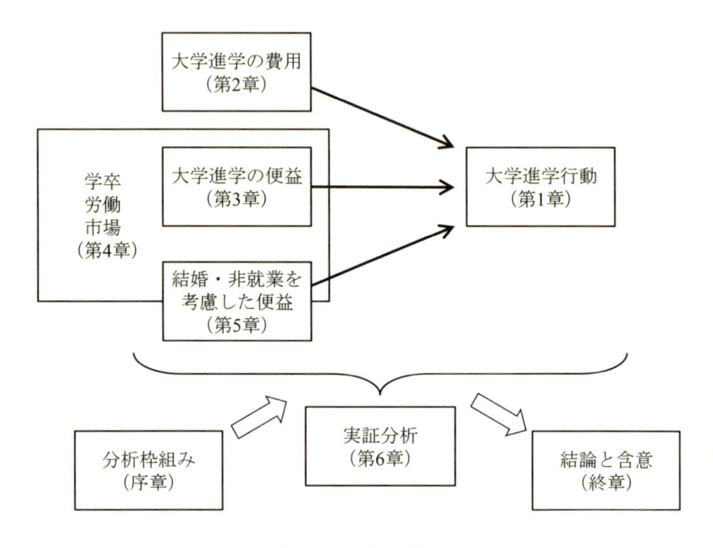

図序-11　本書の構成

身者が、ほぼ半数に達する（少なくない部分は、大都市圏へ進学した者のUターン就職に相当）ことも明らかになる。

次に第2節で、地方における大卒者の労働の性格を検討するために、学歴別労働力の代替弾力性の推計を行う。その結果、地方では、高卒者と大卒者が同種の仕事をめぐって競合関係にある（相対就業者数が多い、つまり高卒者に対して大卒者が過剰気味な県ほど大卒者の相対賃金が低い）ことを示す。高卒者が就く職と、大卒者が就く職の違いについて、地域ごとの比較も行う。

さらに第3節で、高卒労働市場についても検討する。新規高卒者の就職先の地域（県内か県外か）を検討し、進学率の最も低い諸県（外縁地方）では、県外への就職（その大部分は大都市圏への就職）が多いことを示すのが目的である。その結果、大学に進学しなくとも、高い生涯所得も展望できることが示唆される。産業や企業規模といった、就職先の特性についても検討する。

第5章では、第1節で女子にとっての大学進学の便益について、あらためて理論的検討を加えた上で、地域間で値の異なる説明変数を1つ追加する。

その必要性も含めて、少し詳しく述べたい。そもそも、女子の進学行動を考察するには結婚(やそれと密接に関わる非就業)を分析枠組みに取り込むことが重要となる。女性の場合は多くの男性と異なり、学卒後もずっと就業を継続するとは限らない。結婚や出産を機に、労働市場から一度は退出するケースが多いから、学歴間の生涯賃金格差という金銭的便益をベースにした議論では、進学か否かに揺れる女子高校生の進路選択を、適切に説明できない恐れがあろう。また、男女間には賃金格差が存在するから(第3章第2節で詳細に検討)、働き続ける場合も生涯未婚であるより、自らの収入の他に配偶者からの収入も期待できる方がよい場合も多いと想定される。

以上を踏まえると、女性にとっての進学の便益は(男女共通に適用できる、学歴間賃金格差に加え)2種類が想定できる。1つ目は所得のより高い(と期待される高学歴の)配偶者との結婚に有利に働くことである[64](それは妻側が、世帯収入から支出できる総額を増やすだろう)。2つ目は、進学によって自ら賃金の高い職に就くことができ、そのことが将来、結婚して世帯を形成した後、家計内における夫との間の「交渉力」の増大に寄与する(そのことが家事負担の軽減や、世帯収入からの「取り分」増大につながる)というものである。よって以上のような意味で進学の便益が大きい県ほど、女子の進学率が高いという予想も成り立つ。

将来の家庭内で、夫との間の交渉力増大に大卒学歴が寄与する条件は、それだけの所得が得られるような仕事である必要があるだろう。日本の文脈に適用した場合、正規の職かどうかが1つの分岐点となるという判断による。そこで、女子高校生にとって将来、正規雇用(自営を含む)で就業できる見込みが大きい県ほど、女子の進学率が高いのかが重要な焦点となる。具体的には、「正規就業機会」という変数への着目の必要性を述べる。

第2節と第3節では、今の議論の背景を掘り下げるため、地域によって大卒学歴が女性の結婚や、就業にとりわけ有利(不利)に働きうるのかどうかを検討し、その結果、結婚、就業とも、大卒学歴の効果には特に地域的相違がないことを示す。

第2節では、まず女性の学歴別結婚機会について検討する。その結果、「大卒女性ほど(高卒女性に比べ)未婚でいやすい傾向」が、中間地方で小さくなることや、「大卒女性ほど大卒男性と結婚しやすい傾向」には、外縁地方と大差ないことが明らかになる。ここから、ある地域ほど、大学進学が女性の結婚を有利(不利)にする、といった事実は特にないという結論が導ける。よって、就業に着目することがより重要となる。どの地域出身の女性も、結婚・出産や家事のより多い負担を将来に想定するなら、女性間の相違を生み出すのは、就業(継続)のしやすさの部分とも言えるためである。

そこで第3節では次に、女性の就業状況を分析する。学歴による就業状況の違い、さらにそれが地域間でどう異なるかを検討する。その結果、中間地方では女性の就業率が学歴を問わず高いことや、女子高校生の将来の就業継続意識も高いことが明らかになる。女子高校生にとっての、将来の正規就業(自営を含む)見込みも高い。学歴を問わず、女性が就業しやすい地域と、そうでない地域とがあることから、女子高校生が将来、結婚や出産後、大卒学歴を活かして働ける可能性の大きさも、地域によって異なることになる。先の「正規就業機会」変数は、以上の背景を踏まえて提示されている。

第6章では、大学進学率の地域格差の実証分析を行う。まず県別の進学率に関する回帰分析を男女別に行う。大学進学率全体だけでなく、県外進学率、県内進学率も被説明変数とする。説明変数に用いるのは、前章までの検討を踏まえて、収容率、相対就業者数、女性の正規就業機会の3つに限られる。分析の結果、収容率はやはり県外進学率にマイナス、県内進学率にプラスに働くことが確認できる。他方、相対就業者数は、予想通り県外進学率(大学進学率)に対して正の効果を持つ。女子の分析においては、正規就業機会が独自の正の効果を持っていることが明らかとなる。「高校生調査」を用いた大学進学希望の分析も行う。

終章では最後に、本研究から得られた知見を整理し、大学進学選択には3つの地域類型が存在することを指摘する。その上で、本研究が持つ理論的・政策的含意を議論する。なお、近年のいわゆる「地方創生」政策の動向についても検討を行ったが、時論的な内容を含むため、補論として位置づけた。

注

1　同じ県内でも県庁所在地など、大学等へのアクセスが容易な地域は進学率が高い(塚原1986、片瀬・阿部1997)。また、大学進学率の高い県ほど県内の広域市町村圏間の進学率格差が小さい一方、有力大学合格率格差は大きい(舞田2003)。大都市圏では、かなり狭い地理的範囲で進路選択を行う現象が現れている(中村2011)。この他、鹿児島県内の進学率の地域差を分析した舞田(1999)、奄美群島内の1高校の事例を扱った舞田(2004)など、特定地域を対象とした研究もある。本研究では、こうした個人の生活圏に近い単位で地域を把握する分析は行わない。朴澤(2014d)では「都市雇用圏」単位の大学・短大進学率の分析を試みた。

2　したがって、短期高等教育(短期大学、専門学校)を直接の研究対象とはしていない。この点で問題となるのは、女子だけでなく、男子にとっても有力な進路となっている専門学校進学の位置づけである。専門学校進学と、他の進路の関係を、都道府県別の高卒進路データによって検討すると、1990年代以降の特定の2時点間において、就職率の減少幅が大きい県ほど専門学校進学率の増加幅が大きい(減少幅が小さい)関係が概ね見られるという。また、2時点間の大学進学率の減少幅が大きい県ほど、専門学校進学率の増加幅は大きい(減少幅が小さい)関係もあることが明らかになっている(朴澤2014b)。つまり、専門学校は、大学の代替的進路として機能している面がある。

3　本研究が用いた定義は、浦田(1989、2011)と同じものである。文部科学省の定義する大学進学率は、分子は本研究と同じだが、分母に3年前中学校卒業者数(中等教育学校前期課程修了者数を含む)を用いている。先行研究でもこの指標を用いたものが多い。上山(2011、2012a、2013)などである。天野・河上・吉本・吉田・橋本(1984)は、高卒者数に占める現役進学者数の割合を「進学率」、3年前中卒者数に占める進学者数(浪人を含む)の割合を「就学率」と呼んでおり、むしろこのように、異なる呼称を用いるのが適切かも知れない。指標の定義の違いによって、大学進学率の都道府県間の布置がどう異なるかを第1章では議論する。

4　第4条第1項後段は、「人種、信条、性別、社会的身分、経済的地位又は門地によって、教育上差別されない」と規定している。市川(2003)は「教育上差別されない」基準に、「地域」を加える改正が望ましいと指摘するが、その理由は「地域間による教育機会の違いがあまりにも大きく、しかも地方分権の名による国庫支出金の削減により今後ますます地域格差が拡大しようとしている」ことにあるという(pp. 138-139)。

5　ここに挙げた他、浦田(2012)もこう指摘する。「全国学力テストでも示されているように、少なくとも中学校段階までは、県間に大きな学力格差はみられないし、県間の所得水準の差による学力差も認められない。学力からみる限り、所得水準が低い県の大学進学率が低くてよいはずはない。知識経済化の進行に伴い、幅広い視野と高度な知識・技術を身につけた大卒人材は、中央と同等以上に、地方に必要である」(p. 2)。

6 「数学の応用的な事項を問う科目であり、正答率の地域分散が最も大きいもの」であるという(舞田2013b)。

7 内閣府のウェブサイト(http://www8.cao.go.jp/youth/kenkyu/life/h23/pdf_index.html)に掲載された、「集計表(子調査)」より作成した(最終アクセス日2015年6月29日)。

8 図序-3の「理想的な大学(院)希望率」は、「あなたは、理想的には、将来どの学校まで行きたいと思いますか」(問14)という設問に「大学まで」又は「大学院まで」と回答した割合である。

9 どの時点で、多くの生徒が希望進路を大学進学以外に変更するかということも、解明を要する重要な問題である。実際、多くの学校社会学的な研究が、この問題を扱っている。近年の研究として、鶴田(2006)、中村(2010)、中村(2011)などがある。しかし本研究では進学率の県間分布がなぜ異なるかを課題とするため、この問題には立ち入らない。

10 日本全体を3つの地域に分類する議論は、後の注でも言及するように、岡崎(1976)の試みもある。沖縄を除く46都道府県を大都市圏(9都府県)と非大都市圏に分けた上で、非大都市圏を「昭和30年代以降過疎化が急速に進行した」過疎圏(22道県)と、「そうでない」中間圏(15県)に分類するものである(p. 137)。可住地人口密度、転出入超過率、人口増加率の組み合わせに基づく(p. 141)。

11 この問題は、距離という変数や、「中心」からの距離に基礎をおく同心円型の構造という認識についても当てはまる。「中心からの距離」と、進学行動との「間」に入る変数を具体的に議論する必要があるだろう。例えば、大都市圏からの距離が(ほどよく「近くて遠い」ことが)、工場の多さなど産業立地と関連し、そのことがその地域の雇用の規模・種類や、賃金構造と関連を持つ。今度はそれが、進学か否かの意思決定に関連する、といった連関に関する考察である。

12 高等教育に限らないが、『教育社会学研究』誌(第90集まで)に掲載された論稿(「論壇」、「研究ノート」を含む)のうち、タイトルに「地域」が含まれるものは9%ほどだという(渡部2012)。

13 収容力の指標は、近年では、3年前の中卒者数を分母とするものが用いられることが多い(佐々木2006、上山2011など)。いっぽう、天野・河上・吉本・吉田・橋本(1984)によれば、分母に「自県内の高等学校卒業の大学(短大)入学者数」を用いる場合、「収容力と就学率との相関を小さくみつもってしまう」問題がある。この指標はあくまで「一定の進学者数が所与として確定している際にどのような地域間移動が生じるのかを分析するため」に用いるべきだとされる(p. 15。吉本執筆部分)。

14 県別の私立大学の偏差値は(学部単位に整理した1988年の偏差値を、実員で加重平均して県単位に集計したもの)、概ね大都市圏で高く、地方県で低い傾向にある(矢野・小林1989、p. 161)。

15　例えば、尾嶋(1986)は次のように指摘する。「府県別の平均値や比率には、同一府県内に居住する個人間の分散が考慮されていないという問題点がある。たとえば、家庭の経済状況は個人の進学を規定する直接的な要因であるが、個人所得の県内分散が大きい府県の平均値と逆に小さい府県の平均値が等しい場合には、府県別進学率と個人所得平均との相関は0になる。が、このことは、個人が進学するか否かという行動に経済的要因が影響しないということを示していることにはならない」(p. 101)。

16　舞田(2013a)は、2010年の大学進学率(男女計、女子)の規定要因として、県民所得や収容力よりも「大卒人口率」の効果が大きいと指摘する(pp. 194-197)。

17　進学適齢人口に対する大学数も進学率に正であり(荒井1995)、その効果は男子より女子で大きい(田中1998)という報告もある。

18　この点を上山(2013)は、1990年、2000年、2010年の3時点について箱ひげ図で示している(p. 112)。

19　本研究の用いる相関係数は、特に断りのない限り、ピアソンの積率相関係数を指す。

20　居住形態別に推計した大学進学率の推移(1968～98年)は、自宅通学と自宅外で動きが大きく異ならないこと(日下田2006、p. 71)と対比すると、大都市圏での県境をまたぐ自宅通学の多さが窺い知れる。したがって、大都市圏に関しても県外進学(その多くは実質的に、自宅通学だとしても)について考察することは重要だと言える。

21　日本私立学校振興・共済事業団の「入学志願動向調査」の結果を受けて、地方の私立大学(いずれも定員割れ)の関係者はかつて、新聞の取材にこうコメントしている(「二極化『流出防げぬ』――私大47%定員割れ」『産経新聞』2008年7月31日付)。「大学進学者の6人に1人しか県内に残らない。県外志向の傾向は一大学では防ぎようがない」(香川)。「合格者を出しても大半は都心の大学に逃げられる。後発で単科の大学はどこも苦戦している」(栃木)。第1章第2節で見るように、どちらも県外進学が多いことによって、大学進学率全体も高い県である。

22　実際、男子の大学志願率の時系列分析は大都市圏と地方それぞれの収容率の増加が、各々の志願率を高めることを明らかにした(島1996)。

23　この問題について、天野・河上・吉本・吉田・橋本(1984)は(吉本執筆部分)、収容力の県間格差は1971年以降、縮小しているにも関わらず、収容力の県間格差の縮小が就学率の県間格差に結びついていないと指摘しつつ、その理由として2つの推論を行っている。すなわち、「収容力の格差是正が最低の収容力の地方県での収容力拡大ではなく、(比較的高水準県での収容力拡大と―引用者)最高の収容力の都市県での収容力縮小によって進行している側面が大きいからではないか」(p. 19)。「進学者の地域移動が近距離化したとされるなかで、地域ブロックごとの収容力分布の偏りも進学動向を左右するようになっているのではないか」(p. 20)というのである(例えば「西日本の就学率が高くなってきたことと、瀬戸内海に面した諸県での収容力の拡大との関連を問題にすることができ」る。p. 19)。なお、天野・河上・吉本・吉田・橋本(1984)が用いた、「西日本ダミー」や地理的位置(距離)といった変数は、「都道府県の単位をこえた高等教育収容力の地域的分布を示している側面がある」(p. 18。吉本執筆部分)とされる。

24 ただし、「地域間の収容力格差は、収容力があれば県内に戻ってくるはずの者たちに、余分な学費負担を強いて県外進学へとむかわせている側面も大きい」ことは指摘されていた(天野・河上・吉本・吉田・橋本1984、p. 20。吉本執筆部分)。

25 吉川(2001)のいう、大都市圏にアクセスしやすく「県外大都市に出て(一流)大学卒の学歴を取得して、初めて県内でも認められると公言される」ような「都市依存モデル」は、こうした県のいくつかを念頭に置いたと思われる(p. 229)。「大都市大学」の役割を検討した岡崎(1976)のいう地方「中間圏」の趣旨も、これに近いものと理解できる。大都市大学とは、他地域から移動して教育を受けにくる学生層を吸収し、出身地へ送り返す大学のことを指す。彼は沖縄県を除く46都道府県を「大都市圏」、「過疎圏」、「中間圏」に3区分し、後の2者のUターン就職率の違いを検討している。それぞれの区分に属する県は以下の通りである(社会工学研究所1976、p. 24)。大都市圏(埼玉、千葉、東京、神奈川、愛知、京都、大阪、兵庫)。中間圏(宮城、茨城、栃木、群馬、石川、岐阜、静岡、三重、滋賀、奈良、和歌山、岡山、広島、香川、福岡)。過疎圏(北海道、青森、岩手、秋田、山形、福島、新潟、富山、福井、山梨、長野、鳥取、島根、山口、徳島、愛媛、高知、佐賀、長崎、熊本、大分、宮崎、鹿児島)。

26 潮木(2008)は、収容力を供給側の要因や、進学コストに関わる経済変数というより、「教育システム変数」と捉える立場である。多くの地方出身者を受け入れる、大都市圏の収容力に注目する点は、20年ほど前から一貫している(潮木1984)。しかし本稿の立場から重要な貢献だと考えるのは、結果として、むしろ便益という経済変数の重要性を浮き彫りにしたことである。同時に、地方県どうしの違いを重視すべきことも提起している。

27 日本全体では進学率が停滞していたこの時期にも、進学率が低下せず上昇していた県もあることについては、猪股(2002)が詳細に検討している。吉本(1993)も「全国平均での進学率が低下・停滞した中で、1975年以降も進学率が上昇している県も見られる」とし、「長崎、宮崎、鹿児島はこの時期に進学率低下を経験していない」と指摘する(p. 4)。

28 日本の高等教育の発展は、概ね15年程度のサイクルで把握できるとする議論については、金子(2005)、矢野(2005)、山本(2008)を参照。

29 この他、栃木、石川、徳島、香川では収容力、進学率、県内進学者割合(吉本は「県内進学率」と呼ぶ)の全てが上昇していることや、他の「北関東、北陸と瀬戸内の諸県も、それに近い進学行動の変化を示している」こと、「東北での県内進学の上昇、九州の進学率の上昇」が指摘されている(吉本1993、p. 6)。

30 ただし2000年の大学進学率と、2000年から2005年までの進学率の増分との間は、ほぼ無相関となっている。相関係数は.073だった(上山2013、pp. 107-108)。これは大学進学率の上昇度合いが、東北や北関東などで大きく、近畿であまり大きくなかったためだという(p. 117)。

31 構造的県外進学率とは、『学校基本調査』の「a. 出身高校の所在地県別大学入学者数」(ある県から大学に進学した者の総数)から「b. 大学の所在地県別大学入学者数」(ある県の大学へ入学した者の総数)を差し引いたものを(分子とし)、「a」で除した値である。ただし「a－b」がマイナスの場合、0となる(秋永・島1995)。渡部(2007)をも参照。

32 別の言い方をすれば、家計所得は資金調達能力の大きさを示しているとも言える。資本市場が不完全である場合、すなわち一定の利子率によって、自由に金融機関から借り入れることが難しい場合、投資主体にとっては自己資金(すなわち家計所得)の多寡が決定的に重要な意味をもつ(荒井1995)。

33 実証分析において、進学の費用や便益の指標に用いられる変数は、実際は研究によって様々である。例えば(若年)失業率が費用の指標に使われる場合がある。失業率が高ければ、高校卒業時に首尾よく就職できない可能性が高まるから、進学の機会費用は低くなり、進学の誘因は高まる。これは男子の進学志願率の時系列分析においても確かめられている(矢野・濱中2006)。他方、進学の便益として、よりよい就業機会の得られるチャンス(大企業に就職する確率)を考慮した研究もある(Nakata & Mosk, 1986)。

34 それぞれ「特定の個人に対して1ドル追加投資をしたときの、単純化して収益率で測った限界利益」、「追加投資1ドル当りの、単純化のために利子率で測った、彼にとっての有効な限界金融費用」と定義する(Becker訳書、1976、p. 98)。

35 ただし、「大学教育を受けることで、個人の生産能力が高まる」という想定を置かないシグナリング理論では、もともと能力の高い者ほど、大学に入学し卒業するまでに要する費用(シグナリング費用)が少ないと考える。これは同理論が費用の中でも、金銭的費用(学納金など)以外に、精神的費用(入学に必要な受験勉強に伴う負荷など)や、時間的費用(大学の単位取得に要する学習時間など)を重視しており、後の2者は、(能力の違いによる)個人差が大きいと考えられるためだとされる(荒井1995、pp. 61-63)。

36 ただし、個人の進学か否かに関する行動選択のモデルを基礎に、集計的な教育需要関数を導く操作は本来、理論的には非常に複雑なものになるとされる。Kaneko(1987)は質的選択モデルにおいて、個人の諸属性を示すベクトルを、家計所得などの単一の変数のみに代表させることができる場合には、比較的シンプルな数式によって集計的教育需要関数を表現できることを示した(pp. 17-18)。その結果、進学適齢人口の全体が、複数の(人数の等しい)所得階級に分割できるとき、集計的な進学選択率(P)は、それぞれの所得階級に属する個人的な進学選択確率(p)の平均(各階級が十分に大きい場合、その所得階級において、実際に進学を選択する生徒の比率Pの期待値に等しい)を、すべての所得階級について足し合わせたものと考えることができるという(金子1986、pp. 47-48)。

37 別の箇所では「合衆国において、都市で雇用されるとか知能指数や席次の高い人々は、農村で雇用されるとか知能指数や成績の低い人々より、1つには収益率が高いために正規の教育により多く投資する傾向がある」と指摘する(Becker訳書、1976、p. 106)。この他、「差別とかひいきというような(集団間の一引用者)機会の違い」も、需要曲線を異ならせる要因になるという(同、p. 155)。

38 図序-7の生産面において、企業の生産活動が高まると、それに必要な労働力への需要が増加し、学歴別賃金構造に影響する。典型的には、より高度な知識や技術を身に付けた労働力、例えば大卒者への需要が高まると、大卒と高卒の間の賃金格差が拡大するだろう。それは個々の家計にとってみれば、大学進学によって期待される便益が上昇することを意味し、進学需要の増大に寄与しうる。いっぽう、国民経済の成長は分配面において、家計所得を増大させ、やはり進学需要の高まりをもたらすと同時に、政府税収の源泉となり、学校への教育支出によって大学教育の供給を支える役割を果たす。教育機会市場で大学進学需要と、大学教育供給が調整され、入学者数は決定される。首尾よく卒業した者は、大卒労働市場に労働力として供給されることになる。以上の説明に関しては、吉本(1991)の解説や(p. 42)、金子・小林(2000)も参照。

39 いっぽう、労働市場の間には序列が存在するため、参入が非常に難しい労働市場というものが生じる。たとえば、学卒時に正社員として就職せず、パートタイマーとしての経歴を重ねてきた人が、「大企業の正社員の職」の労働市場に参入しにくいことなどに、典型的である。

40 小方(1998)の枠組みでは、それぞれ、大学教育と職業の対応関係について、大学教育の内容を重視した「専門カップリング」モデルと、大学の選抜性を重視した「選抜カップリング」モデルとに対応する。それぞれは人的資本理論と、シグナリング理論(スクリーニング仮説)とが背景になっている。

41 その場合、大卒者と雇用者とを媒介するものは、ある種の「土地勘」に類する能力かも知れない(具体的には地域の方言や、慣習に対する知識や理解が想定できる)。出身地を、就職先への長期的コミットメントの可能性の指標としていることも考えられる。これらの問題に関する考察を深めるのは、別の機会に譲りたい。

42 2009年4月23日に開催された、中央教育審議会大学分科会の大学規模・大学経営部会第1回における小杉礼子委員の発言。

43 矢野(1984)は次の例を挙げている。「1960年代のアメリカの収益率が高学歴化の進行にもかかわらずほぼ安定的に推移したのは、大卒の労働需要が上昇したからだと解釈されている」(p. 141)。

44 実際、原・盛山(1999)は1955～95年のSSM調査を分析し、40代と50代男性の平均個人年収について学歴間格差(大卒／高卒と、大卒／中卒)は概ね横ばいで推移していることを明らかにしている(pp. 54-55)。

45　川田(1993)は、長野県佐久地方出身の大学進学者のうち、1980年頃に新卒として就職を迎えた年代の者(高校及び同窓会の名簿より抽出)に対して、1991年に質問紙調査を行っている。その結果によれば、大学卒業後に民間企業に就職した者のうち、長野県内に就職した者よりも、県外で就職した者の方が、東証一部上場企業への就職率が高い(また、このことは出身大学の所在地が県内、県外のいずれの場合も成り立つ)という。なお、民間企業への就職者の割合そのものは、県内就職者よりも県外就職者の方が大きい(p. 36)。

46　この点は例えば、山口・江崎・松山(2011)が行った山形県庄内地方の出身者に対する調査(高校の同窓会名簿から抽出し、2004年に実施)の結果が示唆している。すなわち、新規大卒就職時に庄内地方へとUターンしてきた者(男子)の職業を、1976～78年高校卒と1996～98年高校卒の2世代で比較すると、若い世代の方が公務員・教員の割合は低い。また、前の世代に比べ、「会社員」の中で事務職や技術職の割合が低い一方、営業・販売職が過半数を占めることから、かつては主に高卒者が就いていた職種に、大卒者が就く学歴代替の進行を報告している(pp. 215-217)。また、地方出身者が出身県内で就職するなら、県外の大学を卒業する方が、県内の大学を出るより有利となる場合があると示唆する研究もある。先に言及した川田(1993)によれば、長野県佐久地方出身の大学進学者で、大学卒業後に長野県内の民間企業に就職した者の中では、県外の大学を出た者の方が、県内の大学を出た者よりも、東証一部上場企業への就職率が高かったという(p. 36)。

47　実は、この関連性は(地方出身の)高卒就職者にとっても重要な意味を持つ。高卒者が就職時の地域移動の結果、賃金水準の高い大都市圏で就職するチャンスは、出身地によって異なる可能性がある。その場合、大都市圏へ就職移動する傾向の強い地域ほど、高卒者でも生涯年収が高くなる可能性があることから、大学進学の金銭的メリットが小さく感じられても不思議ではない。

48　大学設置審議会大学設置計画分科会「昭和61年度以降の高等教育の計画的整備について」(いわゆる新高等教育計画)では、次の13ブロックが用いられた。北海道、北東北、南東北、北関東、南関東、甲信越静、北陸、東海、近畿、中国、四国、北九州、南九州。この区分の「南関東」から東京を、「近畿」から東近畿を独立させたものである。

49　ただし、本研究が岐阜、三重、滋賀、和歌山も大都市圏に含めた点は佐々木(2006)と異なる。なお、「外縁」と「中間」の語は、朴澤(2014c)が用いた以外にも、先行研究で用いられることがある。内田・橋本・鈴木(2014)は、47都道府県を大学・短大進学志望率と、大学入試センター試験利用率という2つの指標によって、3類型に区分している(クラスター分析の結果に基づく)。それは「(1)高進学志望・低セ試利用」、「(2)中進学志望・高セ試利用」、「(3)低進学志望・高セ試利用」というもので、(1) ～ (3)はそれぞれ、「首都圏と京阪神圏」、「中間地域」、「列島の外縁部の地域」に対応するという(pp. 53-54)。なお、この分類では、類型(1)に埼玉、千葉、東京、神奈川、滋賀、京都、大阪、兵庫、奈良の9都府県が含まれ、類型(3)には次の17道県が含まれる。北海道、青森、岩手、宮城、秋田、山形、福島、鳥取、山口、高知、佐賀、長崎、熊本、大分、宮崎、鹿児島、沖縄。類型(2)に分類されるのが、それ以外の21県である(同、p. 54)。

50　朴澤(2014c)は、東海と東近畿を中間地方(当該論文中の呼称は「中間部」)に含め、私立専門学校生及び私立大学生の家庭給付収入を分析した結果、外縁地方(当該論文中の呼称は「外縁部」)出身者より、中間地方出身者の方が、家庭給付収入の平均額は高いことを報告している。

51　「平成27年賃金構造基本統計調査　調査票記入要領」による。厚生労働省ウェブサイトを参照(最終アクセス日2015年6月29日、http://www.mhlw.go.jp/toukei/itiran/roudou/chingin/kouzou/detail/dl/detail-05.pdf/)。

52　データの利用を快く許可してくださった金子元久研究代表と、共同研究者各位に、この場をお借りして深く感謝申し上げたい。

53　調査方法の詳細や、調査結果の基礎集計については、東京大学大学院教育学研究科大学経営・政策研究センター編(2007)を参照。なお本研究が分析に使用したデータは、2008年2月15日現在のクリーニング版である。

54　ここで議論したもの以外に、パネルデータとしてのメリットがある。高校卒業後の就業や就学などの状況を追跡しているため、例えば離職や中途退学の規定要因分析などが可能になるだろう。また、同一の意識項目を複数時点で尋ねた設問もある。ただし、本研究にとっては、第1回調査を中心に用いることで、十分に目的が達成できると考える。

55　高校生の大学進学行動と、出身家庭の所得の関連性を分析する上でこれまでに利用できたのは、厚生労働省『賃金構造基本統計調査』や日本学生支援機構『学生生活調査』(2002年度までは文部省・文部科学省が実施)の集計データに限られていた。『賃金構造基本統計調査』の場合、高校生の父親世代(主に40代から50代前半)の男性の平均給与を県別に算出し、これを高校生の出身家庭の所得に見立てて県別の大学進学率・志願率との関連が分析される。しかし、この方法では各県の平均像以上のこと(例えば各県の在住者の多様性)を明らかにすることはできない。『学生生活調査』の場合、調査票で尋ねている大学在学者の出身家庭の年収をもとに、所得階級(五分位)別の在学率を推計する試みは調査実施者自らによっても研究者によっても重ねられてきた。しかし、2004年度までの調査票には出身地に関する項目がないため、所得の低い家庭(例えば、第1五分位や第2五分位)の出身者のうち、何割が大学に進学したかは推計できても、それをさらに大都市圏、地方といった出身地ごとに集計することは不可能であった。学校所在地は調査で尋ねられているため、親元からの通学が多い大都市圏についてはある程度の推計もできる。しかし、肝心の地方出身者については所得階級別の進学率の把握が困難だったのである。

56　例外的に藤村(1999)は、県別データの分析において学力変数の有効性を示した。なお既存調査について付言すれば、SSM調査やJGSSには、中学3年生時の成績の指標がある反面、家庭の所得を直接尋ねた変数がないといううらみがあった。

57　矢野(1982a)はまた、入学や就職などの進路選択は経済的動機とは「無関係でない」と指摘しつつ、こう述べる。「すべての人が経済的動機だけで進路を決めるわけではない。経済変数の変動に影響を受けない人もいるのは事実である。だが、一方で経済変数の変動によって影響を受ける人がいる限り、全体の流れは経済変数の変化の方向に傾斜するのである。これが無関係でないという意味である。経済学的アプローチの関心は、この変化の方向をさぐることにある」(p. 59)。

58　進路選択を控えた高校生で、「大学に行くにはそれなりに費用も労力もかかるが、それだけのコストをかける甲斐があるのか」、あるいは端的に、「大学に行って得になるか」という問題を、全く考えない人はそう多くないのではないだろうか。考えない高校生がいるとしたら、それは「大学進学にメリットがあること(又は、ないこと)」が、あまりに自明である(ような地域や時代に生きている)ために意識しない、とも理解できよう。

59　例えば、吉川(2009)はこう指摘する。「いまの高校生たちの多くは、自分の人生について、せいぜい20代までしか見通しをもっていません。ですからかれらは目の前の楽しみを犠牲にし、自分の将来に保証のない“投資”をする大学進学と比べて、高卒学歴の人生が不利だとは思っていないのです。こうしたことも、大学進学を望まない高校生の数が思いのほか多いことの一因となっています」(pp. 211-212)。

60　1970～90年のデータを用いて大学志願率の時系列分析を行うと、3～4年以上前の内部収益率が、志願率に正の有意な効果を持つ事実は(田中1994)、高校生が大学進学のメリットを少し遅れて認識することを意味するが、(同時代の)「先輩」たちを観察して得た事実に基づいて、進路を選択しているという解釈も可能かも知れない。第4章注31の香川・相澤(2006)の議論も参照。

61　地方には大学進学に重きをおかない文化を持つ地域があり、それが進学率の低い要因だとする説も(片瀬・阿部1997)、この文脈に位置づけることが可能かも知れない。もっとも、地域文化の独自性を強調すると、トートロジカルな議論に陥る危険があるという指摘もある(原2006)。

62　内閣府「親と子の生活意識に関する調査」には、「将来のために節約・努力するよりも、今の自分の人生を楽しむほうがよい」という設問文がある(問32A)。これを地域ブロック別に集計した。

63　詳細な分析結果は省略するが、「高校生調査」で尋ねた主観的便益、すなわち大卒者の将来の収入は高卒の何倍かを尋ねた設問の回答分布は、地域3ブロック間に有意差が見られなかった。大学進学率の高い地域に住む高校生ほど、主観的便益が高い傾向があっても不思議でないにも関わらずである。

64　社会階層研究でも、「女性の階層状況を決めるのは、世帯なのか夫なのかそれとも本人なのか、という問題」には論争があるという（原・盛山 1999、p. 189）。原・盛山（1999）は、女性の階層とは何かという問題に関しては、次の3つを区別することが重要だと指摘する。すなわちジェンダー間階層（「総体としての男性」と対立する、女性という階層）、ジェンダー中立的階層（専門職や企業・官庁のハイアラーキーにおける達成など、男性と共通の尺度で測られる階層）、ジェンダー内階層（女性だけの階層スケール。有職か否か、男性世帯主の階層など）である。これらは複雑な階層状況を単純化するためのモデルなのであるから、各自の問題関心に応じて使い分ければよいとする（pp. 218-220）。

第 1 章

高等教育機会の地域格差

——趨勢と構造——

本章の目的は、高等教育機会の地域格差の趨勢と構造を記述的に理解することである。主に『学校基本調査』に依拠して、まず第1節で県ごとの大学進学率の分布を検討するとともに、地域格差の時系列的な変化を概観する。第2節では、地方出身者の進学先の大学所在地に焦点を当てる。特に地方県では、県外進学率の水準が大学進学率全体を左右することや、県外進学率が高い県ほど、県内進学率が低いことを示す。地方でも進学率の低い県(「外縁地方」)に比べ、高い県(「中間地方」)では、県内進学より県外進学(進学先は大都市圏の私学が中心だが、地方国公立大も多い)が主流であることも明らかにする。

以上の『学校基本調査』による検討では、県内進学や県外進学の状況は把握できても、自宅通学か、親元を離れた(自宅外)通学かに関するデータは得られない。だが本研究の着目する(要因の1つである)進学費用という観点では、自宅か自宅外かという問題の方が重要であることは、多くの先行研究が明らかにしてきている(小林2009など)。

そこで、第3節では「高校生調査」を使用して、自宅通学か、(より多くの費用が必要となる)自宅外通学かという区分により、進学先の検討を行う(私立か国公立かによって費用も異なるから、設置者も区別する)。検討の結果、自宅通学が県内進学と、自宅外通学が県外進学と、それぞれ、大部分において重なり合った現象となっていることも明らかとなる。

最後に第4節で、以上の結果を要約する。

なお、高校3年生の11月時点の大学進学希望率に着目しても、大学進学率の地域差を検討する目的には有効であることには付論で言及する(「高校生調査」において、3月卒業時の予定進路の大学進学予定者割合と比べ、地域間の布置が大きく異ならないため)。

第1節　高校生の進路選択と大学進学

1. 学校基本調査からみた高校卒業後の進路

本節ではまず、大学進学以外も含めた高校生の卒業後の進路を、『学校基本調査』のデータから見ていこう。2006年3月の高等学校(全日制・定時制)卒業者について、主な進路の割合を県別に示したものが**図1-1**(男子)、**図1-2**(女子)である。

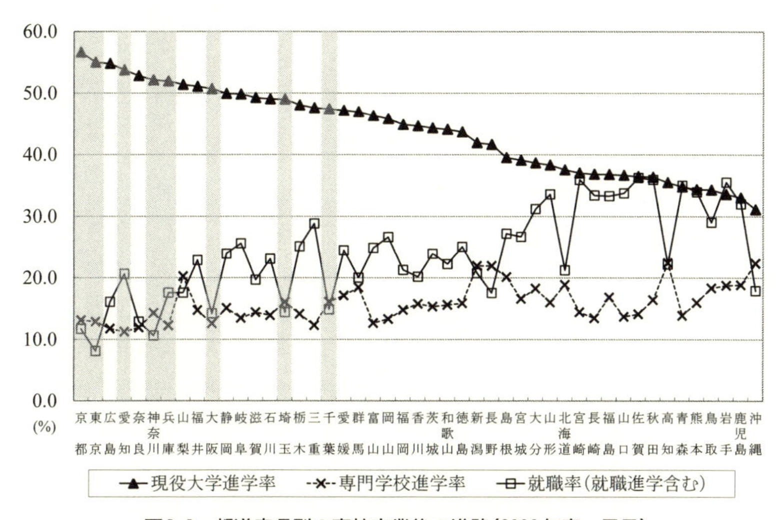

図1-1　都道府県別の高校卒業後の進路(2006年度、男子)

(注)網掛け部分は、「中央県」の8都府県。以下、本章において同じ。

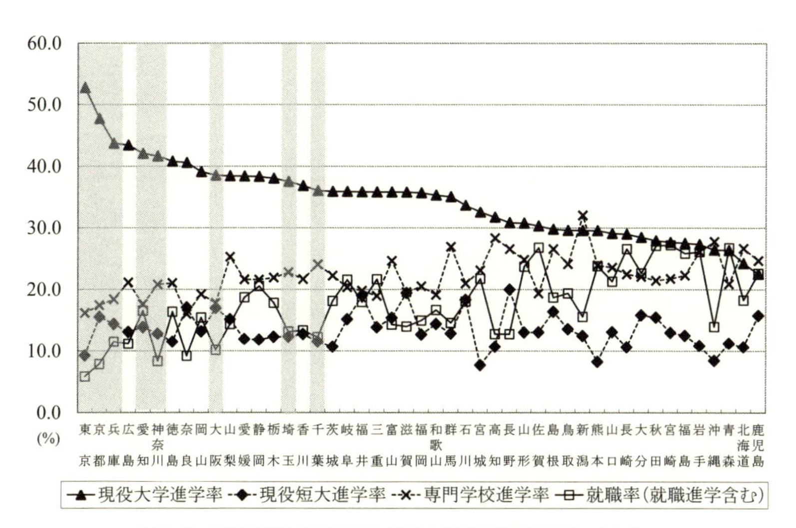

図1-2　都道府県別の高校卒業後の進路(2006年度、女子)

主な進路とは、現役大学進学率[1](浪人を含まない大学進学率)、専門学校進学率[2]、就職率[3](就職進学を含む就職率)を指す。女子については現役短大進学率[4]も加えた。よって、専修学校(一般課程)等や、公共職業能力開発施設等への入学者の割合などが含まれないため(また、就職進学者をダブルカウントしているため)、合計は100%にならない。なお図1-1、図1-2では、各県を現役大学進学率の大きい方から順に並べた。以上の値の記述統計は**表1-1**に示してある(表1-1には、高卒直後の大学志願率[5]の値も加えた)。

表1-1で全体平均を見ると、2006年3月卒業の男子の進路のうち、最も多かったのは大学進学で、46.5%であった。次に多いのが就職率の20.5%で、専門学校進学率は15.1%となっている。地方県に限った場合、全体平均の値はそれぞれ42.5%、25.3%、16.2%であり、全県の場合より、やや大学進学が少なく、就職が多くなる。

女子の進路の内訳も(全県を用いた集計)、やはり現役大学進学率が最も高い(37.0%)。これに次ぐのが専門学校進学率の21.4%である。以下、就職率が15.4%、現役短大進学率が12.9%という値となっている。男子よりも専門学校進学率が高く、就職率が低い。地方県に限った集計の場合、これらの値はそれぞれ32.7%、23.0%、18.9%、12.9%であった。全県の集計に比べると、大学進学が少ない一方、就職が多くなるのは男子と共通した結果と言える(表1-1)。

図1-1、図1-2を眺めると、現役大学進学率の低い県ほど、就職率は概ね高くなる傾向が窺える。実際、両者の相関係数を算出したところ(**表1-2**)、男子-.744、女子-.728と高い(大学志願率と就職率の相関係数はさらに高く、男子-.872、女子-.810に達する)。ただし地方県に限定すると、相関はやや低くなり、男子-.645、女子-.600となる(志願率と就職率の相関は男子-.792、女子-.723)。「現役大学進学率の低い県ほど、就職率が高い」関係が、地方県に限った場合に少し弱くなるということは、地方では現役大学進学率が低くとも、就職以外の進路が選ばれるケースの少なくないことを示唆する。

そこで専門学校進学率に着目すると、図1-1、図1-2からはまず、都道府県(以下、原則として「県」と略す)間の分布が比較的均等であることに気づかされる。実際、都道府県間の相関比(ばらつきの大きさを示す指標の1つ。詳細は本章付論2で論じる。以下「相関比」）の値は、男子.082、女子.081となっており、現役大学進学率（男子.142、女子.132）や就職率（男子.177、女子.149）、大学志願率（男子.178、女子.138）よりも、ばらつきが小さいことがわかる[6]（表1-1）。そして専門学校進学率は、現役大学進学率の低い県ほど高い。すなわち両者の相関係数は男子が-.553、女子は-.619であった[7]（志願率との相関係数も同程度となる。男子-.499、女子-.557）。地方では現役大学進学率が低くとも、専門学校進学を選ぶ場合は少なくないことが窺える（表1-2）。

表1-1　都道府県別の高卒進路の記述統計（2006年度）

	(1) 全体平均	(2) 平均値	(3) 標準偏差	(4) 変動係数	(5) 相関比	(6) 最小値	(7) 最大値
現役大学進学率（男子）	.465	.439	.070	.160	.142	.311	.566
専門学校進学率（男子）	.151	.158	.030	.188	.082	.112	.224
就職率（男子）	.205	.240	.076	.316	.177	.081	.363
大学志願率（男子）	.572	.527	.089	.168	.178	.375	.729
現役大学進学率（女子）	.370	.345	.063	.182	.132	.225	.527
現役短大進学率（女子）	.129	.134	.028	.210	.082	.077	.200
専門学校進学率（女子）	.214	.223	.034	.151	.081	.160	.320
就職率（女子）	.154	.176	.057	.323	.149	.058	.272
大学志願率（女子）	.426	.395	.068	.171	.138	.263	.620
地方39県のみ：現役大学進学率（男子）	.425	.422	.064	.152	.130	.311	.548
地方39県のみ：専門学校進学率（男子）	.162	.163	.030	.183	.081	.117	.224
地方39県のみ：就職率（男子）	.253	.261	.064	.247	.146	.129	.363
地方39県のみ：大学志願率（男子）	.507	.501	.070	.141	.141	.375	.666
地方39県のみ：現役大学進学率（女子）	.327	.328	.050	.154	.107	.225	.434
地方39県のみ：現役短大進学率（女子）	.129	.134	.029	.217	.085	.077	.200
地方39県のみ：専門学校進学率（女子）	.230	.228	.032	.139	.076	.160	.320
地方39県のみ：就職率（女子）	.189	.190	.050	.262	.127	.092	.272
地方39県のみ：大学志願率（女子）	.375	.376	.051	.136	.105	.263	.487

（注）進学率などの記述統計は、百分率の形では示していない（以下の表も同様）。

表1-2　都道府県別の高卒進路間の相関（2006年度）

	現役大学進学率（男子）	専門学校進学率（男子）	就職率（男子）	大学志願率（男子）	現役大学進学率（女子）	現役短大進学率（女子）	専門学校進学率（女子）	就職率（女子）	大学志願率（女子）
現役大学進学率（男子）	--	-.553 ***	-.744 ***	.939 ***	.898 ***	.345 *	-.574 ***	-.693 ***	.849 ***
専門学校進学率（男子）	-.455 **	--	.083	-.499 ***	-.547 ***	-.124	.844 ***	.087	-.491 ***
就職率（男子）	-.645 ***	-.157	--	-.872 ***	-.719 ***	-.144	.207	.956 ***	-.792 ***
大学志願率（男子）	.939 ***	-.390 *	-.792 ***	--	.895 ***	.242	-.542 ***	-.831 ***	.912 ***
現役大学進学率（女子）	.880 ***	-.457 **	-.584 ***	.856 ***	--	.079	-.619 ***	-.728 ***	.976 ***
現役短大進学率（女子）	.443 **	-.113	-.246	.392 *	.172	--	-.237	-.172	.017
専門学校進学率（女子）	-.447 **	.820 ***	-.057	-.394 *	-.478 **	-.266	--	.185	-.557 ***
就職率（女子）	-.573 ***	-.142	.937 ***	-.738 ***	-.600 ***	-.259	-.086	--	-.810 ***
大学志願率（女子）	.817 ***	-.384 *	-.687 ***	.874 ***	.963 ***	.116	-.385 *	-.723 ***	--

（注）行列の右上側は47都道府県、右下側は地方39道県の相関係数。表1-4、表1-6も同様。

なお、女子の現役短大進学率は、現役大学進学率や就職率の分布に比べれば、県間で均等に分布している(図1-2)。この点では専門学校進学率と同様であり、現役短大進学率の相関比も.082(地方県に限ると.085)と、小さい値であった(表1-1)。ただし、図1-2では専門学校進学率の低い県ほど、現役短大進学率が高くなる関係性が微かに認められる。確かに両者は弱い負の相関関係にあり、相関係数は-.237(地方県に限ると-.266)となる。現役短大進学率と就職率の相関係数もマイナスだった(全県で-.172、地方県のみで-.259)。現役大学進学率との間の相関係数は非常に小さい値であり、全県で.079、地方県のみでは.172にすぎない(表1-2)。

2. 大学進学率の地域分布と地域格差

次に、大学進学率に絞って地域間の分布を概観していこう。序章冒頭で定義した進学率を2006年度の男子について県別に算出し[8]、大きい方から順に示したものが**図1-3**である(図中の「大学進学率(高卒者基準)」)。女子の同じ値は、**図1-4**に示す通りである。

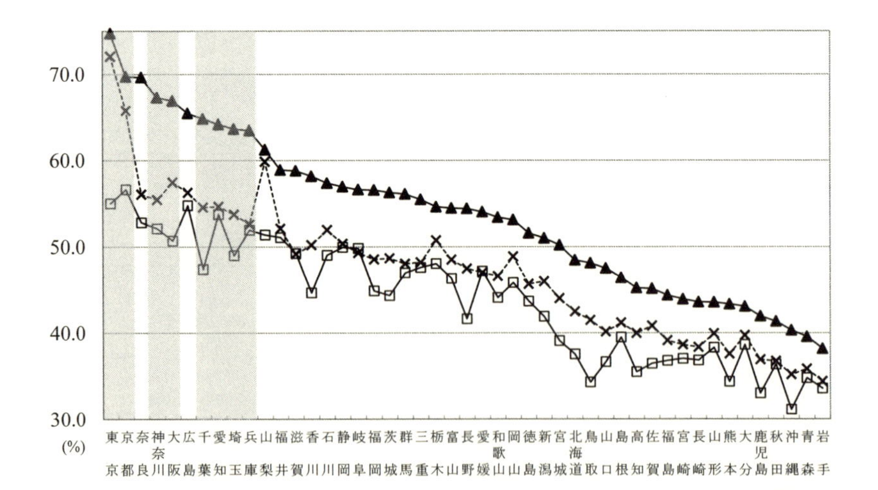

図1-3 都道府県別の大学進学率(2006年度、男子)

(注)現役大学進学率の値は、図1-1の再掲。図1-4も同様。

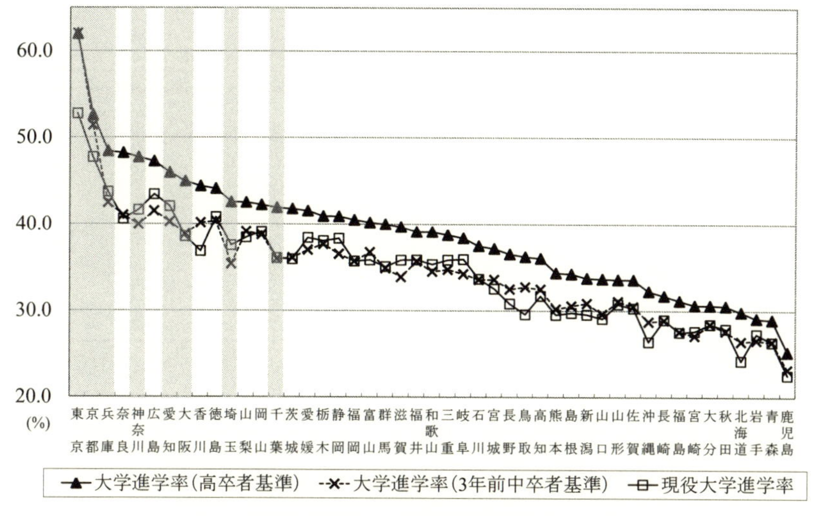

図1-4　都道府県別の大学進学率（2006年度、女子）

序章では、最新（2015年度）の大学進学率について、値の最も低い県（男子は岩手、女子は鹿児島）は、最も高い県（東京）との顕著な差が見られるだけでなく、地方県でも進学率の高い県との間の差も大きいことを指摘した。これらの傾向は、2006年度のデータでも同様だったことがわかる。例えば広島と、進学率が最低の県との進学率格差は男子で25ポイント、女子で20ポイントを超える（図1-3、図1-4）。2006年度の進学率の県間布置と、最近のそれは、概ね似ているためであろう（進学率の年度間比較は、本章付論1を参照）。

2006年度の大学進学率は、日本全体では男子が58.1％、女子は42.0％（地方県に限るとそれぞれ51.6％、36.8％）であった。進学率を県別に算出し、県間の平均値（以下、「県間平均」と呼ぶ）を47県で取ると男子53.7％（標準偏差9.2％）、女子38.8％（同7.0％）となる。先ほどの日本全体の値（以下、「全体平均」と呼ぶ）は、県ごとに高校卒業者数が異なることを考慮した加重平均の値に相当するから、進学率の高い、大都市圏の高卒者の行動がより多く反映されるため、県間平均より大きな値となる。なお、地方39県だけで県間平均を取ると、男子51.0％（同7.5％）、女子36.8％（同5.4％）であった（**表1-3**）。

表1-3　都道府県別の大学進学率の記述統計(2006年度)

	(1) 全体平均	(2) 平均値	(3) 標準偏差	(4) 変動係数	(5) 相関比	(6) 最小値	(7) 最大値
大学進学率・高卒基準（男子）	.581	.537	.092	.172	.185	.382	.747
大学進学率・中卒基準（男子）	.508	.472	.082	.173	.163	.344	.721
現役大学進学率（男子）	.465	.439	.070	.160	.142	.311	.566
大学進学率・高卒基準（女子）	.420	.388	.070	.181	.144	.252	.620
大学進学率・中卒基準（女子）	.375	.348	.068	.194	.142	.232	.620
現役大学進学率（女子）	.370	.345	.063	.182	.132	.225	.527
地方39県のみ：高卒基準（男子）	.516	.510	.075	.147	.150	.382	.696
地方39県のみ：中卒基準（男子）	.453	.449	.064	.141	.128	.344	.599
地方39県のみ：現役進学率（男子）	.425	.422	.064	.152	.130	.311	.548
地方39県のみ：高卒基準（女子）	.368	.368	.054	.146	.112	.252	.482
地方39県のみ：中卒基準（女子）	.329	.330	.047	.141	.099	.232	.415
地方39県のみ：現役進学率（女子）	.327	.328	.050	.154	.107	.225	.434

(注)現役大学進学率の値は、表1-1の再掲。

では、進学率の地域格差に関する議論に移ろう。地域格差の指標として、代表的なものには標準偏差と相関比があるが、両指標にはそれぞれの長所があることから、本研究では原則として両者を併用する。ただし、進学率の水準(県間平均)の異なる集団間で、ある1時点の格差の大きさを比較する場合は、相関比を用いることにした(その理由も含め、両者の長短については本章付論2を参照)。

相関比に着目し、2006年度の進学率の地域格差を検討していくと、実は本研究の定義する高卒基準の進学率は、地域格差を大きく見積もりやすい指標であることに、まず注意が必要である。男子の場合、大学進学率の相関比は.185となる(表1-3)。図1-3、図1-4、表1-3には文部科学省が用いる進学率の指標、すなわち分母に3年前中卒者数(中等教育学校前期課程修了者数を含む)を用いるものと[9](「大学進学率(3年前中卒者基準)」)、現役大学進学率(再掲)も示したが、これらの相関比はそれぞれ.163と.142であった。どちらも本研究の指標(高卒基準)より小さい。女子の場合、男子ほど顕著な違いはないが、同じ値はそれぞれ.144、.142、.132であり、やはり高卒基準の進学率の地域格差が最も大きい数字となる。なお本研究の定義する指標で、格差が最大となる傾向は、地方県に限った比較でも(男女ともに)見られる(表1-3)。

この3種類の進学率指標の違いについて付言すると、そもそも、本研究の進学率指標の全体平均は(男子58.1%、女子42.0%)、中卒基準(男子50.8%、女子

37.5%)や現役進学率(男子46.5%、女子37.0%)よりも高い(表1-3)。また、高卒基準の進学率の水準が、他の2つの水準を、ほぼ全ての県で上回っていることは図1-3と図1-4から明らかだ(女子の東京だけは、中卒基準の進学率が高卒基準を上回る)。しかし、高卒基準の進学率と、他の2つの指標との相関係数は非常に高い。全県で算出した場合でも、地方県だけで算出した場合も、男子は.930、女子は.960を上回る値であった(**表1-4**)。よって地域格差を問題にする目的にとっては、本研究の指標に特に大きな問題はないと考える。

表1-4　三種類の進学率指標間の相関(2006年度)

	大学進学率・高卒基準(男子)	大学進学率・中卒基準(男子)	現役大学進学率(男子)	大学進学率・高卒基準(女子)	大学進学率・中卒基準(女子)	現役大学進学率(女子)
大学進学率・高卒基準(男子)	--	.966	.938	.916	.851	.888
大学進学率・中卒基準(男子)	.967	--	.928	.920	.905	.905
現役大学進学率(男子)	.935	.948	--	.861	.807	.898
大学進学率・高卒基準(女子)	.890	.865	.837	--	.976	.978
大学進学率・中卒基準(女子)	.857	.863	.827	.988	--	.960
現役大学進学率(女子)	.848	.853	.880	.965	.970	--

(注)相関係数のt検定を行う場合、すべての組み合わせで有意となる(0.1%水準)。

さて、本研究の定義する大学進学率の地域格差に話を戻すと、表1-3からは2つの事実が読み取れる。第一に、相関比からみた地域格差は、地方県だけの集計と、全県を用いた集計を比べると、前者の方が後者よりも小さくなる傾向があるようだ。これは男女ともに当てはまる[10]。地方県間の格差は男子が.150、女子が.112だが、全県を用いた集計の場合、相関比はそれぞれ.185、.144となる(表1-3)。図1-3と図1-4の網掛けの部分は「中央県」だが、確かに(進学率が特に高い)この8都府県を除くと、全県の場合よりも地域格差が小さくなることは、直感的に理解できるように思われる。

表1-3が示す第二の事実は、地域格差は男子の方が、女子より大きいことである。これは地方県に限っても言える[11]。この状況は、男子の進学率と女子の進学率で散布図を描くと、より理解しやすい。**図1-5**の散布図を見ると、男子の進学率の散らばりの度合いの方が、女子の散らばりよりも、全体とし

て大きくなっていることが窺える。

この傾向は、次のように考えても読み取れる。図1-5には、男子と女子の進学率の県間平均（男子53.7%、女子38.8%）を通る直線が、それぞれ縦軸と横軸に平行になるように引いてある。図中には両者の交点を通り、かつ傾きが1である直線も実線で示したが、この直線が、図のデータを要約する回帰直線と一致するなら男子と女子の地域格差は同等になる。しかし、図中に点線で示した回帰直線の傾きは、明らかに1を下回る（図1-5）。

男子の進学率と、女子の進学率の相関係数は.916（地方県に限ると.890）と、かなり高い値を示すが（表1-4）、進学率の男女差が大きい県もあれば、小さい県もあるだろう。この県ごとの進学率の男女差についても、図1-5は興味深い情報を提供している。図中の傾き1の直線より左側に位置する県は、進学率の47県間平均の男女差を調整した場合、女子の進学率の方が、男子より相対的に高くなる県である。徳島、高知、熊本、沖縄、岩手などが該当する[12]。女子の進学率の最も低いグループに属する県でも、鹿児島や北海道は、直線の右側に位置するという違いがあることが注目される。直線の右側、す

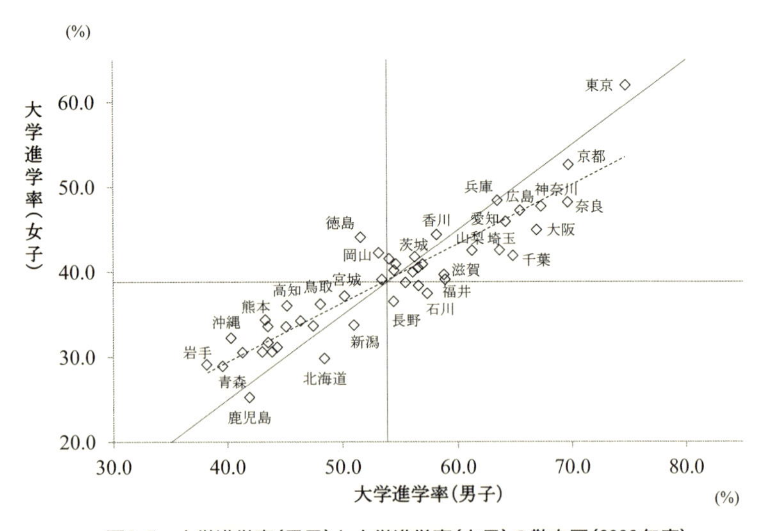

図1-5　大学進学率（男子）と大学進学率（女子）の散布図（2006年度）

（注）一部の県名を省略した。

なわち、進学率の男女差(男子の方が女子より大きい程度)の相対的に大きな県としては、他に、奈良や大阪、千葉など大都市圏の県や、福井や石川などの県が散見される[13](図1-5)。これらの知見は、進学率の男女差が山梨、石川、福井等で大きく、青森、高知、沖縄等で小さいという先行研究の指摘と整合的だと言えよう(佐々木2006)。

では、進学率の地域格差は1970年代の半ば以降、どのように推移してきたのだろうか。この問題は近年、上山(2012a)が最も包括的に検討している。そこでここでは新たな集計を行うのではなく、その成果を紹介することでこの問題を論じることにしたい。

上山(2012a)は、本研究で中卒基準の大学進学率と呼ぶ値を用いて、相関比と標準偏差の指標から地域格差の推移を検討している。すなわち、1975年度から2010年度まで、5年おき8時点について指標を算出したものである。よって本研究の用いる進学率とは定義(高卒基準)や年度(2006年度)が異なるが、地域格差の趨勢を捉える上で大いに参考になる。上山(2012a)の算出した相関比と標準偏差の値は、**図1-6**に示す通りである。

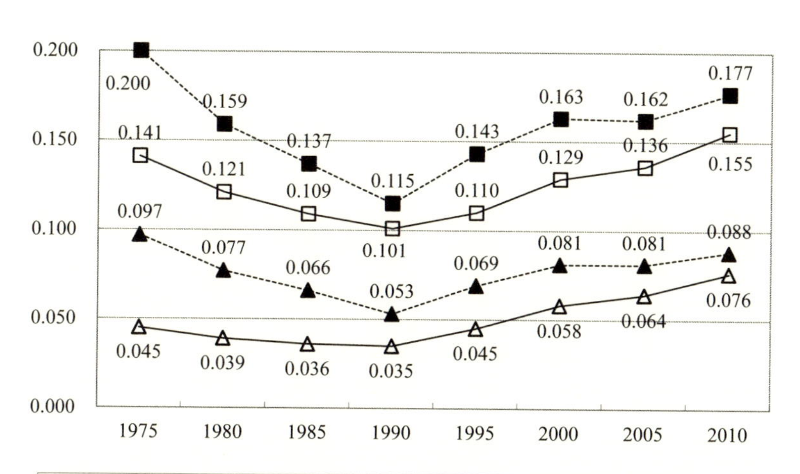

図1-6　大学進学率の地域格差の推移(1975～2010年度)

(注)上山(2012a)より作成。

図1-6を見ると、上山(2012a)自身も指摘するように、いずれの指標を用いた場合も、概ね1990年度まで地域格差は縮小し、以後、拡大しつつあることが確認できる。相関比の1975年度の値と(男子.200、女子.141)、2010年度の値(男子.177、女子.155)を比較すると、「1975年(中略—引用者)の格差状況と、(中略—引用者)男子ではそれに匹敵する程度の、女子ではそれ以上の程度の格差が、現在においては存在している」ことが見てとれる(上山2012a、p. 27)。

ただし、女子の標準偏差だけは傾向が異なっており、1975年度(.045)から1990年度(.035)までの値の減少幅は小さい半面、1990年度から2010年度(.076)までは大きく増加している(図1-6)。しかし、上山(2012a)によれば、ここから「1995年において既に1975年と同程度の格差状態となり、2000年には1975年よりも格差が大きくなっている」と結論することは妥当でないという。むしろ、相関比の推移から、「2005年において0.136と1975年の値に匹敵するものとなり、2010年においてはじめて0.155と1975年よりも大きな格差状態となる」と判断する方が妥当だとしている(p. 30)。

なお、1970年代後半から90年頃にかけて、進学率の地域格差が縮小している理由は、大都市圏における大学等の新増設抑制政策との関連から議論されることが多い。ここではごく簡潔に触れるにとどめるが、1976年の高等教育懇談会報告「高等教育の計画的整備について」など、4次にわたる一連の「高等教育計画」においては、大都市圏における大学等の新増設を原則として抑制し、拡充は例外的に、地域間の進学率格差や、専門分野構成の不均衡の是正のほか、計画的な人材養成の必要に寄与する場合にのみ認められる方針が掲げられた[14]。1975年に私立学校振興助成法が制定された際、大学の学部の学科増、収容定員の増加に係る学則変更が認可事項となり、私立学校法附則第13項(1981年3月31日で失効)によって私立大学の新増設等の認可を原則として行わない措置も取られた。定員超過率の高低による私立大学等経常費補助金の減額・不交付措置もあって、大都市の私立大学に入学できる間口は狭まる。おりしも、大都市圏では18歳人口が1970年代半ばから90年代初頭まで急増していたから、大都市圏出身者の大学進学率は大きく低下した(同じ時期に、地方出身者の進学率は横ばい)。そのため、進学率の地域格差は縮小したのである(猪股2002、小林2009など)。

3. 家計所得と大学進学率の関係

ここまで大学進学率の県間分布や、県間格差の趨勢を概観してきた。では進学率の県間分布は、本研究が主に着目する変数である学力や家計所得と、どのように関係しているのだろうか。この問題を、高校生個人単位のデータを用いて考察する作業は第2章に譲る。ここでは県別の集計データを用いて、家計所得と進学率の関係について、予備的な検討を行っておこう（学力と進学率の関係については、第2章付論を参照）。

家計所得の変数に用いるのは、高校3年生の父親世代に相当する男性労働者の平均年収である（以下「父親世代所得」）。すなわち、2005年度『賃金構造基本統計調査』をもとに、45～54歳男子の勤労者平均年収（産業計・企業規模計）を県別に推計し[15]、全国物価地域差指数で東京都を基準（＝100）に調整した値を用いる[16]。47県間平均は671万円（標準偏差80万円）であった。

父親世代所得と、大学進学率との散布図を示したものが、**図1-7**（男子）、**図1-8**（女子）である。2つの図は父親世代所得と、進学率の強い正の相関関係の存在を示唆する。実際、全ての県を用いて相関係数を算出すると、男子が.890、女子が.840であった（地方県に限った場合、男子は.825、女子が.775）。

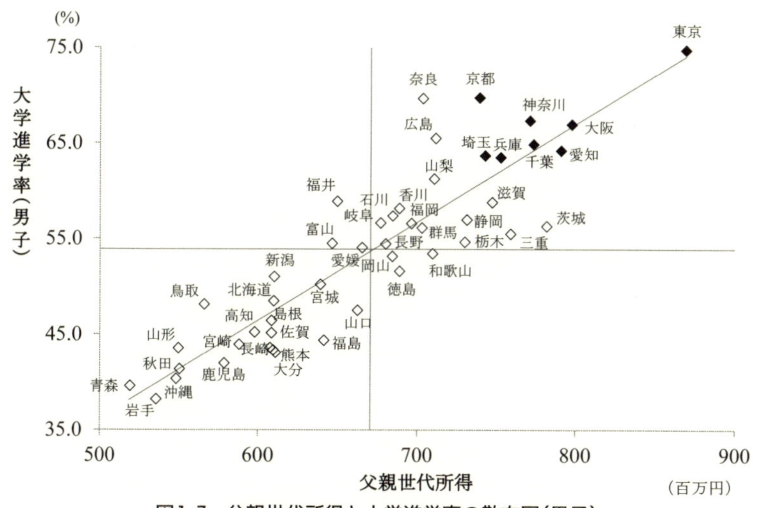

図1-7　父親世代所得と大学進学率の散布図（男子）

（注）◆印は「中央県」に該当する8都府県。図1-8も同様。

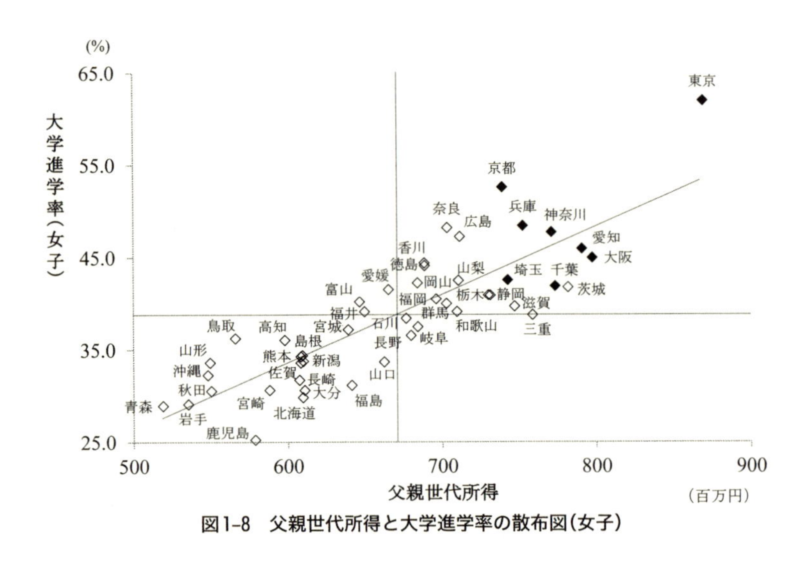

図1-8　父親世代所得と大学進学率の散布図（女子）

散布図には、父親世代所得と大学進学率の県間平均を通る直線が、それぞれ縦軸と横軸に平行に引いてある。男女とも、ほとんどの県は、図の右上側(父親世代所得、進学率の両方とも47県間平均を上回る)、又は左下側(両方とも47県間平均を下回る)に位置することが読み取れる。しかし少数ながら例外も存在し、富山、福井、愛媛の3県は男女とも図の左上側にある。父親世代所得は県間平均より低いのに、進学率が県間平均より高い県である。反対に、所得は県間平均よりも高いが、進学率は県間平均を下回る県は、男子は和歌山、岡山、徳島、女子は長野、石川、岐阜などであった[17](図1-7、図1-8)。

2つの図には、進学率を父親世代所得に単回帰させた時の回帰直線も示した。回帰直線よりも上側に位置する県ほど、所得の影響を一定にしてもなお進学率が高く、下側に位置するほど低いことを意味する。先の単回帰分析の結果、算出される残差の値が大きい県ほど、回帰直線の上側に位置することになり、奈良、京都、広島、鳥取(他に、男子は福井、女子は東京)などが該当する[18]。反対に、残差の値が小さい(負である)のは、茨城、三重、福島(他に男子は山口、栃木、女子は鹿児島、滋賀)などであった[19]。男子と女子の残差どうしの相関係数は.679と、比較的高い値となる。所得から予測される以上に進学率の高い県(低い県)は、男女で概ね似ていることが窺える(図1-7、図1-8)。

第2節　地域移動を伴う大学進学

1. 県外進学率と県内進学率

第1節では、大学進学率の地域格差やその推移を議論したが、その際、進学先の地域を区別することはしなかった。本節ではまず大学進学率全体を、県外進学率と県内進学率に分割した検討を行う。序章第2節でも述べたように、県外進学率の定義は、出身高校の所在地県とは異なる県の大学への入学者数を、高等学校卒業者数で除した値である。県内進学率は、出身高校の所在地県と同じ県の大学への入学者数を、やはり高卒者数で除した値となる。よって、県外進学率と県内進学率を足し合わせた値が、全体の大学進学率に一致する。進学率全体に加え、県外進学率と県内進学率を2006年度について県別に算出して、大きい方から順に示したものが**図1-9**(男子)、**図1-10**(女子)である[20]。これらの値の記述統計は**表1-5**に掲げた。

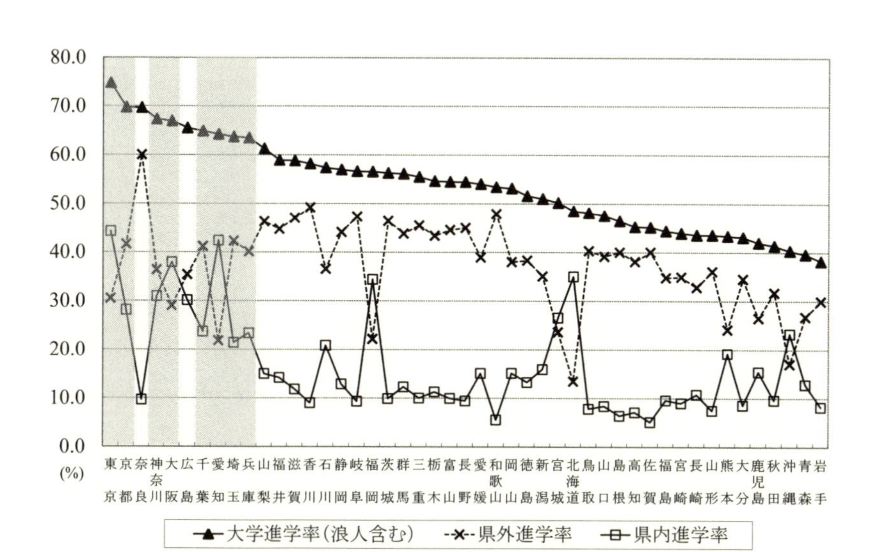

図1-9　都道府県別の県外進学率と県内進学率(2006年度、男子)

(注)大学進学率の値は、図1-3の大学進学率(高卒者基準)の再掲。図1-10も同様。

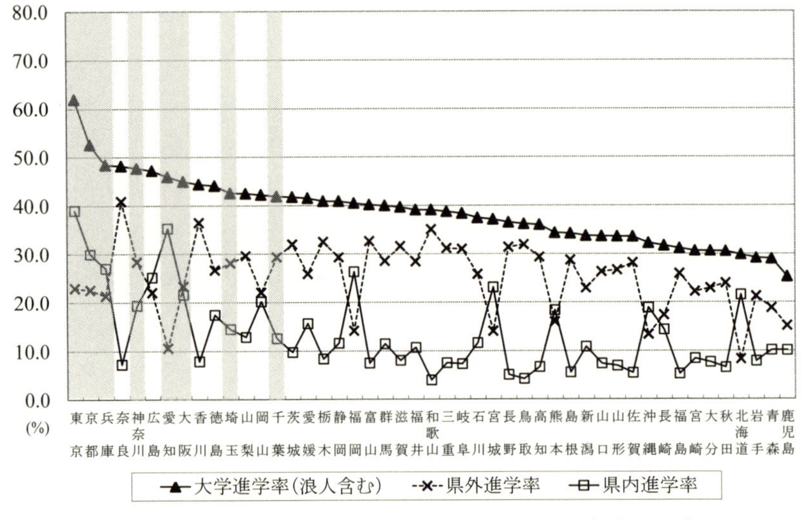

図1-10　都道府県別の県外進学率と県内進学率(2006年度、女子)

表1-5　県外進学率と県内進学率の記述統計(2006年度、男女別)

	(1) 全体平均	(2) 平均値	(3) 標準偏差	(4) 変動係数	(5) 相関比	(6) 最小値	(7) 最大値
大学進学率（男子）	.581	.537	.092	.172	.185	.382	.747
県外進学率（男子）	.347	.372	.092	.247	.190	.134	.600
県内進学率（男子）	.234	.165	.102	.619	.276	.051	.443
大学進学率（女子）	.420	.388	.070	.181	.144	.252	.620
県外進学率（女子）	.235	.253	.069	.275	.160	.083	.409
県内進学率（女子）	.185	.135	.084	.623	.246	.040	.390
地方39県のみ：大学進学率（男子）	.516	.510	.075	.147	.150	.382	.696
地方39県のみ：県外進学率（男子）	.352	.375	.095	.254	.197	.134	.600
地方39県のみ：県内進学率（男子）	.163	.135	.074	.551	.217	.051	.350
地方39県のみ：大学進学率（女子）	.368	.368	.054	.146	.112	.252	.482
地方39県のみ：県外進学率（女子）	.237	.256	.071	.278	.163	.083	.409
地方39県のみ：県内進学率（女子）	.131	.112	.060	.537	.190	.040	.263

(注)大学進学率の値は、表1-3の大学進学率(高卒基準)の再掲。

まず全体平均を見てみると、男子は県外進学率が34.7%、県内進学率が23.4%となっており、女子はそれぞれ23.5%、18.5%であった。つまり男女とも、県外進学率が県内進学率を上回っていることがわかる。この傾向は地方県だけの集計でも同様で、男子の場合、県外進学率が35.2%、県内進学率が16.3%であるところ、女子はそれぞれ、23.7%、13.1%となる。地方県に限った場合、県内進学率はあまり高くないことから、地方における大学進学の多くが、県外進学によって達成されていることがわかる(表1-5)。

この点は、県間平均からも同様に窺える。県間平均を47県全体で取る場合、男子は県外進学率が37.2％（標準偏差9.2％)、県内進学率が16.5％（同10.2％)となる。女子の場合はそれぞれ、25.3％（同6.9％)、13.5％（同8.4％)という値であった。地方県だけで集計すると、男子は県外進学率37.5％（同9.5％)、県内進学率13.5％（同7.4％)となり、女子はそれぞれ25.6％（同7.1％)、11.2％（同6.0％)となる。やはり、地方県においては県内進学より、県外進学の大きさが顕著である(表1-5)。

さて、あらためて図1-9、図1-10を、特に地方県に着目して眺めてみると、二つのことに気づかされる。第一に、県内進学率が顕著に高い県が、少数ながら存在することである。福岡、宮城、北海道、沖縄では(女子の場合は広島、熊本でも)、県内進学率が県外進学率を上回るほどである。このこともあって、相関比でみた進学率の地域格差は、県外進学率より県内進学率の方がやや大きくなる。すなわち、男子の場合、地方県の間の相関比は県外が.197、県内が.217であり、女子は県外.163、県内.190であった。県内進学率の地域格差の大きさは、全県を用いて算出すると、一層著しい。相関比は男子が県外.190、県内.276、女子は県外.160、県内.246という値を示す(表1-5)。

第二に気づくのは、県外進学率の高い県ほど、大学進学率全体も概ね高い傾向が窺えることである(地方県だけでなく、中央県も加えた全体で見ると、大学進学率全体が高い県ほど県外進学率が高い傾向があるものの、一定の水準を超えると、県外進学率は再び低くなっていくという逆U字型の関係が見て取れる)。一方、先に言及したような県内進学率の飛び抜けて高い県を除いてみると、県内進学率は、地方県の間では大きく異ならないように見える(図1-9、図1-10)。実際、進学率全体、県外進学率、及び県内進学率の間の相関係数を算出してみると、序章第2節で言及した通り、地方県間では県外進学率と進学率全体の相関が(男子.643、女子.571)、県内進学率と進学率全体の相関(男子.185、女子.219)を大きく上回る(**表1-6**)。よって、とりわけ地方県において大学進学率に差が生ずる背景を理解するには、県外進学に着目することが重要であることが確認できよう。

表1-6　大学進学率・県外進学率・県内進学率間の相関(2006年度、男女別)

	大学進学率(男子)	県外進学率(男子)	県内進学率(男子)	大学進学率(女子)	県外進学率(女子)	県内進学率(女子)
大学進学率(男子)	--	.380**	.560***	.916***	.294*	.521***
県外進学率(男子)	.643***	--	-.553***	.336*	.936***	-.491***
県内進学率(男子)	.185	-.634***	--	.524***	-.574***	.910***
大学進学率(女子)	.890***	.628***	.093	--	.272+	.609***
県外進学率(女子)	.542***	.959***	-.684***	.571***	--	-.597***
県内進学率(女子)	.155	-.577***	.896***	.219	-.676***	--

$^{+}p < .10$ $^{*}p < .05$ $^{**}p < .01$ $^{***}p < .001$.

(注)「大学進学率」の男女間の相関係数は、表1-4の再掲。

この地方県における県外進学の重要性は、2006年度の県外進学率と県内進学率の散布図を描いた**図1-11**(男子)、**図1-12**(女子)からも示唆される。

図1-11、図1-12には、図1-5と同じ要領で、県外進学率及び県内進学率の県間平均を通る直線が、それぞれ縦軸と横軸に平行になるように引いてある(また2つの直線の交わる点を通る、傾き1の直線も示した)。これらを見ると、男女とも、地方県(図中の◇印)の大半が、図の右下側(県外進学率は平均以上、県内進学率は平均未満)に位置することがわかる。この中には、男子の場合の奈良や山梨、女子の奈良や香川のように、地方県の中でも進学率全体が高い県(図1-9、図1-10を参照)も含まれる[21]。

2つの散布図は、序章第2節で言及したように、県外進学率と県内進学率が男女とも負の相関関係にあることをも示している。全ての県を用いて、実際に相関係数を算出すると男子が-.553、女子が-.597となる。地方県に限った場合は負の相関がさらに顕著で、男子は-.634、女子は-.676であった(表1-6)。散布図から、中央県の8都府県(図中の◆印)を除いた方が、相関関係は強く現れることが視覚的にも理解できよう(図1-11、図1-12)。

図1-11と図1-12からは、さらに別の情報も得られる。すなわち、ある県では県外進学と県内進学のどちらが相対的に多いのか、県ごとに判明するようになっている。図中の右上がりの直線より左側に位置するのが、県外進学率と県内進学率の47県間平均の差を調整した場合でも、県内進学率の方が、

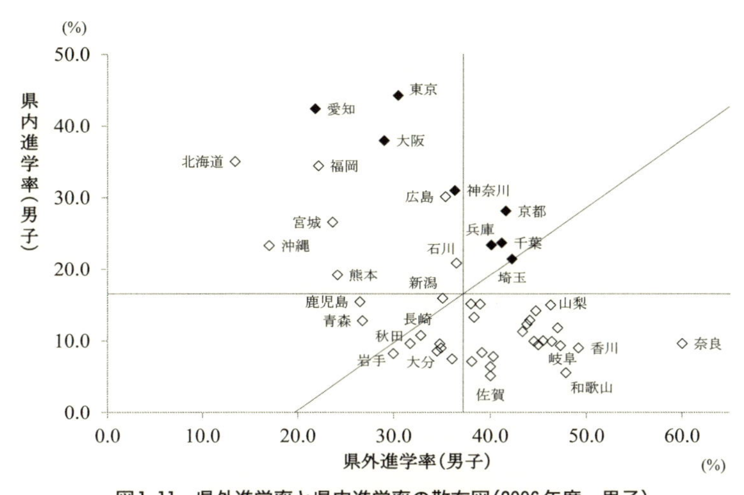

図1-11　県外進学率と県内進学率の散布図（2006年度、男子）

（注）一部の県名を省略した。◆印は「中央県」に該当する8都府県。図1-12も同様。

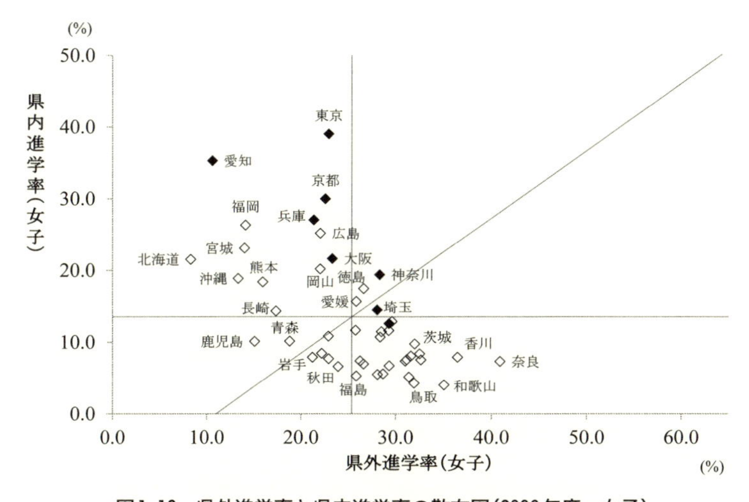

図1-12　県外進学率と県内進学率の散布図（2006年度、女子）

県外進学率より相対的に高くなるという県である。男女とも、中央県のほとんどは左側にあることがわかる。地方県としては、先に県内進学率の値が県外進学率の値を上回ると言及した県に加え、鹿児島や青森で、相対的に県内進学率が高いことになる。また、男子は石川、新潟、女子は岡山、長崎、徳島、愛媛でも同様の傾向が見られる(図1-11、図1-12)。

いっぽう、傾き1の直線の右側にあるのが、県内よりも県外進学が相対的に多い県で、地方県の大部分はこちら側に属す。相対的な県外進学率の高さが際立っているのは、高い方から奈良、和歌山、香川の3県である。男子は岐阜、女子は鳥取がこれらに続く(図1-11、図1-12)。県外及び県内進学率をそれぞれ標準得点に変換し、標準得点どうしの差を取れば、差の大きい県ほど、相対的に県外進学率が高いことになる。それらの県名を見ると、ほとんどが「中間地方」(北関東、甲信越静、北陸、中国、四国)に属するか、大都市を擁する府県(又は福岡や宮城など、大学の比較的集積した県)に隣接する特徴があるようだ[22]。

では次に、県外進学率と県内進学率とに分けた場合の地域格差の大きさについて、時系列的な変動を見てみよう。ここでは1976年度、1991年度、2006年度の三時点について、標準偏差と相関比を男女別に算出した(**表1-7**)。

まず、「47都道府県」欄の進学率全体の相関比をみると、男女とも、1976年度(男子.168、女子.127)から1991年度(男子.145、女子.099)にかけて値が低下し、2006年度(男子.185、女子.144)に再び上昇する。この傾向は、先の上山(2012a)の指摘と同様である(図1-6)。女子の場合は、標準偏差の1976年度(.044)から1991年度(.037)にかけての落ち込みが小さいことも、佐々木(2006)や上山(2012a)の示した結果と符合する(表1-7)。

地域格差がいったん縮小してから、再度拡大するという傾向そのものは、県外進学率と県内進学率にも概ねあてはまる。すなわち、県外進学率の相関比は、男子は.195→.166→.190という推移を、女子は.119→.105→.160という推移を辿る。県内進学率の場合、男子は.353→.247→.276と、女子は.184→.158→.246と変化している(表1-7)。

興味深いのはむしろ、地方県に限った場合の地域格差の変動である。「地方39道県」欄を見ると、進学率全体の相関比は男子の場合、ほとんど変化がないか、緩やかに上昇すらしている(.137→.139→.150)。女子は1991年度にやや落ち込むものの、それでも、全体として非常に小さな変動だと言ってよい(.112→.094→.112)。地方県の県外進学率や県内進学率の場合も、男女とも相関比の値の低下幅や、再上昇の幅は「47都道府県」欄と比べ、小さい傾向が窺える。1976年度から1991年度にかけての女子の県内進学率のように、地域格差が縮小しないものや(.113→.124)、1991年度から2006年度にかけての男子の県内進学率のように(.217→.217)、再拡大しないものもある(表1-7)。

なお、先にみた進学率全体、県外進学率、及び県内進学率の間の相関係数を、時系列で辿ると(**表1-8**)、概ね安定的に推移しているようだ。特に「地方39道県」では、男女とも進学率全体と県外進学率の相関が高い傾向や、県外進学率と県内進学率が負の相関関係にある傾向が一貫している。ただし、女子の場合、4年制大学進学率の低かった1976年度は、県外と県内進学率の相関はやや特殊な傾向のようである(表1-8)。

表1-7　進学率全体・県外・県内進学率の地域格差の推移(1976～2006年度、男女別)

	標準偏差						相関比					
	男子			女子			男子			女子		
	全体	県外	県内	全体	県外	県内	全体	県外	県内	全体	県外	県内
47都道府県												
1976年	.084	.093	.105	.044	.034	.038	.168	.195	.353	.127	.119	.184
1991年	.070	.075	.070	.037	.033	.035	.145	.166	.247	.099	.105	.158
2006年	.092	.092	.102	.070	.069	.084	.185	.190	.276	.144	.160	.246
地方39道県												
1976年	.068	.087	.069	.037	.033	.020	.137	.180	.271	.112	.115	.113
1991年	.067	.078	.056	.035	.035	.025	.139	.173	.217	.094	.108	.124
2006年	.075	.095	.074	.054	.071	.060	.150	.197	.217	.112	.163	.190

(注)2006年度の値は、表1-5の再掲。「全体」は大学進学率全体を指す。表1-8も同様。

表1-8　進学率全体・県外・県内進学率間の相関の推移(1976～2006年度、男女別)

	男子(大学)			女子(大学)		
	全体×県外	全体×県内	県外×県内	全体×県外	全体×県内	県外×県内
47都道府県						
1976年	.299 *	.531 ***	-.650 ***	.554 ***	.652 ***	-.270 +
1991年	.535 ***	.426 **	-.536 ***	.508 ***	.572 ***	-.416 **
2006年	.380 **	.560 ***	-.553 ***	.272 +	.609 ***	-.597 ***
地方39道県						
1976年	.625 ***	.198	-.641 ***	.839 ***	.460 **	-.097
1991年	.716 ***	.188	-.552 ***	.736 ***	.361 *	-.365 *
2006年	.643 ***	.185	-.634 ***	.571 ***	.219	-.676 ***

$^{+}p < .10$ $^{*}p < .05$ $^{**}p < .01$ $^{***}p < .001$.

(注)2006年度の値は、表1-6の再掲。

2. 進学先地域からみた地域格差の推移

次に、「県外進学率」の意味するところを、より詳しく理解するため、「進学先の地域」に着目してみたい。すなわち、『学校基本調査』の「出身高校の所在地県別大学入学者数」の表をもとに、出身地(出身高校の所在地)別に、進学先の大学所在地(進学者全体に占める割合)を集計した。「出身地」の地域区分には「区分C(3ブロック)」を用いる。それより細かい分類では煩雑すぎると同時に、大都市圏と地方の二分法では、これまで見てきたような「地方県どうしの違い」が捨象されてしまうためである[23]。

いっぽう「進学先」としては、まず出身県内と出身県外を区別した上で、県外をさらに「15ブロック内」(県内を除く)、「7ブロック内」(県内や15ブロック内を除く)、「外縁地方」(北海道、北東北、南東北、北九州、南九州)、「中間地方」(北関東、甲信越静、北陸、中国、四国)、「大都市圏」(南関東、東京、東海、東近畿、京阪神)に分けることにした。一般的には、地方出身者の県外進学の多くは大都市圏の大学への就学だと考えられるが、果たしてどの程度のものであるのか(また、その程度は出身地によってどう異なるか)。この区分により、進学先の地域の特徴を、一定の具体性を犠牲にせず理解できよう。

まず、外縁地方出身者の進学先を見てみよう。**図1-13**(男子)、**図1-14**(女子)には1976年度から2011年度まで、5年おきに進学者の総数と、進学先地域の構成比率を示した[24]。

図1-13で2006年度の値を見ると、外縁地方からは71,686人(左目盛)の男子が大学に進学し、うち44.7% (右目盛)の進学先は県内の大学であった。この県内進学割合は、1976年度から86年度にかけ上昇した後は、ほぼ横ばいに近い。さて2006年度の大学進学者に占める県外進学割合は55.3%ということになるが、その半分ほどは大都市圏であり、進学者全体の24.7%に達する。この大都市圏進学割合は1991年度まで低下してきた後、横ばいで推移している。なお県外の進学先で、大都市圏に次いで多いのは15ブロック内や7ブロック内であった。宮城や福岡のように外縁地方でも大学の集積している県に、東北や九州・沖縄の各県から進学する者が多いためだろう(図1-13)。

外縁地方の女子についても、男子と似たような傾向が見られるが、3点ほど異

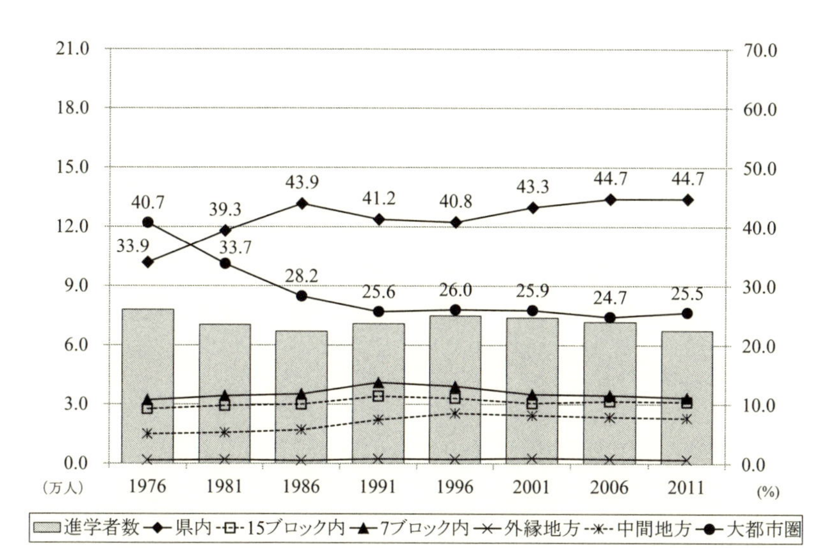

図1-13　外縁地方出身者の進学先大学の所在地（1976～2011年度、男子）

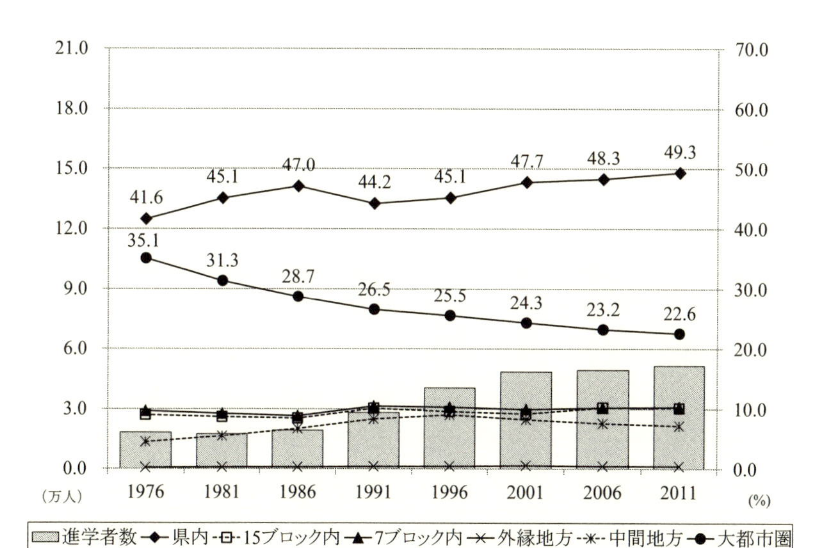

図1-14　外縁地方出身者の進学先大学の所在地（1976～2011年度、女子）

なる特徴もある。第一に、4年制大学への進学者総数は、男子はほぼ横ばいだったのに対し、女子は増えていることである(この傾向は、中間地方や大都市圏でも同様である)。2006年度は49,397人が進学していた。第二に、県内進学割合の水準が男子より少し高いことである。2006年度で48.3%であった。第三に、大都市圏進学割合が低下し続けていることであり、2006年度の値は23.2%となっている(図1-14)。

次に中間地方出身者についてである(**図1-15**、**図1-16**)。外縁地方出身者と比べると、進学者総数そのものはあまり違いがない。例えば2006年度で男子85,724人、女子59,774人と、それぞれ外縁地方より1万人程度多いくらいである。しかし、県内進学割合が際立って低いことが、中間地方の大きな特徴となっている。この割合は1991年度以降、緩やかに上昇傾向にあるが、2006年度の値は男子が24.9%であり、女子も29.7%にすぎない。

中間地方からの最も多い進学先は大都市圏である。2006年度は男子の50.4%、女子も50.5%が大都市圏の大学に進学している。この約5割という水準は、男子は1991年度以降、女子は1986年度以降、ほぼ一貫した傾向と言える。1976年度にさかのぼると、実に男子の66.6%、女子の60.5%までが大都市圏に進学していたのである。なお、男子については外縁地方への進学者割合が、1991年度だけ14.9%と、一時的に高くなっていることが興味深い[25]。女子については、こうした傾向は明確ではない(図1-15、図1-16)。

今度は、**図1-17**と**図1-18**で大都市圏について検討しよう。大都市圏の場合、かつては県内進学割合が外縁地方や中間地方より高かったが(例えば1976年度は男子45.0%、女子55.9%)、1990年代以降の水準は外縁地方とあまり変わらないようだ。

2006年度の大都市圏出身者の場合、男子の進学者187,782人のうち45.6%が県内に進学しており、女子は進学者133,149人のうち49.0%だった。大都市圏の特徴は、7ブロック内進学割合がほぼ一貫して多いことである(2006年度は男子26.1%、女子27.4%)。つまり南関東(埼玉、千葉、神奈川)から東京、東京から南関東、北陸(富山、石川、福井)から東海(岐阜、愛知、三重)、東海から北陸、東近畿(滋賀、奈良、和歌山)から京阪神(京都、大阪、兵庫)、京阪神から東近畿という進学移動の流れを指す。特に、居住地を変えずに県境をまたいで進学(自宅通学)するケースの多さが窺える(図1-17、図1-18)。

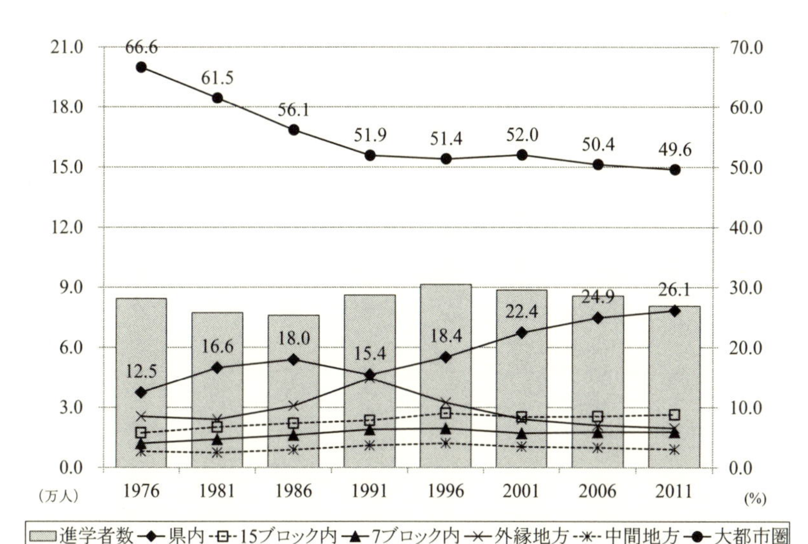

図1-15　中間地方出身者の進学先大学の所在地（1976 ～ 2011年度、男子）

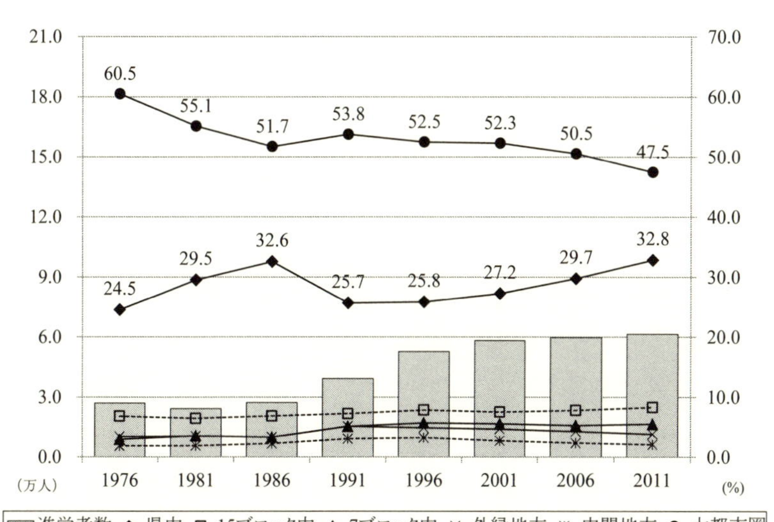

図1-16　中間地方出身者の進学先大学の所在地（1976 ～ 2011年度、女子）

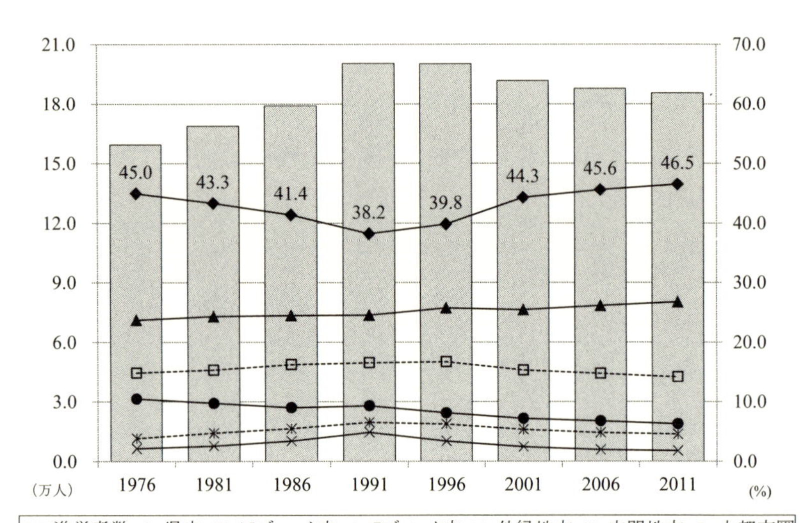

図1-17　大都市圏出身者の進学先大学の所在地(1976 ～ 2011年度、男子)

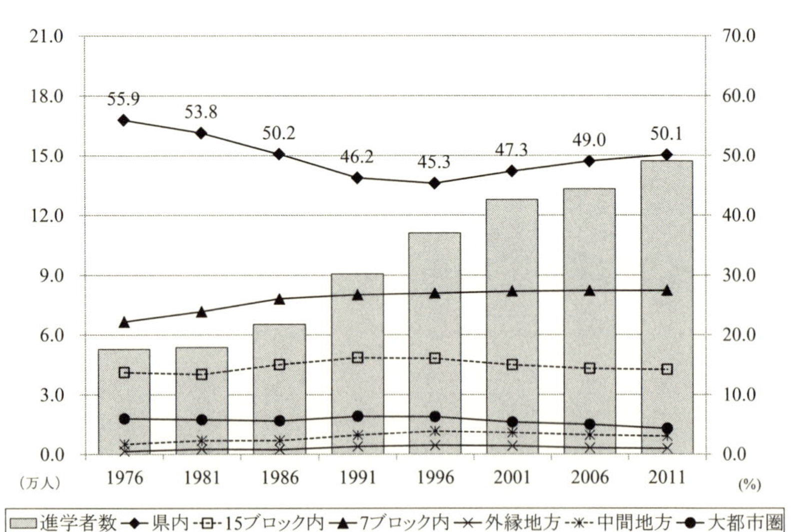

図1-18　大都市圏出身者の進学先大学の所在地(1976 ～ 2011年度、女子)

なお、以上は進学先の大学の設置者を区別しない集計だが、区別した場合、どのような特徴が見られるのか。残念ながら、公開された設置者別のデータでは性別を区別することができない。しかしこれまでに検討した図では、地域区分ごとに見ると、進学先の構成比の時系列的推移は、男女で傾向が比較的似ていたから、設置者別の集計との比較も、ある程度は可能だろう。そこで、ここでは進学先の大学が国立の場合のみ、ここまでに示したものと同様の図を作成した。それらが**図1-19**(外縁地方出身)、**図1-20**(中間地方出身)、**図1-21**(大都市圏出身)である。

まず図1-19を、先にみた図1-13(男子)、図1-14(女子)と比べてみよう。すると次の2つの事実に気づく。第一に、外縁地方において出身県内の大学に進学する者の割合は、設置者を区別しない場合、1976年度から2011年度まで(いったん停滞はするものの)長期的には上昇している。すなわち、男子は33.9%から44.7%へ、女子は41.6%から49.3%へと推移した(図1-13、図1-14)。それに対し、国立に限った集計では91年度以降、横ばいである。むしろ1980年代までの方が高い水準にあり、例えば1981年度では52.7%に達していた。それが2011年度は、42.2%となっている(図1-19)。以前よりも、県外の国立大学進学が増えているのである。

第二の事実は、男女別の集計では1976年度以降、大都市圏への進学が減少してきているのに対して(図1-13、図1-14)、国立だけの集計では、ほぼ横ばいと言えることだ。また、もともと中間地方の国立大学への進学者割合が多い特徴も見られる(図1-19)。

次に、中間地方出身者について検討しよう。やはり男女別の集計との比較から、2点が指摘できる。第一に、中間地方からの国立大学進学者の場合、県内大学への進学が比較的多いことである。国公私立の合計(男女別)の場合は、県内進学が少なかったことと好対照となっている。設置者計の女子(図1-16)と比べても、県内進学者割合は全期間で国立(図1-20)の方が高い。1981年度など、女子29.5%、国立は45.6%と、15ポイント以上の差があった(図1-16、図1-20)。

第二に、設置者を区別しない場合は男女とも、91年度以降、大都市圏への進学が約半分を占めるのに対し(図1-15、図1-16)、国立大学に限ると、2割強に過ぎない。代わりに、15ブロック内(例えば、富山から石川、島根から岡山などの移動が含まれる)など、他の進学先への移動が多いのが特徴である(図1-20)。

最後に、大都市圏出身者の場合は次の2つの特徴があるようだ。第一に、設置者を区別しない場合に比べ、国立大学進学者に限ると、県内進学者の構成比率が低いことである。例えば、国立進学者の県内大学進学割合は、最も高かった1976年度でも38.6%にとどまっており、女子(55.9%)はおろか男子(45.0%)よりも低い。2011年度では、国立31.5%、男子46.5%、女子50.1%という値となっている(図1-17、図1-18、図1-21)。

第二の特徴は、中間地方の国立大学への進学が多い一方、7ブロック内への進学(埼玉から東京、滋賀から京都などの移動が含まれる)はそれほどでもないことである。例えば2011年度の値では、中間地方への進学者の割合は国立が18.7%であるいっぽう、男子全体は4.6%、女子全体は3.0%であった。7ブロック内への進学は、国立17.2%に対し、男子26.7%、女子27.4%となっている(図1-17、図1-18、図1-21)。

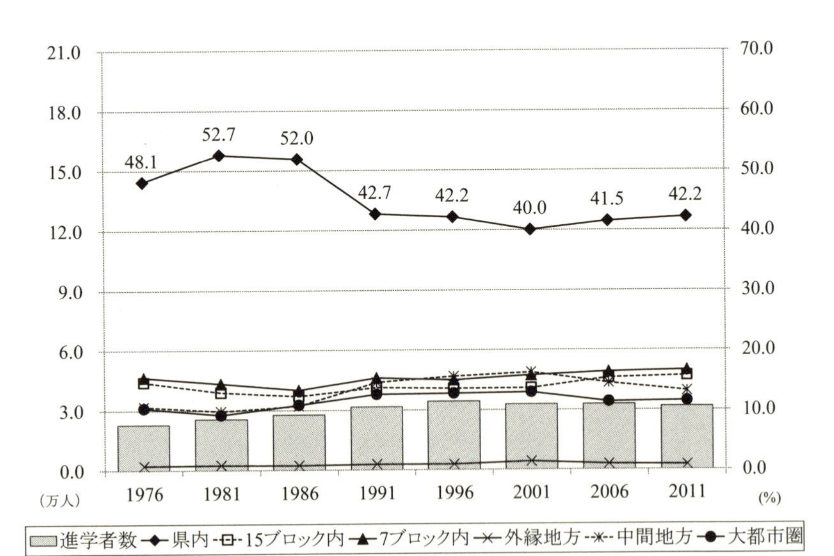

図1-19　外縁地方出身者の進学先大学の所在地(1976～2011年度、国立)

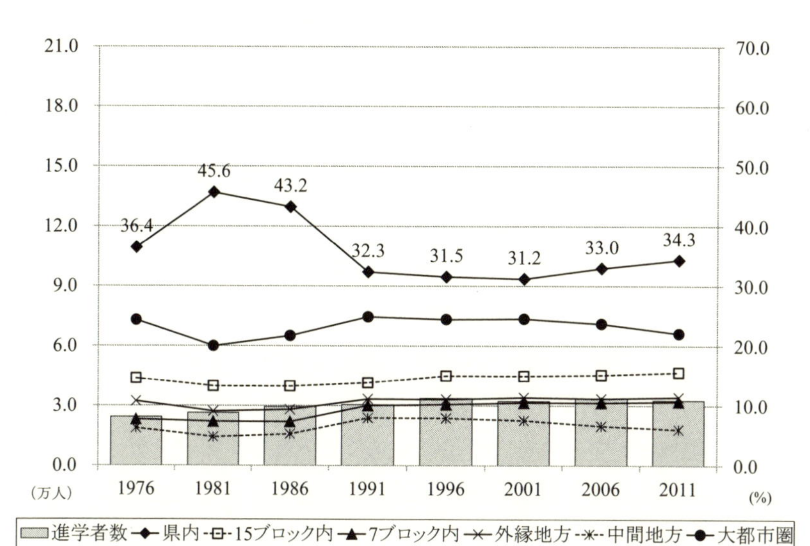

図1-20　中間地方出身者の進学先大学の所在地（1976～2011年度、国立）

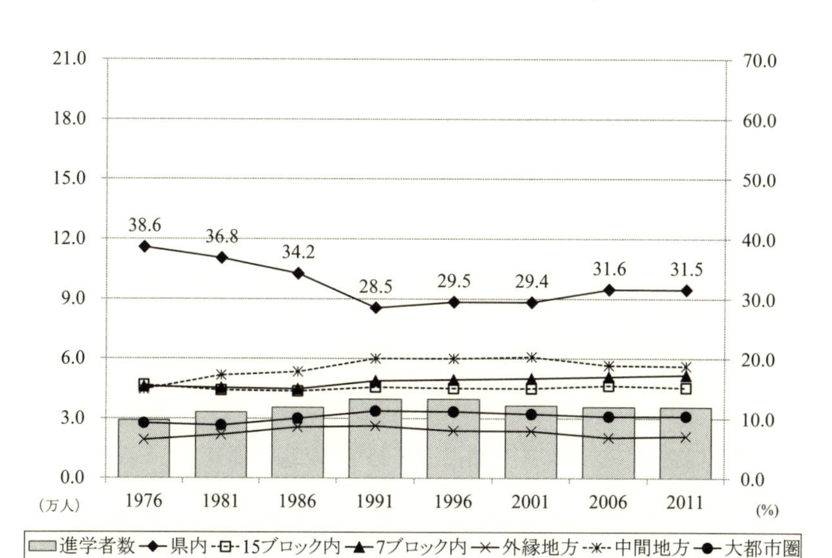

図1-21　大都市圏出身者の進学先大学の所在地（1976～2011年度、国立）

第3節　高校生調査からみた高校生の進路

本章の最後に「高校生調査」を用いて、『学校基本調査』では把握が難しい点を中心に、大学進学希望の地域間分布を検討しよう。『学校基本調査』からは、県外進学と県内進学の状況は掴めても、親元からの自宅通学と、下宿等を要する自宅外通学とを区別することはできない。もともと、そのようなデータが集められていないためである。しかし、先述のように、進学の費用(及び便益)の観点から大学進学率の地域格差を研究する立場には、親元を離れることによって(自宅外通学)、追加的な費用が発生するか否かが重要となる。

そこで、この節ではまず、高校生の自宅通学や、自宅外通学による大学進学希望率には地域3ブロック間で、どのような差が見られるのかを分析する。また、県内大学への進学と自宅通学の関係、県外進学と自宅外通学の関係についても考察を行う。

検討を始める前に、最初に『学校基本調査』から算出できる大学進学率と大学志願率、そして「高校生調査」に基づく大学進学希望率を3ブロック別に集計し、対比しておく。全数調査である『学校基本調査』と、エリア・サンプリングによる「高校生調査」とで、進学行動や進学意欲の地域間布置が、どれくらい一致しているかをまず、確認する必要があるためである。

さて**図1–22**によれば、大学進学率も大学志願率も、外縁地方と中間地方の間、中間地方と大都市圏の間には、それぞれ男子で10ポイント程度、女子で7～8ポイント程度の差があることがわかる。しかし進学希望率については、エリア・サンプリングによるデータという制約もあり、外縁地方だけ男子の進学希望率がやや「高すぎる」ように見える。男子の中間地方と大都市圏の間は、やはり10ポイント程度の進学希望率の差となっている。女子の進学希望率の場合は、3ブロック間に、概ね『学校基本調査』による進学率・志願率と同様の差があるようだ(図1-22)。

このように、「高校生調査」による大学進学希望率は、外縁地方と中間地方の差が男子で、あまり明瞭でないことに注意が必要である(この点は第2章第1節で重要となる)。

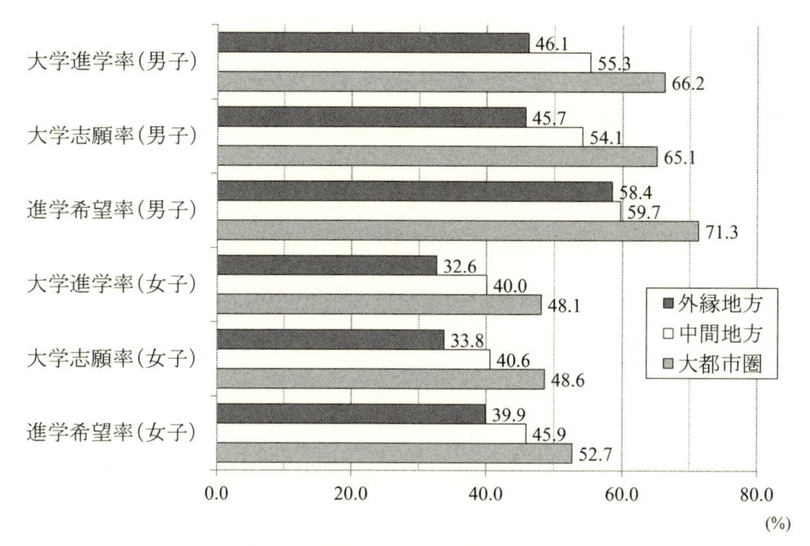

図1-22　大学進学率・大学志願率・進学希望率(3ブロック別、男女別)

(注)大学進学率は、表1-3で用いた「大学進学率・高卒者基準」に同じ。大学志願率は、表1-1で用いた指標。

以上を踏まえた上で、本節の冒頭で示した問いに立ち戻ろう。**図1-23**に示したものが、「高校生調査」を用いて、進学(希望)先の大学の所在地域と通学形態を地域3ブロック別に集計した結果である(これより単純な集計については、本章付論3を参照)。県外及び県内進学率(『学校基本調査』より算出)、県外及び県内進学希望率(「高校生調査」による)、そして進学希望率(自宅外及び自宅)(「高校生調査」による)を併記した。

前節まで、県外及び県内進学について論じてきた関係上、ここでも自宅外及び自宅通学について議論する前に、まず、男女それぞれについて、図の一番左側から見ていこう。

すなわち、県外及び県内進学率を検討すると、外縁地方は男女とも県外進学率(男子25.5%、女子16.9%)と、県内進学率(男子20.6%、女子15.8%)がほぼ同程度の水準にある。それに対し、中間地方では県外進学率(男子41.5%、女子28.1%)が、県内進学率(男子13.8%、女子11.9%)を大きく上回っており、そのことによって進学率全体も高いことがあらためて確認できる。一方、大都市圏は概ね県外進学率(男子36.0%、女子24.5%)、県内進学率(男子30.2%、女子23.6%)の両方とも高いため、外縁及び中間地方に比べ、大学進学率全体が最も大きい構図になっている(図1-23)。なお、以上の事実は、図1-9、図1-10からも窺うことができる。

次に、県外及び県内大学への進学希望率(「高校生調査」)を、今の県外及び県内進学率(『学校基本調査』)のグラフと比較する。先の図1-22では、男子において外縁地方の進学希望率が高めの値となっていたが(58.4%)、図1-23からは、これが主に県内進学希望率が大きいことから生じていたことが推察される。『学校基本調査』では、外縁地方における県内進学率は、県外進学率を下回っていたが、「高校生調査」では、県外大学進学希望率(28.5%)を県内大学進学希望率(30.0%)が上回っている。この点は、実は女子の場合も同様である(県外大学希望18.5%、県内大学希望21.4%)。それに対して、中間地方では、男女とも県外大学希望(男子40.5%、女子28.3%)が、県内大学希望(男子19.2%、女子17.6%)を大きく上回るのである(図1-23)。

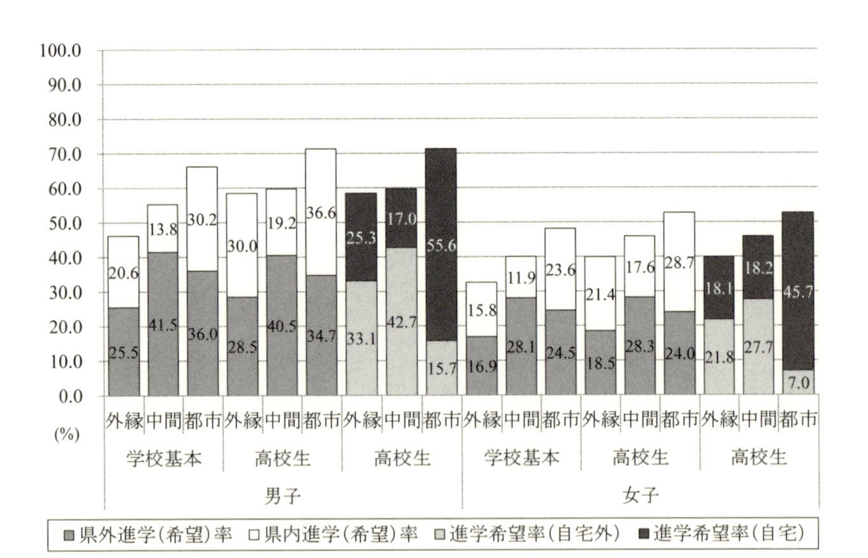

図1-23　進学(希望)先の大学の所在地域と通学形態(3ブロック別、男女別)

(注)『学校基本調査』に基づく県外及び県内進学率は、表1-5で用いた指標に同じ。

最後に、自宅外及び自宅通学について検討する。図1-23の一番右の進学希望率(自宅外及び自宅)を見てみると、つい先ほど見た、県外及び県内進学希望率と似たような分布をなしていることがわかる。すなわち、外縁地方では自宅外の進学希望率(男子33.1%、女子21.8%)が、自宅通学の進学希望率(男子25.3%、女子18.1%)より、顕著に大きい傾向にはなっていない。しかし中間地方の場合、自宅外の進学希望率(男子42.7%、女子27.7%)が、自宅通学の進学希望率(男子17.0%、女子18.2%)を大きく上回る(図1-23)。

なお、以上の検討を踏まえれば、進学希望率(自宅外及び自宅)の場合にも、外縁地方の進学希望率(自宅)は、この調査では実態より高めの値となっている可能性のあることが示唆される。もし、地方県の在住者に限ると、県外大学への進学希望は、ほぼ自宅外の進学希望と見なせる(県内進学希望と、自宅からの進学希望の関係も同様)ならば、「高校生調査」に基づく県内進学希望率が、『学校基本調査』による県内進学率より(外縁地方で)高い場合、自宅通学での進学希望率と、自宅通学の進学率の間に、同様の関係がある蓋然性は小さくないと判断しても、あながち大きな誤りではないのではないか(図1-23)。

ちなみに、中間地方で親元を離れての大学進学が多い事実は、「高校生調査」の離家予定の設問からも裏付けられる。**図1-24**(男子)、**図1-25**(女子)は男女それぞれについて、家にいつ頃までとどまる予定かを尋ねた項目と、地域3ブロックとのクロス集計を、希望進路別に行った結果を示す(カイ二乗検定を行うと、女子の「就職など」では5%水準で有意である以外、全ての分析で0.1%水準の有意差がある。なお、希望進路の区分について詳しくは本章付論3を参照)。

図1-24、図1-25を見ると、男子は、中間地方の大学進学希望者の65.9%までが「高卒後すぐに家を出る」としていることが目を引く。女子の場合も55.5%と、半分以上に達する。外縁地方も高卒直後という回答が多いが(男子52.3%、女子49.5%)、大都市圏では非常に少ない(男子18.9%、女子10.2%)。

この2つの図が示す事実として、もう1つ重要なのは就職等希望者の離家予定である。「高卒後すぐに家を出る」回答者の割合は、外縁地方では実に40.0%を占めている。この中には、アルバイトや進路未定者も含まれているから、「就職するまで」も合わせて考えると、6割に達することがわかる。それに対して中間地方の場合は高卒直後の離家が20.9％、就職時点を足しても3割強にとどまる。これは第4章第3節で検討するように、高卒県内就職者の割合が中間地方で高く、外縁地方で低いことを反映した結果と言える。ただし、女子の場合、就職等希望者の高卒直後又は就職時の離家は、外縁地方が33.0％、中間地方が30.7％と、ほぼ同じ水準となっている(図1-24、図1-25)。

さて、本節の最後に、先述した県外大学への進学希望と自宅外進学希望の関係、そして県内進学希望と自宅からの進学希望の関係を検討する。これは、クロス集計により可能となる。すなわち地方県在住男子のうち大学進学希望者(660人)について、第一志望校の所在地(県外、県内)と通学形態(自宅外、自宅)で2×2クロス集計を行うと(表は省略)、自宅外からの通学希望は県外大学志望者(399人)の89.0％に達するのに対し、県内志望者(261人)の場合は19.2％にとどまる(χ^2=324.4、自由度1、$p<.001$)。よって地方県在住者に限れば、県外大学進学希望の分析は、ほぼ自宅外のそれに相当すると見なせるだろう。同様に、中央県では、男子の自宅通学希望は、県内大学志望者の方が(352人中95.5％)、県外志望者(295人中62.4％)より多かった(χ^2=111.3、自由度1、$p<.001$)。

女子の場合も同様に、地方県の大学進学希望者(492人)に限り、第一志望校の所在地と通学形態の2×2クロス集計を行ったところ、やはり自宅外からの通学希望は、県外大学志望者(283人)のほとんどを占める(80.9％)。しかし県内志望者(209人)の場合、15.8％にすぎないことから(χ^2=204.8、自由度1、$p<.001$)、やはり地方県出身者の県外大学進学希望は、ほぼ自宅外の進学希望と見なせるだろう。中央県女子の自宅通学希望者は、県内大学志望者(275人)の97.5％に達し、県外大学志望者(192人)に占める割合(76.6％)より多いこともわかる(χ^2=49.9、自由度1、$p<.001$)。

以上の集計から、特に地方県在住者の場合は、県外大学への進学希望と、自宅外通学による大学進学希望とが、また、県内大学と自宅通学についても、かなり重なり合った現象だと見なしうると判断できよう。

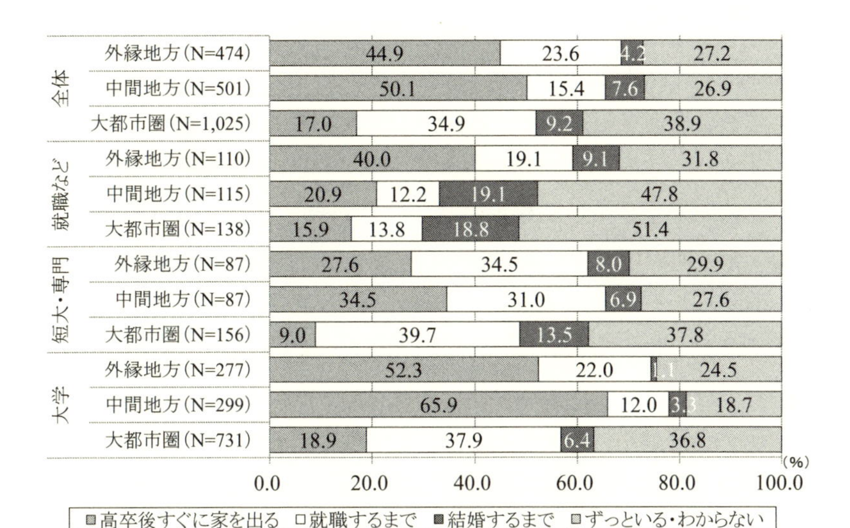

図1-24　家にとどまる予定(男子・希望進路別・地域3ブロック別)

(注)「高校生調査」より作成。無回答を除く。次図も同様。

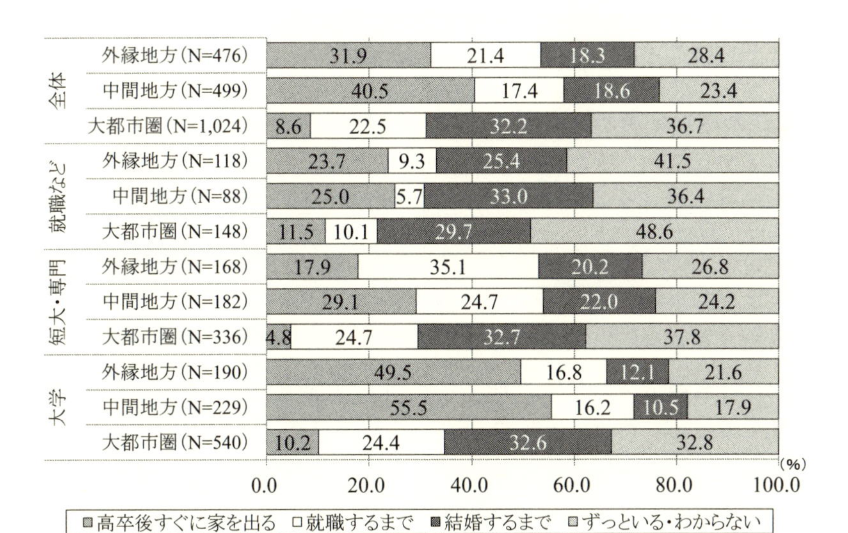

図1-25　家にとどまる予定(女子・希望進路別・地域3ブロック別)

第4節　小括

本章では、政府統計や「高校生調査」データを用いて、高等教育機会の地域格差の趨勢と構造を記述した。第1節では『学校基本調査』によって、大学進学率の地域間の分布と、地域格差の時系列的な変化を概観している。様々な指標からみた進学率の地域格差が1990年代以降、拡大しつつある中で、県別の進学率と所得(高校生の父親世代の平均年収)との関連は、極めて明瞭であることを確認した。

第2節では、地方出身者の大学進学行動を、進学先の大学の所在地という観点から分析した。大学進学率を、県外大学への進学に関するもの(県外進学率)と、県内への進学に関するもの(県内進学率)とに分け(県外進学率と県内進学率の和が全体の大学進学率)、地域分布を検討した。その結果、特に地方県では県外進学率の水準が、大学進学率全体を左右することや、県外進学率が高い県ほど、県内進学率が低いことが明らかになった(しかも、この傾向は以前から一貫している)。なお県外進学率は、都道府県間で逆U字型の分布をなしている(つまり、県外進学率は進学率全体が高い県ほど高い関係がみられるが、進学率全体が一定水準以上の県ではむしろやや低くなっている)。

また、具体的な進学先を見てみると、外縁地方では県内の大学への進学が最も多いのに対し、進学率全体の高い中間地方では、県内への進学より、県外進学(大都市圏の私学が中心)の方が主流であることなどが明らかになった。

『学校基本調査』を用いた以上の分析からは、進学の費用という観点から重要な意味をもつ自宅通学や、自宅外通学(下宿等を要する、親元を離れての進学)の状況を把握することができない。そこで第3節では、「高校生調査」を用いて、自宅通学や、自宅外通学による大学進学希望について、地域3ブロック間の差が見られるかを分析した。その結果、外縁地方よりも中間地方の方が、自宅外通学の希望割合が大きいことがわかった。また、特に地方県在住者の場合は、県外大学への進学希望と、自宅外通学による大学進学希望とが(また、県内大学と自宅通学も)、かなり重なり合っていることも明らかになった。

(なお、本章で用いた「高校生調査」の大学進学希望率は、高校3年生の11月時点のものである。卒業時に確定した進路とは異なっている。しかし、3月の予定進路における大学進学予定者の割合と比較して、地域間の布置が大きく異ならないため、進学率の地域差を検討する目的では、大学進学希望率を用いても、大きな問題はないことについては、本章付論3を参照。)

以上、本章では大学進学率の地域格差の現状を分析したが、このような差はなぜ生じているのか。第2章以下で、費用、便益の順に検討を進めていく。

付論　都道府県別の大学進学率の指標について

1. 大学進学率の県間分布の経年比較

本章は、2006年度の大学進学率の県間分布を詳しく検討したが、最近の値では、分布はどのように変化しているのか。2006年度及び2010～2013年度の進学率を例にとって男女別に算出し、**図1付-1**、**図1付-2**に示した(2013年度の値が高い県から順に並べた)。

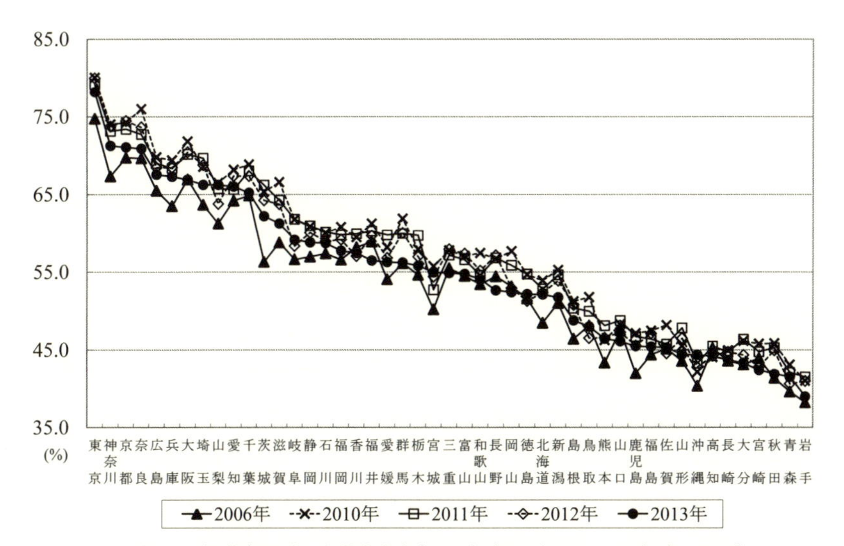

図1付-1　都道府県別の大学進学率(2006年度及び2010～13年度、男子)

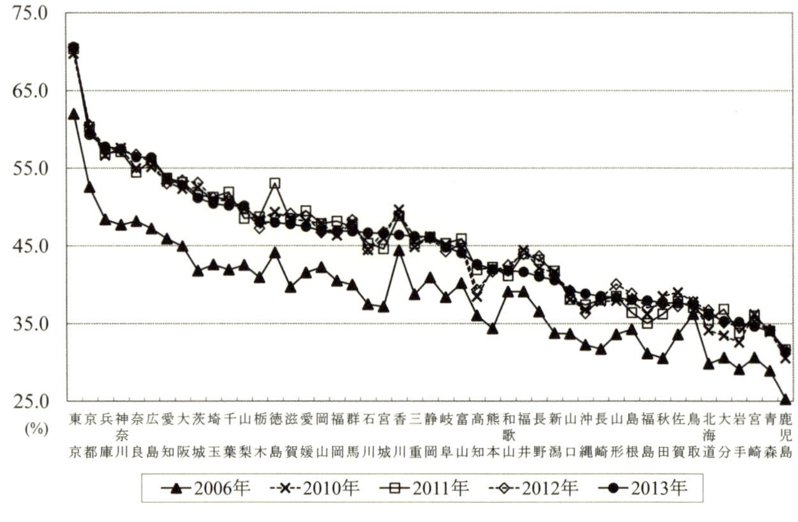

図1付-2　都道府県別の大学進学率（2006年度及び2010〜13年度、女子）

2つの図を見ると、7年の間に比較的大きく進学率の上昇した県もあれば、反対に低下した県もあることがわかる。男子は37都道府県で進学率が向上し、茨城の5.9ポイントが最大の上昇幅であった。山梨(5.0ポイント)、宮城(4.8ポイント)がそれに続いている。いっぽう、低下したのは10の府県であり、福井(-2.4ポイント)、長野(-1.8ポイント)、宮崎(-1.6ポイント)などで低下幅が大きかった(図1付-1)。女子の場合、この2時点の間は、全都道府県で4年制大学進学率が増加した。上昇幅が大きいのは、神奈川(9.8ポイント)、宮城(9.4ポイント)、茨城(9.4ポイント)などであり、小さいのは鳥取(1.2ポイント)、香川(2.0ポイント)、福井(2.5ポイント)などの県である(図1付-2)。

こうした変動は見られるものの、図1付-1、図1付-2から、全体として進学率の県間分布は大きく変わっていないことが読み取れるだろう。2006年度と2013年度の進学率の相関係数を算出すると男子が.981(地方県のみで.969)、女子は.969(地方県のみで.940)という結果であった。県外進学率と県内進学率について、同様の図を作成し、県間分布の変化を確認しても、やはり進学率全体の動向と似た結果となる[26](図1付-3〜図1付-6)。

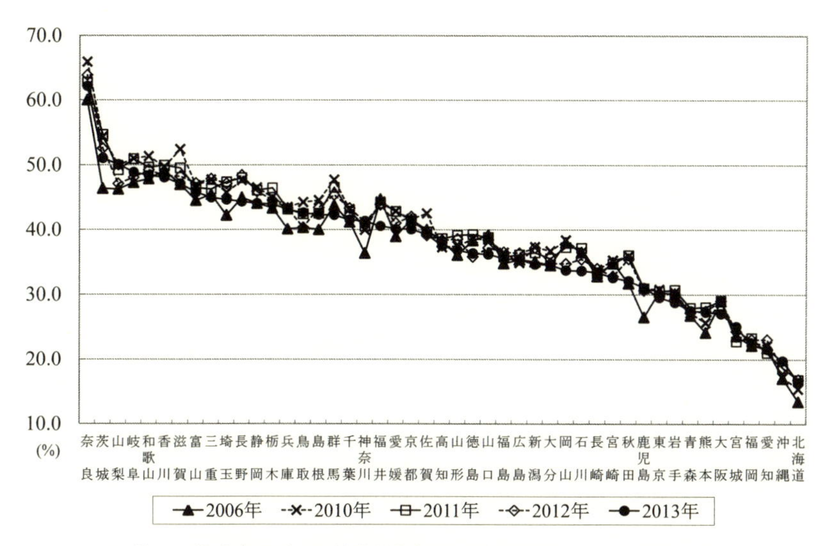

図1付-3　都道府県別の県外進学率（2006年度及び2010～13年度、男子）

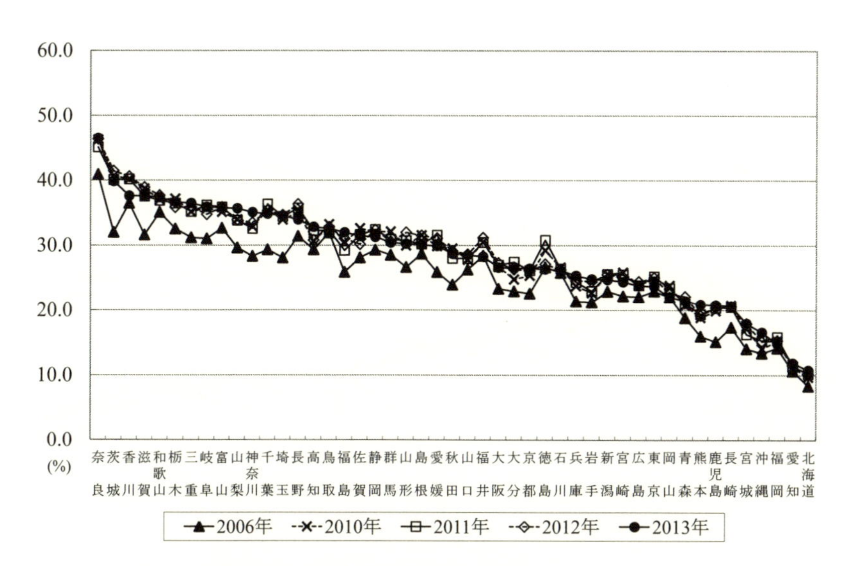

図1付-4　都道府県別の県外進学率（2006年度及び2010～13年度、女子）

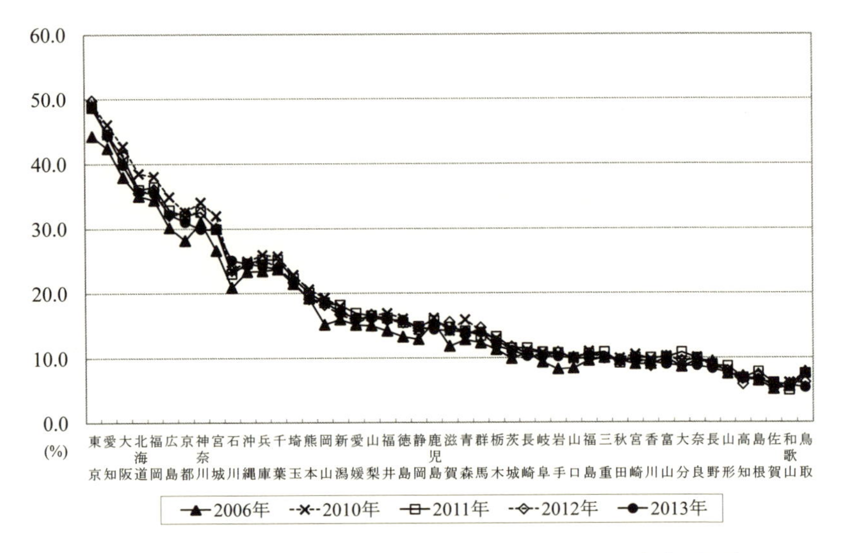

図1付-5　都道府県別の県内進学率（2006年度及び2010～13年度、男子）

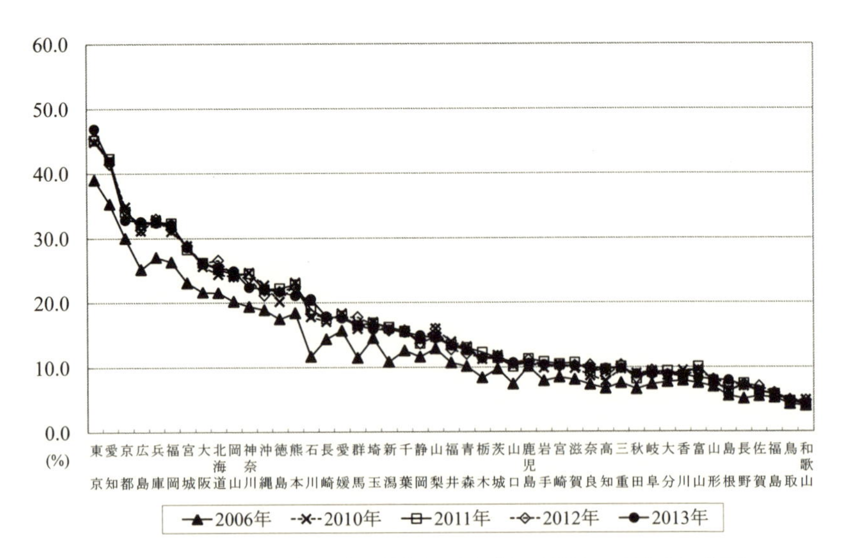

図1付-6　都道府県別の県内進学率（2006年度及び2010～13年度、女子）

2. 大学進学率の地域格差の指標について

大学進学率の地域格差の大きさを示す指標として、適切なものは何だろうか。先行研究では標準偏差を用いる立場と、都道府県間の相関比を用いる立場に大別される。この他、変動係数(標準偏差を平均値で除した値)やジニ係数を用いるものもある。

標準偏差を指標に用いる研究には尾嶋(1986)、島(1996)、間渕(1997)、佐々木(2006)、竇(2007b)などがある(島1996は、志願率を分析したものである)。このうち竇(2007b)は、地域ごとの進学率上昇パターンに関する2つの理念型を設定しつつ、地域間の均等度の変化を測る指標について、標準偏差と変動係数(又はジニ係数)を対比する詳細な検討を行っている。結果、「高等教育進学率が上昇する中、地域間の均等度の変化を測る指標としては、標準偏差が最も適切である」と結論できるという(p. 33)。

すなわち、まず①「均等増分型」の拡大と、②「均等倍率の拡大」という2つの理念型を区別する。①「均等増分型」とは、本研究の文脈で言えば、全ての県で、進学率(Pi)が同じq%ポイント増加するものである[27](上昇後の進学率は、Pi＋q%となる)。②「均等倍率」は、ある時点の進学率(Pi)が、各地域で同じr倍となるような状況を指す。上昇後の進学率は、r・Pi%となる(竇2007b、p. 28)。

この理念型を設定した場合、標準偏差と変動係数のどちらの指標を用いるかによって、地域間の格差が拡大したのか否かについての判断が異なってくる、というのが竇(2007b)の議論のポイントである。すなわち、①「均等増分型」の拡大が起きていた場合に、標準偏差を用いると、地域間の均等度は変化していないと判断できるのに対し、変動係数(やジニ係数)を用いると、均等化した(格差が縮小した)という結論になる。いっぽう、②「均等倍率」の上昇が起きていたならば、標準偏差では、不均等化した(地域間の格差が拡大した)と判断するが、変動係数では変化なしということになる(p. 28)。「均等倍率の拡大というのは、たとえば北京市で進学率が40%であるときに、それが1.5倍となって、60%になり、他方で、貴州省で8%の進学率が1.5倍となって、12%となるような場合である。こうした極端な不均等化が進む場合に不変と」結論づけてしまうのが、問題だというのである(p. 29)。

上山(2012a)も、「変動係数が適切な意味をもつのは(平均)値が上昇するほど標準偏差も上昇するとみなせる場合」であって、「進学率などの割合(%)の場合、(平均)値が上昇するほど標準偏差も上昇するとは必ずしもみなせず、格差の趨勢をとらえる指標として変動係数は十分であるとは言い難い」、「格差の大きさを過少に見積もる可能性が高い」と指摘する(pp. 24-25)。進学率の場合、値が50%を突破し上昇するにつれて(変動係数の分子である)標準偏差のとりうる値は小さくなる。すなわち100%に近づいていくにつれ、必然的に不均等度が低下する(100%のとき、標準偏差は0となる)ためである(竇2007b、p. 28、上山2012a、p. 24)。

もっとも、標準偏差には、平均値が大きくなるほど分布の散らばりが大きくなる性質があるから、その点を重視すれば、集団間の比較には向かないという問題もある。よって、この指標を用いる場合は、実態としての地域間格差の大きさを問題にするために、あえて「平均が100%の時の標準偏差(地域間格差の大きさ)10と平均が50%の時の標準偏差10の間に違いがあるとする立場はとらない」選択を行う必要がある(島1996、p. 140)。

相関比を用いる場合、この問題を回避できるという利点がある。これまでの研究では、天野・河上・吉本・吉田・橋本(1984)、上山(2012a)などが、都道府県間相関比を使用するのが適切だとしている[28]。相関比は「都道府県間の標準偏差」を「全体の標準偏差」で除した値であり、「都道府県間の標準偏差を相対化して無名数の指標としている」ため、集団間の比較に適するという。「全体の標準偏差」は、「P・(1-P)」の平方根(Pは進学率の県間平均)を指す(上山2012a、p. 25)。

以上のように、両指標にはそれぞれの長所があることから、本研究では原則として両者を併用した。しかし、進学率の水準(県間平均)の異なる集団間で、ある1時点の格差の大きさを比較する場合には、相関比を用いることにしている。少なくとも、進学率が再上昇した1990年代以降の日本について、地域格差を問題にする限り、変動係数は用いない方がよいだろう。この間に竇(2007b)のいう「均等増分型」の拡大が起きたようには見えないためである。序章冒頭で見たように(図序-1、図序-2)、東京や山梨(男子)、茨城(女子)の進学率上昇の度合い(傾き)は、全国平均よりも著しかった。大学進学率の時系列の値を47都道府県別（小林2003）、13ブロック別（上山2013）に示した図を見ても、進学率のもともと高かった地域において、90年代以降の上昇が大きかった様子が窺える。

3. 高校生調査に基づく大学進学希望率と進学先について

本文では省略したが、「高校生調査」に基づく高校卒業後の進路の単純集計及びクロス集計の結果を、ここで整理しておきたい。第2章第3節で行う分析の基礎集計に当たるためである。**表1付-1**の左側は第1回調査（2005年11月）の時点で、高校生本人が「第一志望」にしていた進路（希望進路）を、進学希望先の質問項目をもとに「国公立大学」、「私立大学」、「短期大学」、「専門学校・各種学校」、「就職その他」に区分し、男女別に示したものである[29]。表の右側には、第2回調査（2006年3月）で回答を得た、4月からの進路（予定進路）の構成比を掲載した。

希望進路の分布を見てみると、11月時点で全体の20.5％が国公立大学を、36.2％が私立大学を第一志望としていた（男女で分けると、国公立は男子24.5％、女

表1付-1　高校卒業後の希望進路と予定進路

	希望進路（2005年11月）			予定進路（2006年3月）		
	全体	男子	女子	全体	男子	女子
	(%)	(%)	(%)	(%)	(%)	(%)
国公立大学	20.5	24.5	16.5	11.4	13.2	9.6
私立大学	36.2	40.9	31.5	37.8	42.7	33.1
短期大学	7.6	1.5	13.8	9.4	1.9	16.7
専門学校･各種学校	17.8	15.0	20.6	17.1	13.9	20.2
就職その他	18.0	18.2	17.8	16.0	16.5	15.5
受験浪人･未定	-	-	-	8.3	11.8	4.9
合計	100.0	100.0	100.0	100.0	100.0	100.0
N	4,000	2,000	2,000	3,488	1,723	1,765
第2回調査非協力（含･予定進路無回答）				512	277	235

（注）「高校生調査」より作成。表1付-2、図1付-7、図1付-8も同じ。

子16.5%、私立は男子40.9%、女子31.5%)。大学進学希望者は合わせて56.7%(男子65.4%、女子48.0%)である。これが3月の確定進路になると、国公立大11.4%(男子13.2%、女子9.6%)、私立大37.8%(男子42.7%、女子33.1%)となる(表1付-1)。

よって、大学進学予定者は合計49.2%(男子55.9%、女子42.7%)であり、11月より少ないことになる。これは、主に国公立大希望者の多くが、受験浪人・未定(一部は私立大)となるためだと考えられる。『学校基本調査』によれば、2006年3月に高校(全日制・定時制)を卒業した生徒の現役大学進学率は、男女計で41.8%(男子46.5%、女子37.0%)だったから、「高校生調査」の方が、やや大学進学者が多めに偏っていることに注意する必要がある(表1付-1)。

他の進路については、希望と予定との間で、国公立大学ほどの大きな違いは見られないようだ。短期大学は希望進路で7.6%(男子1.5%、女子13.8%)、予定進路で9.4%(男子1.9%、女子16.7%)となっている。同様に、専門学校・各種学校は、希望進路で17.8%(男子15.0%、女子20.6%)、予定進路で17.1%(男子13.9%、女子20.2%)、就職その他は希望進路で18.0%(男子18.2%、女子17.8%)、予定進路で16.0%(男子16.5%、女子15.5%)という結果であった(表1付-1)。

この希望進路と予定進路のそれぞれから、大学進学希望率(高校3年生の11月時点)と大学進学予定者割合(3月卒業時)を15ブロック別に算出し(男女計)、**図1付-7**の散布図に示した。概ね右上がりの直線的な関連性が認められることから(相関係数は.806)、11月時点の進学希望率に着目しても、大学進学率の地域差を検討する目的には有効であると考えられる。

11月の希望進路を、地域別に集計した結果が**表1付-2**である。2類型(地方県、中央県)、3ブロック(外縁地方、中間地方、大都市圏)のそれぞれについて示した。

まず2類型別集計で、4年制大学の進学希望率に着目すると、男子は地方県が60.0%、中央県は71.9%となり、前者よりも後者の方が有意に高い(χ^2=30.9、自由度1、$p<.001$)。地方県では、国公立大(28.8%)と私立大(31.2%)への希望率があまり変わらないのに対し、中央県は国公立大(19.1%)希望を、私立大(52.8%)希望が大きく上回る。女子の場合も概ね同様の傾向があり、地方県における大学進学希望率(44.7%)は、やはり中央県(51.9%)より有意に低くなっている(χ^2=10.2、自由度1、$p<.01$)。地方県では、国公立大希望21.0%、私

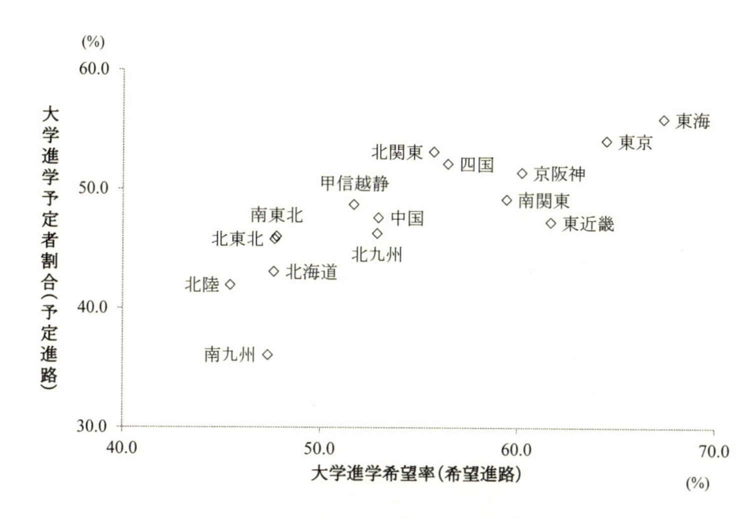

図1付-7　大学進学希望率と大学進学予定者割合の散布図(男女計・15ブロック別)

表1付-2　高校卒業後の希望進路(地域別)

	全国	2類型		3ブロック		
		地方県	中央県	外縁地方	中間地方	大都市圏
男子	(%)	(%)	(%)	(%)	(%)	(%)
4年制大学	65.4	60.0	71.9	58.4	59.7	71.3
うち国公立大学	24.5	28.8	19.1	29.1	28.5	20.3
うち私立大学	40.9	31.2	52.8	29.3	31.1	51.0
短期大学	1.5	1.7	1.2	2.1	1.8	1.1
専門学校・各種学校	15.0	15.6	14.2	16.2	15.6	14.1
就職その他	18.2	22.6	12.7	23.2	23.0	13.5
N	2,000	1,100	900	474	501	1,025
女子	(%)	(%)	(%)	(%)	(%)	(%)
4年制大学	48.0	44.7	51.9	39.9	45.9	52.7
うち国公立	16.5	21.0	10.9	18.5	23.0	12.3
うち私立	31.5	23.7	41.0	21.4	22.8	40.4
短期大学	13.8	13.5	14.1	12.6	13.0	14.6
専門学校・各種学校	20.6	22.0	18.8	22.7	23.4	18.1
就職その他	17.8	19.8	15.2	24.8	17.6	14.5
N	2,000	1,100	900	476	499	1,025

立大希望23.7%であるところ、中央県は国公立大希望10.9%、私立大希望41.0%という結果であった。3ブロック別の集計では、男子の大学進学希望率は外縁地方58.4%、中間地方59.7%、大都市圏71.3%、女子は外縁地方39.9%、中間地方45.9%、大都市圏52.7%となっている(表1付-2、図1-22)。

以上、高校3年生の11月時点の希望進路を概観してきたが、このうち、4年制大学への進学希望について、進学先の大学の所在地域や、通学形態を区別して集計を行った結果が**図1付-8、図1付-9**である。進学先大学の設置者を分け、地域区分は2類型についても示した点が図1-23と異なる(大学進学以外の希望者の割合は、図から除いた)。

まず、進学を希望する大学の所在地に関する集計を検討しよう。全国について見ると、男子の34.7%が県外の大学(国公立と私立の合計)に進学を希望する一方、30.7%は県内大学への進学を望んでいる。女子の場合は、同じ値はそれぞれ23.8%、24.2%であった。設置者を区別しなければ、男女とも県外大学と県内大学の進学希望は、ほぼ拮抗しているようだ。ただし、いずれも国公立より私立の希望者が多い(図1付-8)。

次に地域別の分析である。2類型に分けた集計を見てみれば、地方県と中央県の違いは必ずしも明瞭であるとは言えないように思われる。確かに、県内大学希望者は地方県在住者(男子23.7%、女子19.0%)よりも、中央県在住者(男子39.1%、女子30.6%)の方が多い。しかし、県外大学の希望者は、あまり大きな違いではないようだ。地方県在住者は男子36.3%、女子25.7%であるのに対し、中央県在住者は男子32.8%、女子21.3%という結果であった(もっとも、男女とも地方県在住者の場合、全体として、中央県在住者より国公立大学の希望割合が大きい点は重要な特徴である)(図1付-8)。

今度は、進学を希望する大学への通学形態の分析結果である。全国の値は、男子の場合は自宅外通学希望者の割合(国公立と私立の合計)が26.6%、自宅通学が38.8%だった。女子の場合、自宅外通学は15.7%にとどまる一方、自宅通学は倍以上の32.3%に達する。自宅外通学を考える場合、男女とも、国公立大学希望者と私立大学希望者の割合は、ほぼ同程度である。しかし自宅通学の場合、国公立希望(男子11.0%、女子8.7%)を私立希望(男子27.8%、女子

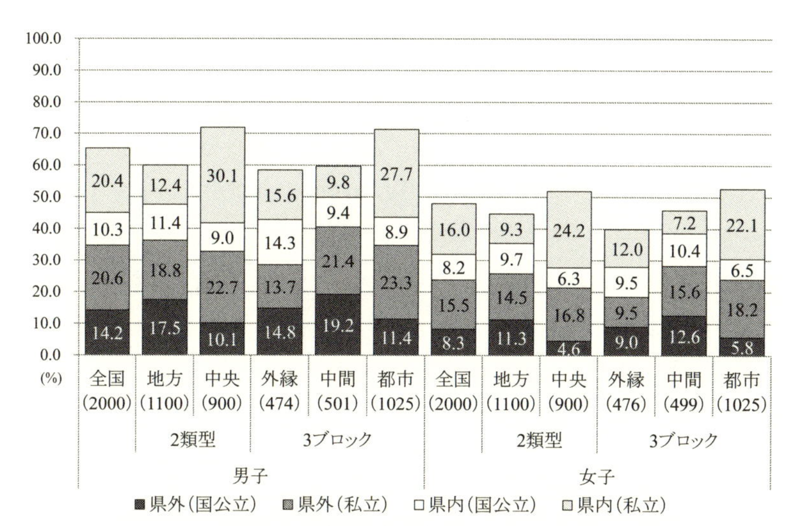

図1付-8　高校卒業後に進学を希望する大学(所在地域別、設置者別)

(注)括弧内はケース数。図1付-9も同じ。

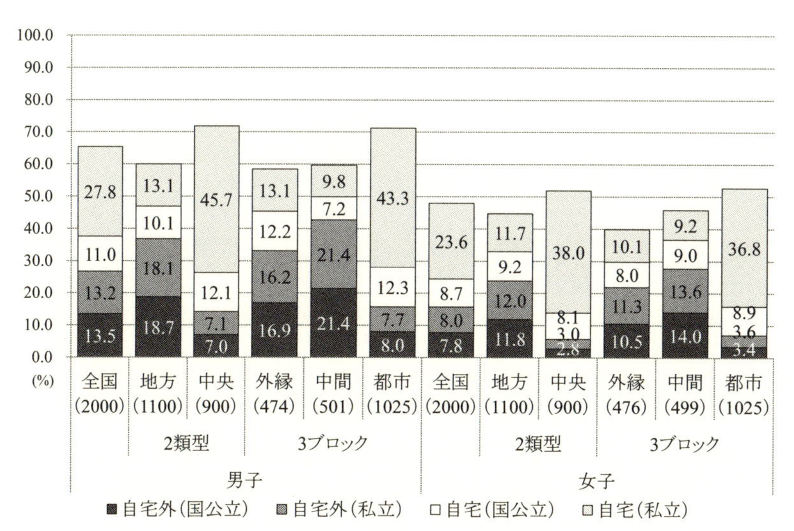

図1付-9　高校卒業後に進学を希望する大学(通学形態別、設置者別)

23.6%)が大きく上回るのが特徴となっている(図1付-9)。

地域別に見るとどうか。2類型に分けた集計では、地方県在住者は自宅外通学の希望も少なくない一方、中央県は、ほとんどが自宅通学を希望していることがわかる。地方県の場合、自宅外通学を希望する者は男子の36.8%、女子の23.8%である一方、男子の23.2%、女子の20.9%が自宅からの通学を希望していた。それに対して中央県では、大学への自宅通学希望は、実に男子の57.8%、女子の46.1%に達する(自宅外希望は、それぞれ14.1%、5.8%)。自宅からの私立大学への進学希望に限っても、男子45.7%、女子38.0%とかなり大きな値となっている。先の県外大学、県内大学に関する集計と比べれば、中央県では、県外大学であっても自宅から通学するケースの多いことが示唆されよう(図1付-9)。

注

1　2006年3月の高等学校(全日制・定時制)卒業者数で、大学(学部)への現役進学者数を除したもの。

2　高等学校(全日制・定時制)卒業者数で、専修学校(専門課程)進学者数を除したもの。

3　高等学校(全日制・定時制)卒業者数で、就職者数を除したもの。就職者には、進学しかつ就職した者を含む。

4　高等学校(全日制・定時制)卒業者数で、短期大学(本科)進学者数を除したもの。

5　高等学校(全日制・定時制)卒業者数で、同年卒業者の大学(学部)への入学志願者数を除したもの。

6　地方県に限っても、同様の傾向がある。すなわち専門学校進学率の相関比は男子.081、女子.076であり、現役大学進学率(男子.130、女子.107)、就職率(男子.146、女子.127)、大学志願率(男子.141、女子.105)の値より小さかった(表1-1)。

7　地方県に限ると「専門学校進学率の低い県ほど、現役大学進学率が高い」関係は、全県の場合より少し弱くなる。相関係数は男子が-.455、女子は-.478となる(志願率との相関も同様に、男子-.390、女子-.385とやや小さい)。この背景には、地方県では「専門学校進学率の低い県ほど、就職率が高い」関係も、弱いながら見られる事情があると考えられる。実際、地方県に限ると、専門学校進学率と就職率の相関係数は男子が-.157、女子は-.086となり、微弱な負の相関関係が確認できる。しかし、全県を用いた集計では、男子.083、女子.185となる(表1-2)。

8　2006年度の「出身高校の所在地県別大学入学者数」を分子とし、同年3月の高等学校(全日制・定時制)卒業者数を分母として除した。

9　「高卒者基準」と同じ値を分子とし、分母には2003年3月の中学校卒業者数(中等教育学校前期課程修了者数を含む)を用いたもの。

10　これらの傾向は、中卒基準の進学率や、現役進学率でも同様である(表1-3)。

11　これらの点も中卒基準の進学率、現役進学率において同様に当てはまる(表1-3)。

12　このうち徳島は、男子の大学進学率は47県間平均を下回るが、女子の場合は上回るという(図の左上側に位置する)数少ない県である。岡山、和歌山もこうした特徴をもつ。

13　この中で、石川は男子の大学進学率が47県間平均を上回り、女子は下回る(図の右下側に位置する)。長野、岐阜、三重にもこのような特徴がある。

14　高等教育計画の概要や展開については、黒羽(2001)、小林(2009)などを参照。橋本(2012)は、高等教育懇談会報告の草案や、審議経過を一次史料によって検討し、特に地域ブロックごとの計画については、合理的に策定することが困難だったことを指摘する。新増設の抑制政策が、具体的にはどのような法令や内規によって実施されたかについては、朴澤(2000)に詳しい。

15　次の式で推計した。(きまって支給する現金給与額×12＋年間賞与その他特別給与額)。

16　2002年の『全国物価統計調査』による。県別の全世帯・総合指標(フィッシャー類似算式により算出)を使用した。

17　上山(2013)は、これと同様の議論を、大学収容力と大学進学率について(それぞれのz得点を用いた散布図によって)行っている。

18　残差の値の大きい15県を上げると、男子は大きい方から奈良、京都、広島、福井、鳥取、新潟、山梨、神奈川、富山、香川、埼玉、岐阜、石川、山形、兵庫となる。女子は、京都、東京、奈良、広島、鳥取、香川、徳島、山形、兵庫、富山、愛媛、高知、沖縄、岡山、福井の順であった。

19　残差の値が小さい15県は、男子の場合、小さい方から茨城、三重、福島、山口、栃木、大分、和歌山、熊本、徳島、長崎、静岡、滋賀、鹿児島、佐賀、岡山である。女子は鹿児島、三重、福島、茨城、滋賀、山口、北海道、千葉、大分、大阪、長野、和歌山、長崎、静岡、石川という順になる。

20　浦田(2011)も、2006年進学者の他県(県外)進学率、自県(県内)進学率の値を県別に報告している。

21　進学率全体が高い地方県の中でも、反対に、図の左上側(県外進学率が平均未満、県内進学率は平均以上)に位置している県には、男子は広島や石川、女子は広島や岡山がある。なお進学率の最も低い数県は、図の左下側(県外及び県内進学率の両方とも平均未満)にあるケースがほとんどだが、沖縄は(女子は北海道や長崎も)、例外的に左上側に所在するという特徴がある(図1-11、図1-12)。

22 標準得点の差の大きい15県は、男子の場合、奈良、和歌山、香川、岐阜に加え、順に茨城、長野、三重、滋賀、富山、佐賀、島根、鳥取、栃木、山梨、群馬であった。女子の場合は奈良、和歌山、香川、鳥取に続いて、長野、富山、栃木、岐阜、三重、滋賀、島根、茨城、高知、佐賀、福島という県が並んでいる。

23 「出身地」の地域区分は、大学進学率など変数を1つ選び(第3章で着目する県別の学歴間賃金格差も、その候補になるだろう)、その値の高低によって類型を作成するという設定方法も可能である。しかしここでは、経年比較に適するものとして、地域ブロックを基礎にした区分を用いることにした。

24 2011年3月の東北地方太平洋沖地震が、各地域の進学動向に影響した可能性は否定できないが、2010年度の値との比較や、本章付論1の図1付-1～図1付-6の検討も踏まえ、最新の年は2011年度とした。

25 『学校基本調査』の同じ統計を、出身高校の所在地側でなく、進学先の大学の所在地側に立って集計してみると、この背景が理解できるかも知れない。図表は省略するが、大学所在地別入学者数に占める出身地の構成割合を算出してみよう。すると、1991年度は、外縁地方に所在する大学の入学者のうち、県内から進学してくる者の割合が他の年度より低かった(41.8%)。一方、中間地方出身者(18.3%)や、大都市圏出身者(13.9%)の占有率は、他の年度より高くなっているのである。中間地方所在の大学の入学者についても、1991年度は大都市圏出身者の占有率が、他の年度に比べて高い(27.8%)。大都市圏における入学の「間口」が狭く、進学者が他地域に流れていたと見ることができよう。

26 東日本大震災の被害が大きかった岩手、宮城、福島の3県についても、大学進学率(や県外進学率、県内進学率)の値の推移は、他の県と比べ、特異な変化は示していない。県全体の集計値には現れない変化を捉える分析が必要である。別稿を期したい。

27 「すべての社会階級や地域で進学率の増分(q%ポイント)が同じ」ならば、「もともとの配分が不均等である場合には(中略—引用者)、もともとの不均等性は解消しないが、少なくとも拡大の恩恵は均等に行き渡る」ことから、「最も均等性の高い拡大である」という意味で、「均等増分型」と呼ばれている(寶2007b、p. 24)。

28 ただし、天野・河上・吉本・吉田・橋本(1984)の相関比は、各県の3年前中卒者数で重みづけをした値である(p. 5。吉本氏執筆部分)。重みづけの有無による違いについては、上山(2012a)、p. 33を参照。

29 この希望進路変数は、第1回調査(高校生)の問14cをリコードして作成した。問14cは、「進学を考えていない」生徒を対象としていないため、進学を考えていない生徒はすべて「就職その他」に分類している(したがって、この希望進路変数は、問3bの進路に関する回答結果と完全には一致しない場合がある)。また、「就職その他」には「外国の大学」や「その他」の学校への進学、進学希望だが進学先未定の者が含まれている。

第 2 章

大学進学の費用

本章では、大学進学の費用について検討する。その結果、費用に着目するだけでは大学進学率の地域差、特に「地方県どうしの違い」(が、高い費用を要する県外進学率の高低によって生じていること)をうまく説明できないことを明らかにしたい。具体的には、家計所得、機会費用、直接費用、大学の収容率の順に議論を行う。

第1節ではまず、大学進学率の低い地域は、平均的な家計所得(「高校生調査」による)も低いこと、しかし、所得の地域差を調整しても、なお相当の進学率の地域差が残ると予想されることを示す。「外縁地方」の平均的な所得が、大都市圏と同等だったとしても、大都市圏との進学率の差はあまり縮小しないことが明らかになる。

第2節では、従来はデータが入手できないために推計が行われてこなかった、機会費用(高卒で就職した場合の、4年間の放棄稼得)を県別に推計する。進学率との相関分析の結果、「機会費用が高い県ほど、進学率が低い」関係はみられないことを示す。地方では、「中間地方」など機会費用の高い県ほど、大学進学率全体や、県外進学率は高いという、理論的予想と逆の結果となることがわかる。また、直接費用の県別の推計も行う。学納金だけでなく、生活費(住居費や食費など)も含む形で定義した上で(地域による費用の差を検討する文脈では、下宿費用が追加的に発生するかどうかが重要なため)、地域別の相違を検討する。進学率との相関分析の結果、やはり「直接費用が高い県ほど、進学率が低い」関係は認められないことが示される。

第3節では(人的資本投資の供給曲線を右シフトさせると考えられる)大学の収容率に関する考察を行う。県別の進学率との相関分析の結果、収容率と大学進学率の相関は小さいことを示す(県外進学率とのマイナス相関と、県内進学率とのプラス相関が相殺されるためだと考えられる)。また、「高校生調査」によって高校生の学費・生活費の負担可能性に関する意識を分析し、収容率が同程度である外縁地方と中間地方とを比較すると、後者に住む高校生の方が、家計所得を統制しても、自宅外通学による進学費用の負担に前向きであることを示す。以上の議論を、第4節で要約する。

第1節　地域別にみた家計所得と大学進学希望率

1. 家計所得と大学進学希望の関係

この節では、「高校生調査」のデータを用いて、まず家計所得の地域分布を記述する。その上で、所得と大学進学希望の関係について、地域的な相違を検討していきたい。

高校生の出身家庭の所得が、大都市圏より地方の方が平均的に低い事実は、あらためて指摘するまでもないことかも知れないが、「高校生調査」ではこのことを実際に確かめることができる。すなわち両親年収を「400万円以下」、「400～600万円以下」、「600～800万円以下」、「800～1,000万円以下」、「1,000万円超」という5つの所得階級に区分して（両親年収が欠損値の男子108ケース、女子94ケースをそれぞれ除く）、その分布を地域別に見たものが**図2-1**である（両親年収変数について詳しくは、第6章第1節も参照）。これらの図を見ると、中間地方や大都市圏より外縁地方の方が、両親年収は低い方に分布していることは明らかである。

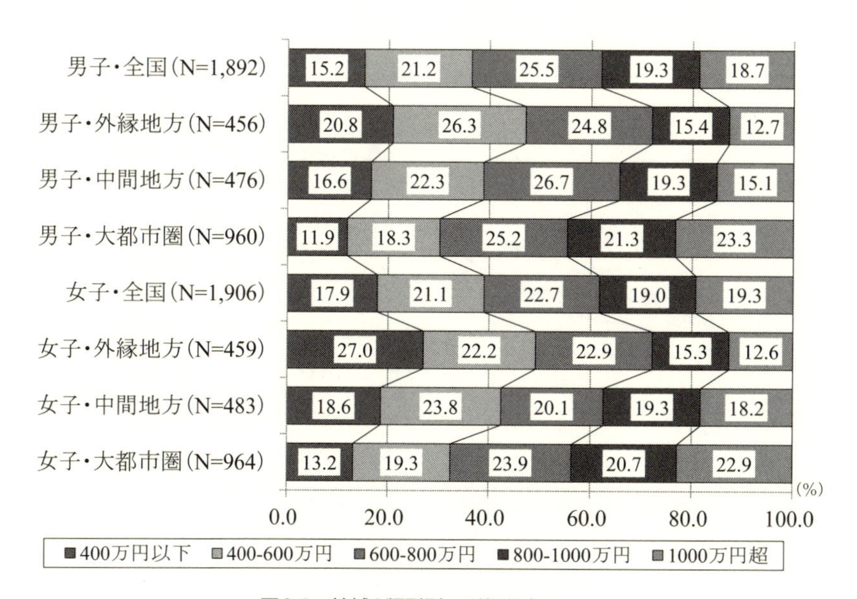

図2-1　地域3類型別の所得分布

それでは次に、大学進学希望率を所得階級別に見てみよう。この5つの所得階級別の大学進学希望率を、男女それぞれについて地域別に図示した(**図2-2**、**図2-3**)。

まず図2-2を見ると、進学希望率は、両親年収が多いほど高くなっていることが明白である。日本「全体」の値では、両親年収「400万円以下」の男子は44.8%が進学を希望するに過ぎないが、「400～600万円以下」では54.0%、「600～800万円以下」は68.7%、「800～1,000万円以下」は74.6%、「1,000万円超」では80.5%となっている。

以上の両親年収と大学進学希望率の関係を、さらに3ブロック別に検討しよう。年収が多いほど進学希望率が高い傾向は、基本的にはどのブロックでも見られるが、微妙な違いも2点ほど存在する。1点目はグラフの形状である。外縁地方と大都市圏を比較すると、後者の方が概ね傾きがフラットであるようだ。いっぽう、中間地方のグラフはやや特殊な形となっており、進学希望率は「600～800万円以下」(72.4%)の方が、むしろ「800～1,000万円以下」(67.4%)より高いほどであった(図2-2)。

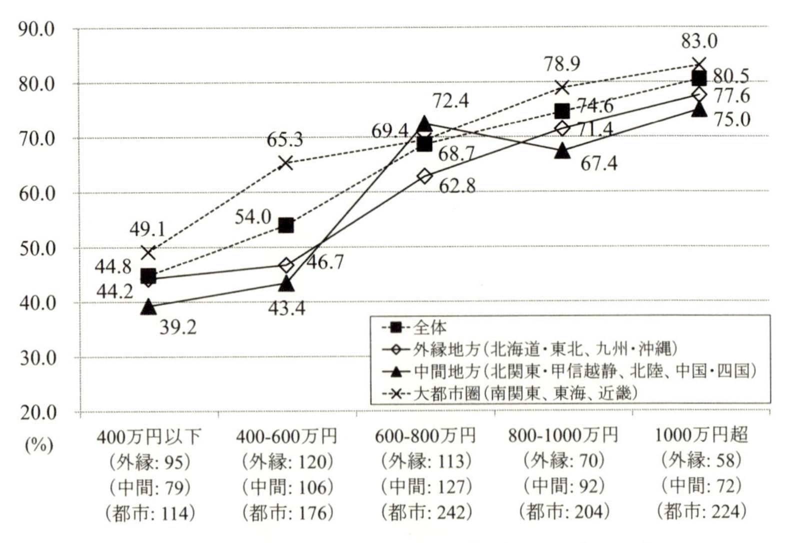

図2-2　両親年収別の大学進学希望率(3ブロック別、男子)

(注)両親年収の値ラベルの下に記載の値は、各ブロックのケース数。図2-3も同様。

2つ目の違いは、ブロック間の進学希望率の違いである。両親年収を区別しない場合、男子の大学進学希望率は第1章第3節で見たように、外縁地方58.4％、中間地方59.7％、大都市圏71.3％であった。これらの値は両親年収の欠損値を除いた集計でも(n＝1,892)、大きくは異なっておらず、外縁地方57.9％、中間地方59.9％、大都市圏71.5％となっている(図表は省略)。両親年収を区別した場合、もっともブロック間の差が大きいのは、「400～600万円以下」の層においてである。外縁地方(46.7％)と大都市圏(65.3％)の間、中間地方(43.4％)と大都市圏の間のそれぞれにおいて、有意差が見られる(図2-2)。

次に女子の集計結果を検討しよう。男子と比較して、顕著な違いと言えるのは次の2点である。第一に、最も所得の低い層と、最も高い層の間の進学希望率格差が、男子よりも大きいことである。図2-3の「全体」の値を見ると、両親年収「400万円以下」の女子の28.7％と、「1,000万円超」の69.2％との間には、40ポイント以上の差がある。いっぽう、男子の同じ値は35ポイント程度であった。第二の点は、この2つの間に入る所得階級の間では、進学希望率の差が比較的小さいことである。日本「全体」の女子の値は、「400～600万

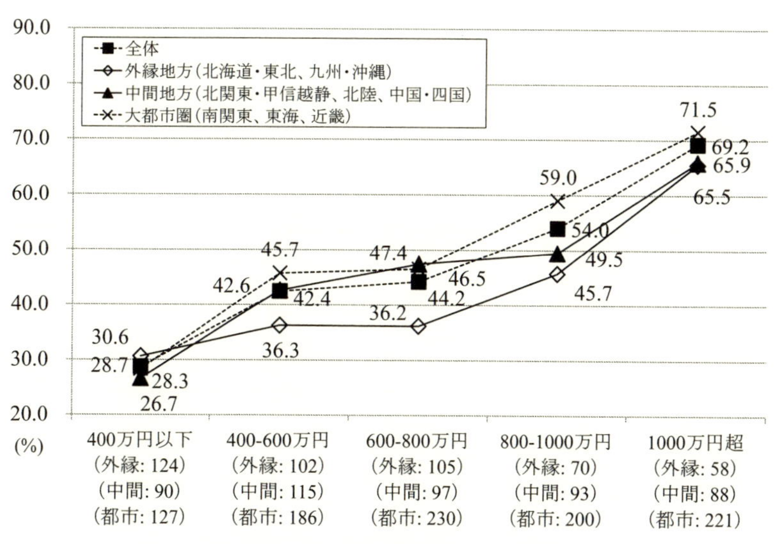

図2-3　両親年収別の大学進学希望率(3ブロック別、女子)

円以下」が42.4％、「600～800万円以下」は44.2％、「800～1,000万円以下」は54.0％となっている（図2-3）。

今度はブロック間の違いに着目する。第1章第3節で見た通り、両親年収を区別しない場合の女子の進学希望率は、外縁地方39.9％、中間地方45.9％、大都市圏52.7％だった。図表は省略するが、両親年収の欠損値を除いた集計では外縁地方39.9％、中間地方46.2％、大都市圏52.3％であり（n＝1,906）、ほぼ同水準となっている。両親年収別の分析を行った場合は、「800～1,000万円以下」の階級で最もブロック間の進学希望率格差が大きい。外縁地方（45.7％）と大都市圏（59.0％）の間、中間地方（49.5％）と大都市圏の間の両方で、有意差が見られた（図2-3）。

以上の所得階級別の大学進学希望率を、さらに学力を区別して集計するとどうか。学力の指標に、中学3年生時の成績（以下「中3成績」）を用いて検討しよう（学力そのものと大学進学希望率の関係については、本章付論1を参照）。5段階自己申告の変数を、2段階にまとめ直して用いる。すなわち、低位層と中位層（「下のほう」、「中の下」、「中くらい」）を一括して「低中学力」と呼び、高位層の「中の上」と「上のほう」をまとめて「高学力」と呼ぶことにしたい。分析結果を**図2-4**に示した。

この分析で明らかになったのは、両親年収と大学進学希望率との関係が、学力によって異なることである。すなわち、男女とも高学力の生徒なら、所得階級による進学希望率の格差は比較的小さい（傾きが相対的にフラットである）のに対し、低中学力の場合、所得階級による差が大きい（より傾きが急である）。例えば高学力の男子では、両親年収「400万円以下」の希望率71.3％と、「1,000万円超」の88.8％の差は20ポイント程度なのに対し、低中学力の男子の場合、その差は40ポイント以上ある（進学希望率は、それぞれ28.9％、70.3％）。女子についても同様だ。なお、男子と女子とを高学力どうし、低中学力どうしで比較すると、グラフの傾きに顕著な違いがあるようには見えない（図2-4）。

この集計を、男女それぞれ3ブロック別に行ったものが**図2-5**（男子）、**図2-6**（女子）である。これらの図からは、2つの事実が読み取れる。第一に、先に指摘した両親年収と大学進学希望率との関係が、学力ごとに異なるという傾向は、ブロック別の集計でも概ね当てはまることである。これは男女の両方について言えるだろう。ただし男子の大都市圏の場合は（また、女子の中間地方も）、グラフの傾きは低中学力と高学力の間で、それほど大きく異なっていないように見える。

第二に判明するのは、3ブロック間の進学希望率の差についてである。付論の図2付-1、図2付-2で見るように、実はブロック間の差は学力低位層ないし中位層で大きいが、図2-5、図2-6の集計では、この傾向が顕著に示されている。すなわち、男子の場合、高学力なら所得階級を問わず、概ねブロック間の希望率の差は大きくないようだ。しかし低中学力について見ると、「400～600万円以下」や「600～800万円以下」の層で外縁地方と大都市圏の間、「400万円以下」や「400～600万円以下」の層で、中間地方と大都市圏との間の差が大きいことが読み取れる。女子も、これと似たような傾向を示している。ただしブロック間の差が大きい所得階級は「600～800万円以下」や「800～1,000万円以下」であり、ここで外縁地方と大都市圏の差が顕著となっていることがわかる（図2-5、図2-6）。

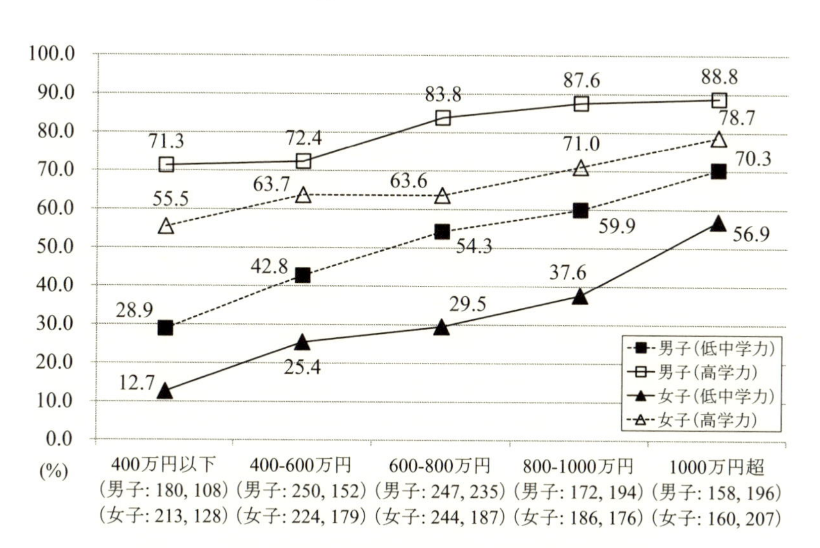

図2-4　両親年収別の大学進学希望率（中3成績別、男女別）

（注）両親年収の値ラベルの下に記載の値は、性別ごとのケース数（低中学力、高学力の順）。図2-5、図2-6も同様。

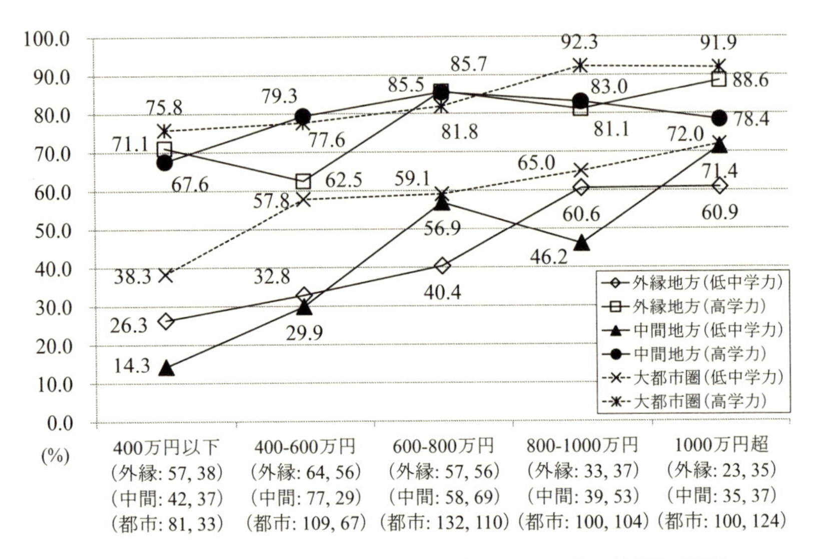

図2-5　両親年収別の大学進学希望率(3ブロック別・中3成績別、男子)

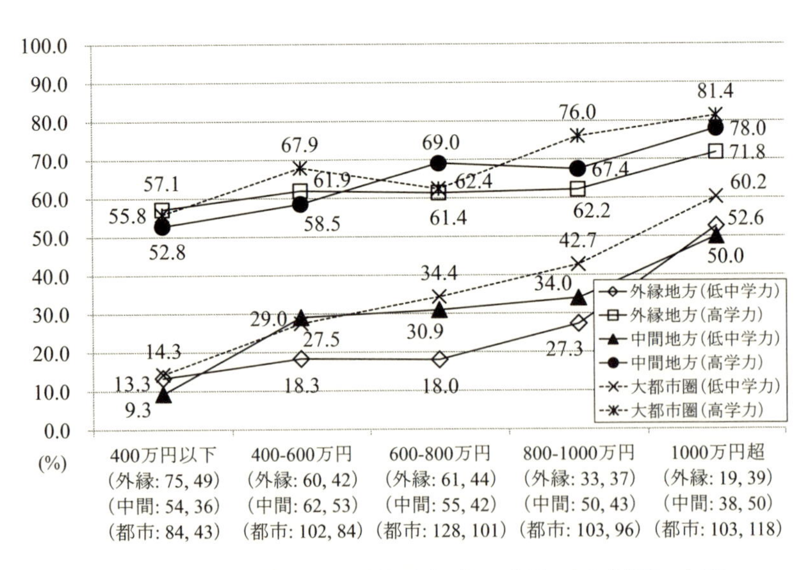

図2-6　両親年収別の大学進学希望率(3ブロック別・中3成績別、女子)

2. 所得水準の地域差を調整した大学進学希望率

以上のように、大学進学希望率の地域差は、所得水準自体の地域差と、「所得による進学希望率の差」の地域的相違の両方から生じていることがわかる。この点を踏まえて、この項では、3ブロック別の大学進学希望率(「高校生調査」より算出)を使用し、所得水準の地域差を調整した進学希望率の推計を試みる。それによって、大学進学希望率の地域格差のうち、どれだけが地域間の所得水準の違いを反映したものであるのか、また所得水準の地域差を調整しても、なお残る進学希望率の地域格差(言わば個人属性の分布の違いだけでは説明できない「実質的な地域格差」)は、どの程度なのかが理解できるようになる。

大学進学希望率の地域差のうち、ある部分までは、先に見たような地域間の所得水準の違いが反映したもののはずである(天野 2000、p. 31)。すなわち、外縁地方の進学希望率が低いのは、他の地域よりも所得の低い家庭が相対的に多いためであって、所得の高い家庭がもっと多ければ、その地域全体の進学希望率ももっと高い値を示すことになる。逆に、大都市圏の場合は、現在より低所得層が多ければ、全体としての進学希望率はもっと低いはずである。

では仮に、ある地域の所得分布が、進学希望率の最も高い地域のそれと同じだった場合には、進学希望率は現在よりどれだけ高い数値になるのだろうか。これが以下で行う推計の趣旨である。

推計の具体的な手続きは次の通りである。まず、「高校生調査」のデータを用いて、**表2-1**のように表側を所得階級、表頭を地域とする分割表を作成する。セル度数$S_{i,j}$は、ある所得階級iに属し、ある地域jに住む高校生数を表す(ただし、i=1, 2, …, 5、j=1, 2, 3)。例えば両親年収が400万円以下で、外縁地方在住の生徒数はS1,1となる。ある所得階級iの高校生数の合計(全国計)はSi,.となる。また、ある地域jの高校生数の合計はN.,j、全体の高校生数はNである。

次に、同様の分割表(表側は所得階級、表頭は地域)を大学進学希望者数についても作成する(**表2-2**)。セル度数$C_{i,j}$は、ある所得階級iに属する、ある地域jの大学進学希望者数である。ある所得階級iの進学希望者数の合計(全国計)を$C_{i,.}$、全国計はMと表記する。また、ある地域jの大学進学希望者数の合計は$C_{.,j}$である。

表2-1　地域3類型別・所得階級別の高校生数

所得階級	地域 R_1（北海道・東北）	…	R_j	…	R_J	計（全国）
Y_1（400万円以下）	$S_{1,1}$	…	$S_{1,j}$	…	$S_{1,J}$	$S_{1,\cdot}$
⋮	⋮		⋮		⋮	⋮
Y_i	$S_{i,1}$	…	$S_{i,j}$	…	$S_{i,J}$	$S_{i,\cdot}$
⋮	⋮		⋮		⋮	⋮
Y_I	$S_{I,1}$	…	$S_{I,j}$	…	$S_{I,J}$	$S_{I,\cdot}$
計（全体）	$S_{\cdot,1}$	…	$S_{\cdot,j}$	…	$S_{\cdot,J}$	N

表2-2　地域3類型別・所得階級別の大学進学希望者数

所得階級	地域 R_1（北海道・東北）	…	R_j	…	R_J	計（全国）
Y_1（400万円以下）	$C_{1,1}$	…	$C_{1,j}$	…	$C_{1,J}$	$C_{1,\cdot}$
⋮	⋮		⋮		⋮	⋮
Y_i	$C_{i,1}$	…	$C_{i,j}$	…	$C_{i,J}$	$C_{i,\cdot}$
⋮	⋮		⋮		⋮	⋮
Y_I	$C_{I,1}$	…	$C_{I,j}$	…	$C_{I,J}$	$C_{I,\cdot}$
計（全体）	$C_{\cdot,1}$	…	$C_{\cdot,j}$	…	$C_{\cdot,J}$	M

いま、ある地域全体の大学進学希望率をP_jとすると、P_jは以下の式で表現できる。

$$P_j = \frac{C_{\cdot,j}}{S_{\cdot,j}} = \sum \frac{C_{i,j}}{S_{\cdot,j}}$$

これを書き換えたものが、次の式である。

$$P_j = \sum \left(\frac{C_{i,j}}{S_{i,j}} \times \frac{S_{i,j}}{S_{\cdot,j}} \right) \qquad \cdots\cdots\cdots\cdots\cdots\cdots (1)$$

すなわち、ある地域の大学進学希望率とは、その地域における所得階級別大学進学希望率に、各所得階級のシェア(その地域の高校生数の合計に対する構成割合)を掛け合わせ、すべて足し合わせたものとなる。

ここで、「ある地域の所得分布が、進学希望率の最も高い地域のそれと同じだった場合」の進学希望率P_j'は、(1)式の代わりに、次の(2)式を用いて推計できる(以下、P_j'を「所得分布調整済の大学進学希望率」と呼ぶ)。ただし、$S_{i,h}$は進学希望率が最も高い地域(大都市圏)の高校生のうち、ある所得階級iに属する生徒の数、$S_{\cdot,h}$はその地域の高校生数の合計である。

$$P_j' = \sum\left(\frac{C_{i,j}}{S_{i,j}} \times \frac{S_{i,h}}{S_{\cdot,h}}\right) \qquad \cdots\cdots\cdots\cdots\cdots\cdots (2)$$

以上の推計を男女別に行った過程と結果を示したものが、**表2-3**である。表中(B)欄の数値を縦に合計したもの(すなわち「合計」の行)が「所得分布調整済の大学進学希望率」(P_j')を示す(ただし、パーセント表示に直してある)。例えば、外縁地方の男子の場合、所得分布調整済の進学希望率は62.9%であり、調整前(57.9%)よりも高い値となっている。また、推計に用いた地域別所得分布と、所得階級別大学進学希望率(つまり調整前の進学希望率。パーセント表示)もそれぞれ表に掲げておいた。

所得分布や所得効果の調整によって、大学進学希望率の地域格差がどれだけ縮小するかを視覚的に確認するために、以上の推計結果をグラフに表現したものが次の**図2-7**である。所得の調整を行わない進学希望率(A)と、所得分布調整済進学希望率(B)を比較すると、外縁地方と中間地方の両方とも、前者よりも後者の方が進学希望率の最も高い大都市圏の数値に近づいている(地域格差が縮小している)ことが読み取れる。

しかしながら、図2-7が同時に示しているのは、地域間の所得分布の違いを調整してもなお、かなり大きな地域格差が残されているということである。なぜなのか。ありうる1つの説明は、地域間の「所得効果」の違いが進学希望率の地域差を生じさせているというものである。すなわち、所得階級別の進学希望率が地域によって異なるため、仮に所得分布が他の地域と同一になっても、進学希望率自体が同一になるわけではない。

表2-3　所得階級別所得分布・進学希望率・調整済進学希望率

	男子				女子			
	全国	外縁地方	中間地方	大都市圏	全国	外縁地方	中間地方	大都市圏
所得分布								
400万円以下	.152	.208	.166	.119	.179	.270	.186	.132
400-600万円	.212	.263	.223	.183	.211	.222	.238	.193
600-800万円	.255	.248	.267	.252	.227	.229	.201	.239
800-1000万円	.193	.154	.193	.213	.190	.153	.193	.207
1000万円超	.187	.127	.151	.233	.193	.126	.182	.229
合計	1.000	1.000	1.000	1.000	1.000	1.000	1.000	1.000
(A) 所得階級別進学希望	(%)	(%)	(%)	(%)	(%)	(%)	(%)	(%)
400万円以下	44.8	44.2	39.2	49.1	28.7	30.6	26.7	28.3
400-600万円	54.0	46.7	43.4	65.3	42.4	36.3	42.6	45.7
600-800万円	68.7	62.8	72.4	69.4	44.2	36.2	47.4	46.5
800-1000万円	74.6	71.4	67.4	78.9	54.0	45.7	49.5	59.0
1000万円超	80.5	77.6	75.0	83.0	69.2	65.5	65.9	71.5
全体（再掲）	65.3	57.9	59.9	71.5	47.7	39.9	46.2	52.3
(B) 所得分布調整済希望	(%)	(%)	(%)	(%)	(%)	(%)	(%)	(%)
400万円以下	5.3	5.3	4.7	5.8	3.8	4.0	3.5	3.7
400-600万円	9.9	8.6	8.0	12.0	8.2	7.0	8.2	8.8
600-800万円	17.3	15.8	18.3	17.5	10.5	8.6	11.3	11.1
800-1000万円	15.9	15.2	14.3	16.8	11.2	9.5	10.3	12.2
1000万円超	18.8	18.1	17.5	19.4	15.9	15.0	15.1	16.4
合計	67.2	62.9	62.7	71.5	49.6	44.2	48.4	52.3
(C) 所得水準調整前希望	(%)	(%)	(%)	(%)	(%)	(%)	(%)	(%)
400万円以下	6.8	9.2	6.5	5.8	5.1	8.3	5.0	3.7
400-600万円	11.5	12.3	9.7	12.0	9.0	8.1	10.1	8.8
600-800万円	17.5	15.6	19.3	17.5	10.0	8.3	9.5	11.1
800-1000万円	14.4	11.0	13.0	16.8	10.3	7.0	9.5	12.2
1000万円超	15.1	9.9	11.3	19.4	13.3	8.3	12.0	16.4
合計	65.3	57.9	59.9	71.5	47.7	39.9	46.2	52.3

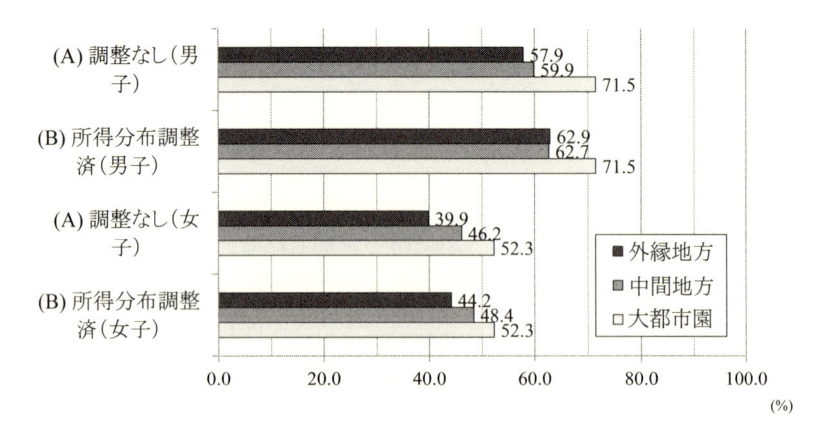

図2-7　所得分布調整済の大学進学希望率

このことは、多変量解析を行っても確認できる。すなわち、大学進学希望の有無(希望ありの場合1、なしの場合0を取る2値変数)を被説明変数として、ロジスティック回帰分析を行った。説明変数には、地域3ブロックのダミー変数(外縁地方ダミー、大都市圏ダミー。基準カテゴリは中間地方。基準カテゴリを変えた分析結果にも後で言及する)を使用し、両親年収(所得階級に区分する前のもの)の対数値、中3成績(「下のほう」から「上のほう」まで、1～5の値を割り当てたもの)を統制した。

表2-4が分析の結果である。まず男子について、地域3ブロックのダミー変数の箇所を見ると、大都市圏ダミーが0.1%水準で有意であった(このダミー変数は、47都道府県を基礎に作成したものである。通常の標準誤差を用いて推定すると有意になりやすいから、ここではロバスト標準誤差を使用した)。よって、大都市圏と中間地方(基準カテゴリ)の間には、両親年収や中3成績を統制してもなお、大学進学希望率の差が残ることになる。いっぽう、外縁地方と中間地方の間には、有意差が見られない。表では結果の掲載を省略したが、基準カテゴリを大都市圏にした場合の分析結果では、外縁地方と大都市圏の間(0.1%水準)、中間地方と大都市圏の間(0.1%水準)に、それぞれ有意差が見られた。

表2-4　大学進学希望のロジスティック回帰分析(男女別)

説明変数	男子 係数	男子 robust SE	女子 係数	女子 robust SE
ln両親年収	.817 ***	.100	.643 ***	.150
中3成績	.654 ***	.047	.738 ***	.039
外縁地方	-.054	.179	-.220 +	.122
大都市圏	.537 ***	.149	.223	.161
定数	-7.041 ***	.716	-6.853 ***	.968
-2対数擬似尤度	2071.6		2238.6	
Wald χ^2 (*df*)	290.5 (4)		482.1 (4)	
有意確率	< .001		< .001	
McFadden's R^2	.152		.151	
ケース数	1,892		1,904	

$^{+}p < .10$ $^{*}p < .05$ $^{**}p < .01$ $^{***}p < .001$.

女子の場合、外縁地方と中間地方(基準カテゴリ)の間に有意差が見られるが(ただし10%水準)、大都市圏と中間地方の間には認められないことがわかる(表2-4)。基準カテゴリを大都市圏にして分析すると(表では省略)、外縁地方と大都市圏の間(1%水準)に有意な違いがあるものの、中間地方と大都市圏の間には見られなかった。

なお、両親年収が多いほど、中3成績が良いほど、大学進学希望をもつ傾向があることは(いずれも0.1%水準で有意)、男女に共通している(表2-4)。

第2節　地域別にみた大学進学の費用

1. 機会費用

この節では、大学進学の費用に関する県別の推計を試みる。まず、大学進学の機会費用を出身地域別に推計してみよう。通常、放棄稼得(forgone earnings)、すなわち、「大学に進学しなければ得られる、4年間の税引後稼得(賃金)」が用いられる(荒井1995、p. 16)。「稼得」の語は賃金(wages)と代替的に用いられることがあるが、厳密には「単位時間の労働の価格」を賃金率(wage rate)と呼ぶのであって、「稼得は一定期間内(1ヵ月、1年等)に支払われた報酬を意味し、諸手当(時間外手当、家族手当、賞与等)を含む」ものとされる(同、p. 54)。

従来、この放棄稼得が出身県(高校生の居住県)別に推計されることはなかった。その理由は単に、必要なデータが得られなかったためである。というのも『賃金構造基本統計調査』は、県別の一般労働者の賃金が、学歴別には公表されていないためである。幸い、本研究では篠崎(2007)による分析結果を利用して、高卒で働き始めて4年後までの合計年収を県別に推計することが可能となるため、ここではそれを利用することにしたい(次の第3章における便益の推計と同様、本章では税込の値で考察することにした)。

篠崎(2007)は、『賃金構造基本統計調査』の特別集計を行っている。すなわち個票データを用いて、都道府県ごとに男女別のミンサー型賃金関数を1989年、1996年、2003年の3時点について推定し、全ての分析結果と、用いた全変数の記述統計を報告している。この分析は、企業規模10人以上の民営事業所に勤務する一般労働者(パートタイム以外の常用労働者。いわゆる正社員・正職員)を対象として、被説明変数に時給(時間あたり賃金)の対数値を用いたものである[1]。説明変数には市場経験年数、市場経験年数の2乗(100で除したもの)、勤続年数、勤続年数の2乗(100で除したもの)、教育、企業規模ダミーが投入されており、勤続年数が経験年数とは独立に効くという想定になっている。教育については、教育年数ではなく、学歴をダミー変数として投入している(高校卒ダミー、短大・高専卒ダミー、大学・大学院卒ダミー。基準カテゴリは中学卒)。例えば、**表2-5**は2003年の北海道における男性一般労働者の賃金関数であり、**表2-6**は各変数の記述統計である(篠崎2007、p. 240、p. 252)。

この分析結果をベースに、まず、2003年時点の学歴別賃金(時給)を推計する。これはミンサー型賃金関数における各変数の回帰係数と[2]、各変数の平均値(各

表2-5　北海道・男性一般労働者の賃金関数(2003年)

	係数	標準誤差
経験年数	.038 ***	.002
経験年数の2乗/100	-.071 ***	.004
勤続年数	.020 ***	.002
勤続年数の2乗/100	-.003	.004
高校卒ダミー	.055 ***	.016
短大高専卒ダミー	.242 ***	.020
大学大学院卒ダミー	.431 ***	.022
企業規模30-99人ダミー	.031 ***	.013
企業規模100-299人ダミー	.063 *	.016
企業規模300-499人ダミー	.226 ***	.023
企業規模500-999人ダミー	.135 ***	.023
企業規模1000-4999人ダミー	.255 ***	.018
企業規模5000人以上ダミー	.378 ***	.020
定数項	-.234 ***	.022
サンプルサイズ	23,836	
F値	569.92	
R^2	.512	

$^{*}p < .05$ $^{**}p < .01$ $^{***}p < .001$.

(注)篠崎(2007)、表1の一部を抜粋(p. 252)。

表2-6　北海道・男性一般労働者の賃金関数に用いた変数の記述統計(2003年)

	ケース数	平均値	標準偏差	最小値	最大値
時給の対数値	23,836	.644	.488	-1.233	2.668
経験年数	23,836	23.875	12.838	.5	64.5
経験年数の2乗/100	23,836	7.348	6.585	.0025	41.603
勤続年数	23,836	12.778	10.608	.5	55.5
勤続年数の2乗/100	23,836	2.758	3.786	.003	30.803
高校卒ダミー	23,836	.565	.496	.000	1.000
短大高専卒ダミー	23,836	.104	.305	.000	1.000
大学大学院卒ダミー	23,836	.209	.407	.000	1.000
企業規模30-99人ダミー	23,836	.265	.442	.000	1.000
企業規模100-299人ダミー	23,836	.223	.416	.000	1.000
企業規模300-499人ダミー	23,836	.049	.215	.000	1.000
企業規模500-999人ダミー	23,836	.071	.256	.000	1.000
企業規模1000-4999人ダミー	23,836	.099	.298	.000	1.000
企業規模5000人以上ダミー	23,836	.069	.254	.000	1.000

(注)篠崎(2007)、表0の一部を抜粋(p. 240)。

学歴ダミー変数は1か0の値を指定)とをすべて掛け合わせ、合計した値(時給の対数値)を算出し、それによって自然対数の底eをべき乗して求めることができる[3]。先の北海道の男性一般労働者について、高卒者の時給の対数値を推計すると0.548となる[4]。これは、exp(.548) = 1,730円に相当する。こうした方法により、全ての都道府県の学歴別賃金(時給)が男女別に算出できることになる。

いま推計した時給は、年齢を区別したものでない。あくまで全労働者の平均であった。しかし、ここでの目的である機会費用、すなわち高卒で働き始めて4年後までの合計年収を推計するには、年齢別の平均時給を県別・学歴別に算出した上で、年齢別の年間労働時間をそれぞれに乗じ、合計する必要がある。

まず年齢別の平均時給は、次のようにして高卒者の19歳から22歳までについて推計を試みた。ここでも篠崎(2007)による都道府県別ミンサー型賃金関数の推定結果を用いるが、その際、以下のような工夫を行った。すなわち、まず県別・学歴別だけでなく、市場経験年数も異ならせた時給を推計する。市場経験年数別の時給は、次のように年齢と対応させる。もともと、篠崎(2007)が用いた市場経験年数という変数は、「年齢－学歴－6」という式で算出されているから、高卒者で市場経験年数「1年」の者は「19歳」、「4年」の者は「22歳」と見なすことができる。このようにして、経験年数1～4年のそれぞれについて時給を推計していくのである。

次に、年齢別の年間労働時間である。これは、2003年の『賃金構造基本統計調査』から得られる、産業計・企業規模計の月間平均労働時間に12を乗じて得られる。月間労働時間は、所定内実労働時間数と超過実労働時間数の合計である。なお、月間労働時間は、県別かつ学歴別の値が公表されていない。そこで県別の値(学歴が区別できない)ではなく、学歴別の値(県による違いが考慮できない)を採用して、全ての県に同じ値を当てはめることにした。実はこのように、学歴別の労働時間を用いた場合、県別の労働時間を用いた推計と比較して、高卒者の推計年収の合計は大都市圏を中心に少し高くなる(例えば東京の場合、男子で約40万円、女子で約20万円の差がある)。よって、「地方ほど機会費用が大きいため、大学進学率は低い」という言明を検討する上では、不利な推計になっていることを補足しておきたい。

ここまでが機会費用の推計手続きの前半である。さらに、高卒就職時の地域移動を考慮する必要があるだろう。というのも、ここまではあくまで、ある県(例：青森県)に所在する事業所で、雇用されて働いている高卒者の4年間(19～22歳)の推計年収に過ぎず、その県出身者の放棄稼得とは、必ずしも一致しないためである。例えば、青森県の高校を卒業して就職した者のうち、かなりの部分は県外に就職している(2002～04年の平均では男子の約18%が東京に就職)。よって、県外就職者については、移動先の県で得られると見込まれる年収を勘案した調整を行わなければならない。

そこで、高卒者の4年間(19～22歳)の推計年収については、就職時の地域移動を考慮した値も算出することにした。すなわち、まず2003年(ただし、2002～2004年の3か年の平均)について、高卒就職者の県間移動表(出身地別かつ就職地別就職者数の集計表)を用意する(『学校基本調査』による)。そして、この移動表で4年間の推計年収を、就職地別の就職者の割合で加重平均した上で、出身県別に算出するという方法による値である(就職後の県間移動はないと仮定)。

以上の方法で推計した高卒者の4年間(19～22歳)の年収について、就職時地域移動を考慮しない値と、考慮した値の両方を**図2–8**(男子)、**図2–9**(女子)に示した。いずれも物価の地域差を、東京都を基準(＝100)に調整した値である。

図2-8と図2-9で、就職時地域移動を考慮しない値と、考慮した値の差を見ると、青森や長崎、沖縄において(男子は島根や高知、女子は岩手でも)、差が比較的大きいようだ。高卒就職時の県外移動の多さを反映していよう。

以下では、地域移動考慮後の値を機会費用として採用することにする。男子の場合は、この値が最も大きい県は三重(1,644万円)だった。以下、群馬(1,643万円)、愛知(1,639万円)と続いている。反対に、機会費用が小さいのは、沖縄(1,262万円)、北海道(1,301万円)、高知(1,305万円)などの諸県である(図2-8)。女子は、群馬(1,341万円)、静岡(1,312万円)、愛知(1,298万円)などの県では機会費用が大きく、高知(1,061万円)、北海道(1,080万円)、長崎(1,082万円)などで小さい傾向がある(図2-9)。

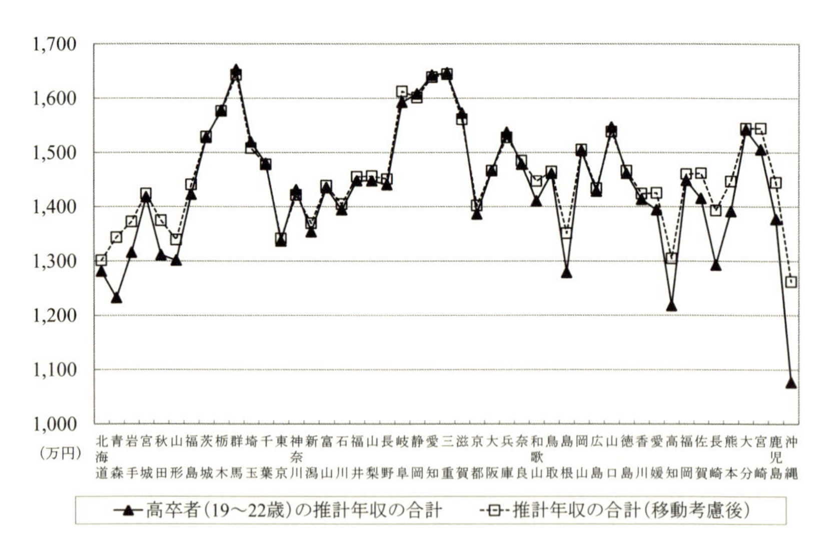

図2–8　男子高卒者(19～22歳)の推計年収の合計(県別、2003年)

(注)篠崎(2007)より推計(推計方法の詳細は本文を参照)。東京価格。図2-9、表2-7も同様。

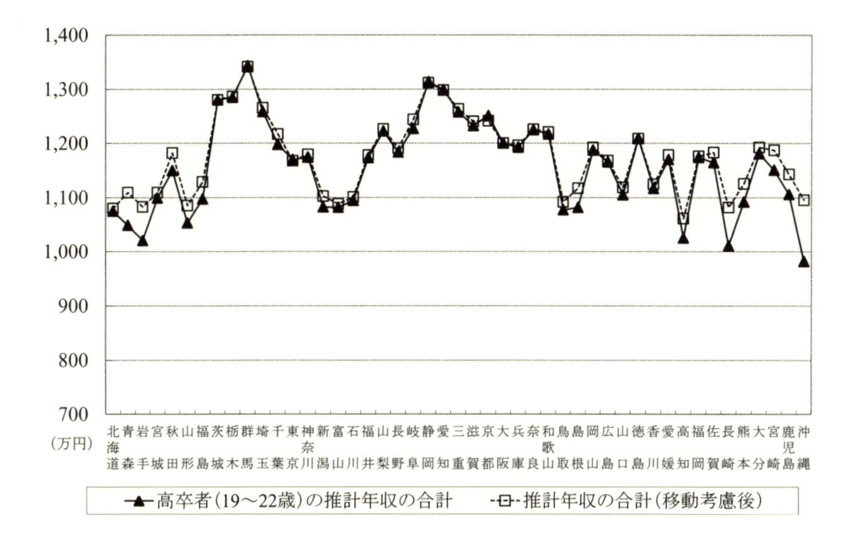

図2-9　女子高卒者(19 〜 22歳)の推計年収の合計(県別、2003年)

機会費用の記述統計を算出すると(**表2-7**)、47都道府県間の平均は、男子が1,458万円(標準偏差92万円)であった(「推計年収の合計A(移動考慮後)」の欄を参照)。女子は1,176万円(標準偏差70万円)となっている。なお、表2-7には、推計に用いる労働時間を県別の値(学歴が区別できない)とした場合の機会費用も、試算して掲載した(表中の「推計年収の合計B」のこと)。この方法でも、あまり大きな値の差は生じないようだ。

ここで機会費用として採用した変数は、その推計方法の特徴から示唆されることだが、第3章第2節で推計する「学歴間相対賃金」(大卒者の平均時給を、高卒者のそれで除したもの。大卒相対賃金)と高い相関を持っている。その男子の学歴間相対賃金と、男子の機会費用との相関は-.596であった(地方県に限ると-.607)。いっぽう、女子の学歴間相対賃金と、女子の機会費用の相関は-.488(地方県に限ると-.509)となっている。

表2-7　高卒者(19～22歳)の推計年収の合計の記述統計(2003年)

		記述統計				
		平均値	標準偏差	変動係数	最小値	最大値
男子	推計年収の合計A	1,434	120	.083	1,076	1,653
	推計年収の合計A（移動考慮後）	1,458	92	.063	1,262	1,644
	推計年収の合計B	1,418	126	.089	1,051	1,689
	推計年収の合計B（移動考慮後）	1,438	99	.069	1,234	1,674
	地方39県のみ：推計A	1,426	123	.087	1,076	1,653
	地方39県のみ：推計A（移動後）	1,455	93	.064	1,262	1,644
	地方39県のみ：推計B	1,412	131	.093	1,051	1,689
	地方39県のみ：推計B（移動後）	1,437	100	.069	1,234	1,674
女子	推計年収の合計A	1,160	85	.074	982	1,343
	推計年収の合計A（移動考慮後）	1,176	70	.060	1,061	1,341
	推計年収の合計B	1,152	84	.073	958	1,345
	推計年収の合計B（移動考慮後）	1,167	70	.060	1,049	1,342
	地方39県のみ：推計A	1,148	87	.076	982	1,343
	地方39県のみ：推計A（移動後）	1,167	72	.061	1,061	1,341
	地方39県のみ：推計B	1,143	87	.076	958	1,345
	地方39県のみ：推計B（移動後）	1,160	72	.062	1,049	1,342

(注)単位は万円(変動係数を除く)。表2-9、表2-10も同様。

2. 直接費用

教育投資の収益率を算出する際、大学進学に要する直接費用には通常、4年間の在学中にかかる学費のみが用いられ、生活費は含まれないことが多い。学費とは入学金や授業料などの学校納付金(学納金)、教科書・参考図書などの購入費、課外活動費、通学費などである(荒井1995)。実際の推計では、「在学中のアルバイトなどにより学生当人が得た収入と授業料以外の学費は等しく、相殺されるものと仮定する」(島1999、p. 106)などして、授業料の金額だけが考慮される場合も少なくない。

生活費が直接費用として扱われない理由は、大学に進学しなくとも衣食住の費用は発生するためだとされる。というのも、そもそも直接費用とは「個人が大学教育を受けるために、追加的に直接負担する費用」、言い換えれば「大学教育を受けない場合よりも余分に」必要となるものだからである(荒井1995、p. 16)。もっとも、「厳密にいうと、大学に進学することによって衣食住に追加的な費用が発生すれば、その分は投資費用ということになる」(同、p. 17)。よって、地域間の大学進学行動の相違を考察する本研究の目的にとっては、学費だけでなく生活費も、直接費用に含めて考える必要があるだろう。

大学4年間の在学に要する学費と生活費は、文部(科学)省(2002年度調査まで)及び日本学生支援機構(2004年度調査から)が隔年で実施している『学生生活調査』をもとに把握することができる。同調査でいう「学費」とは、授業料、その他の学校納付金、修学費(教科書、図書代、文具購入費など)、課外活動費、通学費の合計であり、「生活費」は食費、住居・光熱費、保健衛生費、娯楽・し好費、その他の日常費の合計である。学費と生活費の合計が、「学生生活費」と呼ばれている。

図2-10は、2004年度調査と2006年度調査の結果を用いて平均を取り、2005年度に相当する年間在学費用(大学昼間部の学生生活費)を、設置者別(国立、公立、私立)、居住形態別(自宅、下宿等)、大学所在地別(東京圏、京阪神、その他の地方)に算出したものである[5]。ここで、「東京圏」とは埼玉、千葉、東京、神奈川を、「京阪神」とは京都、大阪、兵庫を、「他地方」とはその他の40道県を指している。

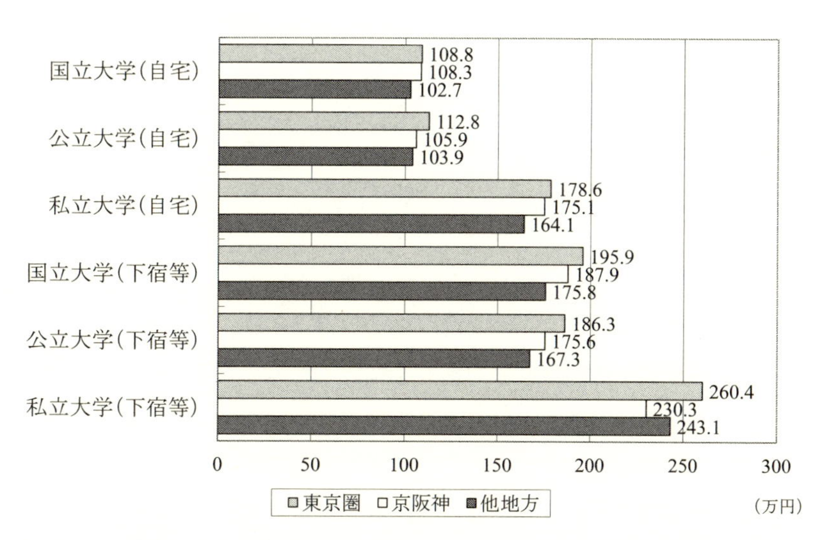

図2-10　設置者別・居住形態別・大学所在地別の学生生活費の平均値(昼間部、2005年)

(注)日本学生支援機構「学生生活調査結果の概要」各年版の「F表　地域別・居住形態別学生生活費(大学昼間部)」より作成。ただし2004年と2006年の平均を算出したもの。「下宿等」は下宿・間借、その他を指す。学寮は割愛した。

図2-10によれば、例えば、東京圏に所在する私立大学に自宅(親元)から通学した場合、1年あたり、平均して178.6万円の学生生活費がかかることになる。この額を単純に4倍した値を、まずは直接費用として想定する。

なお、「他地方」所在の国立大学に進学し、下宿等で生活した場合、年間の学生生活費は175.8万円である(図2-10)。これは先の178.6万円と等しい水準である。小林(2009)は私立大学への自宅通学と、アパート暮らしで国立大学に通う場合とでは、学生生活費にほぼ差がないことを示しつつ、こう指摘する。「学生生活費で見る限り、国立アパートと私立自宅は、高等教育機会の選択として、無差別であ」り、「とりわけ大都市圏では高等教育機会の選択の余地が大きく、学生や家計は、この点で恵まれた環境にある」(p. 176)。

もっとも、大都市圏以外の高校生の場合、私立大学への自宅通学と、アパート暮らしで国立大学に進学することの間で、選択が行われることは必ずしも多くないかも知れない。国立大学の入学定員が少ないことから、国立志望者の場合なら、県外(自宅外)も進学先として検討対象となることが少なくないと考えられるが、その場合の併願校は、学力的に見合うような大都市圏の有名私大、というケースが多いのではないか[6]。だとすれば、年間の学生生活費が約180万円だということの意味は、大都市圏出身者にとっても(自宅から私立大学)、地方出身者にとっても(下宿して国立大学)、知名度のある大学に進学しようと思えば、これくらいは当然かかると見込まれる額ということになろう。

話を直接費用に戻したい。図2-10で見たものは、在学する地域によって、学生生活費がどう異なるかであった。出身地域別に、進学した場合に予想される学生生活費の金額を、直接知ることはできない[7]。そこで、以下に述べる方法で、出身県別の期待学生生活費を推計してみることにした。結果を図示したものが**図2-11**である。いくつかの大胆な仮定を置いて推計を行うため、あくまで試算の域を出ないが、一つの参考にはなるだろう。

推計方法を説明する。基本的には、出身県別に、大学進学者数に占める進学先(設置者と所在地)の構成比を算出し、それを使用して、先の設置者別・居住形態別・大学所在地別の学生生活費に関する加重平均を算出する方法である。具体的には次のようである。

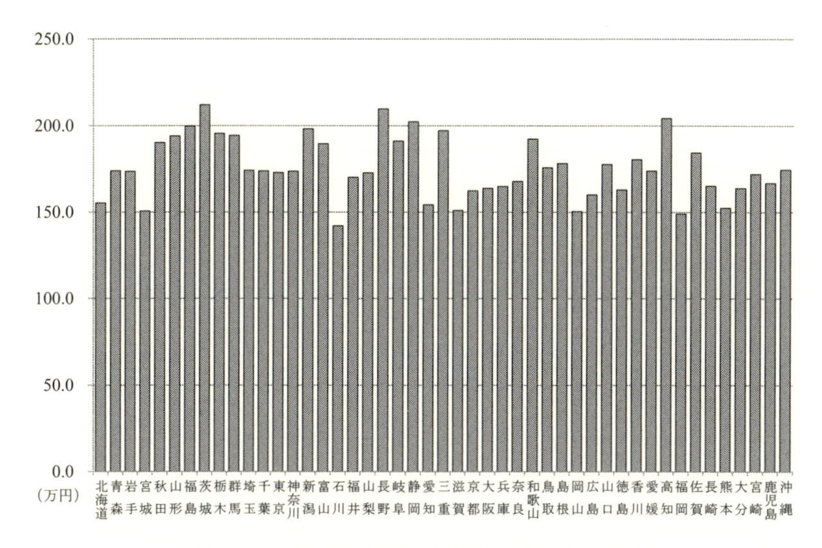

図2-11　出身県別の期待学生生活費の推計値(2005年)

(注)日本学生支援機構「学生生活調査結果の概要」の「F表　地域別・居住形態別学生生活費(大学昼間部)」(2004年と2006年の平均)及び『学校基本調査』より推計。表2-9も同じ。

まず、『学校基本調査』から、大学進学時の県間移動を整理した表(「出身高校の所在地県別入学者数」)を用意する。設置者別の集計表を、2004～2006年度の3か年分用いた8。これにより、ある県(に所在する高校)から大学に進学した者の総数を、次の6カテゴリに分け、各々の構成割合を算出する。すなわち国立大学(県内)、公立大学(県内)、私立大学(県内)、国立大学(県外)、公立大学(県外)、私立大学(県外)の6つである。県別に構成割合を整理した図を、先に示しておこう(**図2-12**)。

図2-12では、「県内収容」、「超過」という語が用いられているが、それぞれが県内進学と県外進学に対応している。ただし、『学校基本調査』の掲載する表の値を、そのまま用いてはいない。国・公・私立別に「a. 出身高校の所在地県別大学入学者数」(ある県から大学に進学した者の総数)を、県内進学者と県外進学者に分割するにあたり、次のような工夫を行った。すなわち、大学進学を考える者は、進学費用が最小になるような進学先を選択する、という仮定を置き、県内進学者数は「b. 大学の所在地県別大学入学者数」(その県の大学へ

入学した者の総数)に一致すると想定する。出身県内で開かれている進学機会は全て、その県の出身者が利用し尽くすと考えるわけである。ある県からの大学進学者数が、県内における進学機会に比して多い場合、「a－b」の数だけ県外大学へ進学すると見なす。出身県内に所在する大学だけでは「収容」し切れないほど、県外への「超過」需要が存在するという想定である[9]。なお、この「a－b」の値は、秋永・島(1995)や渡部(2007)が「構造的県外進学」と呼ぶものに由来する。

このようにして、ある県出身の大学進学者について、進学先(設置者、所在地)の構成割合が**図2-12**のように整理できる。このうち県内進学者の場合、図2-10に示した自宅通学と同じだけ、県外進学者の場合は下宿等と同じだけの学生生活費がかかると考えれば、県別に加重平均を取ることで、平均的に学生生活費がいくらかかるかを推計することが可能になる。例えば、青森県出身者のうち、県内の国立大学に進学することのできる者は進学者全体の26.2％を占めているが(図2-12)、彼(女)らの学生生活費は、年間102.7万円かかる(「他地方」の国立大学への自宅通学に相当)と見なすわけである。

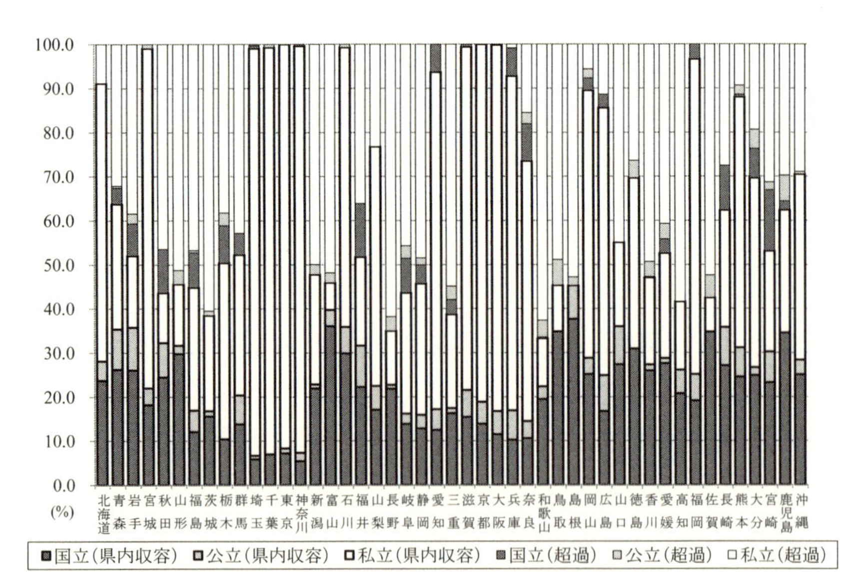

図2-12　大学進学者数に占める進学先設置者・所在地の構成割合(県別、2004～06年)
(注)『学校基本調査』より作成。作成方法は本文を参照。

問題は、県外進学のケースである。今の青森県の例の場合、進学者全体の32.2%が県外の私立大学へ進学せざるを得ないと想定している。県外と言っても、北海道の場合と宮城の場合と東京の場合では、学生生活費は異なってくる。そこで、ここでは、県外進学者が最も多く進学する都道府県を参照し、そこに進学した場合の学生生活費で代表させることにした（ただし、図2-10の「東京圏」、「京阪神」、「他地方」の3つにしか区分できない）。青森県出身の場合、私立大学進学者は東京へと最も多く進学しているから[10]（**表2-8**）、県外私大進学者の学生生活費は年に260.4万円かかると見込まれる。このように考える。

以上の手続きによって、図2-11に示した期待学生生活費の推計値は算出された。この図をあらためて見てみると、期待学生生活費が最も高いのは茨城（212.1万円）である。次に長野（209.8万円）、高知（204.3万円）と続くが、これらの県で高い値を示す理由は、県外私学に進学せざるを得ない割合（図2-12の「私立（超過）」の部分）が比較的大きいためだと考えられる。いっぽう、期待学生生活費が低い方には、石川（142.1万円）、福岡（149.1万円）、岡山（150.5万円）などの県が散見される。これらの県は、大学進学者のほとんどを（私立を中心とした）県内大学で収容できる（図2-12の「国立（県内収容）」と「公立（県内収容）」と「私立（県内収容）」の合計が、ほぼ100%に達する）という特徴がある。

年間の期待学生生活費を単純に4倍した

表2-8　県外進学者が最も多く進学する都道府県（2004～06年）

		国立	公立	私立
1	北海道	青森	群馬	東京
2	青森	宮城	北海道	東京
3	岩手	宮城	群馬	宮城
4	宮城	山形	群馬	東京
5	秋田	宮城	青森	東京
6	山形	宮城	群馬	東京
7	福島	宮城	群馬	東京
8	茨城	東京	群馬	東京
9	栃木	茨城	群馬	東京
10	群馬	東京	東京	東京
11	埼玉	東京	東京	東京
12	千葉	東京	東京	東京
13	東京	千葉	神奈川	神奈川
14	神奈川	東京	東京	東京
15	新潟	東京	群馬	東京
16	富山	石川	群馬	東京
17	石川	富山	福井	東京
18	福井	石川	大阪	京都
19	山梨	東京	東京	東京
20	長野	東京	群馬	東京
21	岐阜	愛知	愛知	愛知
22	静岡	東京	山梨	東京
23	愛知	岐阜	大阪	東京
24	三重	愛知	愛知	愛知
25	滋賀	京都	大阪	京都
26	京都	大阪	大阪	大阪
27	大阪	京都	兵庫	京都
28	兵庫	大阪	大阪	大阪
29	奈良	京都	大阪	大阪
30	和歌山	大阪	大阪	大阪
31	鳥取	島根	兵庫	大阪
32	島根	広島	広島	広島
33	岡山	香川	広島	大阪
34	広島	山口	福岡	東京
35	山口	福岡	福岡	福岡
36	徳島	香川	大阪	大阪
37	香川	岡山	大阪	大阪
38	愛媛	岡山	福岡	大阪
39	高知	岡山	大阪	東京
40	福岡	佐賀	山口	東京
41	佐賀	福岡	福岡	福岡
42	長崎	福岡	福岡	福岡
43	熊本	福岡	福岡	福岡
44	大分	福岡	福岡	福岡
45	宮崎	鹿児島	福岡	福岡
46	鹿児島	福岡	福岡	福岡
47	沖縄	茨城	福岡	東京

ものを直接費用と見なし、記述統計を算出してみると、平均で703万円(標準偏差70万円)となる。地方在住者の方が県外進学の多いことを反映して、地方39道県に限った平均は709万円(標準偏差74万円)であった(**表2-9**)。

表2-9　出身県別の推計直接費用の記述統計(2005年)

	記述統計				
	平均値	標準偏差	変動係数	最小値	最大値
直接費用	703	70	.100	569	848
直接費用（地方39県のみ）	709	74	.105	569	848

3. 大学進学率との関係

前項までに推計した機会費用と直接費用の両方を、県別に示したものが**図2-13**(男子)、**図2-14**(女子)である。直接費用と機会費用の合計が大きい県は、男子の場合、三重(2,433万円)、群馬(2,421万円)、静岡(2,411万円)となっている。反対に、小さい県は北海道(1,922万円)、沖縄(1,961万円)、石川(1,973万円)などである(図2-13)。

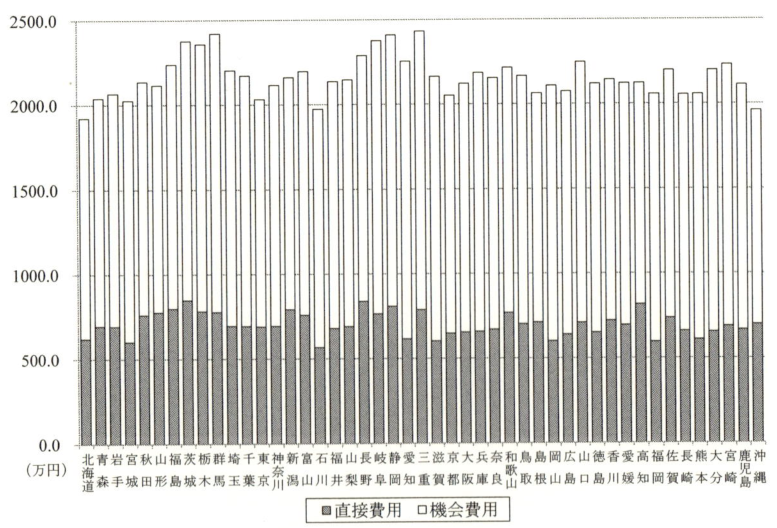

図2-13　大学進学の直接費用と機会費用(男子、出身県別)

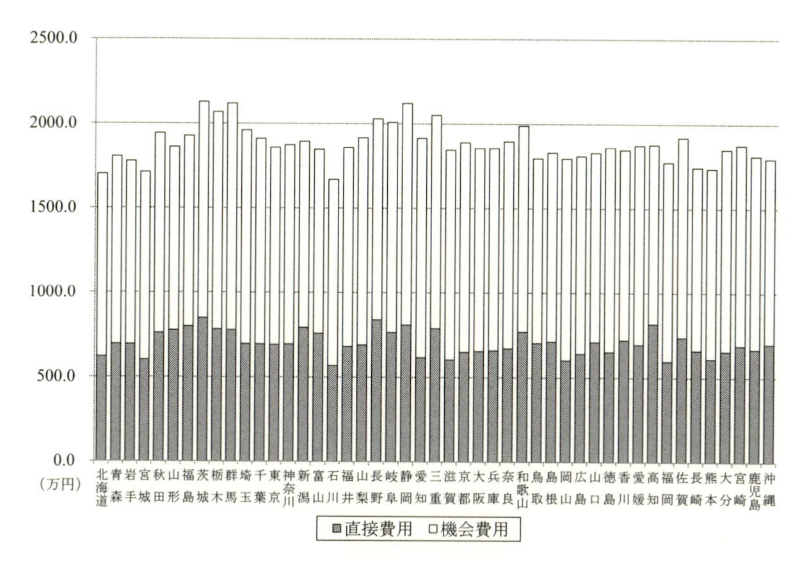

図2-14　大学進学の直接費用と機会費用(女子、出身県別)

女子は、茨城(2,129万円)、静岡(2,121万円)、群馬(2,119万円)などの県で大きく、石川(1,669万円)、北海道(1,701万円)、宮城(1,712万円)などで小さい(図2-14)。

これらの結果のうち、注目される点は、直接費用と機会費用の合計が大きい県は、地方県でも、大学進学率の比較的高い地域だということだ。なお、直接費用と機会費用の合計の記述統計は、**表2-10**に示す通りである。

表2-10　出身県別の推計進学費用の記述統計

		記述統計				
		平均値	標準偏差	変動係数	最小値	最大値
男子	費用	2,161	120	.056	1,922	2,433
	費用（地方39県のみ）	2,164	127	.059	1,922	2,433
女子	費用	1,879	107	.057	1,669	2,129
	費用（地方39県のみ）	1,877	117	.062	1,669	2,129

そこで、大学進学率(男女別)と、これらの推計進学費用との相関係数を算出してみたものが、**表2-11**である。

表2-11中の「費用(男子)」、「費用(女子)」が直接費用と機会費用の合計を指す

表2-11 大学進学率と推計進学費用の相関

	大学進学率(男子)	大学進学率(女子)	収容率	直接費用	機会費用(男子)	機会費用(女子)	費用(男子)	費用(女子)
大学進学率(男子)	--	.916 ***	.705 ***	-.163	.299 *	.529 ***	.133	.241
大学進学率(女子)	.890 ***	--	.750 ***	-.138	.196	.454 **	.069	.208
収容率	.484 **	.449 **	--	-.441 **	-.081	.201	-.319 *	-.156
直接費用	-.039	-.011	-.731 ***	--	.086	.164	.650 ***	.761 ***
機会費用(男子)	.444 **	.375 *	.043	.156	--	.787 ***	.813 ***	.574 ***
機会費用(女子)	.530 **	.493 **	.063	.278 +	.817 ***	--	.697 ***	.764 ***
費用(男子)	.300 +	.266	-.395 *	.696 ***	.818 ***	.756 ***	--	.883 ***
費用(女子)	.301 +	.296 +	-.426 **	.807 ***	.602 ***	.791 ***	.907 ***	--

$^{+}p < .10$ $^{*}p < .05$ $^{**}p < .01$ $^{***}p < .001$.

(注)行列の右上側は47都道府県、左下側が地方39道県の相関係数。

(以下、「費用計」と略す)。まず、これらと進学率の関係から見てみよう。男子の場合、費用計と進学率の相関係数は、.133と小さい。しかし、地方39道県に限ると.300とやや高くなり、両者が正の相関関係にあることがより明確になる。女子の場合も、全県を用いた場合では相関が小さいが(.208)、地方に限ると、やはり少し大きくなる(.296)。進学費用が高い県ほど、大学進学率も高い関係が、弱いながらも認められることから、「大学進学率の低い県は、進学費用が高いために低い」という関係は、認められないことがわかる。

直接費用と、機会費用とに分けて検討しよう。直接費用と進学率の相関係数は、男子は-.163(地方39県に限ると-.039)、女子が-.138(地方に限ると-.011)で、いずれもマイナス相関となっている。直接費用が大きい県ほど進学率が低い、という関係は期待通りだが、相関は弱い。これは、指標の作成方法の限界にもよるかも知れない(表2-11)。

いっぽう機会費用については、費用計と同様、進学率との相関係数がプラスであった。すなわち、男子の場合は.299(地方に限ると.444)、女子は.454(地方に限ると.493)という値となる。これは費用計を用いた場合よりも、むしろ高い相関である(表2-11)。

第3節　大学の収容率

1. 地域別にみた大学の収容率

この節では、大学の収容率に関して検討する。序章の分析枠組みで述べたように、大学の収容率は人的資本投資の供給曲線を右シフトさせる要因の1つだと考えられるから、収容率が大きい県ほど、大学進学率が高いと予想される。しかし、相関分析の結果、収容率と大学進学率の相関は小さくなることは、後に示す通りである。

序章第3節で定義したように、4年制大学の収容率はある県の4年制大学入学者数を、その県の3年前の中学校卒業者数で除した値である。高校生の進路選択に影響するのは、高校を卒業する1年前の収容率だと想定し、ここでは2005年度(2005年5月現在)のものを用いた[11]。

県別の収容率を示したものが、次の**図2-15**である(設置者別に分けて算出した値も図示してある)。収容率という観点から地域別の大学進学機会を見ると、特に私立大学において(そのため、国公私立全体でも)中央県への偏在が著しいことが明瞭に読み取れる。国立や公立の場合、県間の収容率のばらつきは私立

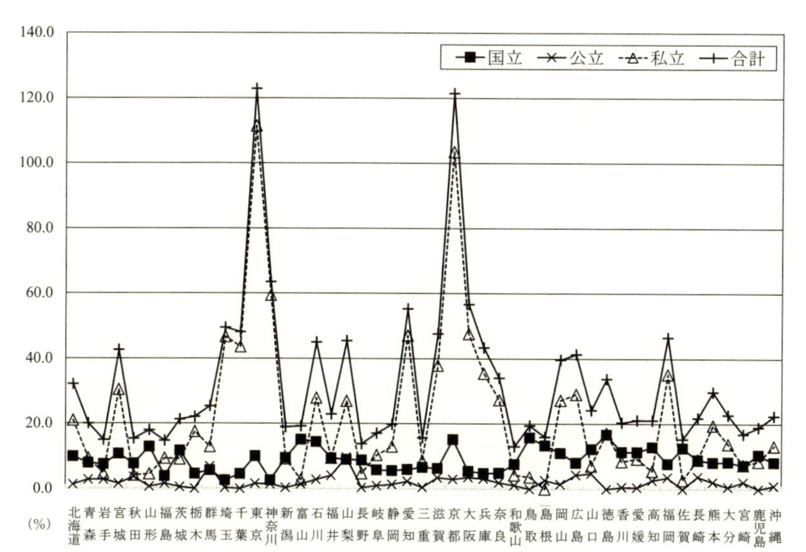

図2-15　設置者別の都道府県別大学収容率(2005年度)

より小さくなっている。なお国立の収容率は公立(-.094)、私立(-.148)いずれの収容率とも、負の相関関係にある。それに対して、公立と私立の間の相関係数はプラスであった(.106)。しかし、いずれも値は極めて小さい(表は省略)。

収容率と進学費用の関係を見てみると、直接費用とは、比較的相関が高いことがわかる。すなわち全県を用いて算出すると-.441、地方県に限ると、実に-.731に達する。特に地方において、収容率の高い県ほど、直接費用は小さいと見なすことができる。これは、もともと直接費用の推計を行う際に、ある県で供給されている進学機会は、全てその県の出身者に利用される(つまり大学所在地別の大学入学者数が、その県出身の県内大学進学者数に一致する)という想定を置いていたため、当然の帰結とも言える。なお、収容率と機会費用の間の相関は小さく、男子で-.081(地方に限ると.043)、女子で.201(地方に限ると.063)であった(表2-11)。

最後に、収容率と進学率の関係を検討する。**図2-16**(男子)、**図2-17**(女子)の横軸にとったのが収容率で、縦軸には2006年の男女別の大学進学率(序章冒頭で定義した値)をとった(どちらも百分率)。横軸及び縦軸と並行に引かれている直線は収容率の県間平均(32.5%)と、進学率の県間平均(それぞれ男子53.7%、女子38.8%)を通っている。

図2-16、図2-17から、東京(収容率は122.9%)と京都(121.5%)だけが外れ値となっていることや、◆印(埼玉、千葉、東京、神奈川、愛知、京都、大阪、兵庫)の8都府県で収容率も、進学率も高いことがわかる。図中に示した回帰直線(進学率を収容率に単回帰させた)は、男女とも、収容率と進学率とが正の相関関係にあることを示すが、これらの都府県を除いた場合、相関の大きさはどう変わるか。**表2-12**によれば、収容率と進学率の相関係数は、47都道府県を用いて算出すると男子.705、女子.750だが、東京と京都を除くと(45道府県)、男子.682、女子.618となり、さらに、先の8都府県を除いた地方県(39道県)に限ると、男子.484、女子.449と低くなるのである[12]。収容率と大学進学率の相関が小さくなる背景には、第6章で示すように、収容率と県外進学率とのマイナス相関が、収容率と県内進学率とのプラス相関に、相殺される事情があると考えられる。

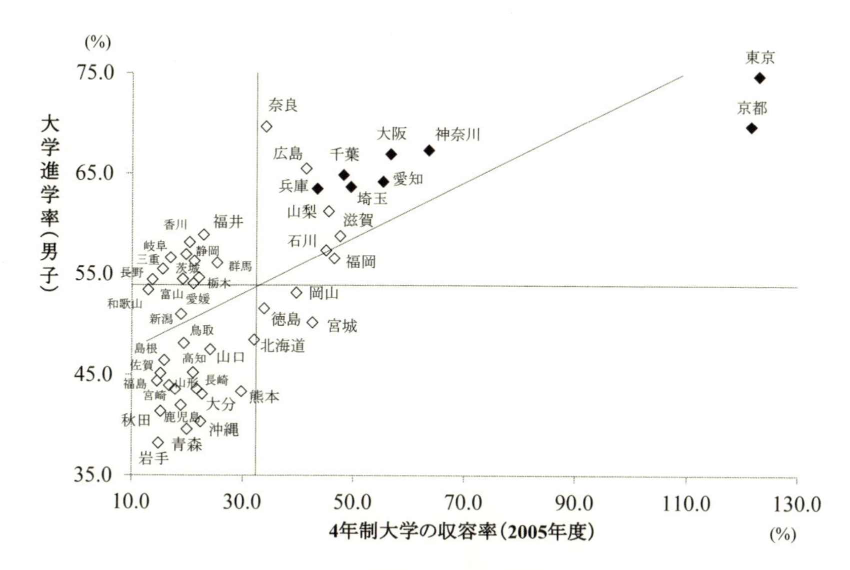

図2-16　4年制大学の収容率と大学進学率の散布図（男子）

（注）◆印は「中央県」に該当する8都府県。図2-17も同様。

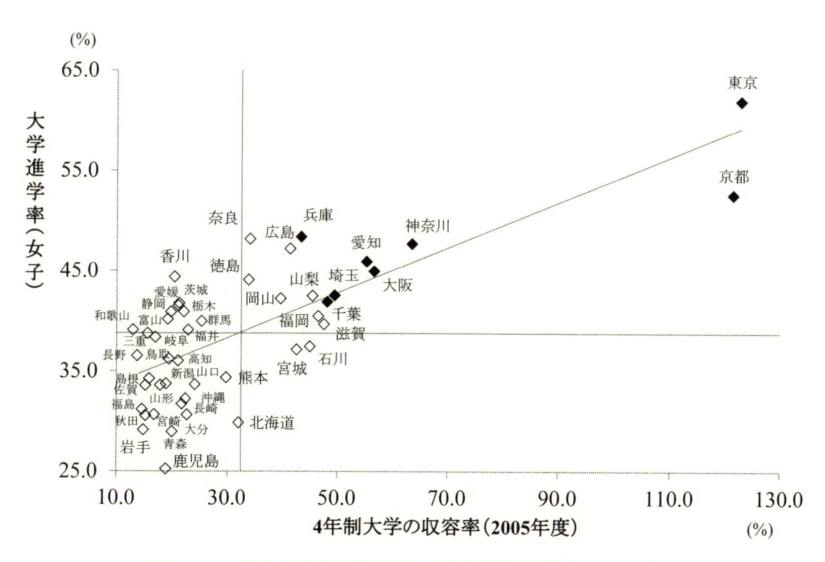

図2-17　4年制大学の収容率と大学進学率の散布図（女子）

表2-12　収容率と大学進学率の相関係数と回帰係数

	相関係数		回帰係数	
	男子	女子	男子	女子
47都道府県	.705 ***	.750 ***	.278 ***	.225 ***
45道府県(東京、京都を除く	.682 ***	.618 ***	.419 ***	.261 ***
39道県(地方県のみ)	.484 **	.449 **	.348 **	.232 **

$^{+}p < .10$ $^{*}p < .05$ $^{**}p < .01$ $^{***}p < .001$.

(注)回帰係数は、大学進学率を収容率に単回帰させた回帰分析結果の非標準化係数。

2. 学費・生活費の負担可能性

いま用いた収容率を、3ブロック別に算出すると、外縁地方25.9%、中間地方26.8%、大都市圏63.5%となる(日本の全体平均は44.2%)。つまり、外縁地方と中間地方は、収容率がほぼ同程度の水準にあることが確認できる。それにも関わらず、中間地方の方が全体として県外進学率、そして大学進学率全体が高いことは、第1章で見た通りである。実は次の分析で明らかにするように、この2つの地域間で比較すると、家計所得を統制しても中間地方の方が、親元を離れての進学に積極的な傾向にあることがわかる(ただし女子のみ)。高い費用を要する自宅外通学にも関わらず、収容率(先行研究は、収容率の低い県ほど県外進学率が高いことを明らかにしてきた)や、所得の条件を揃えても、地域間で進学への意欲の差が見られることは、少なくとも、費用に着目するだけでは、進学率の地域差を十分に説明できないことを示唆する。

ここで行う分析は、次の4つの進学先(4年制大学)それぞれについて、進学する場合に学費や生活費を負担することが可能だと思うかを被説明変数としたロジスティック回帰分析である。その4つは、私立大学(自宅外通学)、私立大学(自宅から通学)、国公立大学(自宅外通学)、国公立大学(自宅から通学)を指す。元の設問は全ての回答者に尋ねたもので、自宅から通学できる範囲以内に学校がない場合はあるものとして、また、これらの学校への進学を考えていない場合でも、想定で回答する形式となっている。「負担できる」を1、それ以外(「難しい」又は「非常に困難」。無回答を除く)を0とする2値変数を分析に用いた。説明変数には、本章第1節で用いた地域3ブロックのダミー変数(基準は中間地方)、両親年収、中3成績、大学進学希望の有無を投入する。

分析結果は、**表2-13**(男子)、**表2-14**(女子)に示す通りである。

まず地域ブロック以外の変数に言及すると、両親年収は、基本的に全ての分析で、負担可能性に有意な正の関連を示している。豊かな家庭ほど、学費・生活費を負担できる可能性が高いのは自明と言える。いっぽう、中3成績は男女とも、国公立への進学を想定する場合には(自宅外、自宅の両方とも)有意なプラスの効果を持つが、私立大学の場合は、男子の結果のように有意でないか(表2-13。しかも係数の符合はマイナスである)、女子のように有意水準が高くない結果となる(表2-14)。国公立については、大学進学希望の有無を統制しても、学力が高いほど負担可能と考える傾向にあることから、回答した高校生がこの設問に、そもそも国公立大学に入学できるかという意味も織り込んで答えた可能性が示唆される。なお、大学進学希望の有無も投入した理由は、進学希望の生徒は当然、負担可能と考えるはずだという想定による。実際、この変数は全分析結果で有意にプラスであった(表2-13、表2-14)。

では地域3ブロックのダミー変数は、どのような関連を示すのか。実は、男子の場合はあまり有意な結果が見られない。それでも、大都市圏ダミーが私立(自宅)の分析で正の効果を(5%水準)、国公立(自宅外)の分析で負の効果を示している(1%水準)。つまり中間地方に比べ、大都市圏の男子生徒は(私立大学への)自宅通学に前向きだが、(国公立大学への)自宅外通学には消極的であることがわかる(表2-13)。

表2-13　学費・生活費の負担可能性の2項ロジット(男子)

	私立(自宅外)		私立(自宅)		国公立(自宅外)		国公立(自宅)	
説明変数	係数	robust SE	係数	robust SE	係数	robust SE	係数	robust SE
ln両親年収	.852 ***	.132	.489 ***	.101	.606 ***	.084	.194 *	.078
中3成績	-.067	.048	-.029	.046	.141 **	.047	.247 ***	.046
大学進学希望	.638 ***	.159	.794 ***	.122	.724 ***	.135	.876 ***	.125
外縁地方	-.039	.217	.102	.156	-.099	.144	.088	.158
大都市圏	-.298	.202	.290 *	.127	-.484 **	.147	.010	.114
定数	#### ***	.920	-4.027 ***	.700	-5.037 ***	.533	-2.007 ***	.534
-2対数擬似尤度	1765.5		2472.7		2399.4		2266.1	
Wald χ^2 (df)	109.5 (5)		80.9 (5)		150.6 (5)		106.2 (5)	
有意確率	< .001		< .001		< .001		< .001	
McFadden's R^2	.043		.048		.060		.069	
ケース数	1,886		1,889		1,886		1,886	

$^{+}p < .10$ $^{*}p < .05$ $^{**}p < .01$ $^{***}p < .001$.

表2-14　学費・生活費の負担可能性の2項ロジット（女子）

説明変数	私立（自宅外） 係数	robust SE	私立（自宅） 係数	robust SE	国公立（自宅外） 係数	robust SE	国公立（自宅） 係数	robust SE
ln両親年収	.710 ***	.193	.447 **	.136	.573 ***	.160	.268 **	.092
中3成績	.063 +	.038	.089 *	.035	.199 ***	.045	.239 ***	.040
大学進学希望	.574 ***	.133	.713 ***	.088	.799 ***	.103	.930 ***	.094
外縁地方	-.440 *	.185	-.003	.142	-.241 +	.145	-.018	.106
大都市圏	-.423 *	.182	.401 ***	.093	-.540 ***	.142	-.012	.104
定数	-6.424 ***	1.293	-3.889 ***	.843	-5.086 ***	1.052	-2.219 ***	.586
-2対数擬似尤度	1691.5		2462.0		2280.4		2231.3	
Wald χ^2 (*df*)	64.0 (5)		217.8 (5)		148.6 (5)		241.6 (5)	
有意確率	< .001		< .001		< .001		< .001	
McFadden's R^2	.049		.060		.079		.076	
ケース数	1,892		1,895		1,891		1,892	

$^{+}p < .10$ $^{*}p < .05$ $^{**}p < .01$ $^{***}p < .001$.

興味深いのが女子である。大都市圏ダミーは国公立（自宅）を除き、男子と同傾向かつ有意な結果を示す。すなわち、私立（自宅外）に負（5%水準）、私立（自宅）に正（0.1%水準）、国公立（自宅外）に負（0.1%水準）であった。重要だと思われるのが、外縁地方ダミーの効果である。私立（自宅外）に負（5%水準）、国公立（自宅外）にも負（ただし10%水準）となっている。これは、外縁地方の女子生徒の方が、中間地方よりも、自宅外通学に消極的であることを意味する（表2-14）。

以上のように、明確な分析結果が出たのは女子のみとは言え、収容率が同じ程度の二つの地方の間で、（家計所得を統制した後も）自宅外通学による進学の意欲に差が見られた。このことは、進学率の地域差の説明にあたっては、費用以外の要因も考慮することが必要であることを示唆している。

第4節　小括

本章では大学進学率に地域差を生み出す要因として、進学費用について検討を行った。進学率の地域差は、進学費用の地域差だけには帰せられないことを示すため、家庭所得、機会費用、直接費用、大学の収容率について分析した。

第1節では、「高校生調査」のデータを使用して、家計所得と大学進学希望率の関係について、学力も加味しながら地域的相違の検討を行った(3ブロック間の差を分析した)。その結果、明らかになったのは、大学進学率の低い地域は、平均的な家計所得も低いが、所得の地域差を調整してもなお、進学率の地域差が相当残ることである。「外縁地方」の平均的な所得が、もし大都市圏と同等であっても、大都市圏との進学率の差はそれほど縮小しないと予想される。また両親年収による進学希望率の差や、地域3ブロック間の進学希望率の差のいずれも、学力高位層で小さい一方、学力中位層や低位層では大きいことも明らかになった。

第2節ではまず、出身県別の機会費用の推計を試みた。先行研究の分析結果を元に推計した高卒者の平均賃金(年齢別の時給)をもとに、大学在学4年間に高卒者として働いていれば得られたであろう年間収入の合計を推計し、さらに高卒就職時の地域移動を考慮した調整も行った。進学率との相関分析の結果、「機会費用が高い県ほど、進学率が低い」関係は認められないことがわかった。むしろ、地方では「中間地方」など機会費用の高い県ほど、大学進学率全体や県外進学率は高いという、理論とは逆の結果となる。

また、直接費用の推計も出身県別に行った。学校納付金に加えて、(進学費用の地域差を議論する上では、下宿費用が追加的に発生するかどうかがポイントとなるため)生活費も含め、平均的に予想される年間の学生生活費を出身地別に試算した。進学率との相関分析の結果、やはり「直接費用が高い県ほど、進学率が低い」関係は見られなかった。

第3節では、大学の収容率について扱った。序章の分析枠組みから、この要因は人的資本投資の供給曲線を右にシフトさせると考えられるため、進学率と正の相関関係にあることが予想される。しかし、実際に県別の大学進学率と相関を取ると、収容率と大学進学率の相関は、特に地方において小さいことが明らかになった(県外進学率とのマイナス相関と、県内進学率とのプラス相関が相殺されるためだと考えられる)。

また、「高校生調査」を使用して、高校生の学費・生活費の負担可能性に関する意識を分析した。地域3ブロック間で比較すると、収容率の大きさが同じくらいである外縁地方と、中間地方との間には、負担可能性の意識に差がある。中間地方の生徒の方が(ただし女子のみ)、家計所得を統制してもなお、自宅外通学による進学費用の負担に積極的であることが明らかになった。

以上の分析から、大学進学率の地域差が(特に地方県どうしの間で)なぜ生じているかを説明するには、進学費用の要因に着目するだけでは十分とは言えないことが示唆される。そこで第3章では、進学の便益の問題に立ち入って検討を加える。

付論　学力と大学進学の関係

1. 学力と大学進学希望の関係

本章第1節第1項の集計と同様に、学力そのものと大学進学希望の関係を見ておこう。ここでは、学力を4段階の変数として使用する。「下のほう」と「中の下」をまとめて使用することにし(「下のほう」の回答が多くないため)、以下、「中の下以下」と表記する。

学力別の大学進学希望率を、3ブロック別かつ男女別に示したものが、**図2付-1**(男子)、**図2付-2**(女子)である(学力が欠損値であった男子1ケース、女子2ケースをそれぞれ除いた集計)。まず男子の結果から明確に読み取れるのは、学力が高くなるほど、進学希望率も高くなる関係である。「全体」の値を見ると、中3成績が「中の下以下」だった男子の大学進学希望率は44.3%にとどまるのに対し、「中くらい」は55.7%、「中の上」は74.4%と大きくなり、「上のほう」では実に、90.3%に達している(図2付-1)。

この右上がりの関係は、外縁地方、中間地方、大都市圏のいずれの場合も見られるが、ブロック間の比較を行うと、2つの特徴に気づかされる。第一に、ブロック間で、直線の傾きがやや異なっていることである。大都市圏では、傾きは比較的フラットなのに対し、外縁地方や中間地方のそれは、全国よりも急であるように見える(図2付-1)。

第二に、ブロック間の進学希望率の差は、学力の低位ないし中位層で顕著だということである。例えば、「上のほう」の生徒の場合、進学希望率は外縁地方(89.0%)、中間地方(87.5%)、大都市圏(92.7%)の間で、統計的に有意な差が見られない。しかし、「中の下以下」では外縁地方(36.7%)と大都市圏(53.1%)の間、中間地方(32.8%)と大都市圏の間に、それぞれ有意差がある(外縁地方と中間地方の間には有意差なし)。同様に、「中くらい」の生徒にも、外縁地方(43.3%)と大都市圏(64.6%)の間、中間地方(47.8%)と大都市圏の間に有意差がある[13](外縁地方と中間地方の間は有意差なし)(図2付-1)。

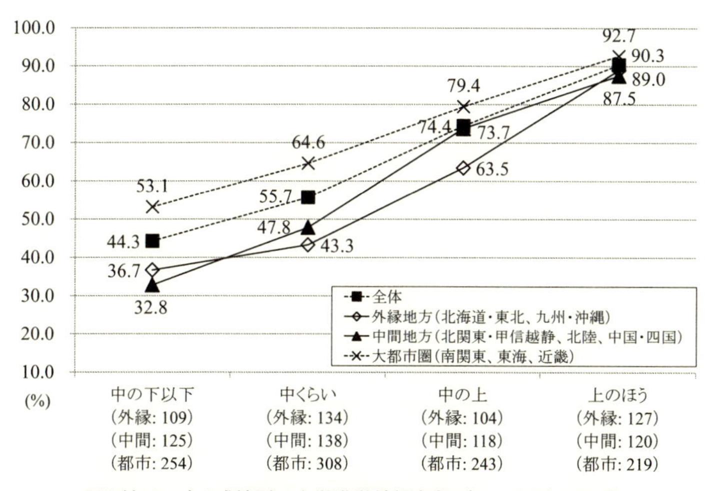

図2付-1　中3成績別の大学進学希望率(3ブロック別、男子)

(注)中3成績の値ラベルの下に記載の値は、各ブロックのケース数。図2付-2も同様。

今度は女子の場合を検討しよう。男子と比較して、その特徴は3点ある。第一に、学力と進学希望率の関係は、やはり右上がりとなっているが、傾きは男子より急だということである。学力が「上のほう」の女子の進学希望率は、「全体」で80.1%であり、男子との差は10ポイントほどに過ぎない。しかし、「中の下以下」の女子の希望率は23.2%であり、学力低位の男子(44.3%)より20ポイント以上も低いのである(図2付-2)。

第二の特徴は、男子と異なり大都市圏の傾きが、外縁地方や中間地方よりも(とりわけ後者)、特にフラットであるようには見えないことである(図2付-2)。

第三に、3ブロック間の進学希望率の差が男子ほど顕著でないことである。学力「上のほう」だけでなく、「中の上」や「中の下以下」も、3ブロック間に有意な進学希望率の差はなかった。「中くらい」の場合のみ、希望率は外縁地方(22.0%)と中間地方(38.1%)の間、外縁地方と大都市圏(43.1%)の間のそれぞれで、有意差があるに過ぎない(図2付-2)。

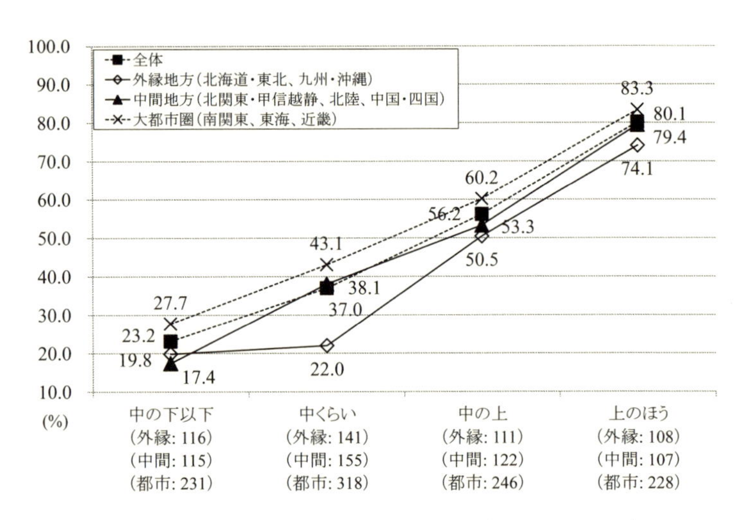

図2付-2　中3成績別の大学進学希望率(3ブロック別、女子)

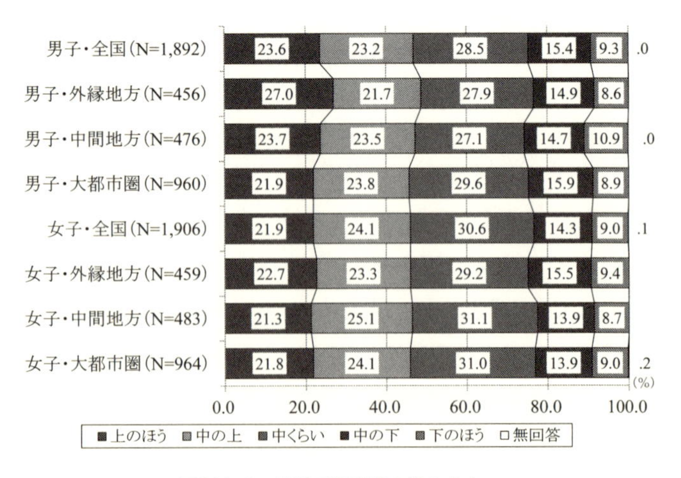

図2付-3　地域3類型別の学力分布

なお学力の分布に大きな地域差がないことは、**図2付–3**に示す地域3類型別の学力分布から、明瞭に読み取れる（ただし両親年収が欠損値の202ケースを除いて集計した）。ここから、地域間の大学進学率の違いは、地域間の学力分布の違いによって生じているわけではないことが示唆される。

2. 学力と大学進学率の関係

県別データで検討しても、地域間の進学率の違いと、地域間の学力水準（平均）の関連は小さい。序章第1節第2項で引用した研究は、男女計の大学進学率を用いていたが、男女別に、同様の散布図を作成してみたものが**図2付–4**（男子）、**図2付–5**（女子）である。

図2付-4、図2付-5は、横軸に2008年『全国学力・学習状況調査』の「数学B」（公立中学校3年生）の平均正答率を（ただし、男女合計の値。男女別の値は公表されていないため）、縦軸には2006年度の大学進学率（本研究の定義による）を取ったものである。大学進学率の年度よりも時間的に先行する年の平均正答率は、直近の値が入手できないため（最近の『全国学力・学習状況調査』が開始されたのは2007年である）、学力の県間布置は数年で大きく変わることはないという前提のもと、2008年の値を用いることにした。2008年調査は、2007年や2009年よりも、公立の調査対象者在籍学校数に占める実施学校数の割合が高い長所がある[14]（「平成20年度　全国学力・学習状況調査　中学校調査　実施概況」による）。「数学A」より「数学B」の方が、県間のばらつき（変動係数）がやや大きいため（それぞれ.058、.066）、後者の値を採用した。

2つの図を見てみると、舞田（2013b）の指摘するように、秋田は学力（数学Bの平均正答率）が高いにも関わらず、進学率が低いことが見てとれる。山形などの県にも同様の傾向がある（福井については、女子のみが同傾向と言える）。すなわち、散布図には平均正答率の県間平均（49.6%）と大学進学率の県間平均（男子53.7%、女子38.8%）を通る直線が、それぞれ縦軸と横軸に平行になるように引いてあるが、福井は学力が最も高いにも関わらず、女子の進学率は平均的な位置にある。なお、図中に示した回帰直線（進学率を平均正答率に単回帰させた）から明らかなように、平均正答率と進学率とは正の相関関係にあるが、

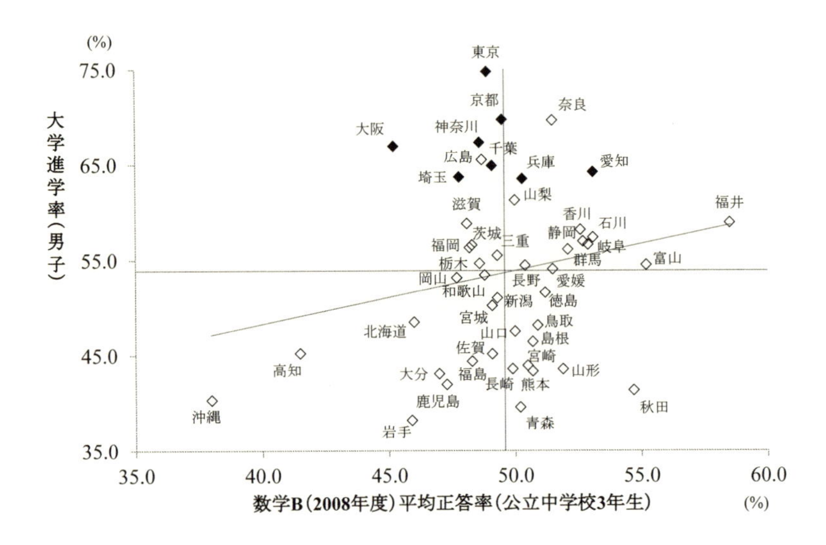

図2付-4　中学校「数学B」平均正答率と大学進学率の散布図（男子）

（注）◆印は「中央県」（序章第4節で定義）に該当する8都府県。図2付-5も同様。

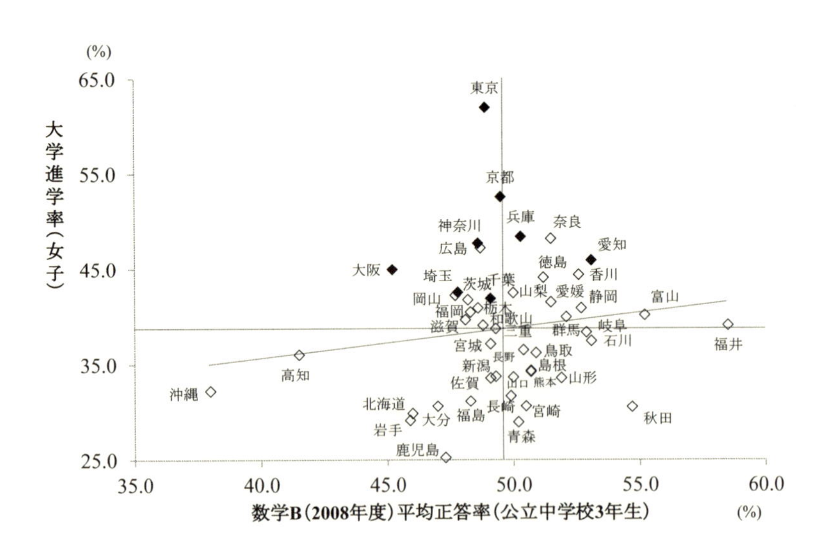

図2付-5　中学校「数学B」平均正答率と大学進学率の散布図（女子）

相関係数は男子.200、女子.148と低い（図2付-4、図2付-5）。

図2付-4、図2付-5は他にも興味深い事実を示している。散布図の左下側に位置するような、学力も進学率も低い県は確かに存在する。例えば、図中の岩手や沖縄は、両方の値が日本全国の値を大きく下回っている。その一方、大阪のように平均的な学力が高くないにもかかわらず、進学率は最も高い部類に属する府県が存在するのである（特に男子）。まさしく「大学進学に際しては、個々の生徒の能力とは違った、諸々の社会的要因が関与することが示唆され」よう（舞田2013b）。

注

1　時給は、次の式で算出されている。（きまって支給する現金給与額＋年間賞与その他特別給与額÷12）÷（所定内実労働時間数＋超過実労働時間数）。

2　回帰係数が「0.000」とある場合は、一律「0.0004」と割り当てて用いた。

3　例えば、平木（2011）などを参照。

4　次の通り。0.038×23.875 - 0.071×7.348 + … + 0.055×1 + 0.242×0 + 0.431×0 + 0.031×0.265 … + 0.378×0.069 - 0.234 ＝ 0.548

5　私立大学（下宿等）の学生生活費は、京阪神（230.3万円）の方が他地方（243.1万円）より低い事実は、一見すると奇妙に思える。しかし、（東京圏の値が高いのに比して）両者の差が小さいのは、他の年度でも見られる。例えば2008年度調査では、この値は東京圏253.2万円、京阪神232.2万円、他地方227.5万円であった。

6　内田・鈴木（2013）は、国公立大学の現役受験者（高校新卒者のうち、大学入試センター試験の志願者で、国公立大学を受験した者）の私立大学併願パターンを分析している。それによれば、2006年度の受験者の場合、出身県内（出身高校の所在県内）の国公立大学に出願した者の43.4％が、出身県内の私立大学にも出願している（ただし、センター試験の成績を利用して出願した場合に限る。以下同じ）。それに対し、出身県外の国公立大への出願者のうち、出身県内の私立大学にも出願した者の割合は、20.6％に過ぎない。なお、そもそも私立大学への併願（県外の私大も含む）自体を行った者の割合は、県内国公立大出願者（45.6％）と、県外国公立大出願者（50.2％）との間で、劇的に異なるわけではない（p. 91）。県外＝自宅外、県内＝自宅という、一対一の対応関係があるわけではないが、以上から、県外（自宅外）の国立大学と、県内（自宅）の私立大学との間で選択が行われるケースは多くないことが示唆される。なお、埼玉、千葉、東京、神奈川では、高校新卒者のセンター試験志願者のうち、国公立大学を受験しない者(つまり、センター試験成績を利用した私立大学専願者や、公私立短大専願者)が多いが、それ以外の県では、国公立大学を受験する者が主流である(内田・橋本・鈴木2014、pp. 55-58)。よって、ここで指摘した内容は、地方県の事情をより大きく反映しているとも言えよう。

7 『学生生活調査』には、2006年度調査から出身高校の所在地(都道府県名)に関する設問が加わっている。しかし、全数調査でなく、サンプリングはまず大学を抽出してから、大学ごとに学生を抽出する方法で行われているため、出身県を単位とする集計を行えば、ミスリーディングな結論を導きうるだろう。

8 したがって、男女の区別はできない。この移動表は、設置者別かつ男女別のものが公表されていないためである。『学生生活調査』では、大学昼間部の学生生活費は、基本的に男子より女子の方が多いことが繰り返し明らかにされている。

9 以上のような想定が、進学選択の現実を必ずしも反映していないことは言うまでもない。県内(または自宅から通学できる範囲内)に大学があれば、全ての者が、まずそこに進学しようと考えるなどという想定は非現実的である。また、この推計方法では最初から設置者を別個に扱っているため、例えば地元(地方所在)の国立大学と、大都市圏の私立大学との間で選択が行われるなどの事情を考慮できない。ここで試みたのは、あくまで、大学に進学しようと考えた場合のコストが、最小でもいくらになるのかを県別に推計することである。なお、「構造的県外進学」はもともと、社会階層研究における「構造移動」からのアナロジーだが、階層移動と異なり、進学移動には「非進学」という移動先が存在する(全カテゴリーが網羅されていない)ことには注意を要する。本研究が「超過」需要の呼称を用いたのも、そのためである。

10 渡部(2007)の報告する「他県の進学先第1位」の表を参考に整理した。

11 先行研究では「収容力」の語を用いる場合が多いが、本研究の分析では「収容率」と呼称する。

12 もっとも、47都道府県と39道県で相関係数の大きさが異なるのは、「ある変数の値に基づいて選抜を行うと、それによって相関係数の値は一般に低下し」てしまう「選抜効果」が働いているからだとも考えられる(南風原 2002、p. 71。芝・南風原 1990、pp. 131-132も参照)。8都府県を除く行為は、実質的には収容率の値で選抜を行っていることに近いためである。その場合、選抜の前後で集団の等質性(標準偏差の小ささ)が異なるため、相関係数の値が大きく変化することになる。よって全県の場合と地方県の場合とで、相関係数が異なることを過大に強調することはできない。ただし序章にも記したように、47都道府県を用いた分析で成立する議論が、39道県だけの分析でも、成り立つのかどうかの検討自体は重要だと考える。

13 「中の上」の生徒は、外縁地方(63.5%)と大都市圏(79.4%)の間に有意差があるが、外縁地方と中間地方(73.7%)の間、中間地方と大都市圏の間には有意差は見られない。

14　2008年4月22日に実施された調査結果の集計値であり、4月23日以降実施分の結果は含まれない値である。

第 3 章

大学進学の便益

本章では、大学進学の便益の地域による相違を議論する。具体的には、最初に第1節で一般労働者の平均賃金を大卒者と高卒者について県別、男女別に推計する。学歴別賃金は、県別には公表されていないためである。

次に第2節で、学歴間賃金格差(大卒者の相対賃金)を県別に算出した上で、県別の大学進学率との相関を検討する。序章で述べたように、この相関はプラスになることが期待されるものの、そうはならない可能性もある。先に結論を述べれば、この相関はマイナスとなるが、本章末尾でも議論するように、その理由はこう解釈できる。地方出身者にとっては、県外進学の多くは大都市圏への進学である以上、卒業後の就業地域も(賃金水準の高い)大都市圏であると期待されるから、むしろ出身地の学歴間賃金格差が小さい者ほど、県外進学へと動機づけられるというものである。

以上の賃金や相対賃金の推計では、高卒就職や大卒就職の時点での地域移動を考慮していない。そこで第3節で、実際の地域移動者の数によって調整した推計も行う。高卒就職時に地方から大都市圏へ移動することが、所得に対して持つ潜在的効果についてもここで議論する。

最後に第4節では、以上の議論をまとめる。

第1節　地域別にみた学歴別賃金

大学進学によって得られる便益としては、先行研究では一般に、高卒者と大卒者の生涯賃金(の割引現在価値)の差が用いられているが、この差は理論的には、大都市圏よりも地方において大きいことが予想される。それは次の理屈による。高学歴者に比べ、学歴の低い者ほど求職や入職における地理的選択の範囲が狭い(移動能力が低い)ため、高卒者の賃金水準は大卒者より、ローカルな労働市場において決定されると考えられる。そのため、高卒者(低学歴者)の賃金は、大都市圏より地方の方が低くなる一方、大卒者(高学歴者)の賃金は、高卒者(低学歴者)に比べれば地域間のばらつきが小さいはずである。したがって高卒と大卒の学歴間賃金格差は地方の方が、大都市圏よりも大きくなるから、大学進学の便益は地方の方が大きい。なお、高学歴者の方が移動しやすい理由には、「高学歴者はもともと上昇意欲が高いこと、広い範囲の知識・情報を知っていること、進学移動の経験から地元を離れることに抵抗が少ないこと、多様な地域の人との接触が多いこと」などが考えられるという（矢野1982c、pp. 109-111）。

大学進学の便益が地方で大きい点は、日本のデータを用いた実証分析でも確かめられているが、先行研究は数えるほどしかないのが現状である[1]。それは、一般的に学歴間賃金格差を算出する際に用いられる『賃金構造基本統計調査』の報告書では、年齢階級別かつ学歴別賃金のデータが、本研究の対象である2000年代半ば頃のものは、地域別に公表されていないためである。例外的に、1974年度の『賃金構造基本統計調査』から、教育投資の収益率を地域別に推計しているのが矢野（1982c）である。この研究によれば、男子の大学教育の収益率は全国で6.6%、東京都で6.4%、愛知県で5.7%、大阪府で5.5%という結果であった[2]（pp. 110-111）。「全国」には多くの地方県が含まれるから、確かに大学教育のリターンは地方において高いことが示されている。

日本の大学教育のリターンについて地域間比較を行ったもう1つの研究が、平木（2011）によるものである。この研究は、「日本版総合的社会調査」（Japanese General Social Surveys: JGSS）の累積データ（2000～2003年、2005年の計5か年分）を使用し、25～54歳の男性（常時雇用の一般従事者）について平均年収を地域間・学歴間で比較するとともに、ミンサー型賃金関数の推定を行っている。三大都市圏（埼玉、千葉、東京、神奈川、愛知、京都、大阪、兵庫の8都府県）在住者と非大都市圏（それ以外の39道県）在住者のそれぞれについて、簡便法を用いて収益率を推計すると[3]、前者は4.9%、後者は6.8%という結果が得られる（全国は6.5%）。すなわち、やはり大都市圏よりも地方において大学教育投資の収益率は高いことが示された。

これらの2つの研究から分かるのは、本研究の地域区分でいう「中央県」と「地方県」の間で大学教育投資のリターンが異なっているということであって、「全国平均を上まわる地域がどこなのかはわからない。最も経済力の弱い地域なのか、それとも地方の中核都市地域なのか」（矢野1982c、p.77）という問いは、未解明のままである。中間地方と外縁地方の間に違いはあるのか。リージョン間の差はどれくらい大きいのだろうか。幸いなことに、これらの違いに接近しうる分析結果を篠崎(2007)が提示しているため、その結果を利用した推計を以下で行うことで、リージョン間の便益の違いを検討したい。結論を先に述べれば、大都市圏や中間地方よりも、外縁地方の方が大学進学から得られる便益は大きいという結果が得られた。

推計方法は、第2章第2節第1項で用いたものと基本的に同じである。詳しくはそちらに譲るが、概要を振り返れば次の通りである。篠崎(2007)は、2003年『賃金構造基本統計調査』の個票データを用いて、県ごとに男女別のミンサー型賃金関数を推定し、全ての分析結果と、用いた全変数の記述統計を報告している(教育の変数は高校卒、大学・大学院卒といった学歴のダミー変数を用いている)。この分析結果から一般労働者の平均賃金(時給)が、県別、男女別、学歴別に推計できるわけである。

県別の学歴別賃金(時給)を、大卒者と高卒者について示したものが、**図3-1**(男性)、**図3-2**(女性)である。ただし、全国物価地域差指数によって東京都を基準(＝100)に調整した値を用い、単位は円で表示している[4]。**表3-1**、**表3-2**には記述統計を示した。図表には大卒者の高卒者に対する相対賃金(「大学・大学院卒／高校卒」)も示したが、これらは次節で詳しく検討する。なお、本研究で賃金Aの賃金Bに対する「相対賃金」と言う場合、賃金Aを賃金Bで相対化する(賃金Aを賃金Bで除する)ことを指す。

まず男子については、大卒の平均時給は最も高い東京が3,286円で、茨城3,282(2,893)円、愛知3,257(2,966)円と続く(括弧内は物価地域差調整前の値。以下同じ)。最も低いのは、山形の2,459(2,230)円で、次が沖縄2,506(2,128)円、鳥取2,525(2,286)円となっている(図3-1)。47県の平均値は2,837円(標準偏差229円)であった(表3-1)。

高卒者の平均時給は、最も高いのが三重で、2,491(2,216)円である。他に、愛知2,484(2,262)円、茨城2,434(2,145)円が上位3県に含まれる。下位3県は沖縄1,590(1,350)円、青森1,752(1,560)円、山形1,827(1,657)円という結果であった(図3-1)。高卒者の平均は2,116円(標準偏差201円)となっている(表3-1)。

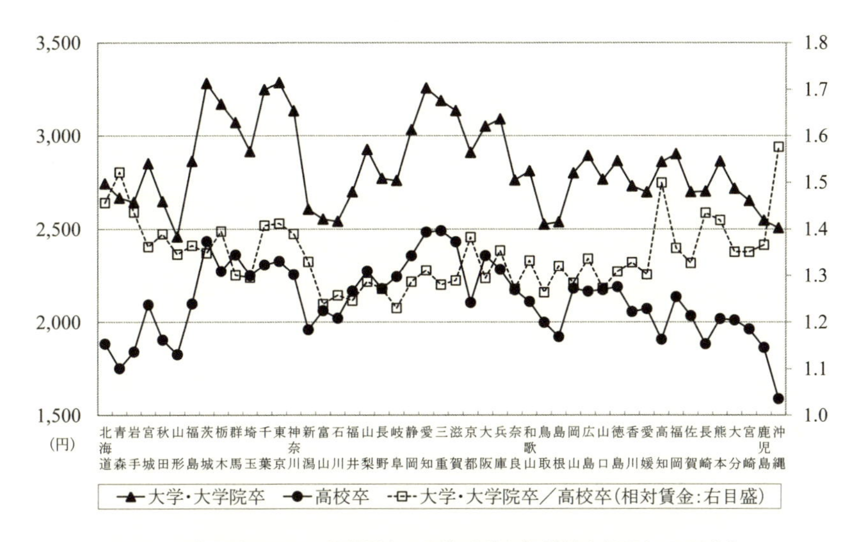

図3-1　学歴別の男子一般労働者の平均時給と相対賃金(県別、2003年)

(注)篠崎(2007)より推計。平均時給は東京価格。図3-2～3-4、表3-3～3-4も同様。

表3-1　学歴別の男子平均時給の記述統計(県別、2003年)

	平均値	標準偏差	変動係数	最小値	最大値
大学・大学院卒（円）	2,837	229	.081	2,459	3,286
高校卒（円）	2,116	201	.095	1,590	2,491
大学・大学院卒／高校卒	1.344	.075	.056	1.230	1.576
地方39県のみ：大卒（円）	2,781	200	.072	2,459	3,282
地方39県のみ：高卒（円）	2,079	197	.095	1,590	2,491
地方39県のみ：大卒／高卒	1.342	.079	.059	1.230	1.576

$^{+}p<.10$ $^{*}p<.05$ $^{**}p<.01$ $^{***}p<.001$.

次に女子である。大卒については、平均時給が最も高いのは千葉で、2,536(2,322)円となっている。以下、神奈川2,446(2,388)円、東京2,418円という順番であった。最も低いのは女子も山形で1,755(1,592)円、次に宮崎1,780(1,529)円、大分1,835(1,608)円と続いている(図3-2)。47県の平均値で2,063円(標準偏差174円)である(表3-2)。

女子の高卒の場合、平均時給は東京で最も高く、1,632円だった。次が埼玉の1,606(1,461)円、その次が茨城1,604(1,413)円である。下位3県に目を転じると、最も低いのが青森で1,203(1,071)円、以下、岩手1,216(1,086)円、山形

1,229(1,115)円となっている(図3-2)。高卒者の平均は1,446円(標準偏差123円)であった(表3-2)。

なお、女子についてのみ短大・高専卒の平均時給も図示した(**図3-3、図3-4**)。これによると、短大卒女子も、大卒女子と同じく千葉で最も平均時給が高い。2,091(1,914)円であった。次が神奈川2,078(2,029)円、徳島2,039(1,829)円と続く。最も低い県は青森で1,635(1,456)円、次に佐賀1,650(1,448)円、宮崎1,675(1,439)円となっている(図3-3、図3-4)。短大卒女子の47県平均は、1,857円(標準偏差110円)である(表3-2)。

先ほど、学歴別の賃金の地域差は高学歴者の方が、相対的に低学歴の者より小さいことが予想されると述べた。表3-1、表3-2から、都道府県間の賃金のばらつきを、変動係数で比較すると、男子の場合は確かに、高卒者(.095)より大卒者(.081)の方が小さくなる。地方39県間だけで比べても、高卒者.095、大卒者.072という値であった(表3-1)。女子についても、高卒者(.085)より短大卒(.059)の方が変動係数の値は小さいことがわかるが(39県に限ると、それぞれ.079、.054の値となる)、大卒者については事情が少し異なる。すなわち、.085(39県に限ると.068)と、むしろ高卒者に近いようだ(表3-2)。

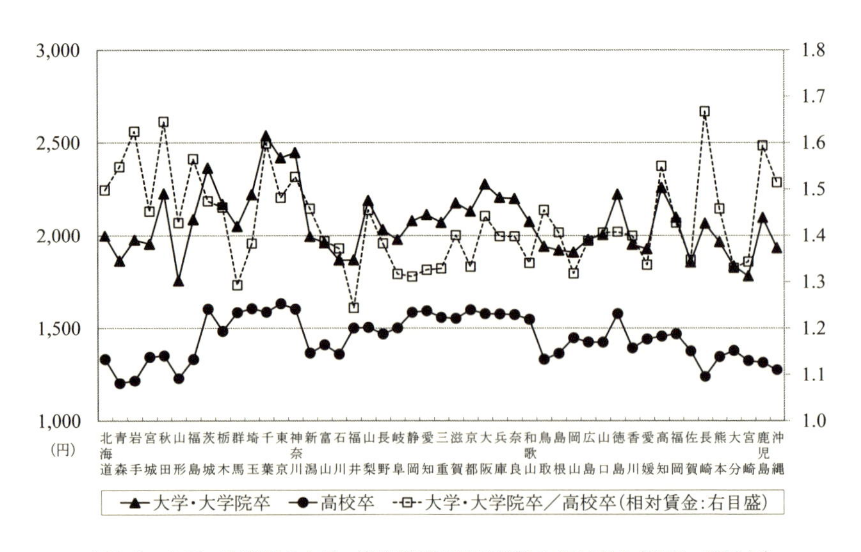

図3-2　大卒・高卒別の女子一般労働者の平均時給と相対賃金(県別、2003年)

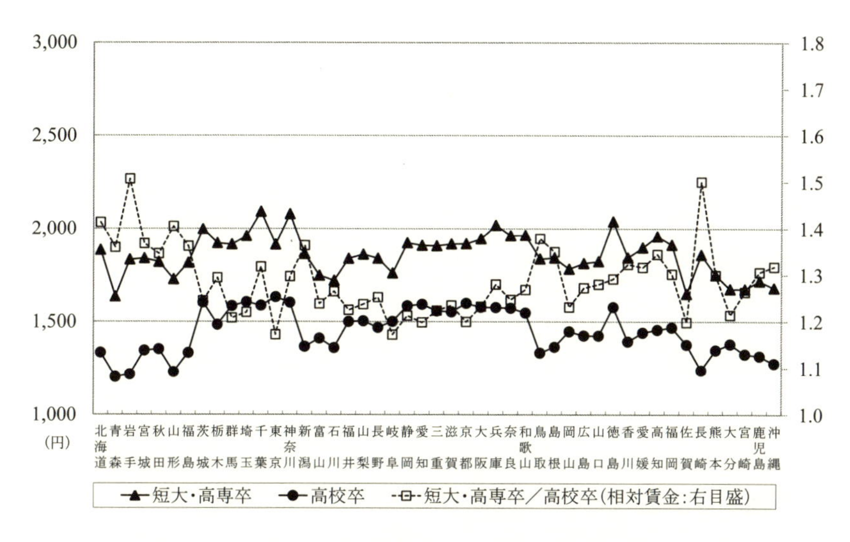

図3-3　短大卒・高卒別の女子一般労働者の平均時給と相対賃金(県別、2003年)

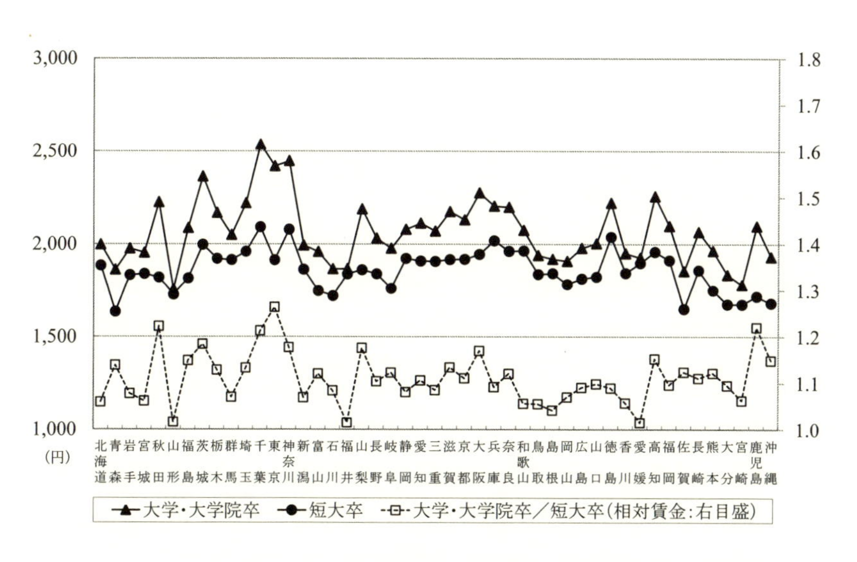

図3-4　大卒・短大卒別の女子一般労働者の平均時給と相対賃金(県別、2003年)

表3-2　学歴別の女子平均時給の記述統計（県別、2003年）

	平均値	標準偏差	変動係数	最小値	最大値
大学・大学院卒（円）	2,063	174	.085	1,755	2,536
短大・高専卒（円）	1,857	110	.059	1,635	2,091
高校卒（円）	1,446	123	.085	1,203	1,632
大学・大学院卒／高校卒	1.430	.099	.069	1.244	1.667
短大・高専卒／高校卒	1.288	.077	.059	1.172	1.507
大学・大学院卒／短大・高専卒	1.111	.055	.050	1.015	1.264
地方39県のみ：大卒（円）	2,016	138	.068	1,755	2,364
地方39県のみ：短大（円）	1,832	99	.054	1,635	2,039
地方39県のみ：高卒（円）	1,416	111	.079	1,203	1,604
地方39県のみ：大卒／高卒	1.429	.101	.071	1.244	1.667
地方39県のみ：短大／高卒	1.298	.077	.060	1.172	1.507
地方39県のみ：大卒／短大	1.101	.050	.045	1.015	1.223

$^{+}p < .10$ $^{*}p < .05$ $^{**}p < .01$ $^{***}p < .001$.

第2節　地域別にみた学歴間賃金格差

1. 学歴間の賃金格差

図3-1から図3-4が示すのは、3つの賃金格差の存在である。第一は学歴間格差で、男女とも、どの県においても高卒より大卒（女子の場合、高卒より短大、短大より大卒）の平均時給が高くなっている。第二に、男子の賃金は学歴を問わず、どの県でも女子より高い（男女間格差）。第三に、学歴・男女にかかわらず、平均時給は大都市圏（特に東京）で高いことがわかる（地域間格差）。

もっとも最初の2つは、元の賃金関数では恐らくデータの制約から、学歴と性別の交互作用を想定していないため、当然起こりうる結果ではある。むしろ重要なのは、賃金の学歴間格差、男女間格差、及び地域間格差の相互の関係を問うことだと思われる。

例えばある地方県では、女子が大学に進学した後にその県で働くメリット（大卒と高卒の学歴間賃金格差）よりも、高卒労働者の男女間賃金格差の方が大きいことがあるだろう。その場合、将来に高卒男性と結婚し、配偶者の収入で生計費の多くを賄う見通しが立つならば、進学に要する費用を考慮すると、敢えて進学などしないという判断も下しうる。いっぽう、ある地方県の男子が、高卒直後に東京に出て働くことのメリット（東京都と出身県の間の高卒賃金の格差)が十分に大きく、出身県における大卒者と高卒者の賃金格差を上回るほどなら、大学進学より地域移動を選択したとしても不思議ではない。

以上を踏まえ、まず学歴間賃金格差と、その男女間・地域間の布置から見ていきたい。図3-1と図3-2から明らかなように、大卒者の平均時給が高い県では、高卒者の時給も高い傾向がある。**表3-3**に示す通り、両者の相関係数は男子が.842、女子が.679となっている(女子の場合、短大卒と高卒者の相関は.747、大卒者と短大卒は.810であった)。しかし、両者の相対的な関係は県によって異なる。そこで大卒者と高卒者について、平均時給の比を取り(大卒／高卒)、この大卒の高卒に対する相対賃金をここでは「学歴間相対賃金」と呼ぶと、47県の平均値は男子が1.344(標準偏差.075)、女子が1.430(標準偏差.099)であった(表3-1、表3-2)。この相対賃金を図3-1、図3-2にも示したことは、先述の通りである。

学歴間相対賃金が最も大きいのは、男子が沖縄(1.576)、女子が長崎(1.667)で、この値の大きい方には男女とも北海道や東北、九州の各県が並ぶ[5]。先の矢野(1982c)の問いに即して言えば、「最も経済力の弱い地域」において大学進学の便益が大きいことを示唆する。いっぽう、学歴間相対賃金が最も小さい県は男子が岐阜(1.230)、女子が福井(1.244)である。男子は北陸や甲信、いくつかの中国地方の県、女子は東海や、いくつかの九州の県で格差が小さい[6]。大卒者と高卒者の賃金格差が小さい県には、三重(男子1.280、女子1.328)など、大都市所在県の隣県も含まれる(図3-1、図3-2)。

つまり、進学率の低い県で学歴間相対賃金は大きく、この相対賃金の小さい県には進学率の高い県が散見されるという関係が概ね成り立つ[7]。実際、学歴間相対賃金と大学進学率の相関係数は、男子が-.385、女子が-.342であった。県外進学率(本章では、短大との区別のため、「県外大学進学率」と表記することがある)との相関はそれぞれ-.610、-.278になる。男子で値が大きいことが注目される。この負の相関関係は、地方39県に限ると一層顕著になる。すなわち大学進学率との相関は男子が-.639、女子が-.536、県外進学率は男子が-.692、女子が-.416であった(**表3-4**、**表3-5**)。このことが持つ意味は、後で詳しく議論する。

さて、ここで女子の短大・高専卒の位置づけを検討しておこう。表3-3に見たように、短大卒女子の平均時給は、他の学歴の平均時給との相関係数が高い。大卒者は.810、高卒者は.747であった。しかし、地方39県に限って同じ値を算出すると、それぞれ.750、.689とやや小さくなる。このことからもわかるように、短大卒女子の相対的位置は、地域によって異なる可能性がある。実際、図3-3を見ると、短大卒と高卒者の賃金格差は、東京や東海地方の各県、京都、佐賀、大分などで小さい。つまり短大卒が、高卒者に近い処遇を受けていることがわかる。それに対して、短大卒の時給が大卒者に近いのは(両者の賃金格差が小さいのは)、山形、福井、愛媛などの県である(図3-4)。これらのことは、地方県の女子にとって、進学する場合でも(将来、出身県内で働く見通しが高いならば)4年制大学がベストな選択肢とは限らないことを示唆している。

表3-3　男女別・学歴別の平均時給間の相関(県別、2003年)

	大卒男子	高卒男子	大卒女子	短大女子	高卒女子
大学･大学院卒(男子)	--	.842 ***	.731 ***	.684 ***	.779 ***
高校卒(男子)	.820 ***	--	.530 ***	.606 ***	.862 ***
大学･大学院卒(女子)	.623 ***	.444 **	--	.810 ***	.679 ***
短大･高専卒(女子)	.602 ***	.557 ***	.750 ***	--	.747 ***
高校卒(女子)	.711 ***	.864 ***	.568 ***	.689 ***	--

$^{+}p < .10$ $^{*}p < .05$ $^{**}p < .01$ $^{***}p < .001$.

(注)行列の左下側は地方39道県、右上側は47都道府県の相関係数。表3-10も同様。

表3-4　学歴別の男子平均時給と、大学進学率との相関係数(県別、2003年)

	大学進学率	県内大学進学率	県外大学進学率
大学・大学院卒（円）	.637 ***	.444 **	.145
高校卒（円）	.732 ***	.259 +	.447 **
大学・大学院卒／高校卒	-.385 **	.200	-.610 ***
地方39県のみ：大卒（円）	.457 **	.053	.319 *
地方39県のみ：高卒（円）	.719 ***	-.098	.642 ***
地方39県のみ：大卒／高卒	-.639 ***	.243	-.692 ***

$^{+}p < .10$ $^{*}p < .05$ $^{**}p < .01$ $^{***}p < .001$.

表3-5　学歴別の女子平均時給と、大学進学率との相関係数(県別、2003年)

	大学進学率	県外大学進学率	県内大学進学率	短大進学率	県外短大進学率	県内短大進学率
大学・大学院卒（円）	.538 ***	.183	.298 *	-.065	.053	-.122
短大・高専卒（円）	.596 ***	.277 +	.268 +	-.015	.133	-.147
高校卒（円）	.787 ***	.386 **	.338 *	.244 +	.173	.090
大学・大学院卒／高校卒	-.342 *	-.278 +	-.056	-.388 **	-.152	-.266 +
短大・高専卒／高校卒	-.543 ***	-.299 *	-.205	-.391 **	-.124	-.297 *
大学・大学院卒／短大・高専卒	.186	-.034	.183	-.089	-.071	-.026
地方39県のみ：大卒（円）	.322 *	.268 +	-.030	-.003	.171	-.182
地方39県のみ：短大（円）	.567 ***	.374 *	.065	.001	.223	-.232
地方39県のみ：高卒（円）	.739 ***	.590 ***	-.038	.329 *	.329 *	.034
地方39県のみ：大卒／高卒	-.536 ***	-.416 **	.013	-.381 *	-.204	-.225
地方39県のみ：短大／高卒	-.478 **	-.448 **	.103	-.452 **	-.229	-.280 +
地方39県のみ：大卒／短大	-.207	-.059	-.116	-.007	-.015	.008

$^{+}p < .10$ $^{*}p < .05$ $^{**}p < .01$ $^{***}p < .001$.

ちなみに女子の短期高等教育の収益率は、1970年代は大卒を上回る水準だったという[8]。それが80年代に入って4大卒と肩を並べ、80年代後半以降は、4大卒が安定的に推移したのとは対照的に、減少しつつあることが指摘されている[9](矢野1996、pp. 203-208、荒井2002、pp. 120-131)。それでも、山形、福井、愛媛などでは、短大・高専卒の経済価値が今なお高いのかも知れない。なお、男子の短大・高専卒については、かつては生涯賃金が大卒に近かったが、1960年代に急速に高卒に近づき、以後も減少しているという[10](矢野1996、2001)。

女性の就業(継続)率の低さを考慮すると、女子の収益率はどのように修正されるのか。それを試みているのが矢野(1996)である。指標には私的収益率ではなく、社会全体から見た教育投資の限界内部収益率である、社会的収益率を用いている。これは費用の中に、放棄所得(機会費用)や授業料(直接費用)に加え、高等教育への公財政支出(直接費用)を含み、便益として税引前の所得を用いて算出するものである。就業率を考慮するために費用、便益それぞれの中の期待所得として、年間所得に就業率を乗じた値が用いられている。こうした修正を施した推計結果によれば、女子教育の社会的収益率は公立高校が8.0%（修正前は6.4%）、私立高校が8.7%（修正前は6.7%）、国立短大が4.3%（修正前は8.9%）、私立短大が4.9%（修正前は9.5%）、国立大学が4.7%（修正前は7.1%）、私立大学が6.9%（修正前は9.2%）であった[11](pp. 205-210)。

その推計結果からわかることは、次の2点である。第一に、就業率による修正を加えると、短大女子では社会的収益率が半分に、大卒女子の場合、7割前後になってしまうことである。特に前者は、短大卒の女性の就業率が低く、期待所得が低いことによる(高卒で修正前より高くなっているのは若年中卒者の就業率が低く、機会費用が小さくなるため)。第二に、その水準は、男子とほとんど変わらないことである。男子の社会的収益率(修正なし)はそれぞれ、公立高校5.5%、私立高校5.7%、国立短大4.7%、私立短大4.9%、国立大学5.4%、私立大学6.9%という推計結果であった(矢野1996、pp. 209-210)。

もともと、大学教育の収益率は男子より女子の方が大きい理由としては、荒井(2002)に従えば、大卒と高卒の賃金差が男性より女性で大きいことが重要である。このことは、キャリアが連続的な「標準労働者」についても当てはまり、高卒女性の賃金が低く抑制されていることに起因する。大卒女性の労働確率が、高卒女性のそれよりも顕著に大きいことがもう1つの理由とされる(荒井2002、pp. 122-124、pp. 131-133)。

さて、先述のように、学歴間賃金格差の大きさを県別に検討すると、北海道や東北、九州などの県で大きく、甲信や北陸などで小さい傾向が見られた。実はこれは、賃金の(学歴を区別しない)「地域内格差」自体の県間分布とも符合する事実である。この点にも言及しておこう。篠崎(2007)は、やはり『賃金構造基本統計調査』の個票を分析し、県ごとに一般労働者(学歴計)の時給の標準偏差を男女別に算出している。それを図示したものが、**図3-5**(男子)、**図3-6**(女子)である(ただし物価の地域差を調整し、東京価格に直して示している)。

図3-5、図3-6には平均値も示した(「時給の対数値」の平均値で、自然対数の底eをべき乗し、かつ東京価格に直した値[12])。標準偏差を平均値で除した変動係数も算出した。例えば北海道の男子の場合、時給の標準偏差は1,403円(当地価格では1,288円)、平均値は2,074円(当地価格では1,904円。もとの対数値は.644)、変動係数は.676であった。

この2つの図から分かるように、時給の平均値が大きい県では標準偏差も大きいから、両者の比である変動係数を地域内格差の指標として比較すると、地域内格差は、北海道や東北、四国、九州で大きいことが読み取れる。東京圏の一部や(千葉、東京)、近畿の一部(男子は京都・大阪、女子は兵庫・奈良)でも大きい。いっぽう、地域内格差が小さいと見られるのは、甲信や北陸などの地域のようだ(図3-5、図3-6)。

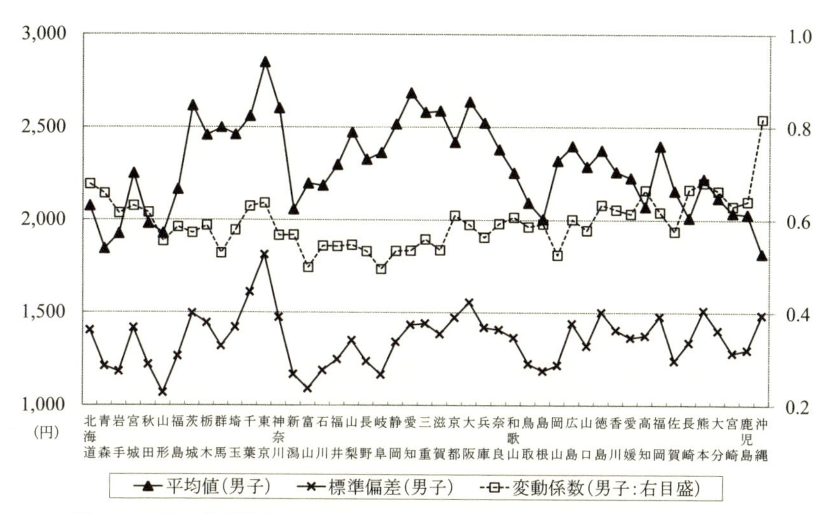

図3-5　男子一般労働者の時給の平均値・標準偏差・変動係数(県別、2003年)

(注)篠崎(2007)より推計。平均値と標準偏差は東京価格。図3-6も同じ。

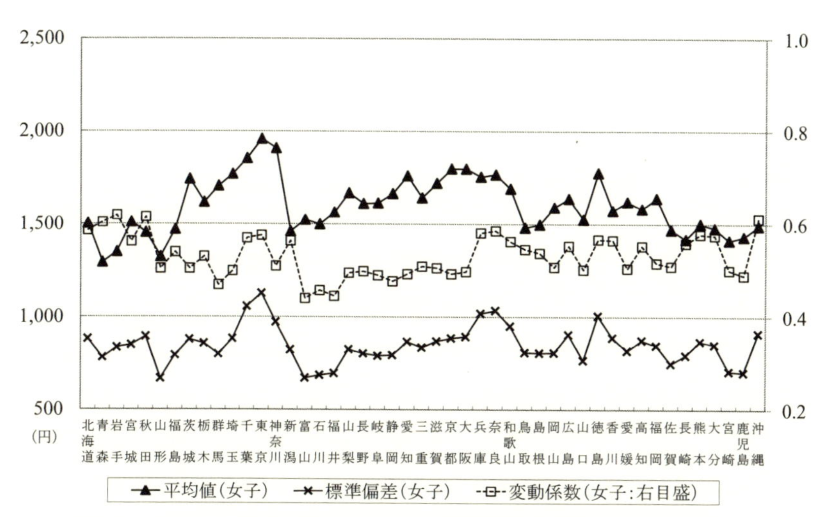

図3-6　女子一般労働者の時給の平均値・標準偏差・変動係数(県別、2003年)

2. 男女間・地域間の賃金格差

では次に、男女間賃金格差の地域間の相違を(学歴による違いに配慮しつつ)検討していこう(そもそも、男女間賃金格差がどれくらいの水準か、また、なぜ生ずるのかという問題については本章付論を参照)。通常、男女間賃金格差を議論する際は、女子賃金を男子賃金で除した値(女子の男子に対する相対賃金)が用いられ、「女性の賃金は男性の7割」などの形で問題とされることが多い(大森2008、川口2008、安部2011a、大内・川口2012など)。本章では、学歴間相対賃金との値の比較を容易にするために、「男女間相対賃金」を、男子賃金を女子賃金で除した値と定義して(男子の女子に対する相対賃金)、県別、学歴別に算出することにした。**表3-6**には、その単純集計を整理してある[13]。

表3-6を見ると、大卒者の場合、男女間相対賃金が最大の県では、男子の賃金は女子の1.542倍(愛知)、最小の県では1.190倍(秋田)であることがわかる[14]。この大卒の男女間相対賃金は、全県の平均で1.378(39県に限ると1.381)となっている(標準偏差は.082。39県に限っても.082)。高卒者の場合は、最大が1.599(三重)、最小が1.247(沖縄)、全県の平均は1.463(標準偏差.070。39県に限ると平均1.469、標準偏差.070)であった[15]。すなわち、男女間賃金格差は全体としては、大卒者よりも高卒者の方が大きいと考えられる。いっぽう、男女間相対賃金の地域差を変動係数で見ると、大卒者の方が(.060)、高卒者(.048)より地域間のばらつきが大きいことがわかる。標準偏差そのものが、高卒者よりも大卒者で大きくなっている(表3-6)。

都道府県間の布置を**図3-7**で検討すると、男女間相対賃金の分布は、大卒者と高卒者とで概ね似ていることが分かる。実際、両者の間の相関係数は.574(39県に限ると.571)であった(後の表3-10)。この相関係数の大きさが中程度である理由は、恐らく就いている職種が学歴によって異なるためだと考えられる(この点は第4章第2節で詳しく検討する)。

男女間の賃金格差が大きい県は、群馬、福井、岐阜、静岡、愛知、三重、滋賀、岡山、広島、愛媛、佐賀、大分、宮崎などである。これらの県では全て、男女間相対賃金が(高卒者、大卒者の両方とも)、女子の学歴間相対賃金(大卒/高卒)を上回っている。また、(高卒者と大卒者の)男女間相対賃金どうしの差も小さいようだ。反対に、高卒者、大卒者の両方の男女間相対賃金が、女子の学歴間相対賃金を下回るのは、北海道、青森、岩手、秋田、千葉、東京、神奈川、新潟、高知、長崎、鹿児島、沖縄などの諸県である。本研究の地域区分で言えば、男女間賃金格差の大きい県の多くは、中間地方にある一方、小さい県は、外縁地方や大都市圏で散見されることになる(図3-7)。

なお、(高卒者、大卒者の両方の)男女間相対賃金と、男女別の大学進学率・県外大学進学率・県内大学進学率との間の相関係数は、いずれも低い水準である(**表3-7**)。

表3-6　学歴別の男女間相対賃金の記述統計(県別、2003年)

	平均値	標準偏差	変動係数	最小値	最大値
大卒（男子）／大卒（女子）	1.378	.082	.060	1.190	1.542
高卒（男子）／高卒（女子）	1.463	.070	.048	1.247	1.599
地方39県のみ：大卒男／大卒女	1.381	.082	.060	1.190	1.541
地方39県のみ：高卒男／高卒女	1.469	.070	.048	1.247	1.599

$^{+}p < .10$ $^{*}p < .05$ $^{**}p < .01$ $^{***}p < .001$.

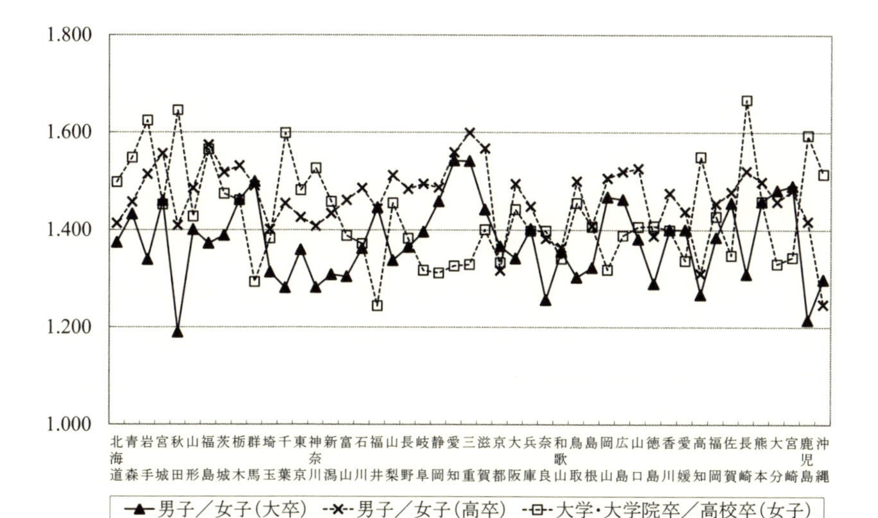

図3-7　学歴別の男女間相対賃金と、女子の学歴間相対賃金(県別、2003年)

表3-7　学歴別の男女間相対賃金と、大学進学率との相関係数（県別、2003年）

	男子			女子		
	大学進学率	県外大学進学率	県内大学進学率	大学進学率	県外大学進学率	県内大学進学率
大卒（男子）／大卒（女子）	.059	-.011	.063	.082	-.125	.171
高卒（男子）／高卒（女子）	-.005	.088	-.084	-.084	.037	-.100
地方39県のみ：大卒男／大卒女	.196	.077	.099	.193	-.004	.179
地方39県のみ：高卒男／高卒女	.190	.198	-.063	.100	.108	-.039

$^{+}p<.10$ $^{*}p<.05$ $^{**}p<.01$ $^{***}p<.001$.

さて、今度は地域間賃金格差の特徴を探っていこう（地域間に賃金格差が生じるメカニズムについては、本章付論を参照）。地域間賃金格差を指標化する場合、例えば、ある県の賃金を東京の賃金で除した値（ある県の東京に対する相対賃金）が使用されることがある。本章では、先の男女間賃金格差と同様に、学歴間相対賃金と値を比較する目的で、東京の賃金をある県の賃金で除した比率（ある県に対する東京の相対賃金）を「地域間相対賃金」と定義する。この値は、物価地域差を調整する前の賃金から算出した[16]。地域間相対賃金を県別に、学歴・性別を区別しつつ算出し、図示したものが**図3-8**、**図3-9**である（学歴間相対賃金も一緒に示した）。**表3-8**は、その記述統計である。

地域間相対賃金と、学歴間相対賃金とではどちらが大きいのだろうか。図3-8、図3-9は、それが県によって異なることを示しているが、この大小関係は、概ね次の3つの類型に分けられる。第一に、地域間相対賃金よりも、学歴間相対賃金の方が大きい県である。男女とも、北関東や東京圏、東海（の一部）、東近畿、京阪神が該当する。第二は、地域間相対賃金と学歴間相対賃金の差は小さい（大卒者の地域間相対賃金が、学歴間相対賃金を上回る場合もある）いっぽう、大卒者の地域間相対賃金が、高卒者の地域間相対賃金より大きい県である。甲信越や北陸、中国（一部）に見られる。第三に、大卒者の地域間相対賃金、高卒者の地域間相対賃金、学歴間相対賃金の3つがほぼ同じくらいの水準にある県である。北海道や東北、九州に多いようだ。つまり、第一から第三の類型が、それぞれ、本研究でいう大都市圏、中間地方、外縁地方に概ね対応する（図3-8、図3-9）。

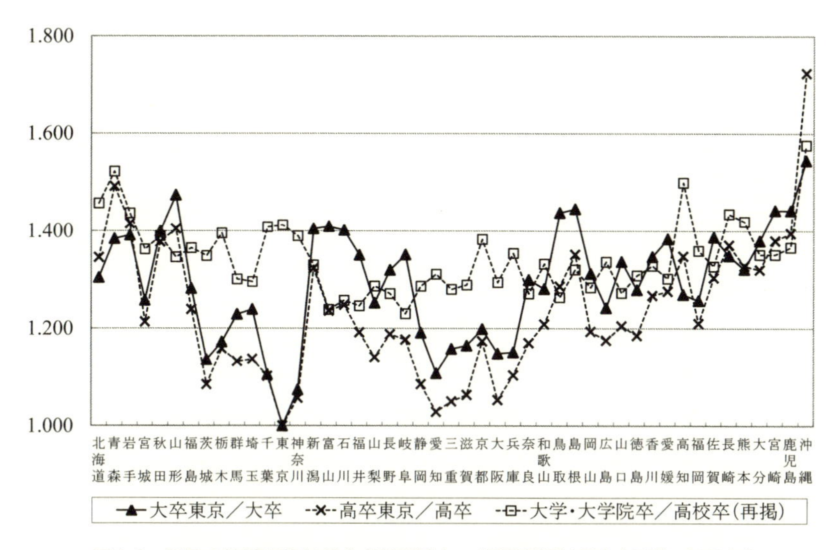

図3-8　男子の地域間相対賃金(学歴別)と、学歴間相対賃金(県別、2003年)

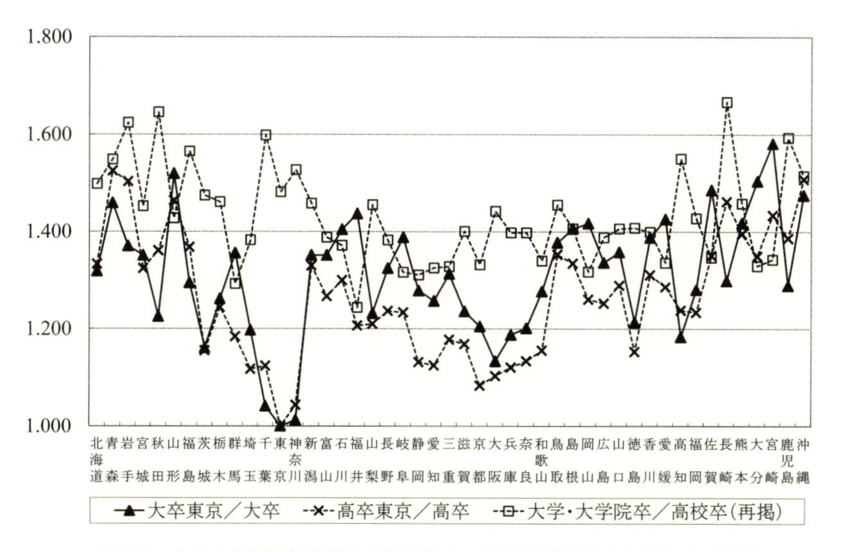

図3-9　女子の地域間相対賃金(学歴別)と、学歴間相対賃金(県別、2003年)

表3-8　学歴別・男女別の地域間相対賃金の記述統計(県別、2003年)

	平均値	標準偏差	変動係数	最小値	最大値
大卒東京（男子）／大卒（男子）	1.294	.118	.091	1.000	1.544
高卒東京（男子）／高卒（男子）	1.232	.139	.113	1.000	1.724
大卒東京（女子）／大卒（女子）	1.310	.128	.097	1.000	1.581
高卒東京（女子）／高卒（女子）	1.262	.128	.101	1.000	1.524
地方39県（男）：大卒東京／大卒	1.328	.095	.071	1.136	1.544
地方39県（男）：高卒東京／高卒	1.263	.131	.103	1.050	1.724
地方39県（女）：大卒東京／大卒	1.347	.098	.073	1.161	1.581
地方39県（女）：高卒東京／高卒	1.298	.109	.084	1.132	1.524

$^{+}p < .10$ $^{*}p < .05$ $^{**}p < .01$ $^{***}p < .001$.

表3-8の記述統計から、地域間相対賃金の分布の特徴を確認しておこう。3つの特徴がある。第一に、地域間相対賃金は、大卒者の値の方が高卒者の値より、平均値が大きい。これは男女いずれについても、また、地方39県に限った場合も当てはまる。例えば、男子の大卒者の地域間相対賃金は、全県の平均が1.294(標準偏差.118)であった。いっぽう、高卒男子の地域間相対賃金の平均は1.232(標準偏差.139)となっており、やや小さい。東京の物価地域差調整前の賃金が、大卒で特に高い事実を反映していよう。

しかしながら第二に、地域間相対賃金のばらつきは、大卒者より高卒者の方が大きい。この点も性別を問わず、また、地方39県だけについても該当する。例えば、男子の地域間相対賃金の変動係数は大卒者が.091、高卒者が.113(地方39県に限定すると、それぞれ.071、.103)となっている。前節で見たように、地域間の大卒賃金のばらつきより、高卒賃金のばらつきの方が大きいためであろう。

第三に、地域間相対賃金の平均値は、(大卒者、高卒者とも)男子より女子の方が大きい(地方39県に限っても、この傾向がある)。例えば、女子の大卒者の地域間相対賃金は、全県の平均が1.310(標準偏差.128)であった。これは、先に述べた男子の平均値(1.294)より大きな値である。高卒者についても同様のことが言える。

地域間相対賃金と、大学進学率の相関関係はどのようなものだろうか。**表3-9**に学歴別・男女別の地域間相対賃金と、男女別の大学進学率・県外大学進学率・県内大学進学率との相関係数を示した。このうち、地方39県に限った集計結果に着目すると、次のような特徴がある。すなわち、地域間相対賃金は、大学進学率(や県外大学進学率)と負の相関関係にあるが、その程度は大卒者の地域間相対賃金よりも、高卒者のそれの方が大きい。このことは男女の両方について当てはまる。

例えば大卒男子の地域間相対賃金と、男子の大学進学率の相関係数は-.559である一方、高卒男子の地域間相対賃金と、男子大学進学率の相関は-.760であった。大卒女子の地域間相対賃金と、女子の大学進学率の相関は-.371、高卒女子の地域間相対賃金と女子大学進学率の間では-.766となる。以上のことは、東京との間の賃金格差(特に高卒者の賃金格差)が大きい県ほど、大学進学率が低いことを示すから、地方県の高校生にとって、高卒直後に東京で就職するという行動は、大学進学の代替となる選択肢であることを示唆する[17]。なお県内大学進学率と地域間相対賃金は、男女ともほとんど無相関である(表3-9)。

表3-9　学歴別・男女別の地域間相対賃金と、大学進学率との相関係数(県別、2003年)

	男子			女子		
	大学進学率	県外大学進学率	県内大学進学率	大学進学率	県外大学進学率	県内大学進学率
大卒東京（男子）／大卒（男子）	-.743 ***	-.147	-.538 ***	-.723 ***	-.101	-.519 ***
高卒東京（男子）／高卒（男子）	-.812 ***	-.439 **	-.338 *	-.730 ***	-.355 *	-.315 *
大卒東京（女子）／大卒（女子）	-.651 ***	-.135	-.466 **	-.619 ***	-.160	-.384 **
高卒東京（女子）／高卒（女子）	-.889 ***	-.421 **	-.424 **	-.838 ***	-.357 *	-.404 **
地方39県（男）：大卒東京／大卒	-.559 ***	-.353 *	-.111	-.543	-.282 +	-.152
地方39県（男）：高卒東京／高卒	-.760 ***	-.652 ***	.070	-.676 ***	-.549 ***	.045
地方39県（女）：大卒東京／大卒	-.389 *	-.278 +	-.035	-.371 *	-.276 +	-.005
地方39県（女）：高卒東京／高卒	-.813 ***	-.661 ***	.028	-.766 ***	-.592 ***	.015

+$p < .10$ *$p < .05$ **$p < .01$ ***$p < .001$.

3. 賃金格差相互間の関係

3種類の相対賃金(学歴間、男女間、地域間)どうしの相関関係を検討すると、さらに重要な事実が明らかになる。ここでもやはり、地方39県に限った集計の結果に着目したい(**表3-10**)。

まず学歴間相対賃金と男女間相対賃金の関係である。相関係数の値が比較的大きいのは、男子の学歴間相対賃金(表3-10では「学歴間1」とも表記した。以下同様)と、高卒者の男女間相対賃金(男女間2)の相関(-.410)や、女子の学歴間相対賃金(学歴間2)と、大卒者の男女間相対賃金(男女間1)の相関(-.606)であった。それぞれが意味するのは、第一に、高卒男子の労働力の価値が(大卒男子に比べて)相対的に低い県ほど、高卒女子と高卒男子の賃金格差が小さいこと、第二に、大卒女子と高卒女子の賃金格差が大きい県ほど、大卒女子と大卒男子の賃金格差が小さいことである。

次に、学歴間相対賃金と、地域間相対賃金の関係を検討しよう。男子の学歴間相対賃金(学歴間1)と、高卒男子の地域間相対賃金(地域間2)の相関は.730、女子の学歴間相対賃金(学歴間2)と高卒女子の地域間相対賃金(地域間4)の相関は.566であった。つまり高卒労働力の(同性の大卒者に対する)相対的な価値が低い県ほど、高卒者が東京へ移動して就業するメリットが潜在的には大きいことを意味する。とりわけ男子でこの傾向が顕著だと言えよう(表3-10)。

最後に、男女間相対賃金と地域間相対賃金の関係についてである。大卒者の男女間相対賃金(男女間1)は、大卒男子の地域間相対賃金(地域間1)、高卒男子の地域間相対賃金(地域間2)の両方と負の相関関係にあり、相関係数はそれぞれ-.408、-.382である。高卒者の男女間相対賃金(男女間2)も、やはりこの2つの地域間相対賃金とそれぞれ-.461、-.568というマイナス相関を示す。高卒と大卒であるとを問わず、男子が東京へと移動して働くことの潜在的メリットが小さい県ほど、男女間賃金格差は大きいことになる。大卒者の男女間相対賃金(男女間1)はまた、大卒女子の地域間相対賃金(地域間3)とプラス相関の関係でもある(.421)。このことは大卒女子が、労働市場で大卒男子よりも相対的に低い賃金に甘んじなければならない傾向のある県ほど、東京に出て職につく誘因が大きいことを意味している(表3-10)。

表3-10　学歴間相対賃金・男女間相対賃金・地域間相対賃金の相関(県別、2003年)

	学歴間1	学歴間2	男女間1	男女間2	地域間1	地域間2	地域間3	地域間4
【学歴間1】男：大卒／高卒	--	.661 ***	-.198	-.414 **	.057	.564 ***	-.065	.397 **
【学歴間2】女：大卒／高卒	.675 ***	--	-.620 ***	-.102	.063	.385 **	-.323 *	.375 **
【男女間1】大卒男／大卒女	-.174	-.606 ***	--	.574 ***	-.213	-.268 +	.411 **	-.025
【男女間2】高卒男／高卒女	-.410 **	-.119	.571 ***	--	-.227	-.400 **	.132	.057
【地域間1】男：大卒東京／大卒	.200	.191	-.408 **	-.461 **	--	.856 ***	.801 ***	.828 ***
【地域間2】男：高卒東京／高卒	.730 ***	.523 **	-.382 *	-.568 ***	.814 ***	--	.633 ***	.889 ***
【地域間3】女：大卒東京／大卒	.052	-.317 *	.421 **	.009	.654 ***	.489 **	--	.755 ***
【地域間4】女：高卒東京／高卒	.620 ***	.566 ***	-.140	-.091	.725 ***	.867 ***	.601 ***	--

$^{+}p < .10$ $^{*}p < .05$ $^{**}p < .01$ $^{***}p < .001$.

第3節　人的資本投資としての地域移動

1. 地域移動の便益

前節では賃金格差の地域分布を検討し、特に後半部分では、地方県の在住者に大都市圏への地域移動の誘因が強く働いていることが明らかになった。高卒者の場合、大卒者との賃金格差が大きい県ほど、東京へ移動して就業するメリット（東京との間の賃金格差）が大きい（特に男子。表3-10）。高卒者の賃金が、東京に比べ相対的に低い県ほど、大学進学率が低い事実を考え合わせると（表3-9）、地方県の高校生にとって高卒直後に東京で就職する選択はかつて、大学進学の代替として機能していた可能性が窺える。

とすれば、次に問われなければならないのは、地域移動によって、実際にどれくらいの所得上昇効果が見込まれるのかということである。言いかえれば、地域間労働移動という人的資本投資の効果を検討する必要がある。これが大学進学の効果に匹敵する水準にあるのかどうか。矢野（1977）も「地域の収益率比較は、移動による効果も合わせて検討する必要があ」るとして、この問題の重要性に言及している（p. 85）。

人的資本理論の観点からは、教育や職場訓練、健康増進と同様、労働移動も労働の質を向上させる活動の1つである。なぜ地域移動も人的資本投資の一種だと言えるのか。地域間の労働移動には高いリターンが得られる職を他の地域に求めるという側面があるためである。移動は居住地域の労働市場の、潜在的な移動先に対する状況によって生じうる。労働移動による利益がより多く期待できるのは、すでに人的資本蓄積が進んだ高年齢者より、労働市場経験がまだ浅く、投資による収益の回収期間が長い若年者である。だから、地域間労働移動は若者ほど多くなる[18]（勇上2010、p. 426）。

大都市への労働移動が「自らの能力・適性に関する学習」の経験となることによって、人的資本投資としての意味をもつようになるという説明もある。大都市へ移動した労働者は、都市の労働市場における労働経験を通して自らの未知の能力や、多様な就業機会、また、そうした就業機会に対する自らの適性について学習する。それによって、より能力・適性に合った仕事に就けるようになり、より高い所得が期待できることになる。そのため、生涯の早い時期に移動することが合理的となるというのである(木村2005)。

地域移動による所得上昇効果を、日本のデータを用いて分析した先行研究は、必ずしも多くない。学歴の違いを区別した研究はさらに少ない。その背景の1つは恐らく、移動と所得の因果の方向を識別することが難しいためであろう(移動したから所得が高いのか、所得が低いから移動したのか)。言いかえれば、「移動の効果」なのか、高い収入を得られそうな就労機会に恵まれたために「結果として移動した」ということなのかを、データの分析から区別することは容易ではない。

いま述べたような難問も念頭におきつつ、以下にいくつかの研究を紹介しておきたい。まず学歴を区別しない研究である。橘木・浦川(2012)は、独自に行った調査のデータによって「住民の地域移動の要因」を検討し、地方から都市への移動経験がある人の方がない人より、男女とも本人所得が多いことを明らかにしている。

また、三隅(1998)は1995年のSSM調査を用いて、「中央」地域(関東、三重を含む近畿、愛知)出身の男性の方が「地方」の出身者より、全体として個人収入が多い一方、「地方」出身でも「中央」地域に位置する他県へと移動した者だけは、収入が多いこと(平均で614.6万円)を明らかにしている。**図3-10**は、三隅(1998)の集計結果を図示したものである。

学歴を区別して、地域移動効果を分析したのが、先に触れた平木(2011)の研究である。少し詳しく紹介しよう(**図3-11**に、その分析結果を整理してある)。彼は5時点のJGSSデータを使用し、三大都市圏在住の25～54歳の男性(常時雇用の一般従事者)の平均年収を学歴別、出身地別に比較している。その結果によれば、非大都市圏出身で(平木の言う「流入者」)、学歴が大卒未満の場合(図中の「未満」)、平均年収は比較的高く、629.1万円であった。これは、非大都市圏在住の大卒以上の平均年収(606.8万円)よりも、少し多いくらいの水準であり、三大都市圏出身で(同「滞留者」)、学歴が大卒以上(図中の「大卒」)の者の平均年収(643.2万円)と比べても遜色がない。

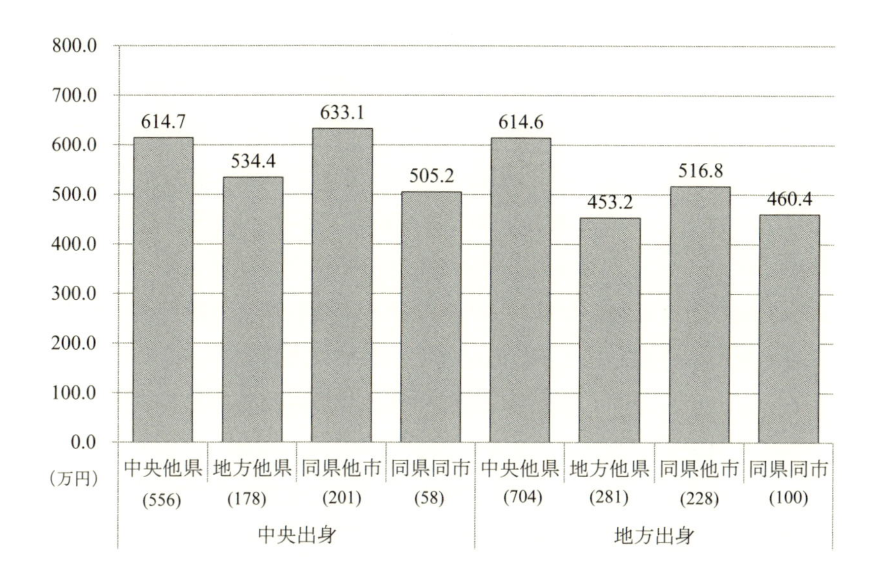

図3-10　男性の個人収入（出身地別・現住地別）

（注）三隅（1998）、p. 15（表9）より作成。括弧内はケース数。

図3-11から読み取れる事実のうち、この文脈でさらに重要なのは、次の点である。地方（非大都市圏）出身者のうち、大卒以上の者の平均年収は716.4万円で、大卒未満（629.1万円）の1.139倍に過ぎない（平木の言う「流入者の学歴効果」は13.9％で小さい）。いっぽう、地方から三大都市圏へ流入した者の平均年収は、地方在住者より多いのだが、そのギャップ（いわば「本来の地域移動効果」）は、大卒未満の方がむしろ大きいくらいであることがわかる。というのも、大卒未満は1.320倍（非大都市圏出身629.1万円÷非大都市圏在住476.5万円）、大卒以上は1.181倍（非大都市圏出身716.4万円÷非大都市圏在住606.8万円）となるためである。以上から、地方出身者にとっては、大卒でなくとも大都市圏で働くことのメリットが大きいと言えよう。

それに対して、三大都市圏出身の大卒未満の平均年収は低く（530.4万円）、「滞留者の学歴効果」は大きい（大卒以上643.2万円÷大卒未満530.4万円＝1.213。つまり21.3％）。よって大都市圏出身者の場合は、大卒未満の学歴のままでの就職は忌避され、大学進学へと動機づけられるだろう。進学を強制されていると言ってもよい。同じ「大卒未満」の学歴でも、地方出身者の平均年収(629.1万円)は、大都市圏出身者(530.4万円)の1.186倍と大きいから(図3-11)、平木(2011)の強調するように、生産性の高い労働力が地方から流入しており、「良い仕事」は、そうした地方出身者に奪われてしまう状況があるのかも知れない。

よって地方出身者側から見れば、高卒時の就職の際、大都市圏へ地域移動する可能性の高い地方ほど、最終学歴が高卒でも生涯賃金が高くなる可能性があるから、それだけ大学進学の便益は低く認識されることがありうるだろう。大卒者の賃金は地域間であまり差がないが、高卒者の賃金は大都市圏ほど高いためである。さらにそうした地域移動は、新規学卒労働市場の地域間の相違(端的には賃金水準の地域差)に規定されると考えられる。

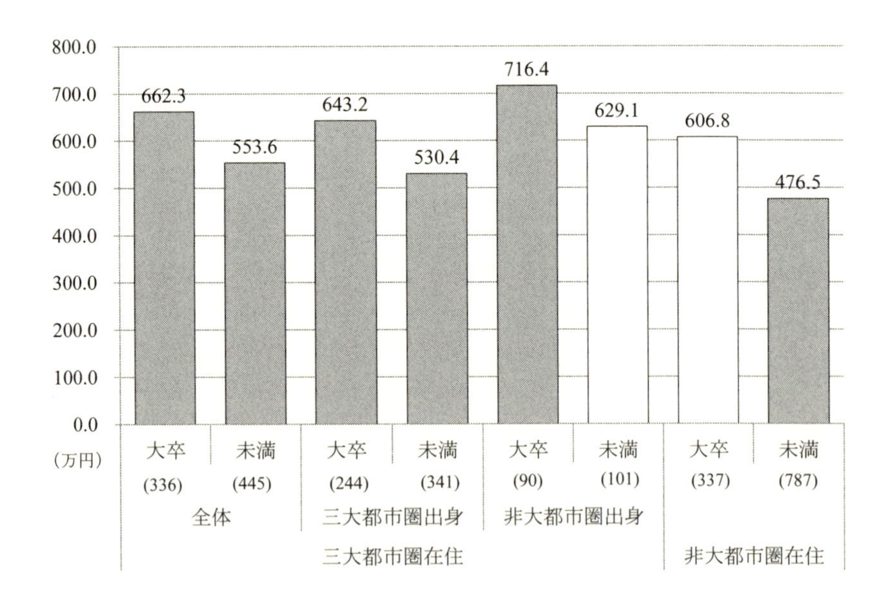

図3-11　25～54歳の男性の平均年収(学歴・出身地・現住地別)

(注)平木(2011)、pp. 277-279より作成。括弧内はケース数。図中の「大卒」は「大卒以上」、「未満」は「大卒未満」を指す。

この点は、矢野(1980、1982a)の言う「就職機会別進学効果」の考え方を参考にすると理解しやすい。これは「大学(高校)進学後の所得は平均的なものだと仮定して、高校(中学)段階で就職できる」就職先「と比較した大学(高校)の収益率」や生涯所得のことを指す[19]。「進学か就職かの判断は、(高校や中学の―引用者)卒業時点でどこに就職できるかを考慮した選択が合理的」という発想に基づくものである(矢野1982a、p. 56)。

例えば、1988年度の『賃金構造基本統計調査』から企業規模別・学歴別生涯所得を算出すると、大企業(1,000人以上)の中卒者の場合(2億1,850万円)、高卒者の平均値(2億380万円)を上回っている。同様に、大企業の高卒者(2億4,450万円)は短大卒の平均値(2億2,520万円)に、大企業の短大卒(2億6,830万円)は大卒者の平均値(2億7,330万円)に、それぞれ匹敵する水準にある[20]。このことから「大企業に就職するメリットは、一段上の学歴を修得することに匹敵するということができる。逆に、進学しても小企業(99人以下―引用者)に就職すれば、進学効果が相殺され、進学のメリットがなくなってしまうことになる」という(矢野1991、p. 56)。だからこそ、「高校の進路指導に当たっている人の話によれば、大企業に就職内定したために進学をやめる人もふえたという」ような事態も生じる(矢野1982a、p. 57)。

この考え方を、地域別の賃金に応用してみよう。すると、高校卒業後の進学か就職かの判断は、高卒時点でどの地域に就職できるかを考慮して行うと想定できる。その際、大学進学後の賃金は平均的なものだと仮定して、高卒段階で望ましい就職先に就職できるならば、進学よりも就職した方が、より多くの生涯所得が期待できる。そのような地域もあるだろう。こうした地域ほど、大学進学の便益は小さく感じられることになる。

2. 地域移動を考慮した学歴別賃金

以上のように、主に地方から大都市圏への地域移動の効果は、所得に着目して見ると、小さいものではない。とは言え、実際に移動できる人はあまり多くないことから、移動の効果は、実際の地域移動量を考慮して調整される必要があるだろう。その際、学校卒業時の移動が焦点となる。というのも地域間の労働移動は新卒時が重要であり、転職による移動はあまり多くないためである。篠崎(2007)は、各県から東京へ入職した転職入職者数が、各県の常用一般労働者数に占める割合(1999～2003年の合計。『雇用動向調査』による)と、各県の「東京との賃金差」(2003年。対数値)の散布図を検討し、両者の間に「明確な関係が見いだせない」ことから、「東京との間に大きな賃金差があったとしても、東京への転職入職者が多いわけではない」と指摘する(p. 226)。

そこで、第2章第2節第1項と同様の手続きにより、学卒就職時の地域移動(出身地と就職地の違い)を考慮に入れて、学歴間賃金格差の地域別推計を行ってみた。まず本章の第1節で推計した高卒と大卒の平均時給を(ただし、物価地域差調整前のもの)、学卒後に出身県で就職した場合に期待される賃金だと考える。次に、男子の高卒、大卒それぞれについて、出身地別かつ就職地別就職者数の集計表(県間移動表)を用意する。最後に就職地別の就職者の割合で加重平均した賃金を、(出身の)県別に算出する(就職後の県間移動はないと仮定)。このようにして、就職時地域移動を考慮した期待賃金(時給)を推計し、東京都を基準(＝100)に調整したものが**図3-12**、**図3-13**、**表3-11**(47都道府県についての集計のみ掲載)の「移動考慮後」平均時給と相対賃金である。

いま述べた移動表について説明を追加しておこう。高卒就職者については毎年、『学校基本調査』の集計表が公表されているから、2003年に対応する値(ただし2002～2004年の平均を算出)を用いた。

いっぽう大卒就職者の場合、『学校基本調査』では最近のものが入手できない。そこで2003年に最も近い年のものとして、次の2つを用いた集計をそれぞれ行った。1つ目は、大井(2007)の報告する集計表である。彼女が厚生労働省『雇用動向調査』入職者票を特別集計し、1999～2001年度大卒者の出身県別就職先(県)を整理した表を利用した[21](ただし、出身県は15歳時の居住県である)。2つ目は、『学校基本調査』から入手できる、大学進学時の県間移動を整理した表である(「出身高校の所在地県別入学者数」)。第4章で見るように、卒業大学の所在県と、就職先の県が同一である者は相当多いため、近似的に大卒就職者の就職先地域と見なすこともできよう。やはり2003年に対応する値(2002～2004年の平均)を用いた。図3-12、図3-13の「大卒(移動考慮後1)」が大井

(2007)の移動表、「大卒(移動考慮後2)」が『学校基本調査』による推計値である。

この作業には、次のような意味がある。一般的には、高卒者と大卒者の間の賃金格差は、大都市より地方で大きくなるはずだった。高卒の賃金は大都市より地方で低くなる一方、大卒の賃金の地域差は、高卒より小さいことが予想されるためである。これは、高学歴者ほど、移動能力が高いことによる。「大卒者は狭い地域の所得だけでなく広い範囲の所得を考慮して、適職をさがすことができる。採用側も、大卒を確保するには、広範囲の所得相場を考えて決定しなければならない。一方、学歴の低い層は移動能力が小さく、採用側も自地域の所得相場だけを考えればよい」からだ(矢野1982c、pp.109-110)。

これはBarry R. Chiswick(1974)の米国の研究を基礎にした説明だが、矢野自ら示唆するように、日本でも学歴別労働市場にこの作用が働くかは検討の余地がある。(地方の)高卒者も新規学卒就職時は「広い範囲の所得を考慮して、適職をさがす」ことがあるためである。県外就職率の高い地方県の出身者は、大都市圏で就職するケースが多い。地方県からの県外就職の場合、それが必要に迫られてのものでも、出身県で就職する場合より高い生涯賃金が期待されよう。

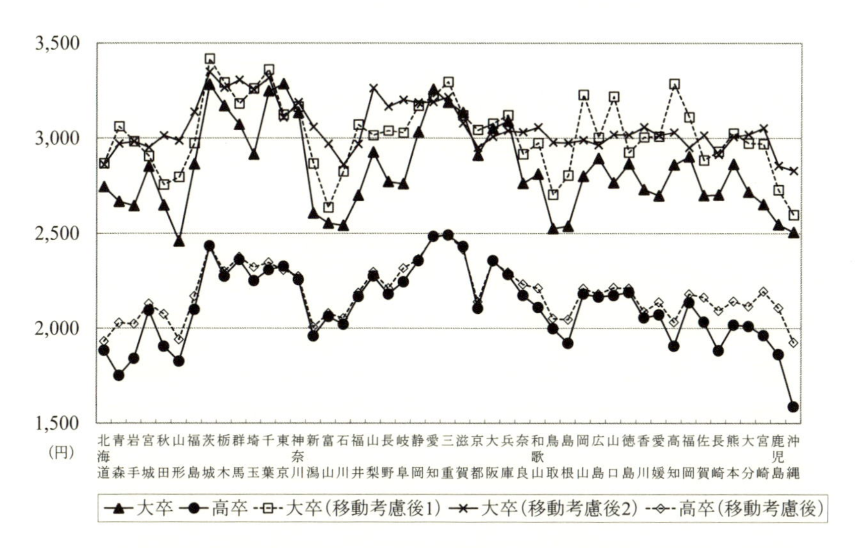

図3-12　就職時地域移動を考慮した男子一般労働者の学歴別平均時給(県別、2003年)

(注)篠崎(2007)より推計。平均時給は東京価格。図3-13、表3-11も同様。

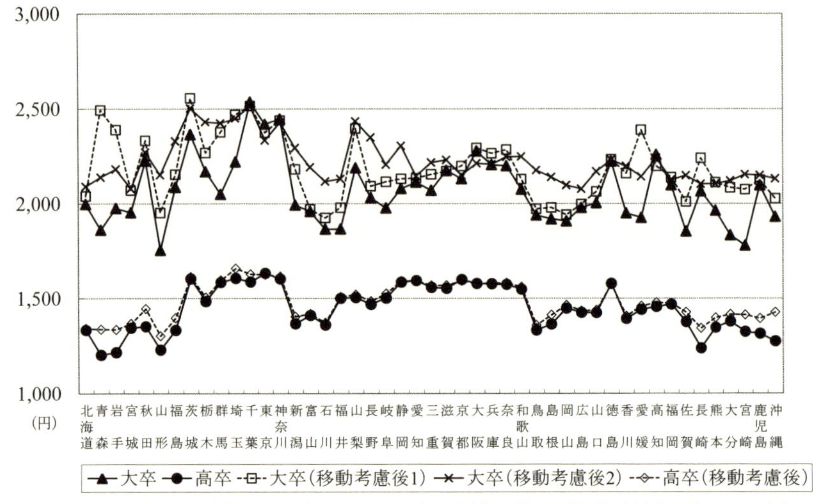

図3-13　就職時地域移動を考慮した女子一般労働者の学歴別平均時給(県別、2003年)

さて、就職時地域移動を考慮した平均時給(以下、「移動後平均時給」と呼ぶ)の推計値からは、次の4点が明らかになる。第一に、平均時給は中央県の数県以外、ほとんどの県で移動考慮前の値より高くなることである。男女とも、また大卒、高卒ともに当てはまる。これは学卒就職機会が、賃金水準の高い中央県に偏在していることによる。移動考慮前後の時給の差は大卒で顕著だが、高卒も東北や九州の場合は、(中央県での就職が少なくないため)移動考慮後の時給は比較的高いことがわかる(図3-12、図3-13)。

第二に、大卒者に関する2つの移動後平均時給の違いは比較的大きい。『雇用動向調査』に基づく推計(移動考慮後1)より、『学校基本調査』による、大学進学時の県間移動を用いた推計(移動考慮後2)の方が、高い値をとる県が多いようだ。この傾向が男女に共通する県は、山形、福島、新潟、富山、長野、鳥取、島根、佐賀、沖縄などである。一方、『雇用動向調査』による移動後平均時給(移動考慮後1)の方が高くなる県は少なく、男女に共通して該当するのは青森くらいである(図3-12、図3-13)。

第三に、平均時給や相対賃金の地域差が平準化する。男子の場合、47都道府県間の変動係数で比べると、大卒の平均時給の.081が(表3-1)、移動後平均時給では.062（移動考慮後1）、.042（移動考慮後2）となる（表3-11）。同様に、高卒の平均時給の変動係数は（.095）、移動考慮後には.065となる。女子は、平均時給の変動係数は、大卒が.085から.077（移動考慮後1）、.054（移動考慮後2）へ、高卒が.085から.066へ減少する（表3-2、表3-11）。

相対賃金（大卒／高卒）の地域差についてはどうか。男子の場合、変動係数の値は.056であったものが（表3-1）、.048（移動考慮後1）、.043（移動考慮後2）と小さくなる（表3-11）。女子の場合は、移動考慮前の値.069（表3-2）は、「移動考慮後2」については縮小するのに対して（.053）、「移動考慮後1」についてはむしろ、やや拡大する（.075）ことがわかる（表3-11）。

第四に、移動後平均時給に基づく相対賃金（大卒／高卒）と、大学進学率や県外進学率との相関を取ってみると、第2節で指摘したマイナス相関は、地域移動を考慮した後でも（関係は弱まるものの）基本的に維持されることである。

以上、この節の分析結果は次の2点に集約される。第一に、高卒就職時点での地方から大都市圏への地域移動の効果が潜在的には大きいことである（大都市圏へ移動した高卒者の年収は、地方在住の大卒者の水準に匹敵する可能性がある）。しかしながら第二に、実際に移動できる者の数は限られることから、地域移動者数によって調整した学歴間賃金格差（大卒／高卒）の地域差は（調整前よりも）平準化するものの、大学進学率とのマイナス相関は維持される（調整前と同様の傾向となる）ことである。

表3-11　移動後平均時給の記述統計と、大学進学率の相関係数（男女別、県別、2003年）

			記述統計					相関係数		
			平均値	標準偏差	変動係数	最小値	最大値	進学率	県内	県外
男子	大卒（移動考慮後1）	（円）	3,021	189	.062	2,597	3,418	.439 **	.160	.263 +
	大卒（移動考慮後2）	（円）	3,056	129	.042	2,829	3,349	.404 **	-.076	.491 ***
	高卒（移動考慮後）	（円）	2,189	143	.065	1,926	2,493	.613 ***	.192	.402 **
	大卒1／高卒		1.382	.067	.048	1.268	1.617	-.263 +	-.046	-.213
	大卒2／高卒		1.399	.060	.043	1.274	1.538	-.543 ***	-.358 *	-.147
女子	大卒（移動考慮後1）	（円）	2,183	168	.077	1,925	2,557	.270 +	.113	.136
	大卒（移動考慮後2）	（円）	2,223	119	.054	2,077	2,516	.303 *	-.161	.501 ***
	高卒（移動考慮後）	（円）	1,479	97	.066	1,303	1,657	.721 ***	.308 *	.356 *
	大卒1／高卒		1.478	.111	.075	1.313	1.865	-.375 **	-.153	-.193
	大卒2／高卒		1.506	.079	.053	1.346	1.666	-.592 ***	-.539 ***	.055

$^{+}p < .10$ $^{*}p < .05$ $^{**}p < .01$ $^{***}p < .001$.

第4節　小括

本章では、大学進学の便益を県別に推計することを試みた。すなわち、先行研究による『賃金構造基本統計調査』の個票データ分析の結果を元に、大卒及び高卒の一般労働者の平均賃金を男女別に推計して、学歴間賃金格差(大卒者の相対賃金)を算出した。大学進学率との相関分析の結果、明らかになったのは、男女とも、学歴間賃金格差の小さな県(「中間地方」に多い)ほど県外進学率や、(県外進学率が大きく左右する)大学進学率全体が高いことであった。

序章第3節第4項で述べたように、この相関分析の結果は次のように解釈できる。県外進学とは(特に地方出身者にとって)、卒業後の就職先を大学所在地に比較的近い地域で見つけることが期待できるならば、いずれ賃金水準の高い大都市圏で働くという可能性を意味するだろう。また出身県に戻って就職するにせよ、大卒であることは有利だという判断もあるかも知れない。いっぽうそれとは反対に、県内進学が卒業後の県内就職の蓋然性を高めるなら、進学から期待される便益は出身県における賃金格差に相当する。よって出身県の相対賃金が小さい者ほど、県外進学(大学進学)に動機づけられても、不思議なことではない。

果たして、このような解釈が可能であるかどうかは、上の傍点部分に示した前提が成立しているか否かにかかっている。そこで第4章で、次の2点を検討したい。地方出身者は出身県外の大学を卒業後、就職先を大学の所在地に近い地域で見つけられるか(反対に、県内進学は、卒業後の県内就職の蓋然性を高めるか)。出身地で就職する場合でも、高卒であるより大卒の方が有利という状況があるのか。

また、第4章では高卒就職についても、特に就職先の地域に焦点を当てて詳しく検討を行う。というのも第3節で見たように、地方在住の高卒者は、大都市圏で就職すれば高い所得が得られると期待できるが、実際に高卒就職時点で、どれだけ大都市圏へ移動できる可能性があるか、地域間で比較することが必要となるためである。

付論　賃金格差と賃金プロファイルに関する補足

1. 男女間に賃金格差が生ずるメカニズム

そもそも男女間賃金格差がどれくらいの水準か、また、なぜ生ずるのかという問題は、労働経済学の一つの研究領域をなしている（大竹1998、川口2008、太田・橘木2012など）。その知見を行論に必要な限りで紹介すると、まず、男女間賃金格差は、若い世代ほど縮小している。『賃金構造基本統計調査』の集計データ（1975～2010年）から、生年コホート別に男女間の賃金比（女性／男性）を比較した安部（2011a）によれば、例えば30代後半女性の賃金の場合、1941～45年生まれの女性では男性の55％ほどだったが。1971～75年生まれの場合、8割弱の水準に達している（p. 20）。ただし、学歴を区別すると、大卒者の男女間賃金格差はあまり縮小していない。高卒者や短大卒で大きく縮小したという。その要因としては平均勤続年数の男女比（女性／男性）が、高卒者や短大卒で顕著に縮小したことが重要であった。いっぽう大卒者の場合、（賃金水準の高い年齢層である）40歳以上では、勤続年数の男女間格差（女性は男性の7～8割程度）がほとんど変化していないことが指摘されている（安部2011a、pp. 16-21）。

賃金カーブを男女間で比較すると、一般的には女性の方が、男性よりもフラットである（大森2008）。そのためもあってか、大卒女性の場合は男性とは異なり、賃金がピークに達するのは60代となる（同、p. 9）。矢野（1996）は、1980年に東京都で行われた質問紙調査データを使用して、働いている女性の所得を学校教育年数と年齢（職場訓練投資の代理変数）、年齢2乗項に回帰させたところ、（被説明変数が月収でも、時給でも）年齢は有意な効果を持たない結果であったことを報告している。このことは、卒業後の労働経験が蓄積され、その成果が所得を高めるわけではない（学校卒業後の年数につれて人的資本が蓄積される環境にはない）と解釈できるという[22]（pp. 210-212）。

男女間賃金格差はどのようなメカニズムで生じるのか。その有力な説明の1つが、「性別職域分離の度合いが高いほど、男女間の賃金格差は大きい」というものである。職業の中には女性が多く就く仕事と、そうでない仕事があるが、低賃金職種への女性の集中が男女格差の主要因だという。例えば、中田(2002)は『賃金構造基本統計調査』の集計データを分析し、女性比率の高い職業(小分類)ほど平均賃金が低いことを明らかにしている。このことは企業規模別や、職業大分類別の集計でも成り立つことから、企業の人事査定(が男女を異なる等級に割り振ること)にまで、踏み込んだ検討が必要だと指摘する。

もっとも、『賃金構造基本統計調査』の職業分類はブルーカラーが中心であって(事務職の分類は粗い)、公務員が含まれないことや、「職種名不明」が労働者の半数近くに及ぶことから、別のデータの分析を主張する見解もある。その1つである高松(2012)は、JGSSデータ(公務を含み、事務職を細かく分類している)を分析し、平均賃金が低いのは女性比率が半分程度の職業(小分類)であることを明らかにしている。また、女性に限定して分析すると(言い換えれば、職種と性別の交互作用を考慮すると)、女性の比率が高い職業ほど(例えば看護師、栄養士など)、女性の(男性に対する)賃金水準が高いのだという[23]。この事実は恐らく、学歴間賃金格差は男子より女子の方が大きい(大森2008)ことと関連していると見られる。

男女間賃金格差の地域差については、先行研究では、学歴を考慮しない場合、日本海側の諸県(山形・新潟・富山・石川・福井・鳥取・島根)で男女間賃金格差が大きいことが明らかにされている。すなわち、安部・近藤・森(2008)は『賃金構造基本統計調査』の集計データから、正規雇用者の時間あたり賃金の男女比(女性／男性)を2002年について、県別・年齢階級別に推計した。この結果によれば、男女間賃金格差はどの県でも20歳代では小さいが、年齢が上昇するにしたがって拡大する。しかし、沖縄や北海道、東京、京都、高知などでは、年齢による男女間格差の拡大傾向が緩やかであるという。いっぽう女性の正規就業率の高い日本海側の県では、この拡大傾向は大きい(pp. 65-67、p. 73)。なお男女間賃金比の地域差は、平均勤続年数の男女比の地域差をコントロールした後も残るという(安部・近藤・森2008、p. 73)。

なぜ、女性の正規就業率の高い県ほど、女性の賃金が(男性に対して、相対的に)低いという現象は生じるのか。通常、「高い賃金が労働供給を増やすという代替効果や、妻の賃金が夫の賃金に比較して高いときに妻の就業が促されるといった家庭内分業仮説を前提とすると、女性の賃金が高いことは女性の労働供給を増やすはず」だが、それらの仮説とは「逆の方向の相関を示していることになる」(安部・近藤・森2008、p. 73)。安部(2011a)が指摘するのは、女性の「就業選択の内生性」による影響である。「女性就業率の低い地域や国では、賃金の高い女性のみが就業しその他の女性は就業しないことから、男女間賃金格差が小さい(女性の賃金が男性の賃金と比べて相対的に高い)ことが起こる」(p. 16)。

社会学者による女性就業の国際比較でも、同様のことが指摘されている。すなわち女性の労働力率が高い国ほど、性別職域分離の度合いが高いという研究を織田(2011)は紹介している。福祉国家が発展するとケアワーク需要が増えるが、それらは賃金の低い「女性職」であるため、労働力率は増えても、男女間賃金格差は縮小しないという。象徴的な例として、北欧では女性労働力率が高いが、管理職に占める女性割合は高くないことなどが挙げられる[24](織田2011)。これを踏まえると、日本の都道府県間でも女性の正規就業率と、男女間賃金格差との関連性の背後で、性別職域分離という要因が媒介となっている可能性が窺えるが、ここでは指摘にとどめておきたい。

2. 地域間に賃金格差が生ずるメカニズム

そもそも、地域間に賃金の差が生じるのは、どのようなメカニズムによるのか(賃金の地域差が、学歴によって異なるメカニズムは本文で述べた通りである)。実際に企業の人事・労務担当者が賃金を決める際には、地域ごとの生計費を勘案するはずだから、賃金の地域差は、地域間の物価の違いを反映したものとなるだろう。しかし、物価の地域差を調整したとしても、まだかなりの地域差が存在するのは既に見た通りである。賃金の地域差の原因は、労働経済学の議論を借りれば5つの説明が考えられる。

第一に、まず考えられるのは労働者の構成が、地域によって異なるというものである。性別や産業、企業規模といった、労働者の属性による賃金格差の存在は広く知られている(大竹1998)。例えば、中小企業では大企業に比べ、必ずしも雇用は安定的ではないし、正社員の賃金も成果給的である(賃金が生産性を直接反映したものである)度合いが高いことはしばしば指摘されるから、中小企業の多い地方ほど平均賃金は低いと考えられる。

こうした労働者属性の地域差によって、地域間賃金格差のうち、どのくらいまでの説明が可能なのか。1989年、1996年、2003年の『賃金構造基本統計調査』の個票を用いて、各道府県について東京との賃金差に関する要因分解(都道府県別の賃金関数の推定結果を元にブラインダー・ワハカ分解を適用)を行った篠崎(2007)によれば、男子の場合は(県によって異なるが)賃金差の2～6割程度が「要素量の差」(属性の平均値の違い。長期勤続者割合、大学卒割合、大企業勤務者割合など)によって説明できるという。逆に言えば、「賃金構造の違い」(要素価格の差。勤続や教育からの収益、企業規模間格差など)に帰せられる部分が4～8割程度もあることになる。そして大都市圏では要素量の差による賃金差が、東北や九州では賃金構造の違いによる賃金差が大きいという。女子の場合、全般的に賃金構造の違いで説明される賃金差が、男子より大きくなる(pp. 227-228)。

実際に、篠崎(2007)の報告する表3から、各県について、東京との賃金差のうち何割が要素量の差で説明できるのか、男女別に図示してみたものが図**3付-1**である(2003年の値のみ)。この割合の都道府県間の違いは、男子より女子において大きいことが読み取れる。女子の場合、日本海側の県や福島、広島、徳島、沖縄などで、要素量の差で説明できない(すなわち賃金構造の違いに起因する)賃金差が大きいようだ。地域間の産業構造の違いを反映したものか、同じ属性の労働者でも、労働生産性の異なる仕事に就いているかなど(同じ産業の生産関数でも、地域によって異なる可能性もあるだろう)によるのかも知れない。なお、1989年、1996年、2003年の3時点を比較すると、賃金構造の違いによって生じる賃金差は年々縮小しているため、東京との賃金格差全体も、縮小傾向にあるという(篠崎2007、p. 228)。

第二の説明は「補償賃金格差」というものである。大都市圏の方が地方より、労働環境が良くないため(例：人口密度が高い、通勤の時間的・精神的コストが高い)、それでも大都市圏で労働者を雇用するには、労働条件の悪さを埋め合わせるだけの上乗せ分の賃金が必要になる。よって地方より大都市圏の方が賃金は高いという議論である(大竹1998)。

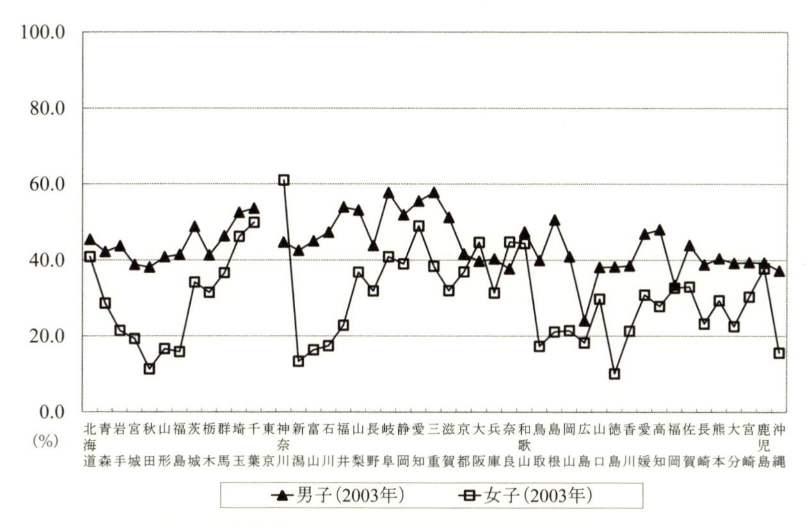

図3付-1　「東京との賃金差」のうち「要素量の差」で説明される割合(県別、2003年)

(注)篠崎(2007)、pp. 264-265(表3)より作成。

第三に、「労働市場の分断」説がある。労働者は、通常想定されるほどには地域間や産業間、職種間、企業間の労働移動を容易に行うことができない。労働移動には移動コストがかかる(例：転居費用や訓練費用など)。地域間の賃金格差は、ちょうどこの移動コストに相当する分だけ生ずるというのが、この説明である(太田・橘木2012)。

第四に、労働市場が地域間で分断されている(地域別に成立している)ならば、もっと単純な論理でも説明できる。その地域の企業(雇用主)の数が少なく、労働需要の総量が少ない場合、その地域のある産業全体の労働需要曲線は、他の地域のそれより左側に位置するだろう。地域全体の労働供給曲線が、他の地域と異ならないとすれば、賃金も雇用量も低い水準で需給が均衡するはずである。

第五に、その地域の労働市場において、雇用主による「買手独占」が生じている可能性が考えられる。ある地域の労働市場が独占的状況にある場合、企業に賃金支配力があり、企業が労働者の生産性を下回る賃金しか払わないことが可能となる結果、賃金も雇用量も完全競争市場よりも小さくなるという説である（大森2008、大内・川口2012など）。既婚女性のパートタイム就労の賃金を説明する上で用いられることが多いが、買手独占・寡占は労働者の地域間（企業間、職種間）移動コストがある限り、常に生じうるとされるから（大野・山本2011）、ここでの文脈にも適用できる可能性があるだろう[25]。

このうち、どれが最も有力な説明かという問題は本研究の守備範囲を超えるが、多かれ少なかれ、いずれのメカニズムも働いている可能性はあるだろう。以上の第二から第五の説明は、（生産性の高さの指標である）学歴の意味が、どの地域でも同じだという前提で、賃金の地域差が生ずるメカニズムを議論したが、それが異なる可能性も考えられる。ある地域の高卒者は、他の地域の大卒者と同じくらい生産性が高い仕事をしている、といった場合である。この点については、第4章で検討することにしたい。

3. 地域別の賃金プロファイルと生涯賃金

本章第1節に見たものは地域別に推計した学歴別賃金である。地域間の布置を吟味するため、各県について全労働者の時給の平均値を用いた。そのため、年齢によってどのような賃金の違いが存在しうるのかまでは検討が及ばなかった。

『賃金構造基本統計調査』から、県別の賃金プロファイル（男子・産業計）を推計した矢野（1977）によれば、プロファイルの傾きは鹿児島や青森、北海道、宮城より神奈川、東京で大きく、この結果は大都市圏で企業のOJT投資量が多いと解釈できるという（p. 85）。しかしデータの制約から、従来、学歴別にこうした推計を行うことはできなかった。

そこで以下、各県の年齢別の時給を男女別、学歴別に推計した結果から、県別・学歴別賃金プロファイルの一部を見ておきたい。方法は第2章第2節第1項で行った、大学進学の機会費用（高卒で働き始めて4年後までの合計年収）の推計で用いたものと同様である。すなわち高卒者は19歳から、（短大卒は21歳から）、大卒者は23歳から、それぞれ65歳まで働くと仮定した上で、各年齢と対応する市場経験年数を異ならせて、時給を算出していく方法である。高卒者で市場経験年数1年の者は19歳、47年の者は65歳と見なせるから、経験年数1～47年のそれぞれについて、時給を推計していく方法であった。同様に、大卒者は経験年数1～43年について(短大卒は1～45年について)推計し、23～65歳の(短大卒は21～65歳の)時給をそれぞれ推計する。

以上の方法によって、県別・男女別に推計した学歴別・年齢別の時給のうち、高卒者と大卒者に限り、青森、長野、東京の3都県のみについて図示したものが、**図3付-2**(男子)、**図3付-3**(女子)である(物価の地域差は調整していない)。この3県は、それぞれ、外縁地方、中間地方、大都市圏の中から選んだ例示である。

2つの図を見ると、まず気づくのは東京で働く大卒者の賃金プロファイルが、最も傾きが大きいという事実である。最も傾きが小さいのは、予想通り、青森の高卒者であった。特に、青森の女子の高卒者は、ほとんど賃金プロファイルがフラットであることがわかる。青森・長野の大卒者は、ほぼ東京の高卒者と同じようなカーブを描いていることも重要である。なお長野については男女とも、大卒者と高卒者の賃金格差が小さいことが、図3付-2、図3付-3からも視覚的に確認できる。

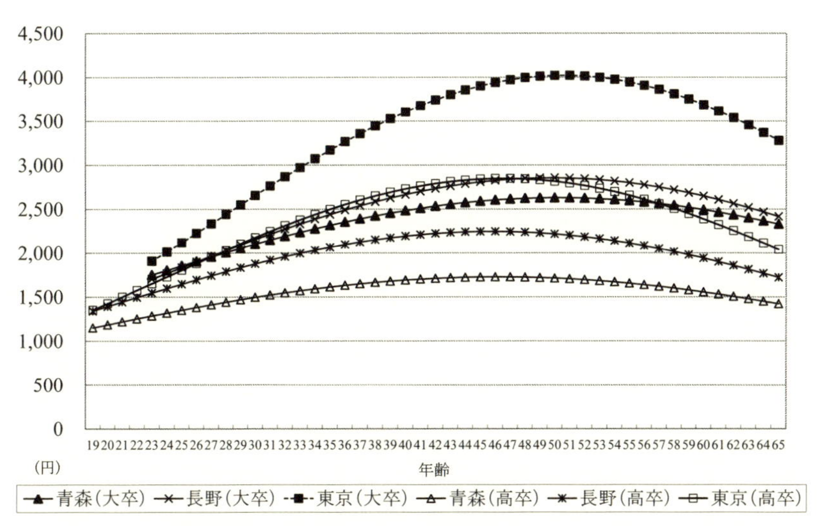

図3付-2　学歴別の男子一般労働者の年齢別時給(青森・長野・東京、2003年)

(注)篠崎(2007)より推計。時給は当地価格。図3付-2も同じ。

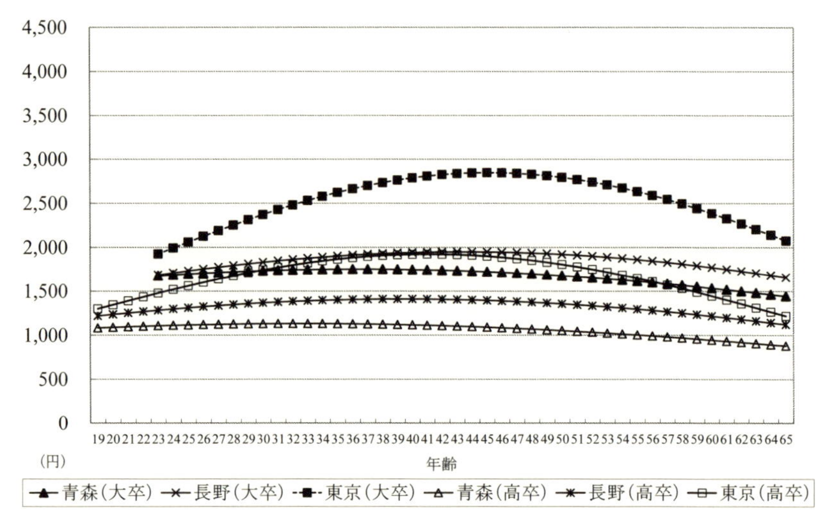

図3付-3　学歴別の女子一般労働者の年齢別時給(青森・長野・東京、2003年)

次に、生涯賃金の推計を県別・学歴別に行ってみよう。いま用いた県別・学歴別・年齢別の時給に、年齢別の年間労働時間(やはり第2章第2節第1項と同様、2003年の『賃金構造基本統計調査』による月間平均労働時間に12を乗じて得た)を乗じ(高卒者は19歳から65歳まで、大卒者は23歳から65歳までについて)、各年齢の推計年収を合計する。これが県別・学歴別の推計生涯年収となる。

月間労働時間については、男女別・学歴別の値が県別には公表されていないのであった。そこで、学歴別労働時間を採用し、全ての県に同じ値を当てはめた推計(A)と、県別労働時間を用いて、各県のどの学歴にも同じ値を当てはめた推計(B)とを行った。ちなみに推計Aは、第2章第2節第1項で最初に用いた推計と同じ方法によるものである。推計結果は、**図3付-4～図3付-5**(男子)、**図3付-6～図3付-7**(女子)に示した。

なお、平均労働時間は高学歴ほど短い一方、県間(学歴計)の違いがほとんどない点は興味深い。県によって労働者の学歴構成が異なるにもかかわらず、である。大卒者の多い大都市圏の方が、県全体の学歴計の平均労働時間は短くなってもよいはずだから、恐らく大都市圏の大卒者が(地方よりも)長く働いているか、地方の高卒者が(大都市圏より)短く働いているか、いずれか(又は両方)の事情が背景に存在するものと推察される[26]。言い換えれば、大都市圏では高卒者も大卒者も長時間働いており、地方では、労働時間は両方とも短い可能性がある。

図3付-4～図3付-7には、高卒者の推計生涯年収に加え、大卒者の推計生涯年収が高卒者のそれをどれだけ上回るかが示されている。例えば男子の推計A(学歴別労働時間による)では、高卒者の推計生涯年収が最も高い東京では、その推計値は2億4,771万円に達する。大卒者の推計値は3億67万円だから、図3付-4には、両者の差分5,296万円が示してある。反対に、最も推計生涯年収(A)が低いのは沖縄であった(高卒者1億4,042万円、大卒者1億9,169万円)。学歴別でなく、県別の平均労働時間を用いた推計Bでは、多くの県で、大卒者の推計生涯年収が推計Aより高くなる。これは先述のように、(全国的には高卒者より労働時間の短い)大卒者が少ない地方でも、高卒者も含めた平均時間を乗じた結果である。高卒者の場合は、中央県では推計Aの方が推計Bより、推計生涯年収は多くなる一方、地方県ではあまり変わらないようだ(図3付-4～図3付-7)。

図3付-4～図3付-7の推計生涯賃金の県間布置は、図3-1、図3-2で見た平均時給のそれと、よく似ている。これは生涯賃金の推計手続きから言って当然のことだが、実際、男女別の高卒者、大卒者の平均時給と(いずれも物価調整前の値)、推計生涯賃金(A、B)とで、対応するものどうしの相関係数を取ると(例えば高卒男子の平均時給と、高卒男子の生涯賃金)、いずれも.992以上となる。そこで本文では、生涯賃金を使用することはせず、第1節冒頭で推計した時給をもとに議論を進めた。

生涯賃金でなく、時給にもとづいて地域ごとの賃金を検討することに問題がないわけではない。ここまでの検討によって明らかなように、学歴や地域によって、平均労働時間の長さが異なるためである。矢野(1978)は1975年度の賃金センサスから、男子の社会的収益率(「教育費用は放棄所得だけに限り、税引前所得を用いて算出」した間接費用だけによるもの)を推計するにあたり、学歴間の労働時間が均等になるように調整すると、収益率はさらに大きな値になることを明らかにしている。すなわち、賞与を含まない現金給与額を用いると

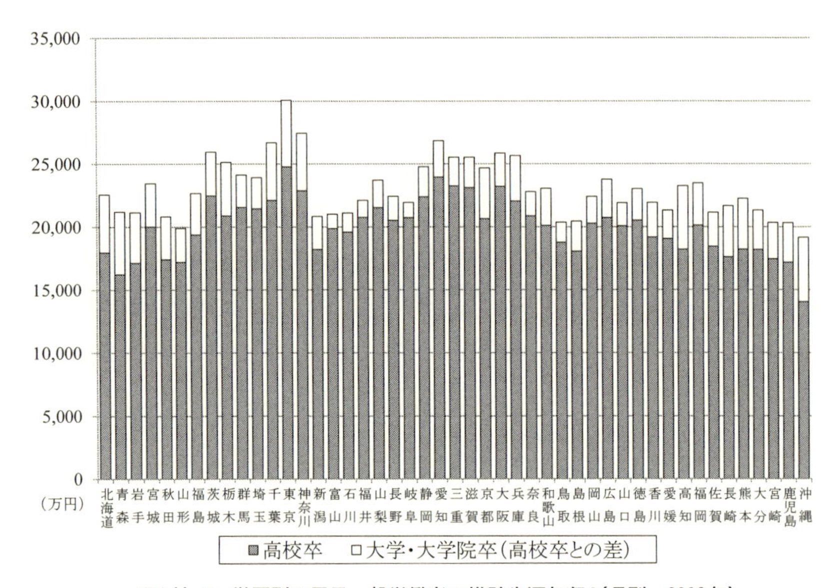

図3付-4　学歴別の男子一般労働者の推計生涯年収A(県別、2003年)

(注)篠崎(2007)より推計。当地価格。学歴別労働時間を推計に使用。図3付-6も同じ。

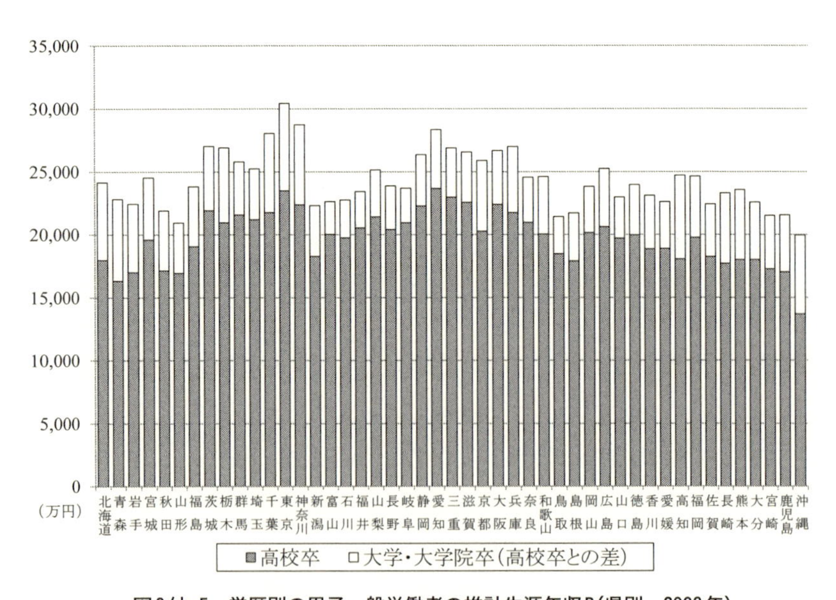

図3付-5　学歴別の男子一般労働者の推計生涯年収B(県別、2003年)

(注)篠崎(2007)より推計。当地価格。県別労働時間を推計に使用。図3付-7も同じ。

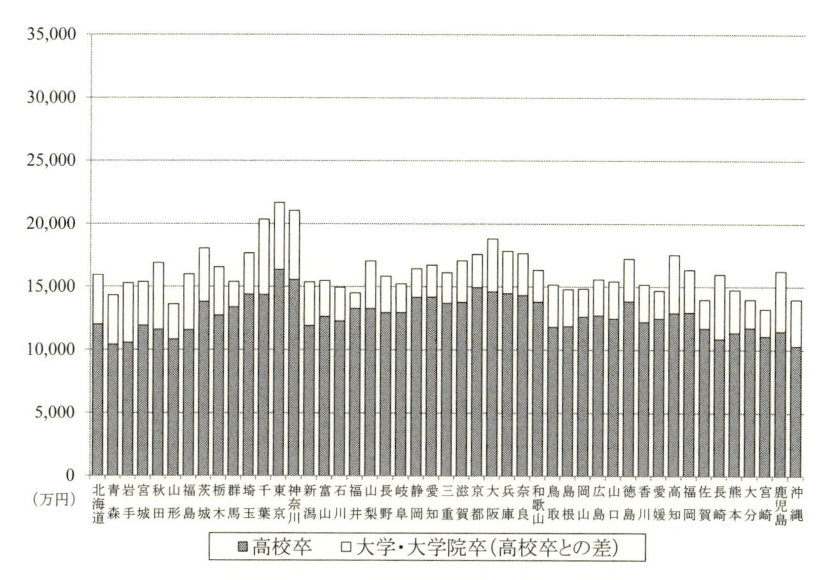

図3付-6　学歴別の女子一般労働者の推計生涯年収A（県別、2003年）

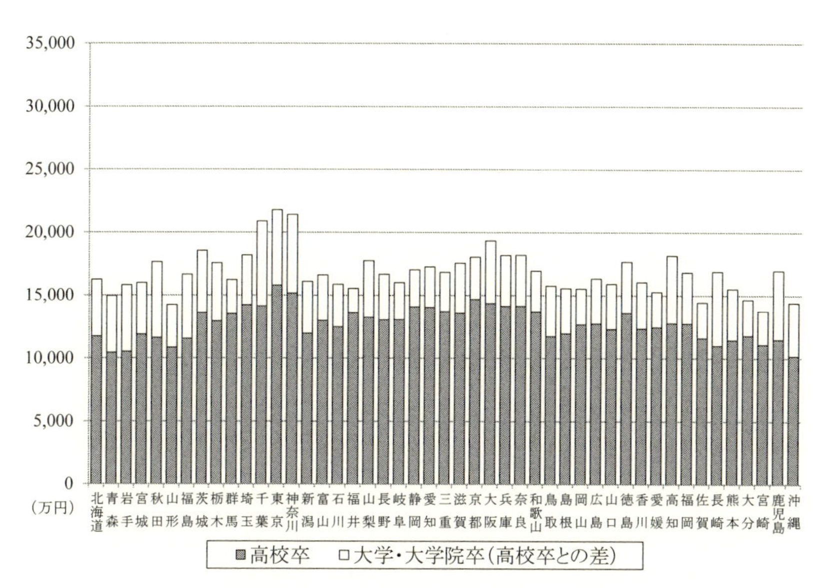

図3付-7　学歴別の女子一般労働者の推計生涯年収B（県別、2003年）

収益率の値は4.3％、賞与を含んだ所得では6.4％、労働時間を調整した所得を用いた場合は7.4％となり、「学歴による所得格差に賞与と労働時間が強い影響を与えていることがわかる」(p. 115)。

矢野(1978)の労働時間を均等にした推計には、次のような意味があるという。「三つ目の試算は、労働者の月間労働時間の平均(190時間)を基準として用い、各グループの時間当り所得にこの平均労働時間を乗じたものである。高学歴ほど労働時間が短い傾向にあるから、これから得られる所得の学歴格差は一層拡大する。これは、余暇時間の一部を教育効果として評価したもので、非貨幣的収益を含む収益率ということができよう」(p. 115)。よって、相対的に低学歴の労働者は、高学歴者よりも長時間働くことによって、時間当り所得に内在する学歴間のギャップを埋め合わせていることになる。

地域による労働時間の差に話を戻そう。先述のように大卒者、高卒者の両方とも、労働時間は地方より、大都市圏の方が長い可能性がある。よって、労働時間の地域差・学歴差を考慮せず、平均時給だけを用いて議論すると、(生涯年収を用いる場合に比べて)地方の高卒者の賃金水準を、実際より過大に見積もる(余暇時間の一部という、非金銭的便益を含んだ推計になる)可能性がある。

注

1　外国の例では、米国についての研究のほか(Chiswick, 1974)、イギリスについてもロンドンから離れるほど収益率が高いことが報告されている(Bennett et al., 1995)。

2　ただし、収益率の算出に用いた費用には直接費用が含まれていない。また、ボーナスも除いたという。

3　大卒・大学院卒の平均年収の、非大卒のそれに対する比をパーセント・ポイントで表し、4で除した値である。

4　2002年の『全国物価統計調査』による。県別の全世帯・総合指標を使用した。

5　学歴間相対賃金の大きい15県は、男子は順に、沖縄、青森、高知、北海道、岩手、長崎、熊本、東京、千葉、栃木、秋田、神奈川、京都、鹿児島、福島であった。女子は、長崎、秋田、岩手、千葉、鹿児島、福島、高知、青森、神奈川、沖縄、北海道、東京、茨城、栃木、新潟の順となっている。

6　学歴間相対賃金の小さい15県は、男子は順に岐阜、富山、福井、石川、鳥取、長野、奈良、山口、三重、岡山、山梨、静岡、滋賀、大阪、埼玉となっている。女子は、福井、群馬、静岡、岐阜、岡山、愛知、三重、大分、京都、愛媛、和歌山、宮崎、佐賀、石川、埼玉であった。

7　東京や神奈川など大都市でも相対賃金が大きい事実は重要である。中川(2005)は『国勢調査』の分析から1980年代を境に、「大阪や名古屋を含む地方圏から東京圏には高学歴者のみが選択的に移動し、定着するような変化が生じた」とし、金融・保険業の拡大、専門職の雇用増などのサービス経済化の進展が、東京圏の労働力需要を大卒へシフトさせたことが背景にあると指摘する(p. 76)。

8　例えば、1974年度の賃金センサスから、ミンサーのスクーリングモデルを用いた収益率(平均所得から算出したもの)は短大卒が18.5%、大卒が13.3%、高校卒が9.3%となっている(矢野1982b、pp. 65-66)。

9　生涯所得(割引率ゼロ)で見ると、1973年度には高卒を100とした場合に短大卒が142.8、大卒が158.7であったが、1988年度には、それぞれ129.0、167.6となっている(矢野1991、p. 76)。

10　男子の生涯賃金を学歴間で比較すると、短大・高専卒は1970年頃でも高卒より20%ほど大きかったが、1997年にはその差は5%にまで縮小している(矢野2001、pp. 42-43)。2006年のデータでも、やはり5%となっている(矢野2008a、p. 10)。

11　「機会費用のみの収益率」(1980年度、女子)を就業率で修正した場合、高校12.3%、短大6.7%、大学8.8%であった(矢野1996、p. 210)。この機会費用だけによる限界内部収益率とは、直接費用や所得税を考慮せず、学歴別の生涯所得格差だけに着目した税引前の収益率を指す(矢野1982a、p. 44)。つまり、本文で述べる社会的収益率の算出方法とは、費用に授業料や、高等教育への公財政支出を含まない点が異なる。時期が違うため直接の比較はできないが、1974年度の場合、この値は(就業率で修正しないもの)は高校6.5%、短大11.5%、大学9.9%だった(矢野1982b、p. 66)。この指標を用いても、就業率を考慮した収益率の縮小の度合いは、短大において顕著なことがわかる。

12　この算出方法から分かるように、もとの(対数変換前の)時給の平均値(を東京価格に直したもの)とは本来、異なる値であることには注意が必要である。篠崎(2007)は、一般労働者の時給の標準偏差については、対数変換前の時給を用いた値を報告しているが(表3)、平均値については、「時給の対数値」を用いた値だけを報告しているため(表0)、この方法を採ることにした。

13　ここで算出した男女間相対賃金は、全年齢の一般労働者の平均時給が元になっている。そのため、就業者の年齢構成が県によって大きく異なる場合、年齢(や勤続年数)による賃金の違いが、その県の平均時給に反映されている可能性は否定できない。5章で詳しく議論するように、女性の場合、(特に、賃金の高い40～50歳代に)正規雇用で働いている者の割合は、県によって大きく異なる。よって本来は、同じ年代の男女で、平均時給の比を取ることが望ましいだろう。これを40代について実際に試みてはみたが、男女間相対賃金の県間布置は全年齢に関するものと、ほとんど異ならなかった。賃金関数の推定結果を元にした推計であるため当然の結果とも言える。『賃金構造基本統計調査』の集計表から直接、県別・学歴別・性別・年代別の時給を推計する必要があるが、今後の課題としたい。

14　大卒者の男女間相対賃金の大きい15県は、順に愛知、三重、群馬、宮崎、大分、岡山、栃木、広島、宮城、静岡、熊本、佐賀、福井、滋賀、青森と並ぶ。小さい方の15県は、秋田、鹿児島、奈良、高知、千葉、神奈川、徳島、沖縄、鳥取、富山、新潟、長崎、埼玉、島根、山梨であった。

15　高卒者の男女間相対賃金の大きい15県を列挙すると、三重、福島、滋賀、愛知、宮城、栃木、山口、長崎、広島、茨城、岩手、山梨、岡山、鳥取、熊本の順となる。いっぽう、小さい県から15県を並べると、沖縄、高知、京都、和歌山、奈良、徳島、埼玉、神奈川、島根、秋田、北海道、鹿児島、東京、新潟、愛媛という順であった。

16　学歴間相対賃金や男女間相対賃金の場合、県別の値は、物価の地域差を調整する前も、調整した後も同じ値となる。

17　ただし、物価の地域差を調整した後の学歴別賃金から地域間相対賃金を算出し、同様に進学率との相関をとると、やや関連は弱まる。なお山口(2012)は、青森県出身の高卒就職者のケーススタディから、現在でも大都市での正規就職は、高い賃金や訓練機会に恵まれ魅力的であることを描いている。

18　矢野(1991)は「企業規模は、学歴取得と同じ効果をもつから、進学志向と大企業就職志向は同列の価値だといえる」(p. 56)と指摘するが、次のように言い直すことも可能だろう。地域移動は、学歴取得や企業規模と同等の効果をもつから、進学志向と大企業就職志向、大都市志向は同列の価値をもつ。

19　それに対して、矢野(1982a)は「高卒(中卒)の平均所得を機会費用とした、産業・規模別の大学(高校)収益率」を「就職効果」と呼んでいる。これは「費用を共通だと仮定したときに、どこに就職したら最も有利かを示す指標」である(p. 56)。

20　収益率の値で見ると(データは1975年度)、大企業の高卒者の8.9%に対して、大卒者の平均(企業規模計)は8.2%であった(矢野1980、p. 219)。

21　よって農林漁業、公務、分類不能の産業(2001年卒大卒男子の計8.0%が就職)や、5人未満の事業所への入職者が含まれない(左記産業は『賃金構造基本統計調査』でも対象外)。

22　もし、「女子教育が家庭において重視され、企業組織において軽視されているのも、外部効果の波及が性によって異なっているから」だとすれば、「優れた管理者のもとでは、全体の生産性も向上する」、「構成員相互の知識は職場を通じて波及する」などの形で、ある個人に対する「教育効果が企業組織内にのみ共有財産化し企業外に漏出されにくい」状況があれば、女性に対する職場訓練投資が増加する可能性はあるかも知れない(矢野1986、pp. 163-164)。

23　文脈(家庭の内外)や時代は異なるが、この知見は、上野(2009)の次の指摘に接するとき了解可能になると思われる。「前近代の農業社会で男女が同質の労働に従事しているところでは、女性はつねに男性の指揮監督下に入り、自律性を経験することがなかった」が、近代の形成期における「『家庭性domesticity』の確立は、性別隔離gender segregationのもとに、女性に男性の権力からの『避難所』を与え、逆説的に『女の王国』を作り出した」(p. 52)。「女の王国」で家事使用人を指揮監督するのが、近代初期の主婦とされる。

24　女性が大卒以上ほど(それ以外の学歴より)就業しない度合いは、管理的職業に占める女性比率の低い県ほど大きいという報告もある(不破2012)。

25　大野・山本(2011)によれば、買手独占・寡占の度合いは、労働供給の賃金弾力性が小さいほど、(企業が賃金を低く抑えて利潤を高めようとするため)大きくなるという。労働供給の賃金弾力性が小さくなる要因としては、労働市場が地域別・企業別・職種別に分断されており、移動が困難である場合が挙げられている。もしも、ある種の「地域特殊的」人的資本の形成なるものがありうるならば(例：方言や、地域の商慣習など)、これも賃金弾力性を小さくする要因となるかも知れない。

26　かつては大都市圏より地方ほど、高卒者がホワイトカラーの仕事に就くチャンスが大きかったとすれば、同じ高卒者でも、地方在勤の方が労働時間は短かったとしても不思議ではない。

第 4 章

学卒労働市場の構造

前章では、高卒者と大卒者の賃金を県別に推計した後、学歴間賃金格差(大卒者の相対賃金)と大学進学率の相関分析を行った。その結果、学歴間賃金格差の小さい県(中間地方に多い)ほど、県外進学率や大学進学率が高いという、理論的な予想とは反対の結果が導かれた。

なぜ、そのような結果となるのか。学卒労働市場の構造を検討することを通して、この問題について考察するのが本章の役割である。序章第3節で述べたように、地方出身者にとって、県外進学の多くは大都市圏への進学だから、卒業後の就職先を大学所在地に近い地域で見つけることが期待できるならば、県外進学とはいずれ賃金水準の高い大都市圏で働く可能性を意味する。いっぽう、出身地に戻って就職する場合でも、(高卒者との仕事の奪い合いとなれば)大卒の方が有利だという判断もありうる。これらのことが背景となっている可能性があると考えられる。

いま述べたことを主張するために、本章では、次の3点を検討する。第一に、大都市圏所在の大学への就学は、地方出身者に、大都市圏で就職するチャンスを提供していることを示す必要がある。そのために、まず第1節で2000年代の大卒労働市場について、1980年頃との比較もまじえながら検討する。しかし実際には、大学卒業後は出身県で就職する地方出身者が、ほぼ半数に達する(その少なくない部分が、大都市圏へ進学した者のUターン就職に相当する)ことも、同時に明らかになる。

そこで第二に、地方において働くことの意味を検討する必要が生じる。第2節では学歴別労働力の代替弾力性の推計を行い、地方では、高卒者と大卒者と同種の仕事をめぐって競合関係にある(大卒者の「相対就業者数」が多い、つまり「中間地方」のように大卒者が過剰気味な県ほど、大卒者の相対賃金が低い)ことを示す。その結果、「中間地方」では、県内就職した場合には学歴間賃金格差が低いために、大学進学のメリットがより大きくなる(大都市圏での就職に結びつく)県外進学に動機づけられる一方、出身県に戻った場合も、(高卒者と仕事を奪い合うために)職に就くこと自体には、大卒が有利という判断が働くのではないか、という推論を行うことができる。また、地域ごとに高卒者が就く職と、大卒者が就く職(にはどのような違いがあるか)の比較も行う。

以上のほか第三点目として、第3節において高卒労働市場についても検討を行う。それは次の目的からである。すなわち、新規高卒者の就職先の地域(県内か県外か)を検討し、進学率の最も低い諸県(外縁地方)では、県外への就職(その大部分は大都市圏への就職)が多いことを示したい。その結果、大学に進学しなくとも、高い生涯所得も展望できることが示唆される。産業や企業規模といった、就職先の特性についても検討したい。

第4節では、以上の結果を要約する。

第1節　地域別にみた大卒労働市場

1. 大学所在地別にみた大卒就職者の就職先地域

本節では、大卒労働市場の地域的な相違について議論したい。大卒者の就職を地域別に把握する場合、次の3つのうち、どの地域から見るかを区別する必要がある。すなわち、卒業地(卒業した大学の所在地)、出身地(出身高校の所在地)、就職地(就職した事業所の所在地)である。このうち、先行研究の蓄積が最も存在するのは、卒業地別にみた就職状況である。

本節では、そうした先行研究の知見や、本研究独自の分析をもとに次の3つの点を指摘する。第一に、大都市圏に所在する大学を卒業することは、地方出身者にとっても、大都市圏で就職するチャンスを与えている(卒業地別分析)。しかし、第二に、地方出身者の場合は出身県での就職が半数近くに上る(出身地別分析)。第三に、その背景には大学の入学定員が、大卒者の就業機会以上に大都市圏に偏在しているために、大都市圏の大学を卒業した者のうち一定数は、地方で就職する必要があるという事情がある。ちなみに、就職地別分析からは、地方には大卒入職者の多くを、県外大学を卒業したUターン者が占有する県もあることなどがわかるが、この問題の検討は本章付論に譲りたい。

では以下、卒業地別の分析から始めよう。従来、大卒就職者の地域移動の分析は、『学校基本調査』によるものが多かった。1978～93年度に行われた、大卒者への標本調査に基づく集計表を用いたものである。よって、94年3月卒業者以降については、大卒者の就職先の地域を把握することが困難だったが、近年、様々な統計や、独自の調査を駆使した研究が現れている。以下ではそれらの成果も利用することにしたい[1]。

まず、『学校基本調査』から卒業地別の集計を行ったものとしては、矢野(1979)の分析がある。1978年3月卒の大卒就職者について、卒業地への定着率(就職者総数に占める卒業大学所在県内就職者数の割合)を算出している。その結果によれば、全国平均(男女計)では44.5%であり、定着率は大都市圏で高く、低いのは、「東北、四国、九州のほとんどの県」で「20%から40%の間に集中」していた。ただし、千葉・山梨・京都・奈良は「10%台にすぎなく、最も低いグループである」ため、「これらの県の大学は、東京や大阪の人材供給源になっており、地元への還元は低い」のだという(p. 31)。

同様の分析を、1993年3月卒業者のデータで行ったのが林(2009)である。卒業地への定着率は、全国では男子が41.0%、女子が52.8%であった(ちなみに、短大女子は66.2%であった)。大学所在地と同じ県から進学してきた者に限って定着率を算出すると、男子は64.0%、女子は74.0%(短大女子は87.4%)であった。いっぽう、県外から進学してきた者だけで算出した値は、男子28.9%、女子36.2%(短大女子は33.9%)となる。つまり、出身地が県内、県外であるとを問わず、女子の方が、大学卒業地へと定着しやすい傾向がある。時系列的に見ると、県内出身者のみの定着率は、男女とも低下する傾向があった。1979年時点では男子は75%超、女子は85%ほどだったから、1993年までに約10ポイント下がっている。同期間の県外出身者のみの定着率は、男子は横ばいで、女子は5ポイント程度の上昇であった(林2009、pp. 99-102)。

林(2009)は、いま述べた値について、都道府県間の違いにも言及している。ただし、大卒男子、大卒女子、短大卒女子の合計の値であることには注意を要する。それによれば、県内出身者のみで算出した卒業地定着率(全国計78.6%)が高い県は、高い方から長野、静岡、香川、沖縄、東京、富山、徳島、高知、岡山、群馬であった。いっぽう低い県は、低い方から奈良、千葉、埼玉、神奈川、京都などである[2](p. 100)。以上から、「本州から離れた四国や沖縄、東京からやや離れた北関東・甲信越などで、自県の大学に進学した者は都道府県間移動から切り離され、当該地域に就職するようである」、低い県は「いずれも東京や大阪に隣接しており、多くの大学新卒者が東京・大阪で就職することが示唆される」と指摘している(p. 101)。

同様に、県外出身者のみで算出した卒業地定着率(全国計12.1%)は、高い県から東京、大阪、愛知、福岡、北海道、広島、宮城、沖縄、佐賀、岡山と並んでいる。低い県は最低が福井で、山梨、秋田、山口、鳥取と続く[3](林2009、p. 100)。高い県は、「沖縄を除いて各々が属する地域ブロックで中心的な地位にある。雇用機会に恵まれることが他県出身者の自県(大学所在県—引用者)就職を後押しするのだろう」という(同、p. 101)。

いま引用した林(2009)の県別分析は、大卒男子、大卒女子、短大卒女子の合計の値を用いたものであった。標本調査に基づくデータのため、県別の数値の算出は慎重に行ったということであろうが、男女別に見るとどうなるのか。この点を確かめるため、集計方法はやや異なるが、1980年頃と90年頃の2時点について、本研究の地域区分にしたがい、地域15ブロック別、3ブロック別に集計してみよう。1980年頃に関する結果が**図4–1**(男子)、**図4–2**(女子)、**表4–1**である(1979〜1981年度の平均)。この集計では、大卒就職者の卒業地定着率を、県内出身者と県外出身者の内訳として示している。例えば男子の大卒就職者の場合、東京の大学を卒業した者のうち、59.5%が都内事業所に就職したが、内訳は26.1ポイントが都内の高校を、33.4ポイントが他の道府県の高校を卒業した者である(図4-1)。女子の同じ値はそれぞれ68.1%、35.3%、32.8%であった(図4-2)。

2つの図からは、このような県外出身の卒業地就職者の割合が、東京だけは高いことがわかる(男子33.4%、女子32.8%)。京阪神や東海、北九州のように、政令市を抱えるブロックでも10%前後に過ぎない(図4-1、図4-2)。同じ値を3ブロック別に見ると(表4-1)、大都市圏で2割を超えるが(男子21.4%、女子21.3%)、外縁地方では低く(男子6.7%、女子7.8%)、中間地方ではさらに低くなっている(男子5.1%、女子4.4%)。よって、図表中の「県外出身」には埼玉や千葉、神奈川も含まれていることには注意を要するものの、県外出身者でも東京の大学を卒業すれば、東京に所在する事業所へと就職できるチャンスは

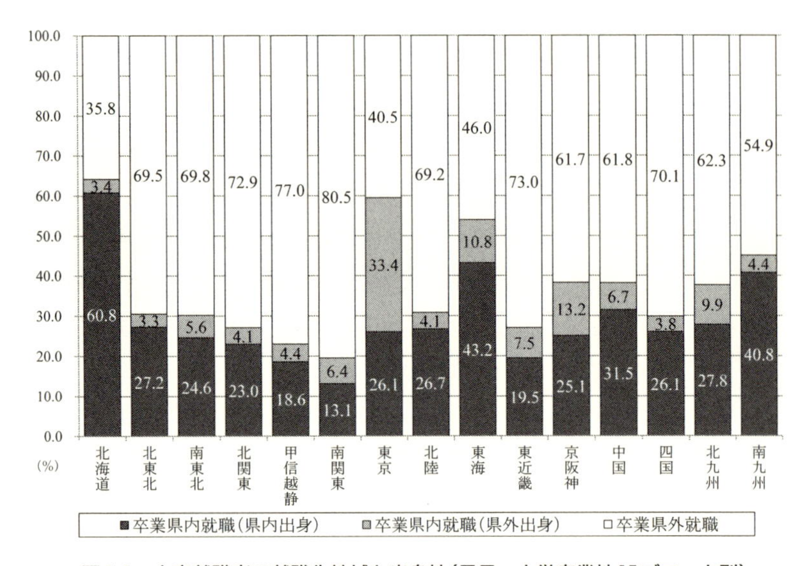

図4–1　大卒就職者の就職先地域と出身地(男子・大学卒業地15ブロック別)

(注)『学校基本調査』より作成。1979 〜 1981年度の平均。図4-2、表4-1も同じ。

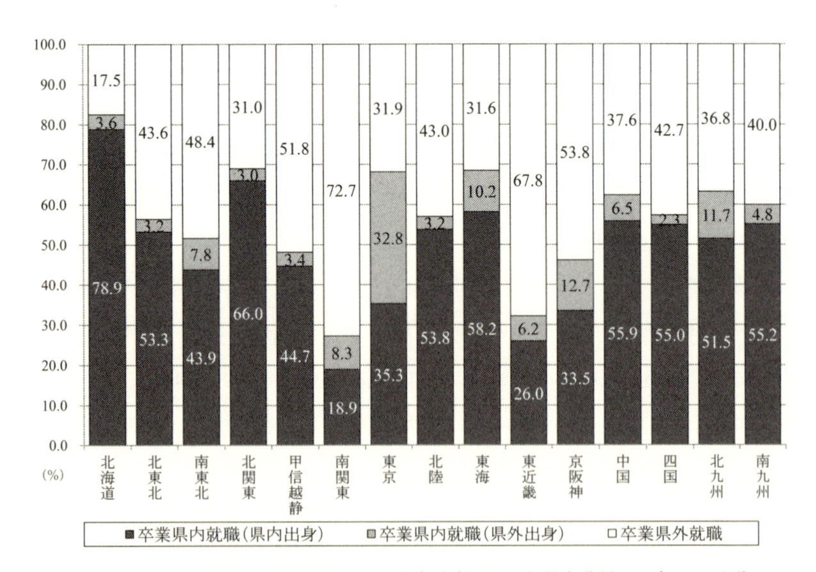

図4–2　大卒就職者の就職先地域と出身地(女子・大学卒業地15ブロック別)

表4-1　大卒就職者の就職先地域と出身地（大学卒業地3ブロック別）

	男子				女子			
	卒業県内（県内出身）	卒業県内（県外出身）	卒業県外	合計	卒業県内（県内出身）	卒業県内（県外出身）	卒業県外	合計
卒業地別大卒就職者数（千人）								
全国	180.5	118.0	372.6	671.2	74.2	30.9	78.7	183.8
外縁地方	37.3	7.1	62.6	107.0	12.9	1.9	9.1	23.8
中間地方	17.2	3.3	45.4	66.0	13.3	1.1	9.9	24.3
大都市圏	127.0	106.6	264.6	498.2	47.0	29.0	59.7	135.7
就職者数合計にしめる割合（%）								
全国	26.9	17.6	55.5	100.0	40.4	16.8	42.8	100.0
外縁地方	34.9	6.7	58.5	100.0	54.1	7.8	38.1	100.0
中間地方	26.1	5.1	68.9	100.0	54.8	4.4	40.8	100.0
大都市圏	25.5	21.4	53.1	100.0	34.6	21.3	44.0	100.0

かなり開かれていたことが示唆される。

もっとも、以上は1980年頃の就職の実態である。図表は省略するが、図4-1、図4-2と同じ集計を1990年頃（1989～1991年度の平均を算出）について行うと、卒業地への定着率は（県内・県外出身者の合計）、どのブロックでも概ね低下しているのに対して、東京では約10ポイントも上昇していることがわかる（男子69.8%、女子77.6%）。この東京定着者の内訳は、男子が都内出身者24.3ポイント、他県出身者45.5ポイント、女子はそれぞれ34.9ポイント、42.7ポイントであった。つまり、この約10ポイントの上昇とは、ほぼ他県出身者によってもたらされたものと考えることができよう。

90年代以降の動向について、『学校基本調査』から把握することはできない。しかし、大学在学者を対象とした質問紙調査の結果から、似たような集計を行うことはできる。中島（2007）らは2005年10～11月に、全国の4年制大学（医歯学・看護学・宗教学の単科大学を除く）276校に在籍する4年生に対して（医学部、歯学部、看護学部の学生を除く）、「大学生のキャリア展望と就職活動に関する実態調査」を行っている。このデータから、彼女は2006年3月大学卒業予定者について、就職予定先の地域を集計している（p. 96）。その集計表（図表4-11）に記載の値を使用し、図4-1、図4-2と同様に図示してみたものが**図4-3**、**図**

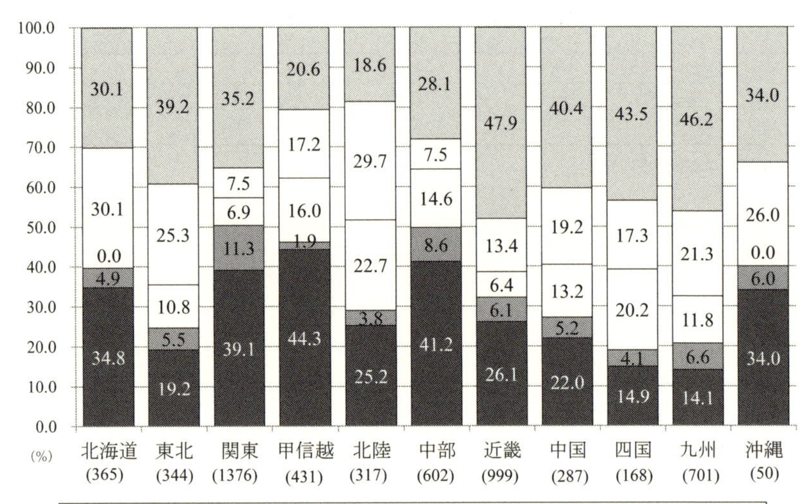

図4-3　大学卒業予定者の就職予定先の地域(男子・大学在学地域別)

(注)中島(2007)より作成。2006年3月大学卒業予定者。括弧内は度数。次図も同じ。

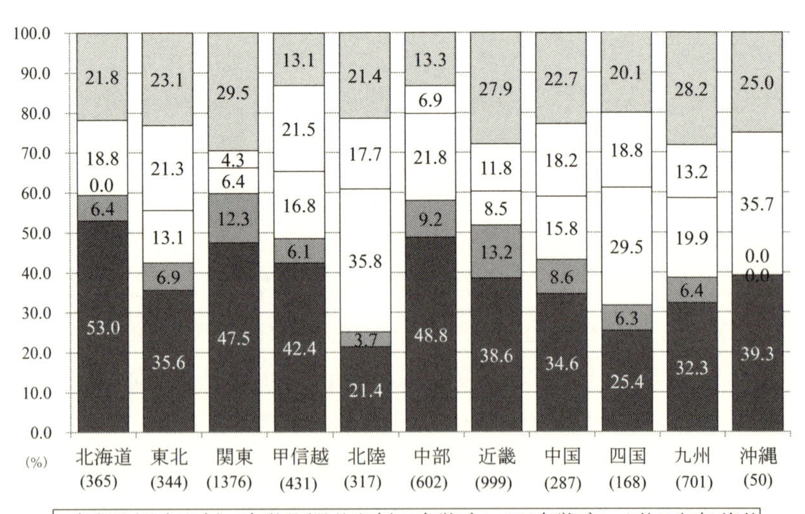

図4-4　大学卒業予定者の就職予定先の地域(女子・大学在学地域別)

4-4である。ただし、地域区分は中島(2007)のものである。

図4-3、図4-4には「勤務先未定・海外」が含まれていることからも、『学校基本調査』の結果と直接比較することはできないが、試みに、未定・海外を除いた構成割合を算出して比較してみよう。図4-3を見ると、関東(北関東3県と東京圏4県)の男子の場合、県内出身の在学地就職予定者の割合は39.1%だから、未定・海外(35.2%)を除く64.8%ポイントで除すると(さらに100を乗じると)60.3%となる。県外出身者については、同じ値は17.4%となる。女子の場合、それぞれの値は73.3%、19.0%であった。

これを『学校基本調査』の結果と比較してみる。元の県別データから、中島(2007)と同じ地域区分を用いて、1979～81年度(3年間の平均)の関東の値を求めると、男子の場合、県内出身の在学地就職予定者の割合(図4-1の「卒業県内就職(県内出身)」)は22.9%、県外出身の同じ値(図4-1の「卒業県内就職(県外出身)」)は26.0%となる。女子の値はそれぞれ32.9%、26.5%となる(1989～91年度の平均は男子がそれぞれ19.3%、31.3%、女子が30.2%、32.9%)。よって、中島(2007)の集計表の「未定・海外」に、勤務予定地が関東以外になる者が多数含まれているなら、1990年頃から2005年頃にかけて県外出身で関東の大学に進学した者が、関東で就職する行動は減少したことになるだろう。

中澤(2008)も、以上とは異なるデータを分析し、大都市圏所在の大学の卒業者はその多くが、大都市圏で就職することを明らかにしている。具体的には、南関東4都県所在の大学を卒業した就職者が、南関東へと就職する割合は7～8割に上ると見られる(p. 47)。南関東とは、本研究の地域区分でいう東京圏である。結果を詳しくみてみよう。

彼の研究の独自性は、専門分野別に集計を行っていることである。すなわち、社団法人雇用問題研究会がかつて発行していた『全国大学・短大・高専要覧2001』から、2000年3月に卒業した、「地方圏の大卒者が東京圏を就職先地域としている割合を学部の種類ごとに比較する」作業を行っている[4](p. 45)。この資料は「全国の大学、短大、高専の卒業者(2000年3月卒)について、上位10位までの就職先都道府県の就職者数が学部別・男女別に掲載されている」(p. 44)もので、「各学部につき上位5位までの就職先都道府県を分析の対象とした」(p. 44)結果、「捕捉率については就職者総数(まだ卒業生を輩出していない新設学部、通信制学部、二部(夜間)を除く)で約80%」(p. 45)となっている。

さて、中澤(2008)が行っているのは、大学の所在ブロック別に、大卒就職者が南関東を就職先地域とする割合を算出する作業である。これを就職者の総数が1万人以上の専門分野、すなわち人文、社会、教育、工学について集計している。すると日本全体では人文が40.7%、社会が44.3%、教育が18.9%、工学が42.1%となる。南関東所在の大学に限ると、大卒就職者のうち7～8割が南関東へ就職している。すなわち人文78.6%、社会75.0%、教育70.7%、工学77.5%という値であった。いっぽう、南関東への就職者数に占める南関東所在大学の卒業者数の割合(占有率)は、人文87.4%、社会80.1%、教育86.6%、工学66.1%となる。よって南関東の大卒労働市場は、人文や社会科学分野については供給側から見ても、需要側から見ても、他地域からの流出入の少ない構造であることがわかる(p. 47)。

ちなみに、彼の分析で興味深いのは、教育と工学の分野である。すなわち、「教育では南関東以外の地域から南関東に就職する割合がきわめて低く(どの地域も1割未満である—引用者)、学部所在都道府県への就職が卓越している」(中澤2008、p. 46)。よって教育の分野では、大卒労働市場はブロックごとに(又は県ごとに)完結している度合いが高いと見られる。

いっぽう工学は、「南関東への就職率が20%を超える地域も多くみられ、地方圏の大学が東京圏の企業への人材を送り出す効果が大きく、むしろ南関東から遠距離にある北海道、東北、九州で、南関東への就職率が高くなっている」(中澤2008、p. 46)という。工学の分野の北海道から南関東への就職率は34.8%、東北からは30.1%、九州からは21.7%。北関東(37.4%)や、近畿(21.7%)も高い[5](同、p. 47)。「人文科学、社会科学では、学部の立地そのものが南関東に集中しているのに対し、工学の場合は、学部の立地は分散していながらも東京圏内の企業に就職する学生が多い」わけである(同、pp. 47-48)。

この背景として中澤(2008)は、「それぞれの地域が必要とする人材は、その地域の産業構造や企業内地域間分業における位置づけを反映して特定の職業に偏っている」(p. 44)にも関わらず、工学の分野では、その地域の産業とは関連性の薄い分野の学科も拡充してきたことが、卒業生の就職先は大学所在地の近くに限られないことに寄与した可能性を指摘している(p. 60)。結果として、「研究開発技術者の新規学卒労働市場では、地方中核都市や地方圏に立地する理工系教育機関が学生と企業を結びつける紐帯となり、学生を研究開発技術者として東京圏に送り出す役割を果たして」(p. 44)きたわけである[6]。

2. 出身地別にみた大卒就職者の就職先地域

次に、大卒者の就職先を出身地別に見てみよう。矢野(1979)は『学校基本調査』を用いて、1978年3月に大学を卒業した就職者について、いわゆるUターン率(県外大学進学者のうち、大卒就職時に出身県に戻ってくる者の割合)を算出し、その地域分布を報告している。Uターン率は全国平均が45.1%で、大都市圏で高い傾向がある。すなわち東京は70.9%、大阪は59.2%、愛知は59.2%だった。地方県の中で、全国平均を上回るのは、青森47.2%、岩手46.9%、香川48.3%、高知48.2%、宮崎52.1%といった県であった(p. 31)。

近藤(1985)は、やはり『学校基本調査』から、1980年3月卒の大卒者の就職先地域を集計している。それによれば、大卒就職者285,122人のうち59.3%が、出身(高校の所在)県に就職していた。内訳は、29.3ポイントが県内の大学を、30.0ポイントが県外の大学を卒業した者であった。いっぽう、出身県外で就職した者は40.8ポイントで、内訳は8.2ポイントが出身県の大学経由、32.6ポイントが県外大学経由となっている(p. 117)。県外大学経由の県外就職の多さが注目される。ちなみに大学進学時に県外に転出した者は計62.6%だから、Uターン率は日本全体では47.9%となる(30.0÷62.6×100)。

以上は男女計の集計だが、男女別にみてみるとどうなるだろうか。実際に、あらためて本研究の地域区分にしたがって、地域15ブロック別、3ブロック別に『学校基本調査』を集計してみた結果が**図4-5**、**図4-6**、**表4-2**である(1979〜1981年度の平均)。

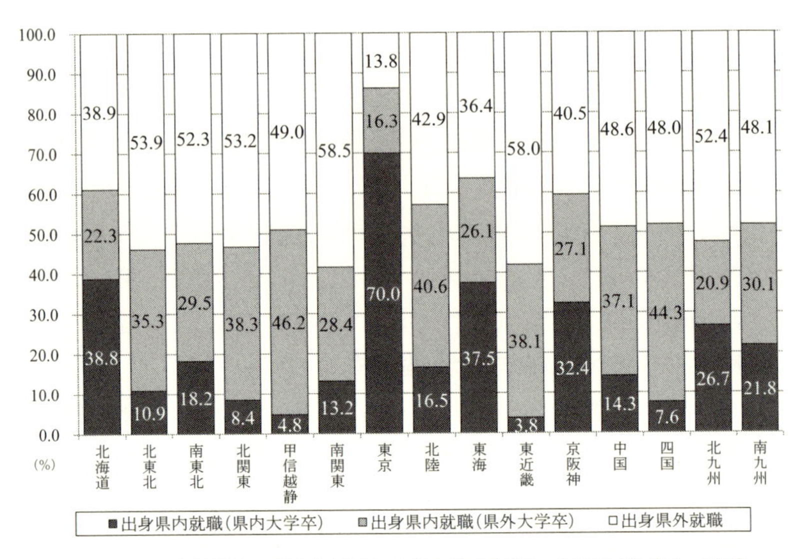

図4-5 大卒就職者の就職先地域と大学卒業地(男子・出身地15ブロック別)

(注)『学校基本調査』より作成。1979 ～ 1981年度の平均。図4-6、表4-2も同じ。

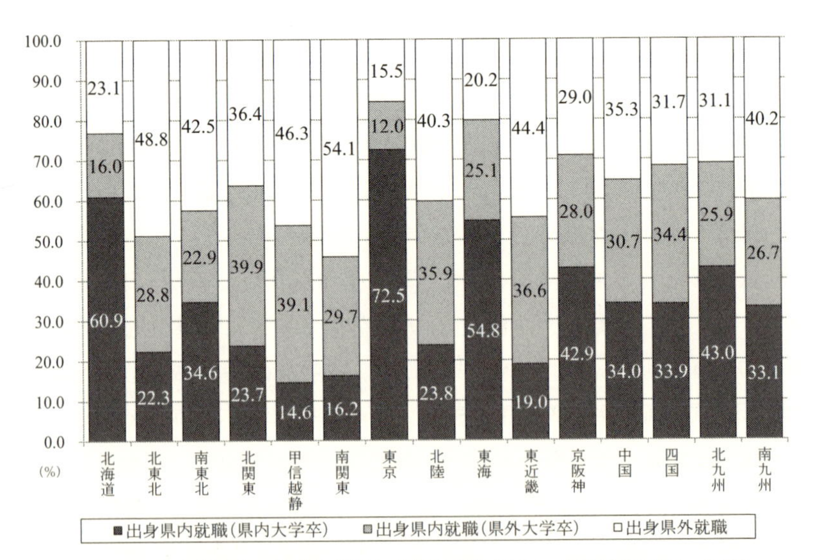

図4-6 大卒就職者の就職先地域と大学卒業地(女子・出身地15ブロック別)

表4-2　大卒就職者の就職先地域と大学卒業地(出身地3ブロック別)

	男子				女子			
	出身県内(県内大学)	出身県内(県外大学)	出身県外	合計	出身県内(県内大学)	出身県内(県外大学)	出身県外	合計
出身地別大卒就職者数(千人)								
全国	180.5	198.6	291.9	671.0	74.2	49.3	60.2	183.6
外縁地方	37.3	39.4	73.8	150.5	12.9	8.1	12.3	33.3
中間地方	17.2	72.4	85.4	175.0	13.3	18.0	19.3	50.6
大都市圏	127.0	86.8	131.6	345.4	47.0	23.2	29.5	99.7
就職者数合計にしめる割合(%)								
全国	26.9	29.6	43.5	100.0	40.4	26.8	32.8	100.0
外縁地方	24.8	26.2	49.0	100.0	38.7	24.4	36.9	100.0
中間地方	9.8	41.3	48.8	100.0	26.3	35.5	38.2	100.0
大都市圏	36.8	25.1	38.1	100.0	47.2	23.2	29.6	100.0

『学校基本調査』では、大学を対象とした標本調査によって大卒就職者の就職先地域を把握していた。よって、本章でいう「卒業地」別の集計ではランダム性を確保できても、出身地別に集計した場合には、その限りではない可能性もある[7]。そのため県別よりは、地域15ブロックや3ブロック別の集計結果を参照した方が、誤りは少ないと考えられる。

さて、図4-5、図4-6、表4-2の集計結果のうち、ここでの関心にとって重要な数値は、県内大学卒、県外大学卒のいずれにせよ、出身県で就職した大卒者の割合である。表4-2から、この値は日本全体で男子が56.5%（26.9ポイントと29.6ポイントの和)、女子が67.2%となる。2つの図から地域差をみると、東京や東海、京阪神、北海道を除いて、概ねどの地方でも、大卒者の半数程度は出身県で就職していることがわかる。外縁地方の全体と(男子51.0%、女子63.1%)、中間地方全体(男子51.2%、女子61.8%)を比べると、ほぼ変わらない水準である。中間地方の場合、県外大学を出て、出身県に就職する者(男子41.3%、女子35.5%)の方が、県内大学経由(男子9.8%、女子26.3%)より顕著に多いことが、外縁地方と異なる。しかし、どちらも出身県での就職が少なくないことは共通していたと言えよう(表4-2)。

これまで、1980年前後の状況を記述してきたが、近年の大卒者の就職先地域を、出身地別に把握することはできるのか。幸い、大井(2007)の報告する集計表を用いれば、可能になる。第3章第3節で述べたように、彼女は厚生労働省『雇用動向調査』の特別集計に基づき、大卒就職者(従業員5人以上の事業所への新規大卒入職者。一般労働者とパートタイム労働者の区別はされない)の出身地と就職先を都道府県別に集計し、移動表(行列)の形で報告している。出身地は義務教育修了地(15歳時居住県)、就職先は事業所の所在県を指す[8]。したがって、『学校基本調査』では出身県内、県外の区別しかできなかった就職先地域が、具体的な都道府県の内訳まで把握できるという利点がある[9]。

さて**図4–7**(男子)、**図4–8**(女子)は、いま述べた大井(2007)の集計結果を用いて、出身地(15ブロック別)から見た就職先の地域(出身県内、15ブロック内、7ブロック内、外縁地方、中間地方、大都市圏)の構成割合を、男女別に整理したものである(1999～2001年度の平均[10])。

これらの図を見ると、やはり大都市圏、地方を問わず、出身県内で就職する者の割合が半数を超える地域が多い。出身地域3ブロック別に集計した**表4–3**から明らかなように、出身県内就職者の割合は、全国平均では男子で

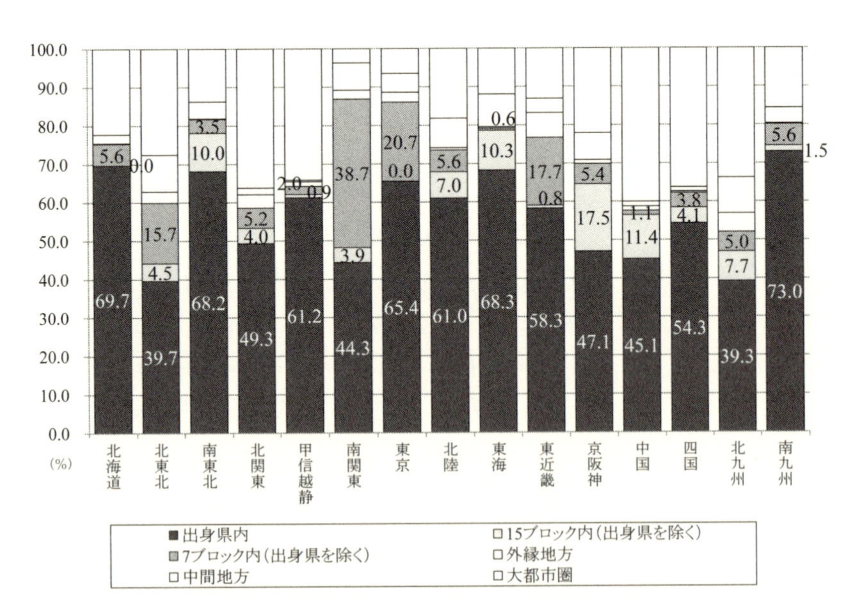

図4-7　新規大卒入職者の就職先の地域(男子・出身地15ブロック別)

(注)大井(2007)、p. 156、p. 159をもとに作成。1999～2001年度の平均。

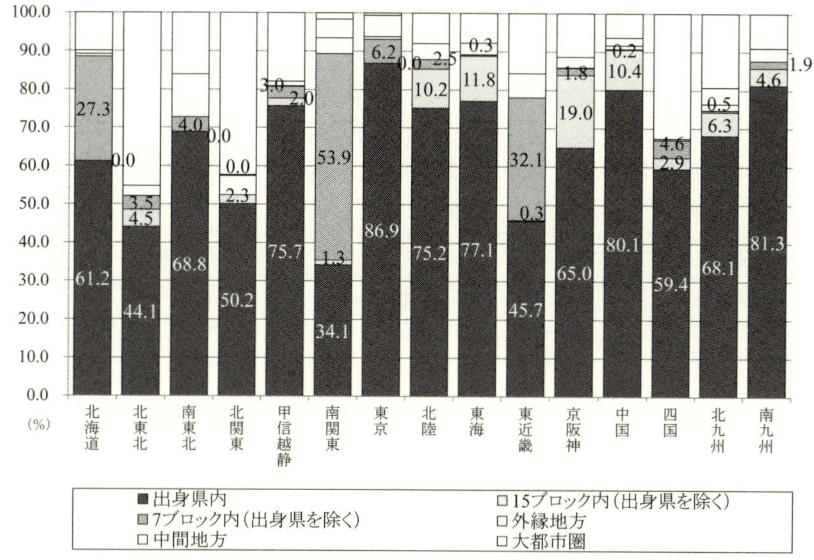

図4-8　新規大卒入職者の就職先の地域(女子・出身地15ブロック別)

(注)大井(2007)、p. 165、p. 168をもとに作成。1999～2001年度の平均。

54.7%、女子は65.7%となっている。これに15ブロック内(出身県を除く15ブロック内での就職)や、7ブロック内(出身県内や15ブロック内を除く)をあわせれば、男子は73.9%、女子は83.6%に達する[11]。

表4-3でさらに、出身地域3ブロックごとの違いを見てみると、あまり大きな違いが見られないことがわかる。すなわち、大卒就職者のうち、出身県内で就職する者の割合は、男女とも、外縁地方(男子57.6%、女子69.0%)や中間地方(男子54.2%、女子69.7%)の方が大都市圏(男子53.9%、女子62.8%)よりやや大きい程度である。地方出身者の就職先として、出身県内に次いで多いのは大都市圏であり、外縁地方では男子の23.5%、女子の17.2%、中間地方では男子の33.8%、女子の20.2%を占めている。いっぽう大都市圏出身の場合、県内でなくとも7ブロック内(東京圏、北陸・東海、近畿)で就職する者の割合(表の「15ブロック内」と「7ブロック内」の合計)が大きい(男子26.3%、女子26.0%)。

以上のほか、杉浦・李(2012)も2007年の『就業構造基本調査』の分析結果から、「都市の大学で学んだ者は、就職を機に故郷の地方に戻る場合や、故郷以

表4-3　新規大卒入職者の就職先の地域（出身地域3ブロック別）

	出身県内	15ブロック内	7ブロック内	外縁地方	中間地方	大都市圏
男子						
全国	54.7	6.8	12.5	1.8	5.5	18.8
外縁地方	57.6	5.2	5.9	1.9	6.0	23.5
中間地方	54.2	5.3	3.2	1.4	2.0	33.8
大都市圏	53.9	7.8	18.5	1.9	6.8	11.1
女子						
全国	65.7	6.0	11.9	1.4	3.5	11.5
外縁地方	69.0	3.6	4.4	.6	5.2	17.2
中間地方	69.7	5.5	1.6	1.9	1.0	20.2
大都市圏	62.8	6.9	19.1	1.4	4.3	5.5

（注）大井（2007）、p. 156、p. 159、p. 165、p. 168をもとに作成。1999～2001年度の平均。「15ブロック」には出身県を、「7ブロック」には出身県と15ブロックを含まない。

外の地方に赴任する場合が多い」（p. 74）と指摘する。例えば、20～24歳の大学・大学院卒業者で、現在の居住県が1年前から変わった人のうち、41.9％が「都市」から「地方」への移動であった[12]。次に多い移動パターンは地方から地方で（23.2％）、以下、都市から都市（22.9％）、地方から都市（11.9％）と続く（杉浦・李2012、p. 73）。なお「都市」とは、本研究の地域15ブロック区分でいう南関東、東京、東海、京阪神に、宮城、静岡、広島、福岡の4県を加えた計14都府県と定義されている。それ以外が地方である（杉浦2012）。

3. 地域別の大卒者の就業機会

ところで、なぜ地方出身の大卒者の出身県への就職は、先に見たように、比較的大きな割合となるのだろうか。それ自体が説明を要する問題だが、ここでは単純に大卒者の就業機会に着目してみよう。地方から大都市圏の大学に進学し、そこで就職しようと考えても、実際には就業機会が足りていないこともあるだろう。大都市圏出身で地元（大都市圏）の大学に進学し、就職も地元（大都市圏）で、と考えている学生が多いと予想される。

そこで、「地域内の大卒就業機会の大きさ」を示す指標（「地域就業機会指数」）を2種類作成し、この問題について考えてみる。指標の定義はそれぞれ次の通りである。

地域就業機会指数(進学地基準)＝新規大卒入職者数÷大学生数A×100 地域就業機会指数(卒業地基準)＝新規大卒入職者数÷大学生数B×100

ただし「新規大卒入職者数」は、新規学卒入職者のうち大学卒業者数(大学院卒を含む)を(『雇用動向調査』による)、2004～06年度について合計した値である[13]。「大学生数A」は出身高校所在地別の大学進学者数であり、2000～02年度(2004～06年に4年制大学を卒業する者の入学年度に相当)の合計を用いた(『学校基本調査』による)。「大学生数B」は、卒業学部所在地別の大学卒業者数で、新規大卒入職者数の年度と同じく、2004～06年度の合計の値を使用する(『学校基本調査』による)。

地域就業機会指数(進学地基準)、地域就業機会指数(卒業地基準)のそれぞれを男女別、15ブロック別に示したものが、**図4-9**と**図4-10**である。

これらの図から明らかなことは少なくとも2つある。第一に、進学者を基準にした指数(図中の「進学地基準」)は、男女とも、東京(男子117.0%、女子

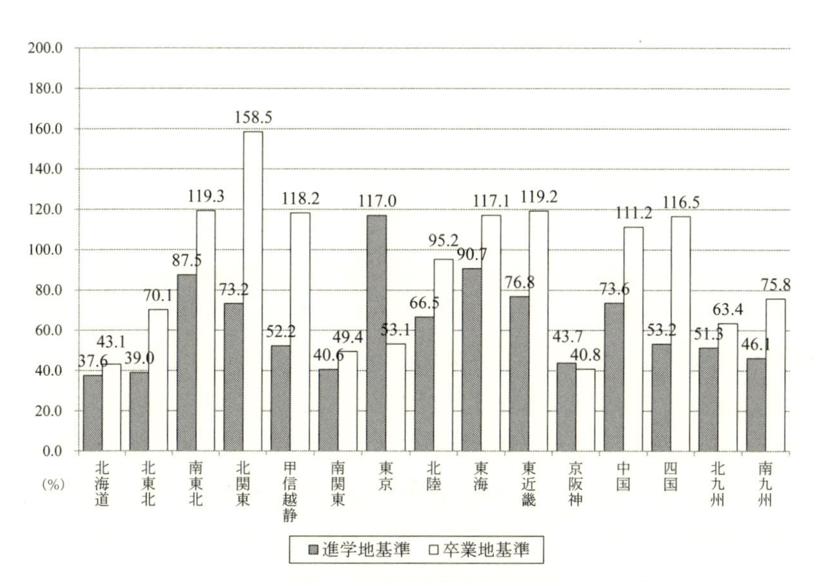

図4-9　男子大学生の地域就業機会指数(15ブロック別)

(注)地域就業機会指数の定義は、本文を参照。図4-10、表4-4も同様。

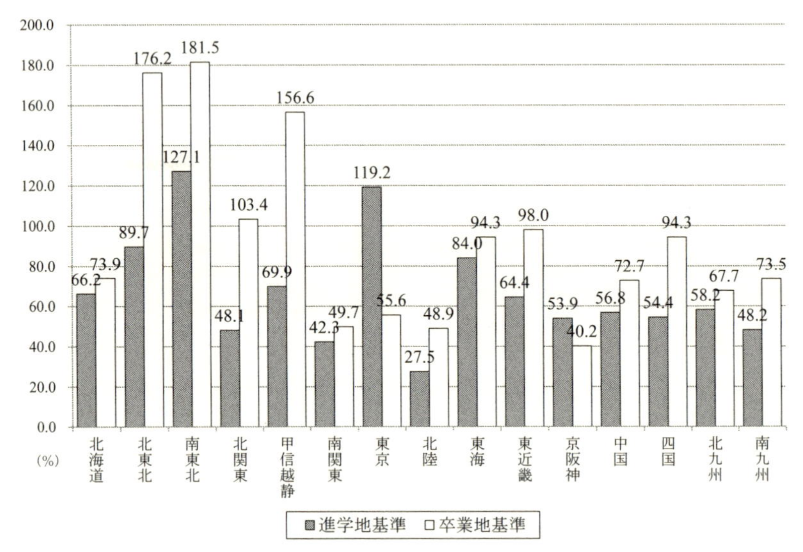

図4-10　女子大学生の地域就業機会指数(15ブロック別)

119.2%)で最も大きいことがわかる。これは各地域の大学進学者数に比較して、出身地における大卒就業機会(大卒・大学院卒の入職者数)がどれくらい大きいかを示している。よって、東京都出身の進学者にとっては、進学者数を上回るだけの大卒就業機会が開かれているということである。しかしながら第二に、その東京では「卒業地基準」(男子53.1%、女子55.6%)の機会指数は小さいのである。言いかえれば、東京以外の地域の出身者も含めた、(東京所在)大学の卒業者全体に対する就業機会は、その半分ほどに過ぎないのだ[14](図4-9、図4-10)。

ここでの検討が示すのは、大卒就職の機会は、一部の大都市に集中していることは確かだとしても、大学の入学定員はそれ以上に集中していることである。そのため地方から大都市圏の大学に進学し、そこで就職したいと考えても、実際には就業機会が足りていない。東京だけでなく、南関東や京阪神でも卒業地基準の地域就業機会指数が低いためである。したがって、地方出身の大卒者のうち、かなりの割合がUターン就職せざるを得ない状況におかれることになる。実際、Uターンに限られないが、吉本(2015)は大学卒業・就職時の人口移動が入学時とは逆に、東京圏（埼玉、千葉、東京、神奈川）や大阪圏（京都、大阪、兵庫、奈良）からの転出超過であることを、『学校基本調査』と『国勢調査』からの推計を元に指摘している[15]（ただし東京圏については、大学入学時の流入を、卒業・就職時の流出が打ち消すほど大きくないため、総合すると転入超過が顕著となる）。

上に述べたことと反対に、もし地方出身の大卒者の全員が、出身県内で就職を希望したとしても、地元での就職が叶わない者はかなりの数に上る。それは、地域3ブロック別に集計した地域就業機会指数から明らかだ（**表4-4**）。「進学地基準」の指数は、外縁地方で男子53.1、女子74.2、中間地方では男子71.2、女子62.9となっている。地方出身の大卒者のうち、数10パーセントは出身県の外で職を見つける必要があることがわかる。

こうした事情は、すでに矢野（1979）が指摘していたところであった。いわく「都市に遊学した学生は、都市出身者および就職による流入者との、シェ

表4-4　大学生の地域就業機会指数（地域3ブロック別）

	男子		女子	
	進学地基準（%）	卒業地基準（%）	進学地基準（%）	卒業地基準（%）
全国	63.3	70.1	68.1	68.5
外縁地方	53.1	72.0	74.2	98.8
中間地方	71.2	119.5	62.9	96.0
大都市圏	62.0	51.3	69.1	51.0

ア争いをしなければならない。その上、Uターンするにも地元学生との競合にさらされる。Uターンに失敗し、都市にまいもどりながら、就職機会を逸する事態も生じることになる。（1978年3月卒業者のうち一引用者）東京の大学を卒業した学生の25%、約3万4千人が無業者と不詳者であるのも、こうした事態と無関係ではないだろう[16]」（p. 32）。

以上、この節では、大都市圏所在の大学への就学は地方出身者に、大都市圏で就職するチャンスを提供している一方、実際には、大学卒業後は出身県で就職する地方出身者が、ほぼ半数に達することを明らかにした。また、そ

の背景には、大学の入学定員が大卒者の就業機会以上に大都市圏に偏在している事情があることを示した[17]。

第2節　地域別にみた学歴と職業の関係

1. 学歴別の労働力の代替弾力性

ここまでは、労働市場における大卒や高卒の学歴の価値が、地域によって異なるのかを不問としてきた。しかし学歴と職業との対応関係は、地域によって異なる可能性がある。というのも、「高学歴者が集中する豊かな地域ほど、学歴の価値が低下する」ためである。「豊かな地域は、高学歴に対する労働需要が低下し、低学歴層の需要が増加する。／こうした理由から、貧しい地域ほど学歴による所得格差は増大し、逆に、豊かな地域ほど学歴格差が小さくなる」(矢野1979、p. 34)。

そこで本節ではまず、大卒労働力と高卒労働力の代替弾力性の推計を行う。これにより、(学歴間賃金格差からみた)大学進学の便益は、地方ほど大きいにもかかわらず、地方ほど進学(希望)率が低い(第3章)ことの背景を理解することが可能となるだろう。具体的には、矢野(2008b)が時系列データで行ったものと同様の分析を、県別横断面データに適用する。学校を卒業後、仕事に就いてからまだ日が浅い年齢層である若年者(20～24歳)について、第3章でみた男子労働者の大卒相対賃金(大卒者と高卒者の賃金格差)を推計し[18]、その自然対数を被説明変数とする回帰分析である。説明変数には、若年の大卒労働者数を高卒労働者数で除したもの[19](相対就業者数)の対数を用いる。

表4-5が分析結果である(全県、地方県のそれぞれを分析)。相対就業者数(対数)のみ投入したモデル1と、年齢計・学歴計の平均賃金[20](対数)を統制したモデル2の結果を示した。モデル1の回帰係数は(47県で-.071、39県で-.127)、相対就業者数が県間で1%異なる場合に、相対賃金は何%異なるかを示す。これらの回帰係数で-1を除した値が代替弾力性であり、それぞれ14.1、7.9となる。相対賃金が県間で1%異なると、相対就業者数は47県間で14.1%、39

県間では7.9%異なることを意味する。全労働者の平均賃金を統制すると(モデル2)、代替弾力性の値は全県、地方県とも大きくなる[21](ただし47県では係数の効果が有意でない)。

代替弾力性がプラスということは、クロスセクションでは高卒と大卒の男子若年労働力が代替関係にあることを意味する。(特に地方県間では)同種の仕事をめぐり大卒者と高卒者が競合している可能性があり、それだけ出身県内での就職自体には大卒の方が有利という状況があるのかも知れない。相対就業者数の大きい県ほど、大卒者の賃金は(高卒者に対して)相対的に低いという事実から、序章第3節第4項でふれたように、若年では相対的に大卒就業者が多い県ほど、進学の限界収益は小さいことがわかる。

女子若年者についても、同じ方法で大卒労働力と高卒労働力の代替弾力性を推計すると、**表4-6**の結果が得られる。モデル1の場合、回帰係数で-1を

表4-5　大卒労働力と高卒労働力の代替弾力性の推計(20〜24歳男子)

被説明変数: ln相対賃金(若年)	47都道府県				地方39道県			
	モデル1		モデル2		モデル1		モデル2	
説明変数	係数	t値	係数	t値	係数	t値	係数	t値
ln相対就業者数(若年)	-.071 ***	-3.833	-.024	-.841	-.127 ***	-5.495	-.079 *	-2.685
ln平均賃金(全労働者)			-.214 *	-2.120			-.226 *	-2.394
定数	.109 ***	3.904	.354 **	2.985	.015	.401	.270 *	2.408
*F*値（自由度）	14.7 (1, 45)		10.2 (2, 44)		30.2 (1, 37)		19.9 (2, 36)	
有意確率	< .001		< .001		< .001		< .001	
Adj. R^2	.229		.285		.434		.499	

$^{+}p < .10$ $^{*}p < .05$ $^{**}p < .01$ $^{***}p < .001$.

除した値(代替弾力性)は、全県と地方県でそれぞれ15.1、10.3である。よって相対賃金が県間で1%異なると、相対就業者数は47県間で15.1%、39県間で10.3%異なることになる。女子の場合も男子と同様、正の代替弾力性が見られるから、高卒者に対する大卒労働力の稀少性が低い県ほど、大卒賃金が相対的に低いのだと解釈できる。

出身地における大卒労働市場の需給状況が、進学から得られる将来の便益の見積もりに影響すると考えてみよう。その場合、高卒者に対する大卒労働力の稀少性が低い県の出身者にとっては、大学を出ても、地元で待遇のよい

表4-6　大卒労働力と高卒労働力の代替弾力性の推計（20～24歳女子）

被説明変数: ln相対賃金（若年）	47都道府県				地方39道県			
	モデル1		モデル2		モデル1		モデル2	
説明変数	係数	t値	係数	t値	係数	t値	係数	t値
ln相対就業者数（若年）	-.066 **	-3.417	-.039	-1.472	-.097 ***	-4.016	-.064 *	-2.300
ln平均賃金（全男性）			-.174	-1.462			-.247 *	-2.065
定数	.228 ***	7.935	.409 **	3.224	.175 ***	4.559	.422 **	3.373
*F*値（自由度）	11.7 (1, 45)		7.1 (2, 44)		16.1 (1, 37)		10.9 (2, 36)	
有意確率	< .01		< .01		< .001		< .001	
Adj. R^2	.188		.208		.285		.343	

$^{+}p < .10$ $^{*}p < .05$ $^{**}p < .01$ $^{***}p < .001$.

仕事に就けるかどうかは自明でない可能性がある。高卒者向けの仕事に就かざるを得ないケースも生ずるだろう。

こうした例については、いくつかの報告がある。文系大卒者が、トラック・ボディー製造を営む中小企業に技能工として就職する例や（筒井2006、p. 100）、大学は社会学系の学科を卒業した者が、大手電機工業の下請工場の技術職として高速道路の電光掲示板のユニット製造に携わる例は（轡田2009、p. 155）、従来ならば高卒者が就いていた内容の職務に大卒者が就く事例である。また、石井・木本・中澤（2010-11）は2005年に岩手県と山形県で行った19～34歳までの独身者（調査時点で非正規等の不安定就業。一部に地元企業の正社員や、農業を含む）に対するインタビュー調査から、公共セクターの非正規職員が、高学歴の若年不安定就業者の貴重な雇用機会になっている地域もあると指摘する。

2. 学歴と職業の関係

前項の分析は、学歴と職業の結びつきが、地域によって異なる可能性を示唆していた。労働関係の統計で、この問題を少し具体的に見ていこう。まず、そもそも地域によって、新規学卒入職者の学歴構成がどう異なるかを概観する（**図4-11、図4-12、表4-7**）。

図4-11（男子）、図4-12（女子）は厚生労働省『雇用動向調査』より、入職地15ブロック別に新規学卒入職者の学歴構成の割合（2005年度）を算出して示した

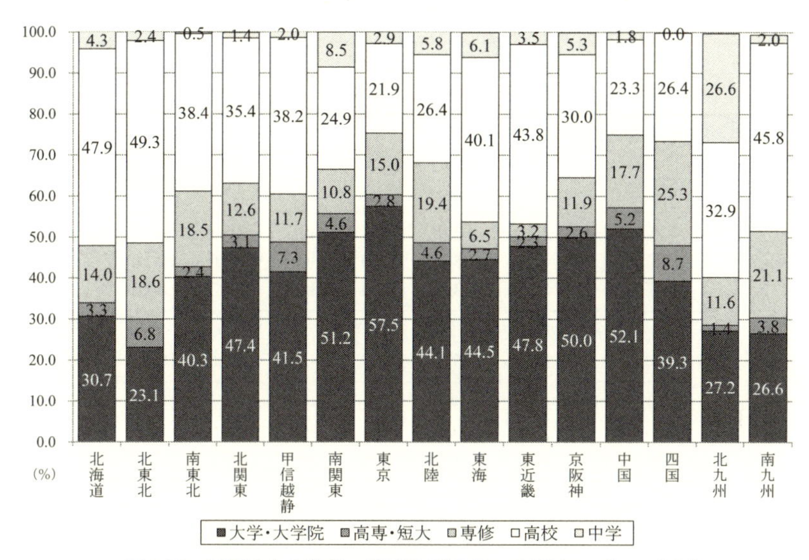

図4-11　新規学卒入職者の学歴構成（男子・入職地15ブロック別）

（注）『雇用動向調査』より作成。2004 ～ 06年度の平均。図4-12、表4-7も同じ。

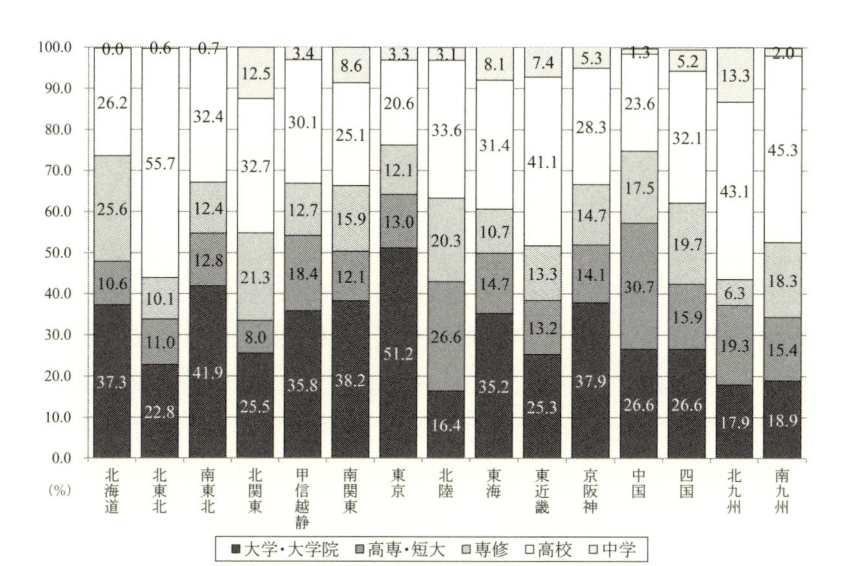

図4-12　新規学卒入職者の学歴構成（女子・入職地15ブロック別）

表4-7　新規学卒入職者の学歴構成(地域3ブロック別)

	大学・大学院	高専・短大	専修学校	高校	中学	計
新規学卒入職者の学歴構成(%)						
男子						
全国	44.3	3.6	13.3	33.0	5.8	100.0
外縁地方	30.0	2.9	16.1	40.3	10.5	100.0
中間地方	45.7	5.6	16.0	30.9	2.0	100.0
大都市圏	50.9	3.0	10.6	30.3	5.3	100.0
女子						
全国	33.1	15.5	13.9	32.0	5.6	100.0
外縁地方	25.4	15.2	12.1	41.9	5.5	100.0
中間地方	28.0	20.0	17.6	29.4	5.0	100.0
大都市圏	40.4	13.5	13.1	27.1	6.1	100.0

ものである。ただし、中卒者や男子の高専・短大卒の数は年による変動も大きいため、2004年度から2006年度の3か年の平均値を取った。これらの図によると、男女とも概ね、外縁地方では大学・大学院卒入職者の構成割合が小さいのに対して、中間地方や大都市圏で大きいことがわかる。

実際、地域3ブロック別に集計した表4-7を見ても、外縁地方の大学・大学院卒業者の割合(男子30.0%、女子25.4%)は、全国平均(男子44.3%、女子33.1%)より、かなり小さいことがわかる。それに対して、中間地方(男子45.7%、女子28.0%)や大都市圏(男子50.9%、女子40.4%)の割合は全国平均と同程度か、それを上回る水準にある。

次に学歴別の職業構成を分析する。岡田(2011)は『国勢調査』と『就業構造基本調査』を分析し、1990年代以降、男子は大卒者が専門職だけでなく、ブルーカラーへも進出してきたことを、女子は、短期高等教育卒が、事務職から締め出されていることを指摘した。生産工程職に占める大卒者割合の増加は、かつて潮木(1978)も1960年と70年の『国勢調査』から指摘し、(販売職の大卒者の増加を含めて)「大卒者のグレーカラー化・ブルーカラー化」と呼んだ現象である。近年の特徴は、とりわけ男子大卒において専門職と生産への二極分化が進んでいることだ、というのが岡田(2011)の発見である。

地域別に見た場合はどうか。2000年『国勢調査』の集計表から先と同じ若年者(20～24歳)について、就業者の職業を学歴別(高卒、大卒)、地域15ブロック別に集計した結果が、次の**図4-13**～**図4-16**である[22]。3ブロック別にも整理した(**表4-8**、**表4-9**)。職業は専門・技術、事務、販売、サービス、生産工程・労務に区分した(「その他」には、管理、保安、農林漁業、運輸・通信、分類不能の職業が含まれる)。

これらの図表が示唆するのは、高卒者に対する大卒労働力の稀少性が低い地方で大卒者と高卒者が、同種の仕事をめぐって競合するとは、男子は生産工程職で、女子は事務職においてだということである。本章のこれまでの検討から、非大都市圏でも、大卒労働力の稀少性が低い(過剰である)のは、外縁地方より中間地方だと考えられる[23]。そこで、この2地域の違いに着目して、以下の図表を概観しておこう。

表4-8によれば、高卒の男子で生産工程職に就いている割合が最も高いのは、中間地方である(62.5%)。外縁地方(52.6%)や、大都市圏(53.8%)では、そ

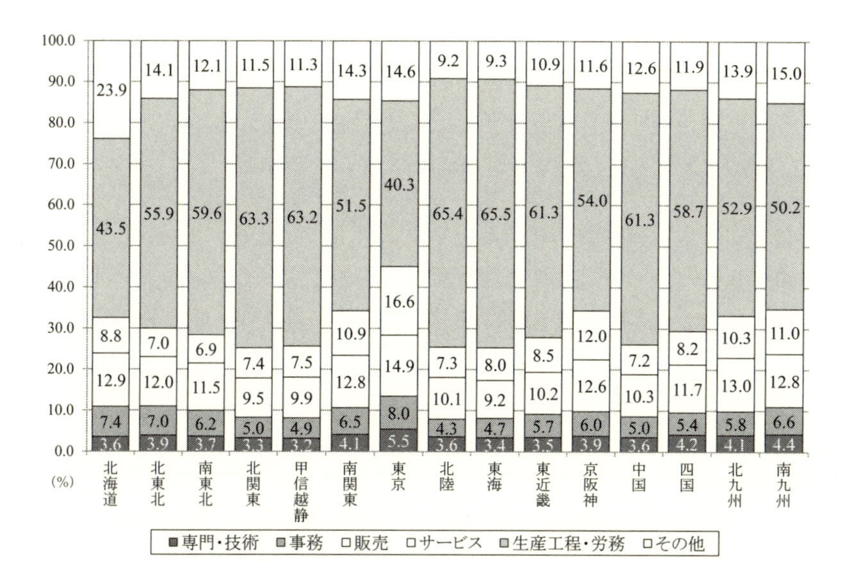

図4-13　20～24歳の高卒就業者の職業構成(男子・地域15ブロック別)

(注)2000年『国勢調査』第3次基本集計・報告書掲載表より作成。図4-14～図4-16、表4-8～表4-9も同じ。

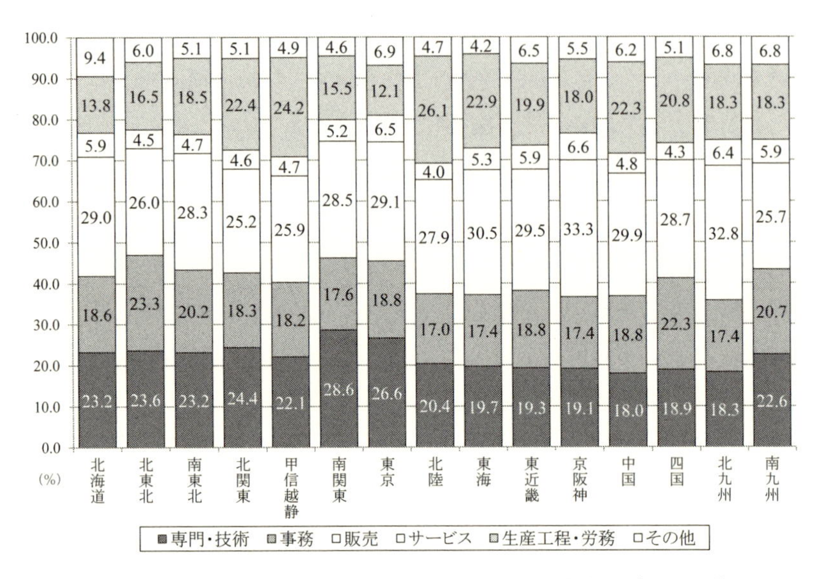

図4-14　20～24歳の大卒就業者の職業構成（男子・地域15ブロック別）

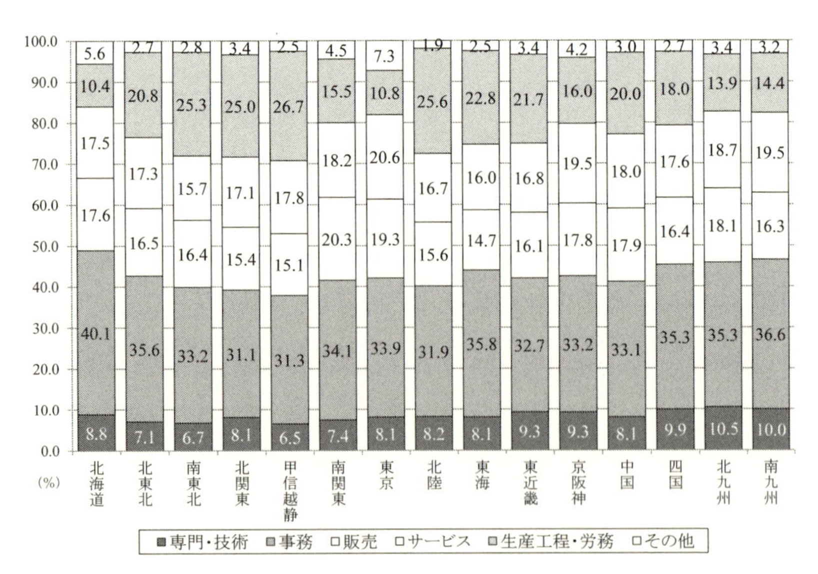

図4-15　20～24歳の高卒就業者の職業構成（女子・地域15ブロック別）

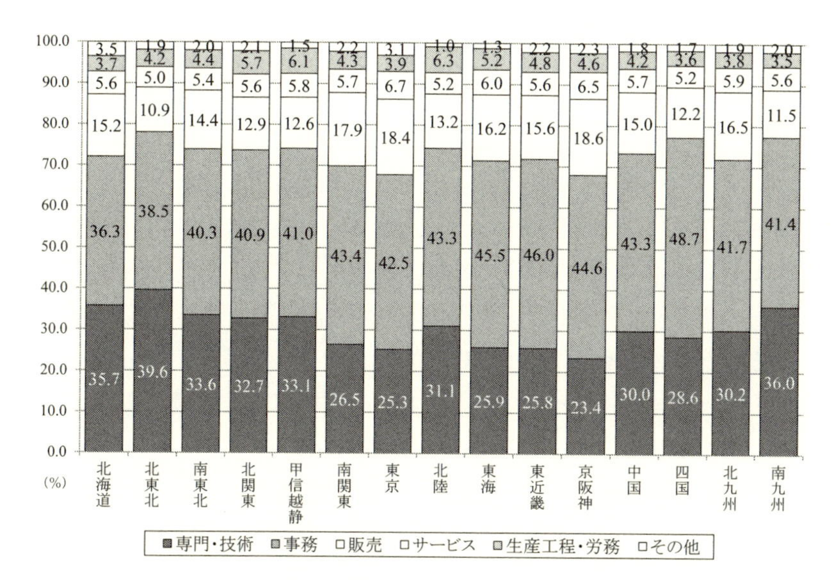

図4-16　20～24歳の大卒就業者の職業構成(女子・地域15ブロック別)

表4-8　20～24歳の就業者の職業構成(男子・学歴別・地域3ブロック別)

	専門・技術	事務	販売	サービス	生産工程・労務	その他
高校卒男子(20～24歳)						
全国	3.9	6.0	11.7	9.7	55.8	13.0
外縁地方	3.9	6.5	12.5	8.9	52.6	15.5
中間地方	3.5	5.0	10.1	7.5	62.5	11.5
大都市圏	4.1	6.2	12.2	11.3	53.8	12.4
大学・大学院卒男子(20～24歳)						
全国	23.0	18.3	29.4	5.6	18.2	5.5
外縁地方	21.5	19.4	29.2	5.7	17.3	6.8
中間地方	21.0	18.7	27.3	4.6	23.2	5.3
大都市圏	24.1	17.8	30.1	5.9	16.8	5.3

れより10ポイントほど少ない。そして、大学・大学院卒の生産工程職が最も多いのも中間地方なのである(23.2%)。外縁地方(17.3%)、大都市圏(16.8%)より、5ポイント以上高い。

女子についても表4-9で検討する。まず高卒者だが、中間地方の特徴は、他の地域より事務(32.2%)が少なく、生産工程(23.7%)が多いことである。特に生産工程は外縁地方(16.7%)、大都市圏(16.8%)より5ポイント以上多い。いっぽう、大学・大学院卒は、中間地方の顕著な特徴と呼べるものはなさそうだ。そもそも地域差自体が小さい。

むしろ重要なのは、専門職に就く大卒女子が外縁地方で最も多く、33.7%に達する事実である。これは大都市圏(25.3%)に比べ、10ポイント近い差である(中間地方は31.2%)。また、大都市圏では販売職が17.8%と、やや多いようだ[24](表4-9)。

なお女子が最も多く就業しているのは、高卒、大卒とも事務職である。ここから、高卒者に対する大卒労働力の稀少性が低い地方では(ここでは中間地方)、女子は事務職をめぐって、高卒者と大卒者が(さらには、結果は省略したが短大卒も)競合していると考えられる(表4-9)。

以上、この節では、学歴別労働力の代替弾力性の推計を行った結果、大卒者の相対就業者数が多い(つまり「中間地方」のように、大卒者が過剰気味な)県ほど、

表4-9　20～24歳の就業者の職業構成(女子・学歴別・地域3ブロック別)

	専門・技術	事務	販売	サービス	生産工程・労務	その他
高校卒女子(20～24歳)						
全国	8.3	34.2	17.3	18.0	18.5	3.8
外縁地方	8.8	36.0	17.1	17.8	16.7	3.6
中間地方	7.8	32.2	16.0	17.5	23.7	2.8
大都市圏	8.2	34.1	18.1	18.4	16.8	4.4
大学・大学院卒女子(20～24歳)						
全国	27.8	43.2	16.4	6.0	4.5	2.2
外縁地方	33.7	40.3	14.4	5.6	3.9	2.2
中間地方	31.2	43.1	13.4	5.6	5.1	1.7
大都市圏	25.3	43.9	17.8	6.2	4.4	2.3

大卒者の相対賃金が低いことを明らかにした。この事実は、地方では高卒者と大卒者とが、同種の仕事をめぐって競合関係にあることを意味すると解釈できる。また大卒労働力の稀少性が低い地方で、大卒者と高卒者が競合するとは、具体的には、男子は生産工程職で、女子は事務職においてである可能性も示唆された。

これらを踏まえると、中間地方出身の大学進学志願者の場合は、将来、出身県で就職したならば学歴間賃金格差が低いために、大学進学のメリットがあまり大きくないことになる。よって、それがより大きくなる（つまり、大都市圏での就職に結びつく）県外大学への進学に強く動機づけられても不思議なことではない。一方、出身県に戻った場合も、（高卒者と仕事を奪い合うために）職に就くこと自体には、大卒が有利という判断が働く可能性があるだろう。以上が、学歴間賃金格差の小さい県ほど、県外進学率さらには大学進学率が高い事情を説明できると考える。

第3節　地域別にみた高卒労働市場

1. 高卒者の就職先地域

ところで前節までの検討では、なお不十分な点がある。以上は大学進学という選択行動の半面、すなわち高卒で就職せず、大学へ進学した場合の就業機会しか見ていない。地域によっては、高卒で就職した場合にも良好な就業チャンスに恵まれていれば、大学に進学しなくとも将来、高い生涯所得が展望できる可能性もあろう。そのため、大学進学行動の地域的な相違に主な関心がある本研究も、高卒労働市場の構造に関する検討を避けることができないのである。

あらかじめ結論を先取りすれば、新規高卒者の就職先地域（県内か県外か）を分析すると、進学率の最も低い諸県（外縁地方）では、県外への就職（その大部分は大都市圏への就職）が多いことが明らかになる。では以下、詳しく検討していこう。

かつては地方の高校を出て就職する者のうち、県外で就職する生徒も多かったが(1970年代前半で、県内就職割合は6割にとどまっていた)、1990年代以降は県内就職が増加し、2000年代初頭には8割を占めるほどに主流化している[25](谷2000、根岸・谷2004)。地方の高校生の県内就職が増えたのは、次の理由による[26]。90年代以降、大都市圏の高卒労働需要の総数が減少し、専門学校卒業者や大卒者への学歴代替が進行した(また、正規雇用から非正規雇用へのシフトも見られた)。そのため、(職業安定機関の統計で捉えられ、『新規学卒者の労働市場』に掲載される)都道府県を超えた求人数が大きく減少したため、例えば東京都では、新規高卒入職者の出身地別構成比はそれほど変化していないにもかかわらず、地方出身者の大都市における就職間口が狭まったのである(谷2000、根岸・谷2004、日本労働研究機構1998、小杉2008、平山2011)。

現在では県内就職が主流になったとは言え、依然として県外就職が多い地域もある。次の**図4-17**(男子)、**図4-18**(女子)は、2006年3月に高校を卒業した生徒(全日制・定時制)のうち就職者について[27]、就職先が県内である者の割合

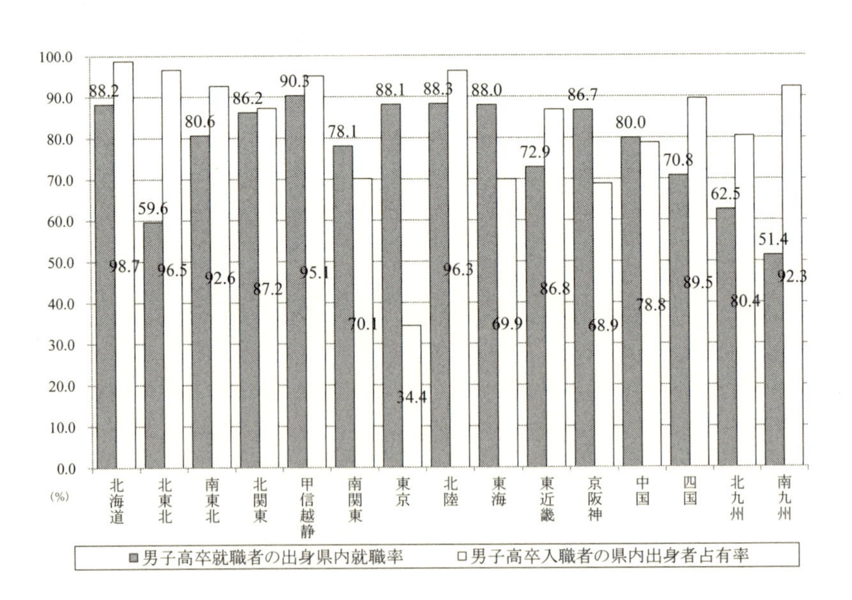

図4-17　高卒男子の出身県内就職率と県内出身者占有率(15ブロック別)

(注)『学校基本調査』による。2006年3月高校(全日制、定時制)卒業者。図4-18、表4-10も同様。

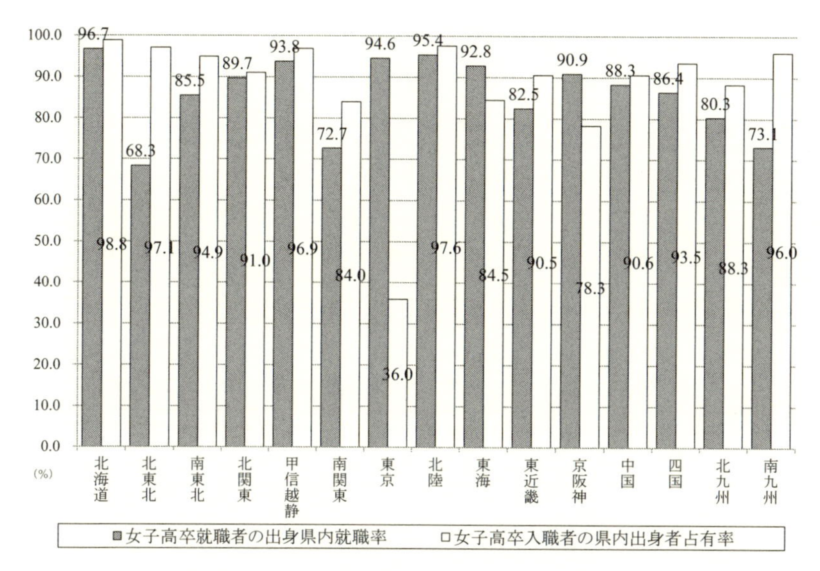

図4-18　高卒女子の出身県内就職率と県内出身者占有率(15ブロック別)

(出身県内就職率)を15ブロック別に示したものである。

これらの図を見ると、地方の中でも北東北(男子59.6%、女子68.3%)や南九州(男子51.4%、女子73.1%)では出身県内就職率が低いことがわかる。つまり、県内からの求人だけでは就職口が足りず、他県へ流出している。いっぽう、甲信越静(男子90.3%、女子93.8%)や北陸(男子88.3%、女子95.4%)では県内就職率が高い(図4-17、図4-18)。

これらを地域3ブロック別に整理した**表4-10**によれば、やはり出身県内就職率は外縁地方で低く(男子66.5%、女子80.2%)、中間地方で高い(男子83.9%、女子90.8%)結果になった。大都市圏(男子83.7%、女子85.8%)も高いが、中間地方より低くなるのは南関東(男子78.1%、女子72.7%)や東近畿(男子72.9%、女子82.5%)といった大都市郊外地域で、出身県内就職率が低いためである。これらの地域の県外就職者には、居住地移動を伴わずに東京や京阪神で働くケースが少なくないだろう。東京(男子88.1%、女子94.6%)や京阪神(男子86.7%、女子90.9%)だけを見ると、出身県内就職率は高い。

図4-17、図4-18、表4-10には、就職する側ではなく、採用する側から見た

指標、つまりある県に入職した新規高卒者のうち、その県出身者の占める割合(県内出身者占有率)も示してある。地方の場合、概ねどのブロックでも県内出身者占有率は高い傾向があり、男女とも9割に近い(ただし男子の東海は低く、中国や北九州もやや低い)。外縁地方全体で男子90.7%、女子94.3%、中間地方では男子88.2%、女子93.7%である。それに対して、大都市圏では男子63.8%、女子72.8%と低くなっている。とりわけ低いのが東京で(男子34.4%、女子36.0%)、他県から多くの新規高卒者を入職させていることがわかる。

表4-10　高卒者の出身県内就職率と県内出身者占有率(地域3ブロック別)

	男子(高卒者)		女子(高卒者)	
	就職者の出身県内就職率(%)	入職者の県内出身者占有率(%)	就職者の出身県内就職率(%)	入職者の県内出身者占有率(%)
全国	77.5	77.5	85.1	85.1
外縁地方	66.5	90.7	80.2	94.3
中間地方	83.9	88.2	90.8	93.7
大都市圏	83.7	63.8	85.8	72.8

以上を整理すると、高卒労働市場の構造は地域によって異なっており、大きくは次の3つのパターンが認められる[28]。第一に、新規高卒就職者の他県からの流入、他県への流出のいずれも少ない(県内出身者占有率、出身県内就職率のいずれも高い)地域(＝中間地方[29])。第二に、他県からの流入は少ないが、他県への流出は多い(県内出身者占有率は高いが、出身県内就職率は低い)地域(＝外縁地方)。そして第三に、他県からの流入は多いが、他県への流出は少ない(県内出身者占有率が低く、出身県内就職率は高い)地域(＝大都市圏)である。論理的には他県からの流入も、他県への流出のいずれもが多い(県内出身者占有率、出身県内就職率のいずれも低い)地域という第四パターンもありうるし、大都市郊外地域がそれに該当するが、ここでは指摘だけにとどめたい。

さて、ここで重要なのは第一パターンと第二パターンの違いである。その地域内で完結した、言わば自立的な高卒労働市場を持つ中間地方の高校生にとって、高卒就職するとは基本的に出身県内で働き続けることを意味する。

それに対して外縁地方の場合(北海道を除く)、男子で3割強、女子で2割だから決して高い割合とは言えないが、高卒で就職する場合は、少なくない確率で県外に移動するチャンスを持っている。

県外就職とは、どこへ移動することを意味するのか。**図4-19**(男子)、**図4-20**(女子)は厚生労働省の労働市場関係の統計から、2006年3月の高卒就職者の就職先地域を整理したものである。これを見ると東北や九州から県外就職する者のうち、大半が大都市圏に移動することが読み取れる。特に北東北(男子35.2%、女子28.2%)や南九州(男子42.8%、女子25.5%)からは、県内就職も含めた絶対数の上でも、大都市圏への就職割合が大きいことがわかる。3ブロック別に見ると(**表4-11**)、外縁地方全体で大都市圏への就職割合は男子が27.8%、女子が17.1%となっており、中間地方の男子10.7%、女子7.0%より大きい。

なお『新規学卒者の労働市場　平成18年度』によれば、この統計は2006年3月新規学卒者(高校)について「平成18年6月末日までの間に公共職業安定所及び学校(職業安定法第27条及び第33条の2第1項第1号の規定による学校)において

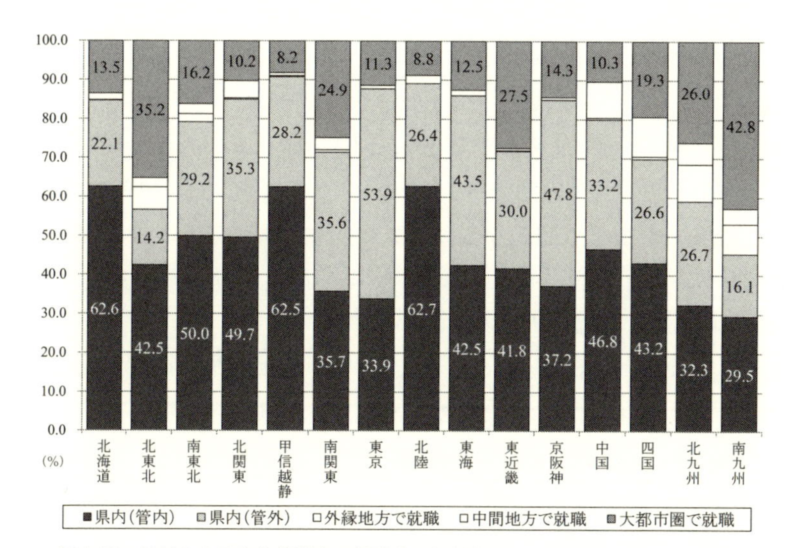

図4-19　2006年3月高卒就職者の就職先の地域(男子・出身地15ブロック別)

(注)『新規学卒者の労働市場』より作成。図4-20、表4-11も同じ。

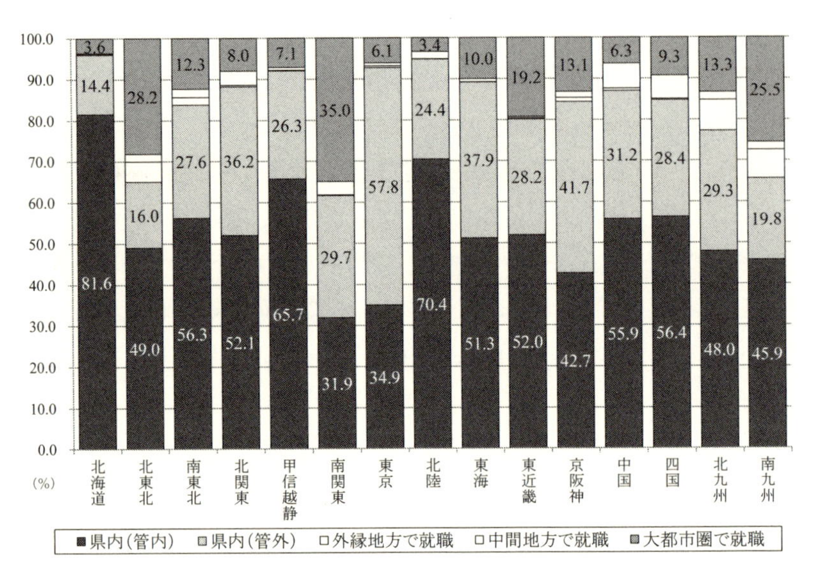

図4-20　2006年3月高卒就職者の就職先の地域(女子・出身地15ブロック別)

取り扱った求職、求人及び就職状況を取りまとめたもの」(p. 1)である。「一般公募での試験により求人が行われる公務員志望者や自営業等への就職については、労働市場関係の統計には反映されてい」ない(山口県統計分析課2007、p. 10)。したがって、『学校基本調査』(5月1日現在の状況を集計)を用いて2006年3月高校(全日制、定時制)卒業者について、同様の図表を作成した場合に比べ(就職地「その他」を除く)、県内就職率(「県内(管内)」と「県内(管外)」の合計)は、ほとんどの地域でやや低い値となることには注意を要する[30]。ただし、男子の甲信越静(90.8%)、北陸(89.1%)は、『学校基本調査』による出身県内就職率(図4-17)を上回っているようだ。

さて、図4-19、図4-20、表4-11には、『学校基本調査』では算出できない値も掲載してある。「出身管内就職率」とでも呼べるものである。『新規学卒者の労働市場　平成18年度』の「送出地域及び受入地域別就職者数」の表には、「都道府県内就職のうち他安定所管内への就職」(p. 16)を示す「自県管外」というカテゴリがある。それをもとに出身管内就職率を算出すると中間地方で高く、男子で53.0%、女子で59.5%であるのに対して、外縁地方の値は低い(男子

40.7%、女子54.0%）ことがわかる。いっぽう、出身県内就職に占める管内就職者の割合を計算すれば、外縁地方（男子64.7%、女子70.6%）と、中間地方（男子63.3%、女子66.6%）とでほぼ同等の水準になる。

これらのことから、出身高校を所管する職業安定所の管内と、県内だが管外（他の安定所の管内）とを区別してもなお、県内就職者の割合全体は中間地方で高く、外縁地方で低いことが確認できる。外縁地方の方が、管内就職率が低い代わりに県内管外就職率が高い、といった関係は見られないというわけ

表4-11　2006年3月高卒就職者の就職先の地域（地域3ブロック別）

	出身県内（管内）	出身県内（管外）	外縁地方	中間地方	大都市圏	出身県内に占める管内割合
男子						
全国	43.6	32.0	2.2	3.3	19.0	57.7
外縁地方	40.7	22.2	5.7	3.5	27.8	64.7
中間地方	53.0	30.8	.4	5.1	10.7	63.3
大都市圏	38.5	42.4	.2	1.5	17.3	47.6
女子						
全国	51.4	29.9	2.0	2.1	14.6	63.2
外縁地方	54.0	22.5	4.7	1.7	17.1	70.6
中間地方	59.5	29.8	.3	3.3	7.0	66.6
大都市圏	42.2	37.7	.4	1.6	18.1	52.8

である（「出身県内に占める管内割合」と、県内就職率の相関係数を都道府県単位で算出すると低く、男子は約-0.3、女子はほとんど無相関であった）。そして外縁地方からは、（大都市圏を中心とした）県外就職が多い。

以上から、外縁地方から県外就職する場合、多くは賃金水準の相対的に高い大都市圏へ移動するために、彼（女）らが将来に見込む収入への期待は、地元の賃金水準だけを見て形成することにはならないのではないか。むしろ、大都市圏を参照する生徒も多いと考えられる。そのため外縁地方には、大都市圏に移動して就職することで、地元で就職する場合よりも高い収入を得られると期待する層が存在し、そのことが平均的には、高卒就職のメリットを高く認識させる帰結を生む可能性がある。歴史的に県外就職の多かった地域

では、近年のように、県内就職が増えてきても、高卒就職の経済的メリットに対する期待は変化しにくいなら[31]、こうした推論は成り立つ。それに対して中間地方の場合、高卒での就職機会はほぼ地元に限られる見通しになり、高卒就職から得られるメリットをその地域の水準で見積もることが多くなるのではないか。

小杉(2010)が報告している次のようなケースは、以上のような外縁地方に関する解釈を裏付けるものと言えよう。労働政策研究・研修機構編(2008)によるインタビュー調査の対象となった秋田県や高知県にあるハローワークの管内では、就職を希望する高校3年生のうち、当初(5月)の段階で県外就職を希望する者はそれぞれ37.8%、17.0%だった。しかし結果としては、それぞれ61.8%、41.2%の生徒が県外へと就職することになった。この背景にあるのは、ネームバリューのある県外の大企業が、(団塊世代の大量定年退職を迎え、4大卒だけでは求人を埋められないなどの理由で)製造・制作の職業の求人を出したことによって、最初は県内就職を考えていた生徒たちが、途中で県外に切り替える場合が少なくないことだったという[32](小杉2010、pp. 236-237)。

こうした県外就職者の多い地域では、地元企業の採用見通しがなかなか立たず、求人を出す時期が遅れることも、高校生が(就職できないという不安から)県外の求人への応募に拍車をかける一因となっている。いったん内定を得ると、その段階で就職活動をやめる慣行があるため、後から地元の求人が出ても応募する生徒がいない事態さえ起こるとされる(小杉2010、p. 233)。

高卒者の県外就職を、「構造移動」(出身地に雇用機会が乏しいための移動)と、「純粋移動」(自発的な選択による移動)に分けると、1980年代後半以降の県外就職(粗)移動率の全体の低下は、主に構造移動率の減少によるものである一方、純粋移動率は、2000年代半ばに入っても一定程度に維持されていることも報告されている(佐藤2008)。つまり高卒者の県外就職移動の背景には、一定の選択の契機が働いていることが窺える。

実際、新規高卒者の県外就職率は、(東京を除く46道府県別)クロスセクションで見ると高卒求人倍率が低い県ほど(また生涯賃金が低いほど、非大都市県であるほど)高く、結果として高卒者の県外就職は、若年失業率の低下に寄与しているという(太田2005)。時系列的に見れば、県外就職率は好況期に(求人倍率が高まり、他県に優良な雇用機会が増えて)上昇することや(太田2005)、高卒者の県外就職を多く受け入れる県の求人シェア(全国の求人に占める割合)が増えると高まることも指摘されている(太田2010)。

高卒就職については従来から、1人あたり県民所得が低い県ほど、高卒者の県外就職率が高いことが指摘されていた(天野・河上・吉本・吉田・橋本1984、pp. 7-8)。すなわち1980年の県別データを分析すると、「就職者が所得の低い地域から高い地域へと移動する傾向がはっきり示されている」というのである(同、p. 9。橋本執筆部分)。今でもこの指摘は一定程度、妥当だと言うことができよう。

2. 高卒就職者の就職先の特性

以上は高卒就職者の就職先地域だが、就職先の特性についても少し詳しくみておこう。小杉(2010)は、2003年から2007年にかけて増加した3月卒業者向け求人のうち、職業別にはほとんどが「生産工程・労務」(特に「製造・制作の職業」)であり、産業別には、大半が製造業(特に、輸送用機械器具製造と一般機械器具製造)であること(また、「医療・福祉」から「その他の事業サービス業」までの合計であるサービス業でも求人が増加したこと)を指摘する(p. 226)。その上で、地方県でも新規高卒者の需給状況が比較的良好な地域(2007年3月卒業者対象の有効求人倍率が、1倍を超える長野、新潟や、1倍を若干下回る大分、島根)においては、求人にしめる製造業の比率や、生産工程・労務職の比率が高いと述べている(小杉2010、pp. 233-238)。

以上を踏まえ、高卒就職者の就職先の地域(県内、県外)と産業を、製造業に着目して整理したものが次の**図4-21**(男子)、**図4-22**(女子)である。図中で、構成比率の数値が記載されている箇所(棒グラフの太枠部分)が県内就職であり、製造業、小売・サービス(「小売等」)、その他の3つに分類して示した[33]。数値を示さなかった県外就職についても、業種をこの3つに分類している。

2つの図から、県内の製造業への就職者割合(白抜き数字の部分)が大きいのは北関東(男子54.0%、女子33.7%)、甲信越静(男子55.6%、女子37.2%)、北陸(男子54.6%、女子38.7%)など中間地方が中心であることがわかる。大都市圏では東海(男子61.9%、女子39.9%)が大きい。いっぽう北海道(男子16.8%、女子9.3%)や北東北(男子24.1%、女子18.4%)、南九州(男子17.2%、女子13.2%)など外縁地方の割合は小さい[34](図4-21、図4-22)。

県内就職者全体にしめる製造業就職者の割合から見ても、同様の地域差が見て取れる。**表4-12**には、この値を地域3ブロック別に示したが、中間地方(男子59.7%、女子35.0%)や大都市圏(男子57.1%、女子33.4%)では比較的高い値となっている。それに対して外縁地方では低い(男子38.5%、女子21.6%)。県外就職の場合、中間地方(男子43.3%、女子21.8%)、外縁地方(男子44.3%、女子19.4%)、大都市圏(男子40.8%、女子21.2%)の間に大きな差は見られない。

ちなみに、県内就職の場合、中間地方と外縁地方の差は顕著だが、県外就職についてはそれほど大きな差ではない点は、小売等についても当てはまるようだ。県内就職者の全体にしめる小売等就職者の割合は、外縁地方(男子28.3%、女子65.1%)の方が、中間地方(男子18.7%、女子54.9%)より10ポイント

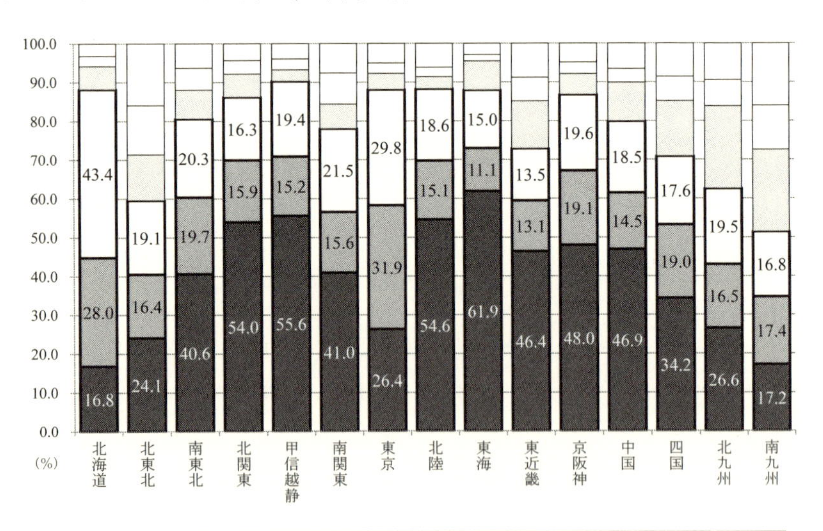

図4-21 高卒就職者の就職先の地域と産業(男子・出身地15ブロック別)

(注)『学校基本調査』より作成。2006年3月高校(全日制、定時制)卒業者。図4-22、表4-12も同様。

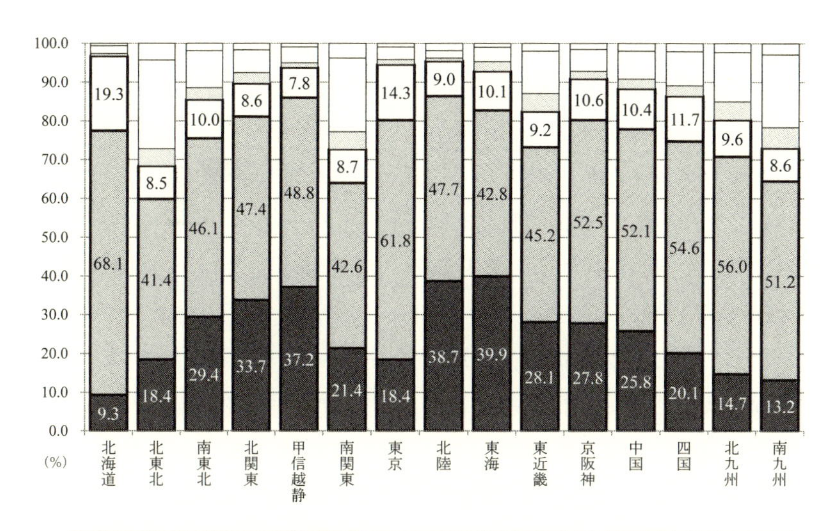

図4-22　高卒就職者の就職先の地域と産業(女子・出身地15ブロック別)

表4-12　高卒県内・県外就職者にしめる製造業・小売等就職者の割合(地域3ブロック別)

	男子(高卒者)		女子(高卒者)	
	製造業	小売等	製造業	小売等
県内就職者にしめる割合				
全国	52.1	22.1	29.8	58.4
外縁地方	38.5	28.3	21.6	65.1
中間地方	59.7	18.7	35.0	54.9
大都市圏	57.1	19.9	33.4	54.8
県外就職者にしめる割合				
全国	43.2	24.1	20.4	65.7
外縁地方	44.3	24.0	19.4	68.2
中間地方	43.3	22.1	21.8	60.7
大都市圏	40.8	25.9	21.2	64.5

以上も大きい。それに対して県外就職の場合は、外縁地方(男子24.0%、女子68.2%)と、中間地方(男子22.1%、女子60.7%)との差はもう少し小さくなっていることが表4-12から読み取れる。

高卒就職者の就職先として、もう1つ重要な観点は企業規模である。しかし『学校基本調査』や『新規学卒者の労働市場』からは、高卒就職者の就職先の企業規模を知ることはできない。代わりの方法としては、間接的だが『賃金構造基本統計調査』から、毎年6月時点の18～19歳労働者の企業規模別構成比を都道府県別に計算できる(筒井2001)。この年齢層は中卒者が含まれるが、ほとんどが高卒者のため、新規高卒就職者の就職先の企業規模を示す代替的な指標として用いることが可能である[35]。

図4-23(男子)、**図4-24**(女子)、**表4-13**は、企業規模別の18～19歳労働者数(産業計)が企業規模計にしめる割合(%)を、15ブロック別、地域3ブロック別に示したものだ。労働者数は、都道府県別「年齢階級別きまって支給する現金給与額、所定内給与額及び年間賞与その他特別給与額」の表による(2005～2007年の平均値を使用)。これまでに見た図表と異なり、地域は出身地でなく、事業所所在地であることには注意が必要である。

これらの図表が示すことは、18～19歳労働者(ほとんどが高卒者)の勤務先の企業規模は、地域(事業所の所在地)によって異なることである。男女とも、大都市圏ほど大企業に勤める者が多い。表4-13を見てみると、「1,000人以上」の企業に勤める労働者が全体に占める割合は、男子で35.4%、女子で

表4-13　18～19歳労働者の勤務先の企業規模(男子・事業所所在地3ブロック)

	男子				女子			
	1,000人以上	100～999人	10～99人	企業規模計	1,000人以上	100～999人	10～99人	企業規模計
企業規模別18～19歳労働者数(千人)								
全国	37.5	51.7	38.2	127.3	16.1	38.2	27.1	81.2
外縁地方	5.7	11.8	11.9	29.4	3.6	10.4	8.8	22.8
中間地方	9.7	15.5	10.5	35.7	4.1	12.0	8.4	24.5
大都市圏	22.0	24.4	15.8	62.2	8.3	15.8	9.9	34.0
企業規模計にしめる割合(%)								
全国	29.4	40.6	30.0	100.0	19.8	47.0	33.3	100.0
外縁地方	19.5	40.2	40.3	100.0	16.0	45.7	38.5	100.0
中間地方	27.2	43.5	29.4	100.0	16.8	48.9	34.4	100.0
大都市圏	35.4	39.2	25.4	100.0	24.5	46.5	29.1	100.0

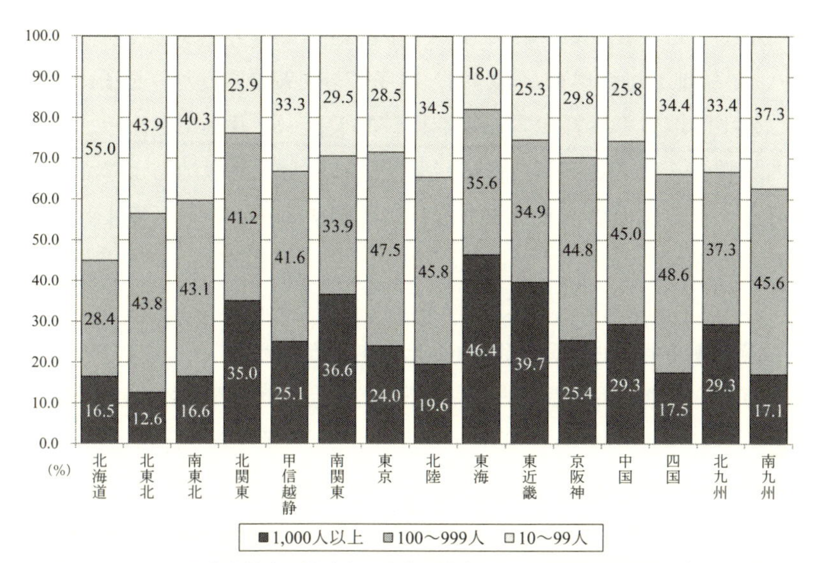

図4-23　18～19歳労働者の勤務先の企業規模(男子・事業所所在地15ブロック別)

(注)『賃金構造基本統計調査』より作成。2005年～2007年の平均。労働者数は標本調査からの推計値のため、全体の合計は100%にならない。図4-24、表4-13も同じ。

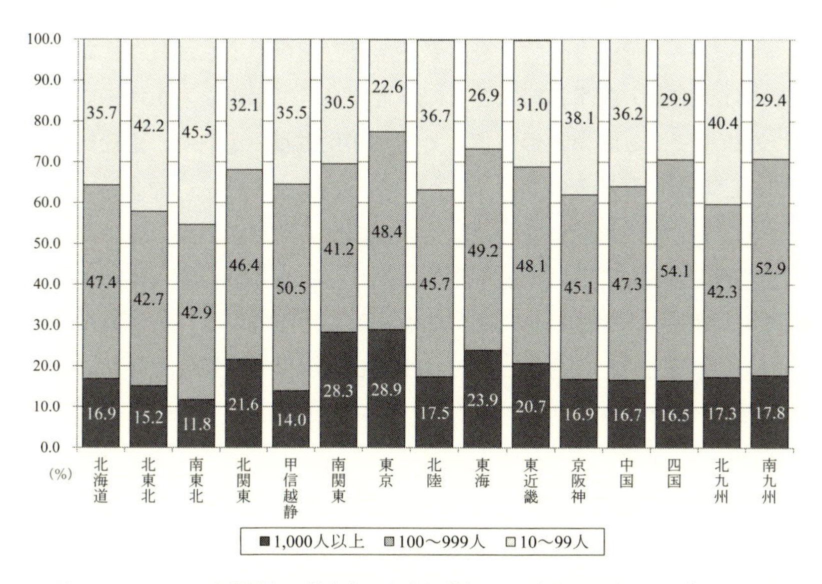

図4-24　18～19歳労働者の勤務先の企業規模(女子・事業所所在地15ブロック別)

24.5%となっている。それに対して、中間地方では男子が27.2%、女子が16.8%、外縁地方では男子が19.5%、女子が16.0%であった。男子については、この中間地方と外縁地方の差も比較的大きいと評価できよう。あくまで県内就職を希望する高卒者に限定して述べれば、外縁地方よりも中間地方の方が、企業規模のより大きな会社に就職するチャンスに恵まれていると考えられる。

3. 高卒労働市場の地域間の相違がもたらす帰結

以上の議論をまとめよう。高校卒業後に就職する場合、将来も出身の県内にとどまる見込みの高い中間地方の高校生は、外縁地方に比べて製造業や、企業規模の大きな会社へと就職するチャンスに恵まれている。恐らくそのことが、中間地方においては高卒者と大卒者との賃金格差が相対的に小さいことや、後述するように、就職希望者が比較的前向きな理由で就職を選んでいくことの背景となっていると考えられる。

というのも小杉(2010)によれば、製造業からの求人が一定規模ある県(長野、新潟、島根、大分、秋田)では学卒無業率が低く、それらの県内のうち、調査対象のハローワーク管内における未就職卒業者の割合も小さかったという。その背景には製造業・生産工程とともに、近年高卒者への求人が増えているもう一つの仕事である販売・サービスでは、非正規雇用が多く、正社員で就職することとの違いが見えにくいことがあると指摘する[36](pp. 247-248)。日本全体の数値だが、厚生労働省の職業安定業務統計から、新規高卒者に対する求人の充足率(就職者数／求人数)を業種別に算出すると、2000年代は、製造業の充足率が、卸売・小売業やサービス業を一貫して上回った。募集職種別の場合、技能工等(生産工程・労務)の方が、サービス職より一貫して高い(岩脇2012、p. 32、p. 34)。

このような中間地方における進路選択の文脈に対して、外縁地方では県外就職の可能性が少なくない。特に男子が製造業への就職を考える場合、県外を視野に入れる必要がある(県内就職の場合、小売やサービス業が多くなってしまう)。また、外縁地方は、大都市圏だけでなく中間地方に比べても、そもそも求人自体が少ない(求職者数に対する求人数の比である求人倍率が小さい)ことから(**図4-25**)、魅力的な仕事が見つかる可能性も高くはないかも知れない。したがって、より賃金水準の高い地域(大都市圏)で就職する期待を持ちやすく、県外移動に対する動機づけがあると考えられる。

もっとも、だからといって、外縁地方の高卒就職者が全て、望んで県外就職すると解釈することにも無理があるだろう。県内就職の場合は非正規の仕事が多いから、仕方がなく県外に出るという者もいるはずである。また、「外縁地方の高校生の多くは、もともと進学を望んでいない」と決めつける必要もない(誰もが進学を望むと想定するべきでもない)。単に、「県外就職をすれば、大学進学の必要がなかった」だけである。

なお、今の議論の前提となるのは、大都市圏で初職に就いた高卒就職者が、大都市圏でそのまま働き続けられる見込みは一定程度あるということだが、実際のところはどうか。このことを直接、検証できるデータは極めて限られている。一例として、釜石市内の4つの高校(調査当時)を1956年から1995年

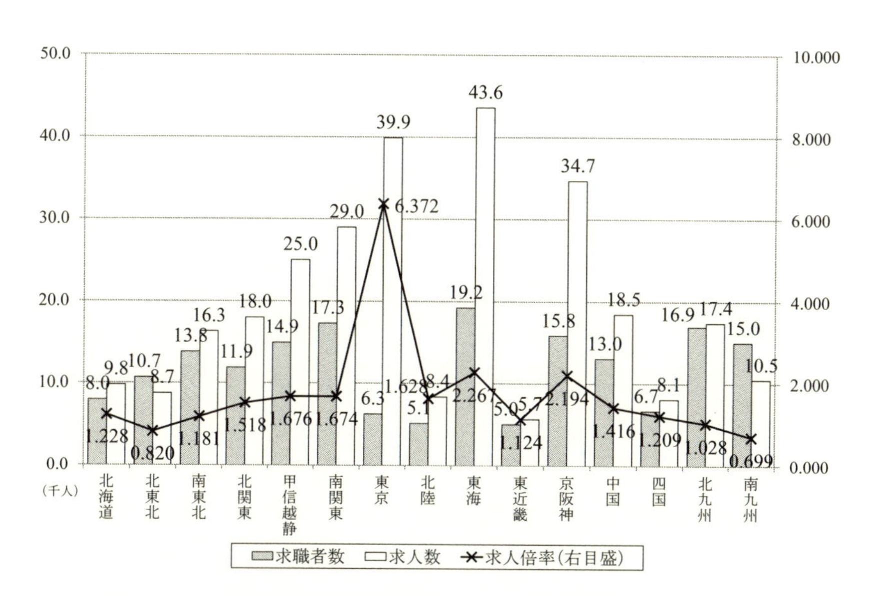

図4-25　2006年3月高卒者の求職者数・求人数・求人倍率(15ブロック別)

(注)『新規学卒者の労働市場』をもとに作成。

までに卒業した男女を対象に、2007年に東京大学社会科学研究所が行った調査の分析結果を紹介しておきたい(西野2009b)。それによれば、戦後生まれの釜石(釜石市の隣の大槌町を含む)出身者で、初職の従業地が関東だった男性のうち、30歳時点で関東に住んでいるのは、1945～54年生まれが63.5%、1955～64年生まれが64.5%、1965年以降生まれが47.7%となっている(高卒者と進学者の合計)。関東に次いで多い居住地が釜石で、19.0%、17.1%、34.1%であった。なお、関東で初職に就いた男性の比率は、1945～54年生まれは高卒者32.6%、大学進学者48.6%、1955～64年生まれが高卒者21.3%、大学進学者45.5%、1965年以降生まれが高卒者39.1%、大学進学者21.5%であるという(p. 174、p. 188)。

この調査と同様、東京大学社会科学研究所が福井市内の公立高校5校の卒業生(1954年度～2004年度卒)を対象に行った「福井市内高校卒業後の地域移動調査(同窓会調査)」(2010～11年)では、高校卒業後に県外に転出した人の約5割がUターンしていることが明らかにされている(ただし、進学による転出も含まれる)。高卒後の県外転出は、男性の約3分の2、女性の半分弱だが、Uターン率はほぼ変わらない。5割のUターン者のうち、23歳までに約3割(Uターン者のうち6割)、30歳までに約4割(Uターン者の8割)が帰ってくるという(石倉2013、pp. 248-250)。

以上の検討からは、もし高卒後に大都市圏で就職したとしても、将来のどこかの時点で(例えば30代から40代までに)、無視できない割合(例えば半分程度)の者が、地元へ戻ってくる可能性のあることが示唆される。就職のため大都市圏に出ても、将来の住宅取得が困難なことなどが背景にあると考えられる[37]。

この節の最後に、「高校生調査」によって就職等希望者の就職理由と、大学進学希望者の進学理由を検討しておこう。まず就職等希望者については、比較的前向きな理由で就職を選んでいく高校生は、中間地方で多いことがわかる。「高校生調査」では、就職を考えている生徒(すでに就職が決まった生徒を含む。進学希望者は除く)に就職を考えた理由を尋ねている。そのうち、統計的に有意な地域差(カイ二乗検定10%水準)のあるものを**図4-26**に示した(4件法で尋ねた設問を、肯定的回答と否定的回答の2カテゴリにまとめ、肯定的回答の割合のみ掲げた[38]。

図4-26で注目されるのは、「高卒後すぐに就職したほうが、よい会社(官公庁)に入れると思うから」という理由である。肯定的回答はどの地域でも少ないが、中間地方(31.4%)は、外縁地方(21.4%)より10ポイント多い(カイ二乗検定10%水準で有意)。また、「やりたい仕事があるから」という前向きな回答も、中間地方で最も多く(63.8%)、外縁地方は少ない(51.2%)。

この傾向は、次のように考えれば、これまでの議論と整合的に理解することができる。中間地方の就職等希望者の多くにとって、高卒で就職するとは、将来も出身地域に住み、働き続けるということである。こうした地域では、高卒と大卒の賃金格差が外縁地方より(さらには大都市圏に比べてすら)小さい(第3章)。そのことが就職等希望者にとっては「高卒後すぐに就職したほうが、よい会社(官公庁)に入れる」ことと、対応しているのではないか。

図4-26と同じ要領で、大学進学希望者のみについて、進学を考えた理由を示したものが**図4-27**である(カイ二乗検定10%水準で有意な地域差のある項目につ

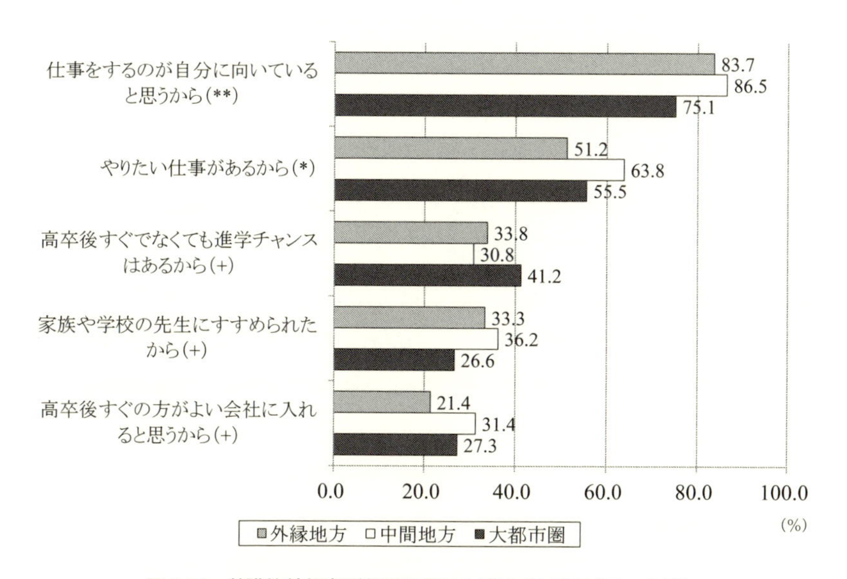

図4-26　就職等希望者が就職を考えた理由(地域3ブロック別)

(注)「高校生調査」より作成。無回答を除く。「とてもあてはまる」と「あてはまる」の合計。就職理由末尾の括弧内はカイ二乗検定の有意水準(**は1%水準、*は5%水準、+は10%水準)。次図も同様。

いて肯定的回答の割合を掲げた[39]。図中の「高卒ではよい就職先がみつからないから」という項目を見ても、外縁地方(71.5%)より中間地方(65.1%)の方が、わずかだが少なくなっている。

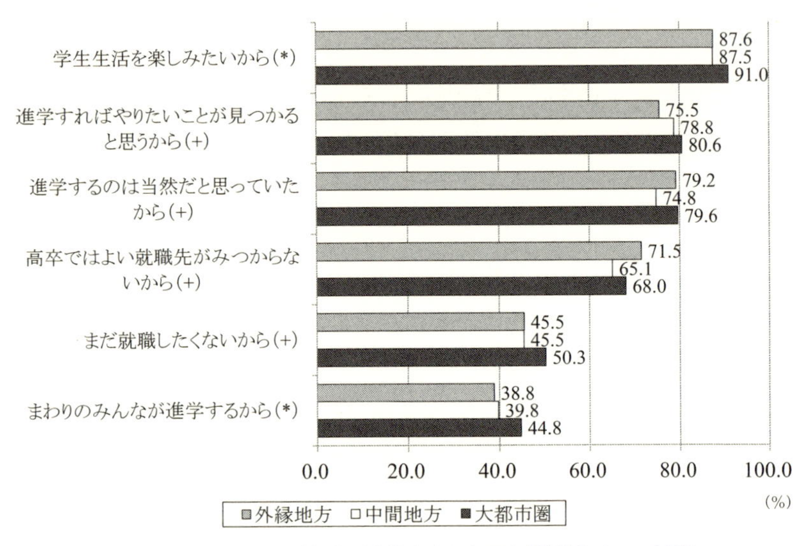

図4-27　大学進学希望者が進学を考えた理由(地域3ブロック別)

以上、この節では、地域ごとの高卒労働市場の構造、特に新規高卒者の就職先の地域や(県内か県外か)、特性(産業、企業規模)について検討を行った。その結果、就職先地域は、大学進学率の最も低い諸県(外縁地方)ほど、県外就職(その大部分は大都市圏への就職)が多いことが分かった。このことは大学に進学しなくとも、将来に高い生涯所得も展望できる可能性のあることを示唆する。

第4節　小括

本章では、新規学卒労働市場の地域的な相違について検討した。第1節では、政府統計や先行研究の成果に基づき、大学所在地別、出身地別のそれぞれについて、大卒就職者の就職先地域を分析した。その結果、2点が明らかになった。第一に、大都市圏所在の大学への就学は、地方出身者に対しても大都市圏で就職するチャンスを提供している（一部の専門分野を除いて、大都市圏所在の大学の卒業者は、多くが大都市圏で就職する）。しかし第二に、出身県内の大学であれ、県外大学であれ、大学を卒業した後は出身県で就職する地方出身者も少なくない（ほぼ半数近い）。大学の入学定員は大都市圏（東京）に集中しているから、この2つの点は矛盾しない事実と言える。

第2節では、学歴別労働力の代替弾力性を分析した。相対賃金を若年者（20～24歳）について県別に推計し、若年者の相対就業者数（大卒／高卒）に回帰させた結果、相対就業者数が多い（つまり中間地方のように、大卒者が過剰気味な）県ほど、大卒者の相対賃金が低いことを明らかにした。よって、地方では高卒者と大卒者が、同種の仕事をめぐって競合関係にあることが示唆される。具体的には、男子は生産工程職で、女子は事務職で、大卒者と高卒者が競合すると見られる。

最後に第3節では、まず高卒者の就職先地域について検討した。その結果、県内就職者の割合全体は中間地方で高く、外縁地方で低いこと、そして外縁地方からは、（大都市圏を中心とした）県外就職が多いことが確認できた。高卒就職者の就職先特性を見ると、中間地方で県内の製造業への就職の多いことがわかった（企業規模も比較的大きい）。

以上の検討結果は、前章における分析結果の解釈を可能としてくれるものである。地方出身者にとって、県外進学の多くは大都市圏への進学だから、卒業後の就職先を大学所在地に近い地域で見つけることが期待できるならば、県外進学とは、いずれ賃金水準の高い大都市圏で働く可能性を意味する。第3章第2節第2項で見たように、中間地方では多くの県で、東京との賃金格差が高卒者より大卒者で大きい（外縁地方では概ね同程度）。つまり大卒の学歴は、東京でこそ高く評価される事実も、県外進学を促すだろう。卒業したら出身地に戻って就職する場合でも、（高卒者との仕事の奪い合いとなれば）大卒の方が有利だという判断もありうる。他方、県内の大学に進学した者は、出身県内で就職する傾向が高かった（本章第1節第1項。注11も参照）。学歴間賃金格差の小さい県(中間地方に多い)ほど、県外進学率や大学進学率が高いという、理論的な予想とは反対の結果が導かれたのも、これらの事情が背景にあると考えられる[40]。

付論　就職地別にみた大卒就職者の就職先地域

本章の第1節では省略したが、大卒就職について、就職地別に行った集計にも言及しておきたい。つまりある県に入職した新規大卒者の出身地(出身高校の所在県)や、卒業地(卒業大学の所在県)の構成をみる分析である。

ここでもまず、矢野(1979)の分析結果を紹介したい。この分析では出身地・卒業地の組み合わせから、大卒入職者(男女合計)を4つのグループに分類している。すなわち、出身地・卒業地とも就職地と同じ「県内残留」組、地元出身だが(出身地は就職地と同じだが)県外大学を卒業した「Uターン」組、県外出身だが(出身地は就職地と異なるが)県内大学を卒業した(卒業地と就職地が同じ)「大学流入」組、就職時に流入した(出身地、卒業地のどちらもが就職地と異なる)「就職流入」組の4類型である。各県について、それぞれの類型が大卒入職者数に占める構成比を算出し、全県を「県内残留支配型」、「Uターン支配型」などに分類している(p. 32)。以下、この2類型を詳しく見てみよう[41]。

さて、矢野(1979)の集計結果によれば、1978年3月卒の大卒就職者の場合、日本全体では県内残留が27.0%、Uターンは29.3%、大学流入は17.8%、就職流入は25.9%を占めていた。このうち県内残留組の割合が高い県が、「県内残留支配型」と名付けられている。具体的には北海道(残留組は50%)、宮城(44%)、愛知(49%)、福岡(49%)、沖縄(54%)を挙げている。それに対して、地方県の多くが含まれるのが「Uターン支配型」で、文字通りUターン組の構成割合が圧倒的に高い県である。その値が最も高い山形(77.4%)に、群馬、新潟、長野、山梨、和歌山、鳥取、島根を加えた8県で70%を上回り、宮崎などの18県が60%台にあった[42]。ここから、「進学による流出者が帰郷するUターン率をみれば、せいぜい半分にすぎなくても、(就職地別入職者に占める—引用者)U

ターン組の構成比からみれば、かなりの数になっている。地方の労働力吸収力は弱く、Uターンできる枠にも限りがあることが分る」という(pp. 32-33)。

対象年度は異なるが、矢野(1979)と同じ大卒入職者4類型を使用し、あらためて『学校基本調査』から就職地別の集計を行ったものが**図4付-1**、**表4付-1**である(1979～1981年度の平均)。本研究の地域区分によれば、「Uターン」組

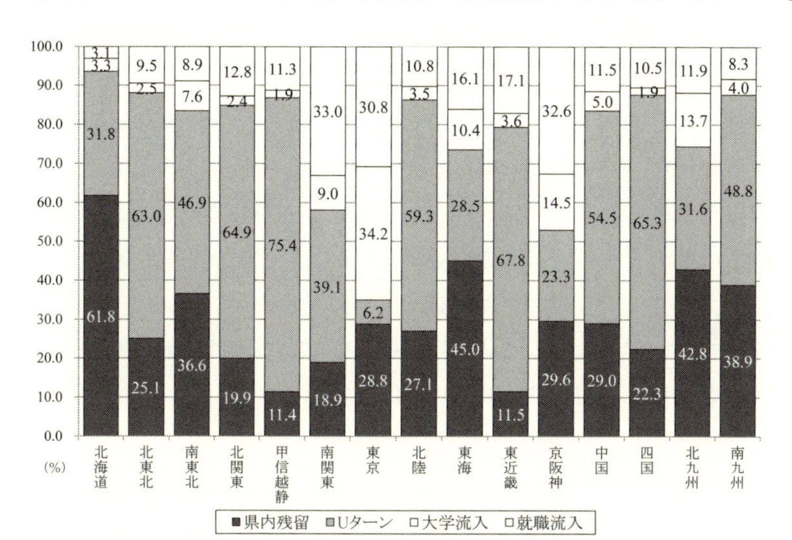

図4付-1　大卒入職者の就職移動類型(男女計・就職地15ブロック別)

(注)『学校基本調査』より作成。1979～1981年度の平均。各類型の定義は矢野(1979)による。表4付-1も同じ。

表4付-1　大卒入職者の就職移動類型(男女計・就職地3ブロック別)

	県内残留	Uターン	大学流入	就職流入	合計
就職地別大卒就職者数(千人)					
全国	254.7	247.9	148.9	203.1	854.6
外縁地方	50.2	47.5	9.0	10.2	116.9
中間地方	30.5	90.3	4.4	16.1	141.4
大都市圏	174.0	110.0	135.6	176.1	595.7
就職者数合計にしめる割合(%)					
全国	29.8	29.0	17.4	23.8	100.0
外縁地方	42.9	40.7	7.7	8.7	100.0
中間地方	21.6	63.9	3.1	11.4	100.0
大都市圏	29.2	18.5	22.8	29.6	100.0

の構成割合が大きいのは中間地方で、実に63.9%にも達しており、外縁地方(40.7%)との違いは明瞭である。というのも、両者は他県からの流入(大学流入と就職流入の計)が、同程度に少ないためである(外縁地方16.4%、中間地方14.5%)。そして県内残留組は、外縁地方で多く(42.9%)、中間地方はその半分程度(21.6%)にすぎない(表4付-1)。

これまで見てきた就職地別集計を最近のデータで行う場合、やはり先に使用した大井(2007)の集計表を用いることができる。ただし、卒業した大学の所在地はわからない。そこで、ある県に入職した大卒者に占める、その県出身者の割合(県内出身者占有率)を見てみることにしよう。これを本文でみた出身県内就職者の割合(図4-7、図4-8、表4-3)と合わせて見れば、その地域の大卒労働市場が開かれているのか(他地域からの流入者も多く、他地域への流出者も多い)、それとも、その地域内で閉じているのか(流入者も流出者も少ない)が理解できる[43]。大卒就職者の出身県内就職率と(図4-7、図4-8の「出身県内」の再掲)、大卒入職者の県内出身者占有率を、15ブロック別に整理したものが**図4付-2**(男子)、**図4付-3**(女子)である。

これらの図から明らかなのは、地方については占有率という観点から見ても、大卒就職が地域内で完結している程度は比較的高いことである。特に、北海道(男子87.9%、女子84.3%)や、南九州(男子81.9%、女子87.6%)では入職者に占める県内出身者の割合がかなり大きい(図4付-2、図4付-3)。図には示さなかったが、大卒入職者の7ブロック内出身者占有率(その地域を包含する7ブロック内出身者の割合)を算出すると、南関東(男子78.6%、女子82.5%)や東近畿(男子83.7、女子91.1%)、京阪神(男子80.3%、女子88.7%)でも、東京圏や近畿といった域内出身の入職者が多いことが分かる。

なお、以上を3ブロック別に集計した**表4付-2**を見ると、大卒入職者の県内出身者占有率は、全国平均では半数を超える(大卒就職者の出身県内就職率に同じ。男子54.7%、女子65.7%)水準にあるが、地域による差が大きい。大都市圏では低いのに対し(男子47.7%、女子57.4%)、外縁地方では高い(男子73.4%、女子80.8%)。中間地方は、男子の場合は外縁地方より10ポイント近く低いが(63.8%)、女子の場合はほぼ同じ水準である(77.6%)。大都市圏は、このよう

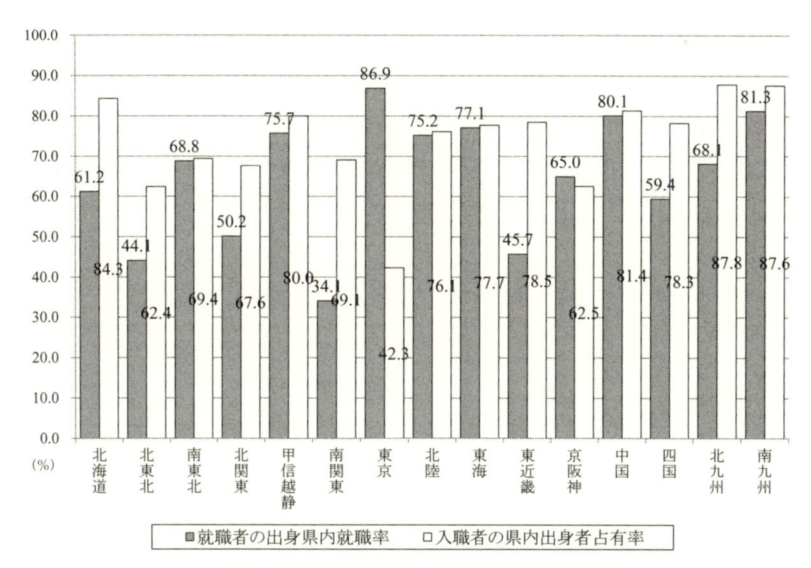

図4付-3　大卒女子の出身県内就職率と県内出身者占有率(15ブロック別)

(注)大井(2007)、p. 165、p. 168をもとに作成。1999～2001年度の平均。

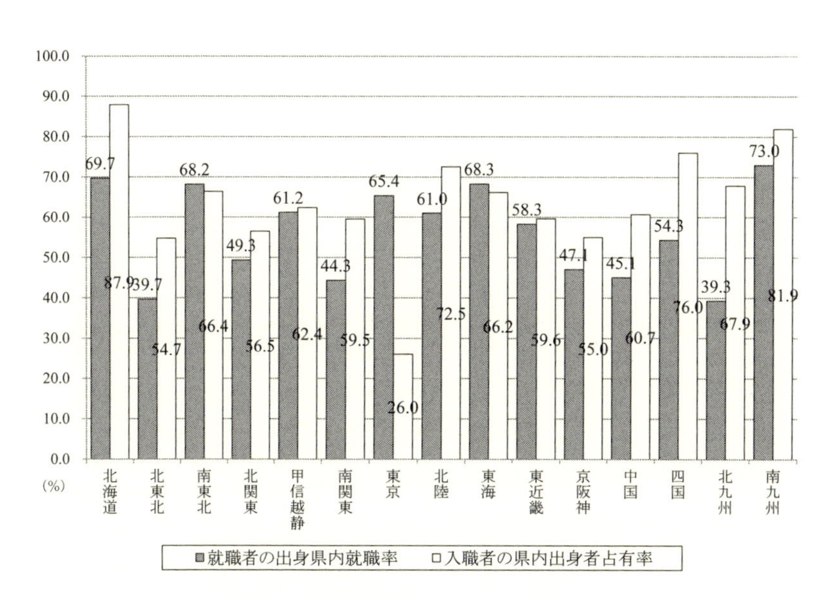

図4付-2　大卒男子の出身県内就職率と県内出身者占有率(15ブロック別)

(注)大井(2007)、p. 156、p. 159をもとに作成。1999～2001年度の平均。

に他県からの流入が多いだけでなく、他県への流出も多い。就職者の出身県内就職率は男子53.9%、女子62.8%にとどまるのである。つまり大都市圏の大卒労働市場は、流入も流出も多い開放的なものだと言える。それに対して、外縁地方では、占有率は高いが、出身県内就職率は低いから(男子57.6%、女子69.0%)、流出超過であることが確認できる。

表4付-2　大卒者の出身地域内就職率と地域内出身者占有率(地域3ブロック別)

	就職者の出身県内就職率(%)(再掲)	就職者の出身7ブロック内就職率(%)	入職者の県内出身者占有率(%)	入職者の7ブロック内出身者占有率(%)
男子(大卒者)				
全国	54.7	73.9	54.7	73.9
外縁地方	57.6	68.7	73.4	87.5
中間地方	54.2	62.7	63.8	73.0
大都市圏	53.9	80.3	47.7	71.2
女子(大卒者)				
全国	65.7	83.6	65.7	83.6
外縁地方	69.0	77.1	80.8	90.3
中間地方	69.7	76.9	77.6	85.4
大都市圏	62.8	88.8	57.4	81.3

(注)大井(2007)、p. 156、p. 159、p. 165、p. 168をもとに作成。1999～2001年度の平均。7ブロック内出身者には、県内出身者を含む。

注

1　本章で検討した以外にも、『雇用動向調査』の個票を用いて、大学卒業地別の就職先を集計した大井・篠崎・玄田(2006)の研究がある。これはブロック単位までの大卒就職者の流出入を扱ったものであるため、ここでは検討の対象から除いた。

2　高い県と低い県のそれぞれについて、1番目と5番目の値を挙げると、次の通りである。高い県は長野94.5%、東京89.6%。低い県は奈良34.6%、京都54.1%。

3　やはり高い県と低い県について、それぞれ1番目と5番目の値を挙げると、次の通りであった。高い県は東京65.6%、北海道23.2%。低い県は福井2.9%、鳥取4.7%。

4　中澤(2008)は、大卒者の「就職先地域として記されている都道府県の信憑性の問題がある」ことを指摘する。なぜなら、「大学生の就職では、従事する職種を告げられないまま採用され、配属先についても入社後の研修期間の後に本人に通知される場合が少なくない。したがって、就職する本人が配属先事業所を特定できていない場合、入社する企業の本社所在地が就職先とみなされている可能性が強い」ためである。また、「この点については(中略—引用者)『学校基本調査』も同様に抱えている問題点である」(pp. 44-45)。

5　同じ値は人文系の場合、高いのは北海道(25.5%)や北関東(18.9%)で、東北や九州は1割程度と低い。社会科学では、沖縄(42.5%)、北関東(27.2%)、近畿(26.6%)、北海道(21.5%)で高く、東北や九州は15%程度と、やはり低い値であった。

6　原・矢野(1975)は大学別の就職先会社名データと、会社別の採用大学名データを分析している。これによれば、大卒文系においては有名大学の卒業生ほど有名企業に就職し、有名企業ほど有名大卒業者を独占的に採用している傾向(「集中と独占」)が顕著だと指摘する一方、大卒技術系の就職・採用の場合、相対的に多様化し、分散しているという。この事実との関連が推察される。

7　『学校基本調査報告書』に、大卒就職者の就職先地域を出身地別や就職地別に集計した表が掲載されるのは、1982年度まで(卒業地別の集計は1993年度まで)だが、このことが、その一因とも考えられる。

8　義務教育修了地(15歳時居住県)は、『雇用動向調査』の「入職者票」で2001年まで尋ねていた。事業所の所在地(県名)は、「事業所票」から得られる。入職者票では、2010年現在でも「入職前の居住地の都道府県名」を尋ねている。大井(2007)はこれを進学先の県と見なし、出身県と進学先、進学先と就職先それぞれの移動表も掲載している。なお、『雇用動向調査』の「入職者票」では、回答者に次の区分で学歴を尋ねている。「新中・旧小」、「新高・旧中」、「専修学校(専門課程)」、「高専・短大」、「新大・旧大・大学院(文科系)」、「新大・旧大・大学院(理科系)」。

9　ただし、『雇用動向調査』はあくまで、事業所を対象とした標本調査であるから、先の『学校基本調査』の場合と同様に、出身地別の集計を行う場合にはランダム性が確保できていない可能性がある。よって、ここでの集計のうち出身県以外の就職先地域の割合は、参考程度の値と考えた方がよいと思われる。

10　もとの大井(2007)の報告する移動表は、「99-01年」などの形で、数年分をまとめた集計結果を掲載したものである。これは恐らく、1999～2001の3か年の平均を取ったものだと思われる。というのも大卒入職者数の総計を求めると(クロス表の総度数を、男女、大卒文系・理系の全てについて合計)、30万人超となるが、これはこの時期の新規大卒入職者数1か年分に相当するためである。そのため、移動表の中にはケース数「0」のセルが発生している。これは平均を取った後、小数点以下を切り捨てたために生じた値だと予想されるが、本研究の集計では、これらはそのまま「0」として集計に使用した。

11　県別にみると男子大卒就職者の出身県内就職割合は、県内進学率(男子)の高い県ほど大きくなっている。

12　この「現在の居住県が1年前から変わった人」は、20～24歳の男女(ただし学歴は区別されていない)27,478人のうち、2,001人(7.3%)であった(杉浦2012、p. 37)。この2,001人のうち(15人は学歴不詳者と見られる)、680人が大学・大学院卒業者である。

13　ただし、2004年度までの同調査では、大学院修了者が対象とされていない。

14　なお、「入学地基準」の地域就業機会指数を算出することもできる。分母に用いるのは入学者数(入学学部の所在地別。2000～02年度の合計。『学校基本調査』による)である。中退などのためか、卒業者数の方が(4年前の)入学者数より少ないことが普通であるため、卒業地基準の機会指数より、入学地基準の方が通常、小さい値となる。例外が東京で、卒業地基準の方が、入学地基準(男子58.5%、女子66.2%)を上回っている(女子についてのみ、北東北も上回る)。これは、東京都内に所在する大学(学部)を卒業する者の数が、(4年前の)入学者数よりも多いことによる。低年次のキャンパスは埼玉や千葉、神奈川にあり、高年次になったら都内で学ぶという大学が少なくないためであろう。

15　大学を卒業して就職した者の地域別構成比(学部所在地による)と、20～24歳の就業者(最終卒業学校が大学・大学院)の地域別構成比との差を取ることで、転入超過か転出超過かが判断されている(吉本2015、p. 9)。

16　厚生労働省(2011)は『学校基本調査』を集計し、1990年代後半以降(特に2000年代前半)、大学卒業者に占める「一時的な仕事に就いた者」の割合は、大都市圏(東京、神奈川、愛知、京都、大阪)所在大学卒の方が、地方大学卒よりも一貫して高いことを指摘している(pp. 135-136)。

17　日本はOECD諸国の中でも、25-64歳人口に占める高等教育修了者の割合の地域格差は(2003年)、道州レベルの広域地域(TL2。日本は10区分)で比較すると、小さいという特徴がある(Organisation for Economic Co-operation and Development訳書、2008、p. 81)。この背景には、日本の高等教育が、大都市に立地する私立大学を中心に拡大してきた一方、地方からの旺盛な上京進学と、卒業後の地方赴任や帰還移動によって、大卒者が地域間を広く移動する事情があったためだとも考えられる。なお、本書の脱稿後、喜始(2015)に接した。国立社会保障・人口問題研究所が2011年に行った、第7回「人口移動調査」の二次分析によって、若い世代になるほど、地方出身者のUターン就職や、大学進学以降の地元定着が増加している(地域的な閉鎖性が強まっている)ことを明らかにした。また、初職に就いた後の地域移動も視野に入れた点でも、本章第3節に関連する重要な研究だが、本研究では十分に検討できなかった。他日を期したい。

18　第3章第1節第1項で説明した方法と同様に、推計した時給による。ただし、市場経験年数(及び2乗項)の係数に掛け合わせたのは平均値でなく、高卒者は2～6年、大卒者は1～2年を掛け、(標準)年齢別平均時給を推計した上で、高卒・大卒とも単純平均した。

19　2000年『国勢調査』より20～24歳の高校卒及び大学・大学院卒就業者数を用いた。なお、この年代の就業率を高卒と大卒について県別に算出し、都道府県間で相関を取ると、中程度の大きさだった。相関係数は男子が.598、女子が.582(外れ値の沖縄を除くと.417)。

20　第3章第1節第1項で説明した方法と同様にして、学歴のダミー変数には各学歴の構成割合を掛け合わせて推計。

21　35～39歳の男子について、同様の分析を行ったところ、47県を対象とした場合の相対就業者数の回帰係数は、モデル1が-.055で、モデル2は.012(ただしp＝.698)となる。39県の場合、それぞれモデル1は-.125、モデル2が-.060(ただしp＝.090)という結果であった。モデル1についてみれば、若年者に限らず、30代後半の男性労働者でも、大卒者と高卒者とは代替関係にあると言える。

22　2000年『国勢調査』において20～24歳とは、1976～80年生まれの世代が中心だから、1990年代半ば以降のいわゆる「就職氷河期」に学校を卒業した世代にあたる(太田・玄田・近藤2007)。

23　矢野(1982c)はかつて、『国勢調査』の県別結果をもとに、1970年～80年の人口増加率に対する大卒増加率の度合いを算出し、「大都市以外の地域で大卒需要が高まりつつある」としながらも、その上位県の中には「大卒過剰の結果だと思われるケースもある」と指摘した。この上位10県というのは、沖縄、滋賀、茨城、鳥取、岐阜、徳島、長野、石川、鹿児島、佐賀であった(p.115)。

24　同様の地域差は短大卒女子にも見られ、専門職は外縁地方(36.6%)でやや多く(中間地方は31.8%、大都市圏は27.5%)、販売職は大都市圏(13.8%)でやや多い(外縁地方10.1%、中間地方10.3%)。ちなみに事務職は、外縁地方が33.4%、中間地方は36.2%、大都市圏は37.7%であった(表は省略)。なお、この年代の短大卒女子とは、女子の短大進学率が、4年制大学進学率と逆転する頃に卒業した世代にあたる。

25　谷(2000)や根岸・谷(2004)はまた、大都市圏郊外＝埼玉から、東京都への就職者割合が低下する一方、県内就職者割合が増えていることも指摘している。

26　樋口(2004)は近年、若年層の地元定着率が高まった要因を「長男長女社会の影響」に求めているが、実証的な裏付けを取る必要性は残る。旧厚生省人口問題研究所の第3回「人口移動調査」の個票を用いて、高卒学歴を持つ勤労者の出身地残留率をコホート別に算出し、時系列的に分析した研究によると、地方の(都市に対する相対的な)高卒求人倍率の比率が大きくなるほど残留率は高まったこと、きょうだい構成の変化は、残留率の増加とは無関係であったことが報告されている(山口・荒井・江崎2000、山口2002)。

27　「就職者」には、「大学等」(A)、「専修学校(専門課程)」(B)、「専修学校(一般課程)等」(C)、「公共職業能力開発施設等」(D)に進学・入学した者のうち、就職している者を含む。A、C、Dの定義は、それぞれ次の通り(文部科学省「学校基本調査の手引」各年版による)。Aは、大学(学部)、短期大学(本科)、大学・短期大学の通信教育部(正規の課程)及び放送大学(全科履修生)、大学・短期大学(別科)、高等学校(専攻科)及び特別支援学校高等部(専攻科)である。Cは、専修学校の一般課程及び高等課程又は各種学校(予備校等)を指す。Dは、看護師学校養成所、海技大学校及び水産大学校など学校教育法以外の法令に基づいて設置された教育訓練機関を含むとされる。

28 ここでの議論は、小杉(2010)を参考にしたものである。

29 本研究でいう「中間地方」に属する新潟県や、長野県では新規高卒就職者の「流入、流出が少なく、地域内で市場が閉じている」ことは、小杉(2010)の指摘するところである(p. 235)。

30 そもそも、就職者総数も『学校基本調査』の約20万人に対し、厚生労働省統計では約17万人と3万人ほど少なくなっている。なお、『学校基本調査』の「就職」の定義は次のようなものである。「給料、賃金、利潤、報酬その他経常的収入を得る仕事に就くことをいいます。自家・自営業に就いた者は含めますが、家事手伝い、臨時的な仕事に就いた者は就職者とはしません」(文部科学省2011、p. 16)。

31 この点を直接検証したものではないが、香川・相澤(2006)は1965 ～ 95年のSSM調査データの分析から、高卒学歴の効用に対する主観的な期待は、実際の(客観的)効用の変化より遅れて変化する可能性があると指摘している。すなわち、1946年以前生まれ世代(上昇前期)と、1947 ～ 1956年生まれ世代(上昇後期)の間には、高卒学歴に対する主観的な意味づけの相違がないことから、「初職入職という時点から見た高卒学歴のプレミアが実質的に急激に目減りしていく中で、人々の意識・認識はそれを後追いすることしかできず、容易には変化し得なかった」(p. 294)という。

32 県外企業からの求人については、実際の勤務地が、必ずしも県外だとは限らないことに注意が必要である。山口県統計分析課(2007)によれば、「職業安定所を経由した統計の制約上、山口県に支社や工場を有する全国規模の企業では、本社所在地の職業安定所に求人票を提出するため、最終的に県内の支社や工場に就職した場合であっても県外企業からの求人・就職内定者として取り扱われ」るという(p. 6)。

33 「小売等」は、卸売・小売業、飲食店・宿泊業、医療・福祉、教育・学習支援業、複合サービス事業、サービス業(他に分類されないもの)の合計である。「その他」は製造業と小売等以外、すなわち農業、林業、漁業、鉱業、建設業、電気・ガス・熱供給・水道業、情報通信業、運輸業、金融・保険業、不動産業、公務(他に分類されないもの)、左記以外のものを指す。

34 ただし、2008年3月末まで使われていた日本標準産業分類(2002年3月改定)では、大分類「サービス業(他に分類されないもの)」の中に細分類「労働者派遣業」が含まれている(2007年11月改定の産業分類でも同様)。そのため、「製造業の現場で働くケースがサービス業求人に入っていることに注意が必要である」(小杉2010、p. 251)。総務省統計局の日本標準産業分類(2002年3月改定)ウェブサイトによれば(最終アクセス日2015年6月29日)、この労働者派遣業とは、「主として、派遣するために雇用した労働者を、派遣先事業所からその業務の遂行等に関する指揮命令を受けてその事業所のための労働に従事させることを業とする事業所」を指す。http://www.stat.go.jp/index/seido/sangyo/pdf/san3q.pdf

35　例えば2006年度調査で全国の「年齢階級別きまって支給する現金給与額、所定内給与額及び年間賞与その他特別給与額」の表を見ると、18～19歳労働者は男性が13,027人、女性が8,655人であった。このうち中卒者は、それぞれ567人(4.4%)、258人(3.0%)を占めるに過ぎない。

36　1980年代以降の卸売・小売業、飲食店における雇用者数の推移を『就業構造基本調査』から集計すると、女性のパート・アルバイトは一貫して増加しており、1992年には女性の正社員の数を、2002年には男性の正社員の数を上回り、2007年には約410万人に達している(本田2010、pp. 81-82)。

37　関(2012)は、企業の地方進出(「人材立地」)に触れた箇所で、この点に言及している(p. 72)。

38　有意な地域差が見られなかった就職希望理由は、次の通りである。「早くお金をかせぎたい、あるいは、経済的に自立したいから」、「進学しても得るものが少ないと思うから」、「進学のための費用が高いから」、「進学したい学校が近くにないから」、「自分の成績ではいきたい学校に進学できそうもないから」。

39　有意な地域差の見られなかった進学希望理由は、次の通りである。「勉強してみたい分野がみつかったから」、「幅広く多くの人々と知り合うことができるから」、「職業に必要な資格を取りたいから」、「家族や学校の先生がすすめるから」。

40　詳しい分析結果は省略するが、地域3ブロック間には、高校生の地元志向に関する差は見られない。具体的には、「高校生調査」にある「将来もいまの地域に住みたい」(4件法)という設問である。男女ごと、希望進路ごとに分けてクロス集計を行っても、有意差がなかった。県外大学への進学者の多い中間地方ほど、地元志向は低くても不思議でないにも関わらずである。このことは、県外へ進学した者が、一定割合で地元に戻ってくるケースの少なくないことを示唆する。

41　他の類型は、Uターン組と就職流入組が多い(県内残留は少ない)「就職流入＝Uターン型」(埼玉、千葉、神奈川)、大学流入と就職流入が多い「流入型」(東京)、4者の構成比のバランスがとれている「多様型」(京都、大阪、兵庫)である。

42　この2類型の中間に位置する県もある。福島、富山、石川、岡山、広島、愛媛、熊本、鹿児島であり、流入者は少ないが、県内残留組の割合が「Uターン支配型」の県より多いのだという(矢野1979、p. 33)。

43　この議論は、高卒就職に関する小杉(2010)の研究を参考にしたものである。

第 5 章

女子にとっての大学進学の便益

女性の場合、男性とは違って高校や大学を卒業した後、ずっと働き続けることが規範化されているわけではない。男子の進学選択を説明する場合、学卒後の就業継続を前提に、生涯賃金の学歴間格差から進学の便益を推計する。しかし女性のライフ・キャリアの類型はもっと多様であり、結婚した後も仕事を継続する、結婚後すぐ、あるいは結婚後しばらくして(特に、出産を契機に)仕事をやめて家事専従(専業主婦)になる、結婚・出産後は仕事をやめるが、しばらくしたら(多くの場合はパートタイムで)再就労する(もちろん結婚しない選択もある)などのバリエーションがある。さらに言えば、女子の教育投資の収益率を推計する際に、計測できる賃金格差はあくまで働いている(それも正社員で)女性の平均である。単純な収益率に依拠して女子の進路選択を議論すれば、こうした女性のライフコースとキャリアパターンの多様性が、視野に入らない恐れがある(平尾2008)。

そこで、女子の大学進学行動を考察する上では、結婚(やそれと密接に関わる非就業)を分析枠組みに取り込むことが重要となる。本章ではこの問題に取り組み、女子に関して1つ、着目すべき変数を追加することを目的とする(第1節の最後に提示する)。

第1節ではまず、女子にとっての進学の便益について、理論的検討を行う。先に触れたように女性は生涯働き続けることが規範化されていないし、そうしようとしても実際には難しい場合が少なくない。さらに、男女間には賃金格差が存在するから、働き続ける場合にも生涯未婚であるよりは、自らの収入の他に配偶者からの収入も期待できる方がよいと考えられる。

その場合、進学の便益は、(男女共通に適用できる、学歴間賃金格差に加え)2種類が想定できる[1]。1つ目は、所得のより高い(と期待される、高学歴の)配偶者との結婚に有利に働くことである(それは妻側が将来、世帯収入から支出できる総額を増やすことに寄与するだろう)。2つ目は、進学により自らが賃金の高い職に就くことができ、そのことが将来、結婚して世帯を形成した後、家計内における夫との間の交渉力の増大に寄与する(そのことが家事負担の軽減や、世帯収入からの「取り分」増大につながる)というものである。よって以上のような意味での進学の便益が大きい県ほど、女子の進学率が高いという予想も成り立つ。

将来の家庭内で、夫との間の交渉力増大に大卒学歴が寄与する条件は、それだけの所得が得られるような仕事である必要があるだろう。日本の文脈に適用した場合、正規の職かどうかが、1つの分岐点となると考えられる。以上を踏まえて、第1節の最後に女性が将来、正規雇用(ただし自営を含む)で就業できる見込み(正規就業機会)が大きい地域ほど、女子の大学進学率が高いかどうかを検討することの必要性を提起する。

なお、今の言明は、ある地域ほど、大卒学歴が女性の結婚や就業自体を有利(ないし不利)にする、といった前提を置いていない。学歴を問わず、地域によっては女性の正規就業チャンスがどれくらい大きいかが分かれば十分である。そこで、第2節と第3節では地域によって、大卒学歴が女性の結婚(第2節)、就業(第3節)それぞれにとりわけ有利(不利)に働きうるのかを検討し、「正規就業機会」変数が位置づく文脈を明らかにしたい。その結果、結婚、就業とも、大卒学歴の機能には特に地域的相違がないことがわかる。

まず第2節では、女性の学歴別の結婚機会と、その地域的相違を議論する。具体的には学歴別の未婚率や、学歴別の配偶者学歴を分析する。前者については、そもそも大卒学歴取得が、配偶者との結婚に不利にならないのかどうかを検討すると、「大卒女性ほど(高卒女性に比べ)未婚でやすい傾向」が、中間地方で小さくなることを示す。ただしこれは、中間地方は男性の学歴自体も高い(大卒割合が大きい)事情を反映しただけにすぎないと見られることも、同時に明らかになる。いっぽう、後者は、「大卒女性ほど大卒男性と結婚しやすい傾向」には、外縁地方と大差がないことを明らかにする。

以上の検討を踏まえると、ある地域ほど、大学進学が女性の結婚を有利(不利)にする、といった事実は特にないという結論が導ける。よって、就業に着目することがより重要となる。どの地域出身の女性も、結婚・出産や家事のより多い負担を将来に想定するなら、女性間の相違を生み出すのは、就業(継続)のしやすさの部分とも言えるためである。

そこで第3節で、女性の就業状況を地域別に検討する。学歴による就業状況の違いと、さらにそれが、地域間でどう異なるかを分析することによって、ある地域ほど大卒学歴が、女性の就業を促進する、とは必ずしも言えないことを明らかにする。

第4節では、以上の議論をまとめる。

第1節　女子の大学進学の便益

1. 女子・結婚・大学進学

最初に、特に女子の大学進学行動を分析するに当たっては、結婚に関する考慮が必要となる理由について議論しておきたい。前章まで検討してきたような、男女に共通して働きうると考えられる地域格差のメカニズムを主張するだけでは、女子の進学の説明には十分ではないと考えられるのはなぜか。男女の進学動向が県によって微妙に異なることの他、2つの理由がある。

第一の理由は、女子が4年制大学に進学することの意味は、男子と異なる可能性があることである。というのも女子の場合、短期高等教育という有力な代替的進学先が存在するためである。

女子の短期高等教育(短大、専門学校)卒の労働市場が、4年制大学卒の市場とは独立に、一定規模で存在してきたことは、教育投資の収益率から裏づけられる。短期高等教育の収益率は、(男子の場合、高卒に近いのとは異なり)かつてより低下したとは言え、現在でも高卒と4大卒の中間に位置する(矢野1996、2001、2008a)。かつては「教養も資格も」求める層が、短大の主要な利用層となってきたとされるが(天野1988)、現在では、首都圏で資格を必要とする職に就くなら、専門学校に進学する方が短大よりも、金銭的な意味でのリターンが大きいという指摘もある[2](濱中2009)。自営業者の子弟など、実学志向をもち、従来は高卒で就職していた社会階層の出身者が1990年代以降、専門学校に進学するようになったのも(長尾2008)、そうした背景があるためだろう。

第二は、こちらがより大切だが、女性は男性と異なって、生涯にわたって労働参加することが規範化されていない事実が重要だと思われることである。生涯賃金の学歴間格差を元に学歴取得を投資と見立てた場合の「利回り」(収益率)を算出する際も、女性の低就業率を考慮した推計が行われてきたところである(矢野1996)。

進学行動の分析でも、女性の就業状況に着目する研究がある。「大学進学の意思決定時において多数の女子が就業している状態であれば、それを観察した意思決定者も将来高い確率で就業することを考えるようにな」り、「高学歴の期待利益も大きいと感じるので、大学進学率が高くなる」というのである(荒井1998、p. 659)。

実際、時系列分析の結果、25～29歳の女性労働力率が高まると4年制大学進学率は増えるという(荒井1998)。志願率に対しても、25～29歳だけでなく30～34歳女性の労働力率がプラスに働くことが明らかにされている(濱中2013)。正社員女性の大卒・高卒間の賃金格差が、30代半ばまでは拡大する(以後ほぼ一定)ことが(大森2008、p. 9)、このことに関係しているかも知れない。

以上が、女子の分析を、男子とは独立させて行うことが必要だと考える理由である。

2. 女性の30代後半以降の人生

さて、女子の進学か否かの意思決定に、(先行世代の就業状況から期待される)将来の30代前半までの就業可能性が影響するとしても、それ以降の人生をどう考慮するかという問題は残る。2000年『国勢調査』から35～39歳女性の非労働力率を算出すると、高卒者が37.3%、大学・大学院卒は39.5%に達するが、これは多くが乳幼児や学齢児童を育てるのに忙しい時期に当たるためだろう。出産前に仕事をしていても、出産を機に退職する女性が6割に上る傾向は、20年間一貫している(内閣府男女共同参画局2013)。そして女性の正規雇用就業率は「M字型」でなく、25～29歳をピークに低下し、以後の年齢階級で上昇しない「きりん型」に近い県が、日本海側などを除いて多い事実は、正規雇用で労働市場に再参入することが難しいことを示唆する(安部・近藤・森2008)。

重要なのは、子どもがまだ小さく、手がかかる時期の女性にとって(高卒は25～34歳、大卒は30～39歳の年代が中心であろう[3])、就業(の継続や正規再就職)のしやすさは学歴に関わらず、地域的な相違が大きい事実である。

次の**図5-1**は、2000年『国勢調査』から、25歳から44歳までの女性について年齢階級(5歳刻み)別の非労働力率を算出し、図示したものである。女性を学歴(高卒、大卒)、居住地域(中央県、地方県)で区別して集計した。図が示す興味深い事実は、若いうちは非労働力率の学歴による差が大きいのに対し、いずれは地域による差が大きくなっていることである。例えば、25～29歳の場合、高卒者の非労働力率は中央県(35.8%)、地方県(32.3%)とも同じくらい高く、大卒者の値は中央県(17.4%)、地方県(17.1%)とも、同程度に低いことがわかる。それが40～44歳となると、中央県で非労働率は高く(大卒者38.8%、高卒者35.2%)、地方県で低くなるのだ(大卒者28.8%、高卒者25.1%)。

女性の非労働力率がピークとなるのは、高卒者は30～34歳層、大卒者は35～39歳層だが(図5-1)、この2つの集団の非労働力率を県別に算出し、相関係数を取ると、実に.938に達する(地方39県に限ると.921)。恐らく、以上の事実は育児資源の量や、社会的慣行の地域による違いに起因しているものと考えられる。

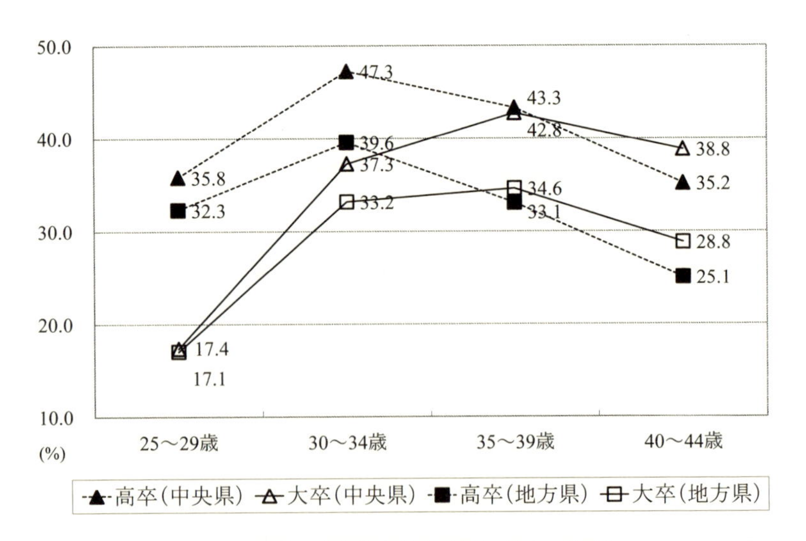

図5-1　女性の非労働力率(年代別、学歴・地域別)

(注)2000年『国勢調査』の第2次基本集計・報告書掲載表による。

女子の大学進学率の地域差を分析する上で、現在の女子高校生の先行世代にあたる成人女性のライフコースは、自分たちの将来像を展望する上で重要だが、中でも30代後半以降の女性について、特に考察する必要がある理由は、他にも存在する。それが県別の就業率や未婚率と、相対賃金との関連の検討から明らかになる。次に見ていこう。

図5-2に示したものは、25歳以上の女性(一般的には、学校を終えた年代に当たる)について、県別の就業率や未婚率と、様々な相対賃金(第3章と同様の方法で、年代別に算出したもの。定義は図中の注を参照)との間の相関係数を、(全都道府県47ケースを使用し)年代別・学歴別に算出した結果である(地方県だけで算出し、示した場合も概ね同様の傾向となる)。

図5-2からは、大きく2つの事実が読み取れる。第一に、30代前半までは、大卒女性の高卒女性に対する相対賃金(女子の学歴間賃金格差)の高い県ほど、大卒女性の就業率が高い(①)。これは賃金が高いほど労働参加する、と

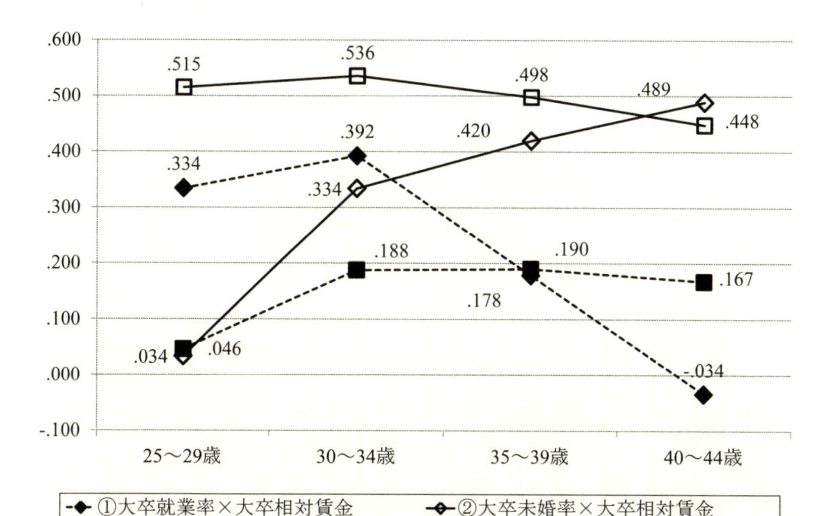

図5-2　女性の就業率・未婚率と相対賃金の相関係数(年代別、学歴別)

(注)就業率と未婚率は、2000年『国勢調査』の第2次基本集計・報告書掲載表による。相対賃金は第3章で算出した2003年の学歴別平均賃金による。「大卒相対賃金」は大卒賃金／高卒賃金、「高卒相対賃金」は高卒賃金／大卒賃金、「女子相対賃金」は女子賃金／男子賃金。

いう一般的説明が可能な事実である。しかし、30代後半から相関が低くなり、40～44歳では無相関となるのである(相関係数-.034)。『国勢調査』の就業率は非正規雇用が含まれるから、恐らく、多くはパートタイムとして、賃金に関わらず働くようになることを意味しているものと考えられる。よって、進学率の説明に、30代前半までの女性就業率を用いることだけで満足することができないのは明らかとも言えよう(図5-2)。

第二の事実は、未婚率に関するものである。25～29歳を除いて、女子の学歴間賃金格差(大卒／高卒)の大きな県ほど、大卒女子の未婚率が高い[4](図5-2②)。この傾向は高い年齢層ほど明確で、40～44歳ともなると相関係数は.489に達している。結婚の機会費用が高いほど、未婚でいやすいことを示すものと解釈できよう。反対に、大卒者の相対賃金が低い地域では、未婚になりにくいのだが、後の第2節に見るように、中間地方で「大卒ほど未婚でいすい程度」が低くなるのも、恐らくこのためだと考えられる。

3. 家計内交渉モデルを応用した大学進学行動の分析

以上のことから、結婚・出産後の生活を視野に入れた、進学の便益を検討する必要性が生ずる。このような「結婚市場」からの便益として従来指摘されてきたのは、学歴取得が(結婚相手の学歴の違いを通じ)、より高い夫の所得をもたらすという説だった[5]。矢野(1996)のいう「結婚による間接的経済効果」である。以下に詳しく検討しよう[6]。

仮に、結婚市場から得られる便益を、配偶者から直接得られる金銭的なものに限る場合、女性の進学選択と、そうした便益はどのように関わっているのか。学歴が高いほど配偶者の生涯所得(または夫婦合算での生涯所得)が高くなるならば、進学への重要な動機づけになるだろう。矢野(1996)は、1980年度の『賃金構造基本統計調査』と、1980年12月に行われた「女性の地位に関する調査」のデータを用いて、女性の学歴による夫の期待生涯所得の違いを推計している。なお、この質問紙調査は東京都に居住する満20歳以上の女性を対象に行われたもので、有配偶女性については、配偶者も調査対象となっている(東京都生活文化局企画部編1982、p. 87)。

その結果によれば、女性の学歴が高くなるほど、夫の学歴も高くなるから(女性の学歴によって、各学歴の男性との結婚確率が異なるから)、その期待生涯所得は高くなる。例えば、**図5-3**に示したように、妻が中学卒の場合は1億5,550万円、高校卒は1億8,160万円、短大卒は1億9,940万円、大卒は2億630万円と推計されている。なお、夫の学歴別生涯所得は、学校卒業後65歳までの累積所得を割引率0で推計したものである(矢野1996、pp. 213-214)。

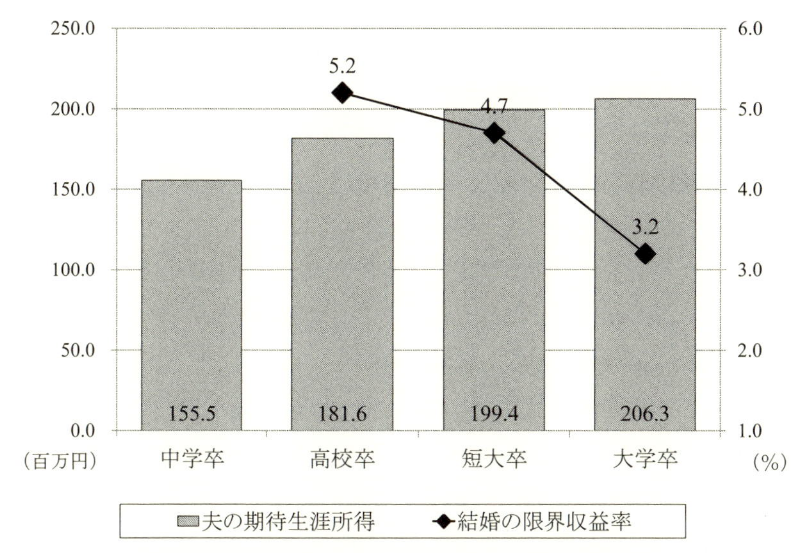

図5-3　夫の期待生涯所得からみた女性の結婚の間接効果

(注)矢野(1996)、p. 214(表10-7)より作成。1980年の賃金センサスによる。

矢野(1996)の分析で同時に興味深いのは、この結婚による間接的経済効果が、高卒者で比較的大きく、短大卒や大卒(特に後者)では伸び悩むことである[7]。中学から高校への進学に伴う結婚の限界収益率を推計すると5.2%となる。これは高校から短大への進学(4.7%)、高校から大学への進学(3.2%)に比べて大きい[8]。したがって、「自立型の女性にとってはより高い学歴取得が重要な意味をもつが、夫依存型にとっては、高校で十分だという解釈が成り立つ」という。よって1980年当時は、学歴が高ければ高いほど、結婚市場からの(限界的な)便益が多いわけではなかった。もっとも、「高卒女性の結婚機会が広く開かれていた時代からその機会が徐々に閉ざされれば、(中略―引用者)進路選択にも大きな影響を与えることになろう」とも指摘されていた(p. 214)。

実際、この分析のフォローアップに当たる推計結果を報告した日下田・矢野(2014)によれば、2009年の『賃金構造基本統計調査』と、本研究と同じ「高校生調査」(保護者票)を使用し、同様の方法で女性の結婚の限界収益率を算出すると、今や短大より大卒の方が高い値になるというのである。すなわち短大が2.7%、大学が3.1%であった[9](pp. 89-90)。

また、近年の首都圏で働いている人を対象とした調査データにより、45歳以下の女性の配偶者所得を分析すると、高卒女性より短大卒や大卒者の方が、本人年齢を統制しても夫の所得は高いという(濱中2013)。女性の結婚から得られる期待所得は、今や高い学歴を取得している場合の方が、大きいことが示唆される。

男女間になお賃金格差がある以上[10]、世帯収入に自分よりも多額の貢献をする配偶者の存在は、男性より女性にとって重要な意味を持つだろう[11]。だが世帯収入からの「取り分」が夫婦間で均等とは限らない。妻が我慢を強いられる場合も、逆に対等(以上)の発言権を持つ場合もあろう。こうした家計内の個人間の分配(不平等)問題は、家計の消費行動を単一主体の意思決定でなく、家計内の諸個人の交渉結果と捉える経済理論で分析できる(宇南山・小田原2009)。例えば、夫に対して妻の賃金が相対的に高いほど、妻の消費(被服費や教養・娯楽・交際費)や、休日の余暇時間が相対的に多いという(坂本2008)。

この考え方を応用し、家計からの「取り分」を「結婚市場」からの便益と見なして、進学行動を説明するモデルを提起するのがキャポリらの研究である(Chiappori, Iyigun, & Weiss, 2009)。すなわち、夫婦合算所得(及び家計生産の成果)を夫と妻が分かち合うとして、両者の取り分が対等になる程度は、各々の家計収入への貢献度に依存すると考える。大卒の妻は高卒者より市場賃金が高いから、(技術進歩などで)家事時間が少なくて済み(市場労働時間を長くでき)、「男は仕事、女は(市場賃金が高くても)家庭」式の性別役割分業規範が弱いなどの条件があれば、夫婦間での妻の交渉力は高くなり、取り分も多くなるだろう。進学か否かの選択に直面する生徒(特に女子)は、こうした結婚後の家庭生活への影響も考慮して、意思決定を行う。このようなモデルである。

さて、20～30代の有配偶女性の労働力率は、近年、増加傾向にあるし、雇用者の共働き世帯も増えているから（内閣府男女共同参画局2013）、上のモデルは日本の女子高校生の進学を考える上でも示唆に富む。だが、労働市場の流動性が高い米国のような社会を前提とした発想であって、日本でも、大卒学歴の取得が、いずれ結婚した後に妻の交渉力を高めると言えるかどうかには疑問も残る。少なくとも、結婚や出産後、（大卒学歴を活かせるような待遇で）働けるなどの条件はあるのか否かが、このモデルを日本に適用する際に、重要となるのではないか。

この「条件」の指標としては、いくつかのものが考えられるが、その最も重要なものの1つが、出身県における将来の正規就業（自営を含む）の見込み（「正規就業機会」）だと思われる。女性の学歴間賃金格差は、非正規よりも、正規就業において顕著に大きいためである（大森2008）。（非正規を含む、M字型の）年齢階級別就業率が第二の山をなす年代は、45～49歳層だが、この年齢階級において正規で働いている可能性は、どれくらいあるのかが特に重要だと考えられる。正規雇用の場合、賃金カーブの高まる（したがって妻の家庭内交渉力の源泉が大きくなる）年代でもあるためである。女子高校生は、先行世代の就業状況から期待を形成し、結婚後の家庭生活への学歴の影響も考慮しつつ、進学か否かを選択するものと想定すると、女子については正規就業機会の大きい県ほど、進学率が高いのかも検証する必要があるだろう。

その場合に注意が必要なのは、ある県に、現に住んでいる45～49歳の女性の正規雇用就業率をそのまま用いると、「将来の正規就業の見込み」を適切に表現できないと思われることである。中学校や高校卒業時、あるいは高等教育機関への進学時を中心に、県外へと流出する女性の数が多い県ほど、就業率の分母にあたる人口が少ないから、就業率が高めの値となっても不思議ではない。もちろん、県外からの一定の流入はあるはずだが、特に地方県の場合、多くは流出超過だから、いずれ県外へと流出していく女性も含まれる形で「あるコホート全体にとっての、将来の正規就業見込み」を指標化する必要がある[12]。

そこで、正規就業機会については、具体的には次のように定義する。2002年『就業構造基本調査』の45～49歳女性の正規職員・従業員数(役員、自営業主、家族従業者を含む)を分子として、当該世代に対応する女子中卒者数[13](1969～72年卒者の総計と、68年・73年卒者の各半数の和)で除した。この値は、正規雇用に限った就業率を算出する際の分母に、(中学卒業後の県外流出者を含む)該当年齢人口を用いた値と見なせるだろう[14]。

なお45～49歳の女性というのは、ほぼ高校3年生の母親世代に対応する。実際、「高校生調査」では、高校生の母親の48.9%が45～49歳であった(東京大学大学院教育学研究科大学経営・政策研究センター 2007)。

「正規就業機会」変数を図示したものが、**図5-4**である。この図には「正規雇用就業率」(就業者総数に占める正規雇用の割合)も掲げた。この図を見ると、埼玉、千葉、東京、神奈川、愛知、滋賀、京都、大阪、兵庫、奈良の各都府県においては正規雇用就業率が「正規就業機会」を下回る一方、これら以外のほとんどの県では正規雇用就業率が「正規就業機会」を上回ることがわかる。

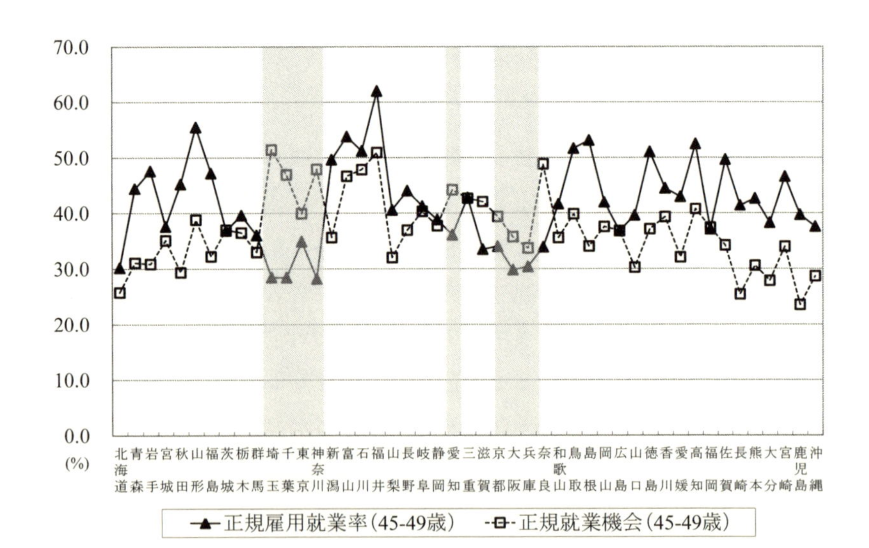

図5-4　45～49歳女性の正規雇用就業率と正規就業機会(都道府県別)

(注)2002年『就業構造基本調査』、『学校基本調査』より作成。「正規雇用」には正規の職員・従業員、会社などの役員、自営業主、家族従業者を含む。

ここまでの議論の背景を掘り下げるため、次の第2節と第3節では地域によって、大卒学歴が女性の結婚(第2節)、就業(第3節)それぞれにとりわけ有利(不利)に働きうるのかどうかを検討する。

第2節　地域別にみた女性の結婚

1. 女性の学歴と結婚

この節では、女性の学歴別の結婚機会と、その地域的相違を検討する。まず、そもそも学歴の違いによって、結婚に有利、不利ということはあるのかを議論するため、未婚率に焦点を当てる。

2000年の『国勢調査』から、30代女性の未婚率(総数にしめる未婚者数の割合)を学歴別に算出して、地域3ブロック別に示したものが**表5-1**である。未婚者とは、有配偶、死別、離別、配偶関係不詳のいずれでもない者を指す。表5-1からは日本全体の未婚率は、(旧制中等教育機関を含む)高卒(17.2%)より短大卒(21.1%)、大学・大学院卒(26.2%)で高いことがわかる。地域別に見ると、高卒、短大、大卒のいずれも、中間地方で未婚率が最も低い。例えば、高卒は外縁地方の17.4%、大都市圏の18.2%に対し、中間地方は15.2%であった。大卒では外縁地方28.2%、大都市圏26.9%、中間地方22.1%となっている。

30代女性の未婚のオッズを算出すると、中間地方では高卒者が.179、大卒が.284だから高卒に対する大卒のオッズ比は1.590となる。同様にして、オッズ比は外縁地方で1.874、大都市圏では1.648であった。つまり、「大卒ほど未婚でいやすい程度」は外縁地方で最も大きく、中間地方で最も小さい。これを地域15ブロック別に算出すると(具体的な未婚率の値は省略)、オッズ比は東京(1.434)や甲信越静(1.518)、南関東(1.520)、四国(1.552)で小さいのに対し、南九州(2.047)、北東北(1.937)、北九州(1.867)、南東北(1.826)で大きい値となることが確認できる[15]。

なお表5-1では、小・中学校卒の未婚率も高い(23.1%)。この点で、白波瀬

(2005)による次の指摘は重要である。「女性の未婚化が議論されるとき、恵まれた親元での生活水準の維持がその理由であるとされ、学歴においても高学歴女性の未婚化に焦点が当てられてきた。低学歴女性の数自体がかなり少ないのでその解釈には注意が必要であるが、高学歴だけでなく低学歴女性の未婚についてももう少し注意を注ぐべきであろう」(pp. 77-78)。学歴「不詳」の未婚率も高いが(30.6%)、その内実も掘り下げる必要がある。

なぜ「大卒女性ほど(高卒女性に比べ)未婚でいやすい傾向」は、中間地方で小さくなるのだろうか。その背景にあるのは恐らく、学歴同類婚の趨勢を考慮すると、中間地方は、配偶者となる男性の学歴自体が高い(大卒者の割合が大きい)という単純な事実だと考えられる。これは、30代大卒女性の(30代高卒女性に対する)未婚のオッズ比と、その配偶者に当たる年齢層の男性の大卒者割合との間で、相関を取ってみることにより明らかとなる。30代女性よりも、やや年長である35～44歳の男性の大卒者割合を県別に算出し(2000年『国勢調査』による)、先ほどの未婚のオッズ比との相関係数を算出すると、-.570であった。地方39県に限ってもやはり、-.466というマイナス相関となる。よって、男性の大卒者割合の高い県ほど、「大卒女性ほど(高卒女性に比べ)未婚でいやすい傾向」が小さいことがわかる。

表5-1　30代女性の未婚率(地域3ブロック別、最終卒業学校の種類別)

	小・中学校	高校・旧中	短大・高専	大学・大学院	不詳	学卒者計
30代女性の総数(万人)						
全国	41.9	407.2	246.6	109.0	27.5	832.2
外縁地方	10.7	107.1	48.2	15.3	4.4	185.6
中間地方	9.8	102.5	54.0	20.8	3.3	190.3
大都市圏	21.5	197.6	144.5	72.9	19.9	456.3
30代女性の未婚率(%)						
全国	23.1	17.2	21.1	26.2	30.6	20.3
外縁地方	23.2	17.4	22.5	28.2	30.2	20.2
中間地方	23.6	15.2	17.8	22.1	25.1	17.3
大都市圏	22.7	18.2	21.8	26.9	31.6	21.6

2. 女性の学歴と配偶者学歴

では次に、女性の学歴によって、配偶者学歴がどのように異なるかを検討しよう。

有配偶女性の学歴と、配偶者の学歴とが互いに似ている事実はかつて、『国民生活白書』でも1997年「出生動向基本調査」の集計結果をもとに、「学歴による配偶者選択の組合せ」というコラムで採り上げられたところである(内閣府2003)。また、これまでにも多くの社会学者によって実証分析が行われている(志田・盛山・渡辺2000、白波瀬2005、三輪2007、関根2010、白波瀬2011)。このようなSSM調査などによる学歴同類婚(夫婦の学歴結合)の研究を総括した三輪(2007)によれば、中学卒、高校卒、大学・短大卒といった「個々の学歴ごとにみると同類婚が弱まった様子が観察される一方で、高学歴化に伴い学歴構成が変わるため、全体としては同類婚減少の非常に緩やかな進行」が、1930年代から90年代半ば(結婚時期)にかけて進んできているという[16](p. 84)。

一例として、志田・盛山・渡辺(2000)の報告する記述統計から、夫婦間の学歴の対応関係を最も単純に示すと、**図5-5**のようになる。例えば、高校卒の女性の場合、どのコホート(結婚時期別)で見ても、夫が高校卒であるケースが最も多い。短大卒の女性も、(ケース数の少ない、最も古い世代を除いて)配偶者の6割以上が大卒である。この間、見合い結婚から恋愛結婚へ転換したにもかかわらず、学歴内婚性が弱まっていない理由は、「出会いのきっかけや、出会ったあとでの意気投合のしかたなどの背後で学歴が無自覚に働いている面が大きいだろう」という(p. 171)。

ここで将来の配偶者候補との「出会い」について、若干の検討をしておこう。国立社会保障・人口問題研究所が、日本全国の夫婦(妻の年齢が50歳未満)を対象に、2010年6月に行った第14回「出生動向基本調査(夫婦調査)」(回答者は妻)によれば、過去5年間に結婚した初婚どうしの夫婦1,136組が知り合ったきっかけは、「友人・兄弟姉妹を通じて」(29.7%)が最も多い(国立社会保障・人口問題研究所2011c、p. 3)。次が「職場や仕事で」(29.3%)、「学校で」(11.9%)となっており、これらで全体の約7割を占めている。この傾向は、1997年の第11回調査以降、ほぼ一貫している。

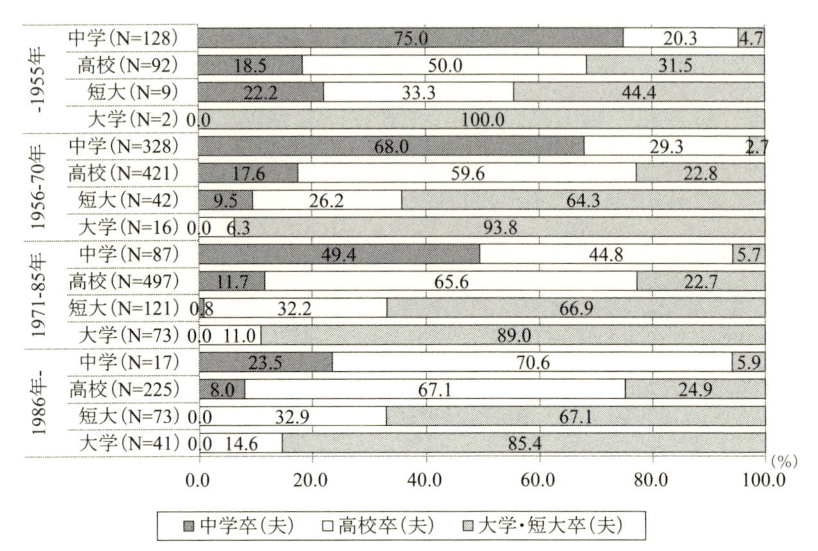

図5-5　既婚女性の配偶者の学歴（女性の学歴別・結婚時期別）

（注）志田・盛山・渡辺（2000）、p. 170より作成。1995年のSSM調査による。

夫婦が知り合うきっかけは学歴によって異なる。白波瀬(2011)は2005年SSM調査を用いて、既婚者が現在の配偶者と知り合ったきっかけ(場所)を学歴別に集計している。それによれば、男女とも「学校」で知り合った人の比率は、「大卒以上」の方が高卒者より多くなっている(短大卒の位置づけは明らかでない)。この傾向は女性で顕著で、「学校」を挙げる高卒者が5%程度であるのに対して、大卒以上は15%に近い。この調査では男女とも「仕事」が最も多いが、大卒以上と高卒者との回答の差は小さいようだ(pp. 324-326)。

女性の学歴による配偶者属性(具体的には学歴)の違いには、地域差が見られるのか。この点が明らかになる分析を、先行研究に見出すことはできなかった。また、『国勢調査』をはじめとする官庁統計において、そうした集計を公刊したものは見られない。そこで、ここでは「日本版総合的社会調査」(JGSS)のデータを用いて、女性の学歴による配偶者学歴の違いに関する(図5-5と同様の)集計を、地域別(現住地別)に行ってみることにした。JGSSは、9月1日時点で満20歳以上89歳以下の全国の男女個人を対象とする標本調査である。大阪商業大学比較地域研究所が東京大学社会科学研究所と共同で開始し、大阪商業大学JGSS研究センターが継続して行っている。ここでは、2000年から2005年までの5時点の調査データ(2004年は調査なし)を統合し分析に用いる。全ケース数は、5時点の合計で14,322である[17]。

このうち、比較的若い世代に限定し、一般的には学校を終えた年齢の女性のサンプルを集計に使用する。具体的には1961年以降に生まれ、調査時点で25歳以上の女性を対象にすると、1,863ケースとなる(年齢幅は25～44歳)。ここから、本人最終学歴(最後に通った学校、又は現在通っている学校。中退を含む)が「わからない」又は無回答の8ケース(1,863人のうち0.4%)、中学卒の42ケース(同2.3%)を除いた1,813ケースを以下では用いる(本人の生年・年齢・性別・現住地の無回答はなかった)。なお、本人学歴の分布は(1,863人のうち)高卒が49.4%、短大卒(高専を含む)が31.2%、大卒(大学院を含む)が16.7%であった。

いま説明したJGSSのサンプルを用いて、25～44歳の女性の配偶者学歴を本人学歴別・地域3ブロック別に集計したものが**図5-6**である。この図から、「大卒女性ほど(高卒女性に対して)、大卒の夫がいる可能性が大きい程度」を地域間で比較することにしよう。

図5-6で、未婚者(「配偶者はいない」)や、配偶者学歴無回答を含んだ場合、高卒女性の夫が大卒である割合は、外縁地方で13.1%、中間地方で12.6%、大都市圏で16.9%となっている。一方、大卒女性の夫が大卒である割合は外縁地方で49.2%、中間地方で48.7%、大都市圏で49.4%であった。したがって外縁地方では、大卒の夫がいるオッズは高卒者が.151、大卒者が.969、高卒者に対する大卒者のオッズ比は6.415となる。同様に算出したオッズ比の値は中間地方が6.582、大都市圏が4.795であった(未婚者と配偶者学歴無回答を除外したサンプルで、同様にオッズ比を算出すると、外縁地方は20.946、中間地方が20.234、大都市圏が13.136となる)。以上のことから「大卒女性ほど(高卒女性に対して)、大卒の夫がいる可能性が大きい程度」は大都市圏で小さく、外縁地方と中間地方では同じくらい大きいことがわかる。逆に言えば、大都市圏では高卒女子も大卒の夫を得やすいということである。

高卒女性が大卒男性と結婚するチャンスは、大都市圏で最も高いのはなぜか。その背景は、恐らく次のようなものだろう。大都市圏では、大都市圏出身男子の進学率が高いだけでなく、第4章第1節で見たように、地方から大都市圏の大学へ進学した男子のうち、半分程度は大都市圏にとどまる。よって、高卒女性は地方よりも、大都市圏にいる方が大卒男性の配偶者をもつ可能性が高くなるのではないかと考えられる。

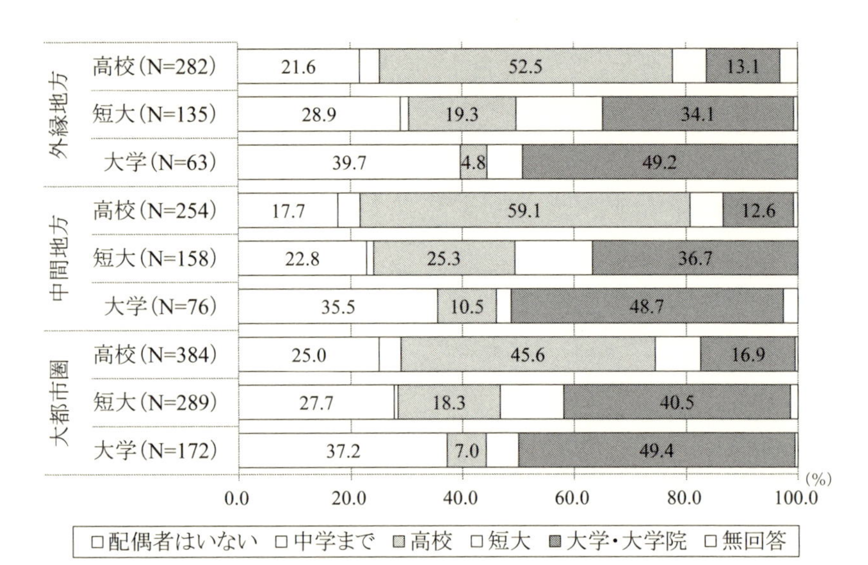

図5-6　25～44歳の女性の配偶者学歴(本人学歴別・地域3ブロック別)

(注)2000～03年及び05年の「日本版総合的社会調査」(JGSS)より筆者作成。1961年以降に生まれた女性のみ(本人学歴が中学卒や無回答は除く)。大学には大学院を含む。

3. 結婚にともなう非就業

ここで、「結婚と密接に関わる非就業」という論点についても検討しておきたい。いわゆる「専業主婦」に関する問題である。結婚した女性が「専業主婦」になるケースはそう多くはないし、将来そうなりたいと望む女子高校生も多数派ではない。しかし、高い学歴の取得を目指さない者にとっては、労働市場における賃金が低いことを考慮すれば「家庭外で働かなくてよい自由」に、メリットを感じるケースも生じうる。夫の期待生涯所得が高ければ、女性が家事専従になる可能性も高まるためである。第1節で引用した矢野(1996)の指摘する「夫依存型にとっては、高校で十分」というのも、重要な論点の一つだと考えられる。

この点で参考になるのが、次節でも詳しく紹介する木村(2000)の議論である。結婚・出産後の就業継続を希望していないにもかかわらず、専業主婦にならない層が存在することを示唆する[18]。(労働市場において、有利な学歴とは言えない)高校・中学卒の女性にとっては、働きに出る必要がなければ、「安価な労働力として採用」(pp. 184-185)されることは好ましくないだろう。実際、1995年SSM調査を用いた杉野・米村(2000)は、結婚後4年以上が経過した既婚の女性に関する分析によって(概ね30歳から69歳が集計の対象となっているようだ)、専業主婦へ転換する人の割合が最も大きいのは中等学歴(高校卒業程度)の女性であったことを明らかにしている[19](p. 183)。

非労働力化して、専業主婦になりうることのメリットは過小評価されるべきではない。そもそも、生活時間の国際比較を行うと、日本全体では女性の方が男性よりも、労働時間と家事時間の合計が長いことが明らかになっている(矢野2001)。不払い労働を含めると、女性の方が、長時間働いているということになる。とすると、家庭外でも働く女性の生活時間は、さらに余裕のないものとなることは、容易に想像がつく。

実際、本田(2010)は2006年の総務省『社会生活基本調査』から、子どものいる夫婦世帯(夫婦と子どもからなり、夫が正社員の世帯)について、妻と夫の生活時間を、妻の就労状況別に集計しているが、これを見ると、フルタイム就労(週35時間以上で定義)の女性が最も忙しい。「仕事」の時間が5時間47分、「家事・育児」時間(家事、買い物、育児、介護・看護の合計。以下「家事等」)の平均は3時間59分であり、単純に合計すると9時間46分となる。それに対して専業主婦(無業)は仕事が2分、家事等が7時間34分、合計7時間36分だった。睡眠時間も、フルタイム就労の6時間59分より、専業主婦の7時間14分の方が長い。パートタイム(週35時間未満)就労の場合はその中間くらいで、仕事は3時間24分、家事等が5時間8分、合計8時間32分(睡眠時間は6時間59分)となる(pp. 106-107)。

以上は日本全体の結果だが、地域別に見ても、正規雇用の女性が忙しい事実に変わりはない。橋本・宮川(2008)は同じ調査から、東京圏の政令指定都市(東京特別区部を含む)と、北陸4県(新潟県、富山県、石川県、福井県)について、正規雇用で働く女性(全ての年齢階級)の「行動者平均時間」(実際にその行動を取った人の平均値)を集計している。それによれば、東京圏では仕事時間が8時間29分、通勤時間が1時間27分、北陸4県では仕事は8時間23分、通勤が48分となっており、通勤が長いだけ、東京圏の方が忙しいように見える。しかし、家事の時間は東京圏が2時間9分、北陸は2時間29分、育児時間は東京圏が2時間25分、北陸が2時間55分である。仕事・通勤・家事・育児の平均時間を単純に合計すると、東京圏と北陸はほとんど変わらない水準となる。「行動者率」(その行動を取った人の割合)を見ると、東京圏は仕事69.9%、通勤75.3%、家事51.5%、育児8.8%であるのに対し、北陸は仕事75.6%、通勤68.8%、家事68.2%、育児12.1%であった。行動者率は通勤以外、北陸の方が高いことを考慮すると、地方で働く正規雇用の女性の方が忙しい可能性すらうかがえる(橋本・宮川2008、p. 39)。

以上を踏まえると、家庭外では長い時間働かずに済む結果、余暇時間が長くなることも一種の便益だと言ってよいだろう。矢野(1996)によれば、女性は高学歴ほど自由時間が多く、多様な種類の余暇活動を行う傾向があるという[20](特に40代の高学歴女性)。後の「高校生調査」の集計で、就職等希望の女子ほど専業主婦希望が多い結果が見られるが、その背景はこうした点にあるとも考えられる。

「専業主婦」と同一とは限らないものの、それに近い指標として、非労働力率を用いることができる。ここでは、学歴別の非労働力率の地域間比較を行ってみよう。結果を先に述べると、中間地方では大卒者も高卒者と同じ程度、非労働力化しやすいことがわかる。「高卒ほど非労働力化しやすい」傾向が、他の地域より小さい事実は、大卒者と高卒者が労働力として競合している事実を(第4章第2節参照)、別の角度から示唆していると読むこともできよう。

表5-2は、2000年の『国勢調査』から、30代女性の総数にしめる非労働力人口の割合を学歴別に算出し、地域3ブロック別に示したものである[21]。

表5-2では、日本全体では非労働力率は短大卒(42.9%)が高卒(40.1%)、大卒(37.5%)より高くなっている。地域別には高卒、短大、大卒の全てで大都市

表5-2　30代女性の非労働力率(地域3ブロック別、最終卒業学校の種類別)

	小・中学校	高校・旧中	短大・高専	大学・大学院	不詳	学卒者計
30代女性の総数(万人)						
全国	41.9	407.2	246.6	109.0	27.5	832.2
外縁地方	10.7	107.1	48.2	15.3	4.4	185.6
中間地方	9.8	102.5	54.0	20.8	3.3	190.3
大都市圏	21.5	197.6	144.5	72.9	19.9	456.3
30代女性の非労働力率(%)						
全国	42.9	40.1	42.9	37.5	35.3	40.6
外縁地方	41.1	35.8	38.1	31.4	31.4	36.3
中間地方	40.0	35.2	38.3	34.0	32.7	36.2
大都市圏	45.0	44.9	46.2	39.8	36.6	44.1

(注)2000年『国勢調査』の第2次基本集計・報告書掲載表より作成。

圏の非労働力率が最も高い。つまり家事などの専従者が多いことを意味する。高卒と大卒を見ると、高卒は外縁地方の35.8%、中間地方の35.2%に対し、大都市圏は44.9%であった。大卒では外縁地方31.4%、中間地方34.0%、大都市圏39.8%である。

表5-2の値をもとに、「高卒ほど(大卒に対して)非労働力化しやすい程度」の地域間比較を行ってみよう。大都市圏では、30代女性が非労働力化しているオッズは高卒者が.815、大卒者が.660であり、高卒の大卒に対するオッズ比は1.234となる。同様に、外縁地方ではオッズ比は1.220であった。中間地方の場合、1.054となる。したがって、「高卒ほど(大卒に対して)非労働力化しやすい程度」は中間地方で最も小さく、外縁地方や大都市圏で大きい。つまり中間地方では、大卒女性でも高卒女性と同じ程度には非労働力化しているわけである。図は省略するが15ブロック別にオッズ比を算出すると、東京(1.368)、北海道(1.333)、北東北(1.330)、南九州(1.260)で大きいのに対し、北陸(.919)、中国(.998)、東海(1.025)、甲信越静(1.035)で小さい(大卒者と高卒者の非労働力率が同程度な)ことがわかる。

以上のように、「高卒ほど非労働力化しやすい」傾向が、中間地方ほど小さい(大卒者も高卒者と同じくらい非労働力化しやすい)事実からは、進路選択を控えた女子高校生の意識に関して、次のような予想を導くことができる。すなわち、一般的には専業主婦希望を持つ者ほど、大学進学を希望しないと考えられるから（日下田・矢野2014）、進学率の高い地域では主婦希望を持つ女子生徒が少ないはずである。しかし、中間地方では大卒者も、高卒者と同じくらい非労働力化しやすいため、結果として主婦希望を持つ女子の割合は、他の地域とあまり差がないのではないか。

そこでこの節の最後に、「高校生調査」を使用して、女子生徒の専業主婦希望の有無を分析しておこう。30代の頃、どのような職業につきたいと思うかを複数回答で尋ねている中で、「専業主婦・主夫」を選択した女子の割合を希望進路別、地域別に集計したのが**図5-7**である。30代における専業主婦希望を持つ女子は全体の38.9%だが、3ブロック間に、カイ二乗検定10%水準で有意な差は見られない（$\chi^2 = 3.9$、自由度2、$p = .145$）。希望進路ごとに検定を行っても、やはり有意差はなかった[22]（就職等は$\chi^2 = 3.7$、自由度2、$p = .159$、専門・各種は$\chi^2 = 4.1$、自由度2、$p = .127$、短大は$\chi^2 = .4$、自由度2、$p = .802$、大学は$\chi^2 = .6$、自由度2、$p = .737$）。先ほどの予想通りの結果と言える。

		30代の専業主婦希望あり	なし
全体 (n.s.)	外縁地方(N=476)	39.1	60.9
	中間地方(N=499)	35.3	64.7
	大都市圏(N=1,025)	40.5	59.5
就職など (n.s.)	外縁地方(N=118)	46.6	53.4
	中間地方(N=88)	42.0	58.0
	大都市圏(N=149)	54.4	45.6
専門・各種 (n.s.)	外縁地方(N=108)	30.6	69.4
	中間地方(N=117)	29.9	70.1
	大都市圏(N=186)	39.8	60.2
短大 (n.s.)	外縁地方(N=60)	46.7	53.3
	中間地方(N=65)	43.1	56.9
	大都市圏(N=150)	48.0	52.0
大学 (n.s.)	外縁地方(N=190)	36.8	63.2
	中間地方(N=229)	33.2	66.8
	大都市圏(N=540)	34.8	65.2

(%)　0.0　20.0　40.0　60.0　80.0　100.0

■30代の専業主婦希望あり　□なし

図5-7　高校3年生女子の専業主婦希望（希望進路別・地域3ブロック別）

（注）「高校生調査」より作成。無回答を除く。

以上、第2節では女性の学歴別の結婚機会と、その地域的相違について検討を行った。学歴別の未婚率の検討から明らかになったのは、「大卒女性ほど（高卒女性に比べ）未婚でいやすい傾向」が、中間地方で小さいことである。これは中間地方の男性の学歴が高い（大卒者の割合が大きい）事情を反映したものである。いっぽう、配偶者学歴を学歴別に分析すると、「大卒女性ほど大卒男性と結婚しやすい傾向」には、大きな地域差がないことがわかった。

以上の検討を踏まえると、ある地域ほど、大学進学が女性の結婚を有利（不利）にするといった事実は、特にないのではないかという推論が可能となる。よって、むしろ就業に着目することの方が重要だと言える。というのも、どの地域出身の女性も、結婚・出産や家事のより多い負担を将来に想定した場合、女性間の相違を生み出すのは、就業（継続）のしやすさの部分だと考えられるためである。

第3節　地域別にみた女性の就業

1. 女性の学歴と就業状況

そこで第3節では、女性の就業（継続）の地域による相違について検討する。ここでも学歴による就業状況の違いと、さらにそれが地域間でどう異なるかを分析していく。

まず、地域を区別せずに女性の就業について検討しよう。そもそも、大卒者と高卒者とでは、賃金カーブの勾配に違いがあることを踏まえれば、大卒女性の方が、将来に渡って仕事を続けることのメリットは大きいはずである。しかし実際には、最近の女性でも、結婚後の就業継続率は高卒者も大卒者も変わらないことを、先行研究が報告している。関連する知見も含めて、以下に紹介しておきたい。

大卒女性の場合、確かに、若い世代になるほど非就業率は低くなってきている。例えば、2005年のSSM調査を用いて30歳時点での従業上の地位を出生コホート別・学歴別に比較した岩井（2008）によれば、大卒者の非就業率（無職割合)は1950～59年出生で50.0%、1960～69年出生で32.4%、1970～74年出生で28.1%と低下している。高校卒(それぞれ50.1%、44.6%、42.2%)や、短大卒(58.9%、43.2%、50.7%)の無職割合が比較的高い水準のまま推移しているのとは対照的である(p. 80)。

だが、そうした若い世代でも、女性が初職を継続するかどうかの選択は、学歴によってさほど大きな違いが見られない。JGSS-2009ライフコース調査を用いて、1966年から1980年生まれのコホートについて分析した平尾(2010)によれば、(調査時点までに)最初の勤め先に継続勤務している女性は、大卒で26.1%、短大・高専で15.1%、高校・専門学校で11.3%であった。男性の場合、初職継続率は大卒56.9%、短大・高専34.9%、高校・専門学校35.3%となっており、学歴による違いは女性よりも大きい(p. 209)。就業継続か否かの分析ではないが、岩間(2008)も2004年の「結婚と家族に関する国際比較調査」の分析結果から、18～59歳の既婚女性の就業行動は家計の経済的要因(夫の年収、住宅ローンの有無)や家族要因(子ども数、3歳以下の子どもの有無、親との同居)が規定する一方、学歴(教育年数)は無関係であることを明らかにしている(pp. 119-122)。

なぜ女性の就業継続率は、学歴による差が顕著ではないのか。その1つの説明が、結婚前の郊外居住こそが女性の就業継続率を規定するという議論である。郊外居住によって通勤時間が長くなり、家事・育児と仕事を両立させることが困難になるためである(原・盛山1999、p. 185)。田中(2000)は1995年SSM調査から、女性のフルタイム就業継続率が、結婚前の居住地によって異なることを明らかにしている。すなわち、結婚前に7大都市圏の「郊外」に住んでいた女性のフルタイム継続率は低いという[23]。うち地方出身で、初職に就くとき移動し、郊外に住むようになったと見なせる女性(義務教育終了時は地方居住、初職時は郊外居住)でも、もともと郊外出身の女性(義務教育終了時に郊外居住)と同じくらい、低いというのである。

また、結婚後も働き続ける大卒女性であっても、子どもを持つと仕事をやめるケースが少なくない。例えば、上智大学を卒業した女性が、結婚すると仕事をやめる確率は、若いコホート(1986-95年度卒業)では小さくなっている一方、子どもを持つと就業を中断する確率は、そうした若いコホートでも大きいという(平尾2007)。

家計経済研究所のパネル調査を用いた坂本(2009)の分析によれば、大卒女性が結婚・出産後に退職すると、その後に再就職する見込みは中学・高校卒よりも低いという。また、そうなる理由は夫の年収の高さ、第一子出産年齢の遅さ、育児期の働き方に関する意向にあること、再就職しやすいのは、出産以前に専門的知識・技術を要する職種への従事経験を持つ場合や、就業経験年数が長い場合であることが明らかにされている。

育児を終えた後に再就労する場合、増えているのはフルタイムではなくパートタイムであることが、『労働力調査』を分析した田中(1996)によって報告されている。同じ『労働力調査』を用いた本田(2010)によれば、1990年代以降、子どもが就学年齢に達しないうちにパートタイムで就労する母親は増加傾向にあるという。3歳以下の子どもを持つ母親のうち、パートタイムで働く女性は1990年の7.8％から、2008年の19.2％へと、4～6歳の子を持つ母親の場合は、15.5％から31.8％へと増加した。それに対して、フルタイムで働く母親については3歳以下の子を持つ場合で12.3％から12.3％へ、4～6歳の子を持つ場合で17.5％から17.1％へと、ほとんど変化していない(本田2010、pp. 108-109)。

フルタイム継続しやすいのは、学校の教員のように育児期にも働き続ける環境が整っているような特別な職業に限られている。1985年と1995年のSSM調査を分析した田中(1997)によれば、大卒女性のフルタイム就業継続率(結婚前から末子出産時まで、フルタイムの一般従業を継続する率。ただし、家族経営型の自営業に属する女性は除く)は高いものの、教員を除くと、継続率は学歴間で異ならないという。

以上のことは、女性の場合は高学歴でも、子どもができると仕事を辞めるようになるような、男女間の就業機会の構造的な不平等が、依然存在することを示唆している。また、同じ学歴を持ち、同じ仕事に就いていても女性の方が男性より賃金が低く、昇進機会も小さいことは繰り返し指摘されている(白波瀬2010)。

就業継続に関する意識や意欲には、学歴差が見られるのだろうか。国立社会保障・人口問題研究所の第4回「全国家庭動向調査」(2008年7月に実施)の結果から検討しよう。全国の結婚経験のある女性を対象とし、現実にたどりそうなライフコースを、単数回答で尋ねた結果によれば、49歳以下の有配偶女性のうち、末子が3歳以上である女性の22.4%が「就業継続型」(結婚や子どもの成長に関係なく就業を継続する)と答えている。学歴による違いを見ると、就業継続予定と答える割合は、大卒者と高卒者で大きくは異ならないことがわかる。4年制大学卒業以上の場合は26.8%である一方、高校卒業以下は21.2%であった[24](国立社会保障・人口問題研究所2011a)。

未婚女性の就業継続意識はどうか。学歴による差を含んだ結果は未公表だが、国立社会保障・人口問題研究所は第14回「出生動向基本調査(独身者調査)」(全国の18～49歳の独身者を対象に、2010年6月現在の状況を尋ねたもの)に回答した18～34歳の未婚者について、理想とするライフコースを報告している。その結果によれば、「両立」(結婚し子どもを持つが、仕事も一生続ける)が30.6%、「DINKS」(結婚するが子どもは持たず、仕事を一生続ける)が3.3%、「非婚就業」(結婚せず、仕事を一生続ける)が4.9%となっており、合計で38.8%が結婚あるいは出産の機会には退職しないことを理想としている。一方、実際になりそうだと考えるライフコースは両立が24.7%、DINKSが2.9%、非婚就業が17.7%、合計は45.3%となり、理想ライフコースより多いことがわかる[25](国立社会保障・人口問題研究所2011d)。

さて大卒女性の労働力率は、(特に大都市圏では)他の学歴の女性に比べても決して高くはないが、こうした状況への不満はないのか。木村(2000)によれば、高学歴女性も、結果的に性別役割分業を容認するようになる理由は、「労働市場の分断のもとでの合理的選択と認知的不協和」の観点から説明できるという。彼は1995年SSM調査を使用して、まず30～59歳の有配偶女性の性別役割分業(「男性は外で働き、女性は家庭を守るべきである」という意見)への肯定的回答の割合を、年齢層・学歴・就業形態別に集計している。それによれば、どの年齢層でも大学・短大卒の方が、高校・中学卒よりも肯定割合が小さい一方(概ね、どの就業形態でも当てはまる)、主婦専業度が高い[26](職業生活を通じて家庭の外と関わることがあまりないような就業形態である）ほど、概ねどの学歴でも肯定割合が大きいという（pp. 182-183）。

このようにして、既婚の女性は高学歴でも性別役割分業に肯定的となるのだが、結果的にそうなるメカニズムを、長文をいとわず引用しておく（木村2000、pp. 184-185。改行と傍点は引用者による）。

> 女性も（男性と同様に）大学・短大進学が職業的地位達成の手段であると見なしており、性別役割分業に否定的な女性が大学・短大に進学しようとする。しかし、フルタイムの労働市場とパートタイムの労働市場との「分断」が存在する。フルタイムの労働市場では女性が結婚・出産後も就業を継続しにくい環境があり、多くの女性が結婚・出産を機に退職する。性別役割分業に否定的で就業継続を希望する傾向のある大学・短大卒の女性にもこのことはあてはまる。
>
> その後、有配偶女性が再就職しようとしても、フルタイム労働市場には戻りにくい。これに対してパートタイム労働市場では、企業が学歴や配偶関係にかかわらず女性を安価な労働力として採用しようとする。ここに引きつけられるのは、高校・中学卒業者の方である。高校・中学卒の女性は、高校・中学卒の男性と結婚することが多く、夫の収入がそれほど高くないので、家計補助のために働きに出る必要がある場合が多いからである。こうして、大学・短大卒よりも高卒・中学卒の方が専業主婦の比率が小さくなり、志望していたのとは異なる就業形態に至る有配偶女性が多いことになる。
>
> そのような有配偶女性（とくに大学・短大卒で就業継続を希望していたにもかかわらず専業主婦になった者）は、認知的不協和（中略―引用者）を経験する。認知的不協和を低減しようとする圧力の結果として、現在の自分の就業状態を合理化するような方向に性別役割意識が変化する。

なお学歴を区別しない場合、性別役割分業には未婚者よりも有配偶者の方が、賛成する女性は多いとみられる。未婚者については、例えば先述した第14回「出生動向基本調査（独身者調査）」の結果が参照できる。「結婚後は、夫は外で働き、妻は家庭を守るべきだ」という設問には、18～34歳の未婚女性（調査に回答した未婚女性4,276人のうち79.7%)の31.9%が賛成している。この比率は、第11回調査(1997年)からあまり変わらず、3割前後で推移してきている(国立社会保障・人口問題研究所2011d)。

それに対して有配偶女性だが、先の第4回「全国家庭動向調査」(2008年)において、「結婚後は、夫は外で働き、妻は主婦業に専念すべきだ」という設問に賛成する有配偶女性は全体の47.7%であった。年齢別に見ると、30歳代、40歳代、50歳代では4割前後にとどまるのに対し、29歳以下は47.9%にも達する。これは60歳台の57.2%に次いで多い[27](国立社会保障・人口問題研究所2011a)。

2. 地域別にみた学歴と就業

では次に、女性の就業状況(の学歴による違い)の地域差に話を進めてみよう。

いわゆる「M字型」就労、つまり女性が出産・育児を経験する年代(現在は概ね30歳代)で、労働力率が落ち込むパターンが顕著なのは、大都市圏であることはしばしば指摘されている[28]。例えば陳(1999)は、1995年の『国勢調査』を用いて、年代別の女性労働力率が深い谷のM字型を示す埼玉県、兵庫県、奈良県と、よりフラットな型の山形県、石川県、高知県を比較している。それによれば、女性就業者の産業別構成や就業形態別構成、企業規模の分布、女性の学歴分布については両者の間に大きな違いは見られないという。

では、こうした女性の就業状況の地域差はなぜ生じているのか。武石(2007)は2002年『就業構造基本調査』の個票データを用いて女性の有業率の県間比較を行っている。それによれば、有業率の地域差は、子どもをもつ女性の有業率の違いに起因している部分が大きいという。6歳未満の子どもがいる世帯の女性(50歳未満)の有業率が高いのは北陸、山陰、東北・四国・九州の一部で、東京や大阪などの大都市の周辺県で低い(いわゆるM字型カーブの「底」にあたる30代女性も、同様の傾向がある)。最も高いのは島根県の58.2%、最も低いのは神奈川県の27.0%であった。

有業率の特に高い4県(山形、福井、島根、高知。平均56.7%)と、低い4県(北海道、神奈川、大阪、奈良。平均29.5%)で、6歳未満の子どもがいる世帯の女性(50歳未満)の学歴別有業率を比較すると、高い県では学歴を問わず有業率が高く(高卒55.4%、短大・高専卒58.7%、大卒60.2%)、低い県では低いことがわかる[29](高卒29.6%、短大・高専卒28.3%、大卒31.5%)。夫の就業形態別に見ても、有業率の高い4県では、夫が被雇用者の場合(54.9%)、自営の場合(75.3%)とも高いのに対して、低い4県では、夫が被雇用者(26.5%)だけでなく、自営(48.0%)の場合も低い(武石2007、pp. 25-28)。

これらの背景にある事実は、このカテゴリの女性の有業率が、有業率の特に高い4県の平均では、夫の年収の高くない世帯を中心に高い一方(400万円未満60.7%、400-599万円56.0%、600-799万円45.7%)、低い4県の平均では、そうした世帯の有業率も低いことである[30](400万円未満32.1%、400-599万円28.8%、600-799万円23.6%)。また、有業女性に限って女性個人の年収の分布を見ても、有業率の低い4県の平均では100万円未満の割合が45.5%にも達する(高い4県の平均は28.2%)。これは、この4県では、週あたりの就業時間が35時間未満であるケースが48.1%を占める(高い4県では31.5%)ことと対応している(武石2007、p. 28、p. 30)。

以上のような先行世代の女性の生き方を見て、女子高校生はどのような将来展望を抱くのだろうか。ここでも「高校生調査」を使用して、女子生徒の就業継続意識について分析しておこう。というのも、もし女子生徒の就業継続意識が地域ごとに大きく異なるなら、そのことも進学(希望)率の地域差の背景となっている可能性があるためである。

例えば、1999年に仙台圏の16校の高校(進学校、進路多様校、専門高校が含まれる)に通う2年生を対象に行われた調査によれば、学校教育の終了後に専門職を希望する女子(全体の45%)の方が、非専門職希望者よりも就業継続を志向し、専業主婦希望は少ないことが明らかになっている(元治2004)。また、「女性職」(2000年『国勢調査』で、女性の従業者比率が60%以上の職業と定義)を希望する女子の方が、非女性職希望者よりも、結婚・出産後も職業を継続することを希望する生徒が少なく、中断・再就労(結婚・出産によって退職し、その後再就労する)のライフコース展望を持つ生徒が多いという(片瀬・元治2008)。非専門職と、女性職とが多くで重なり合うなら、そして大学を出た方が専門職や非女性職に就きやすいのであれば、就業継続希望をもつ女子高校生ほど、大学進学を希望するという予想が導ける。

では「高校生調査」を分析してみよう。結論を先取りすれば、就業継続を希望する者の割合は、中間地方で高いことがわかる。**図5-8**に、女子についてのみ、結婚後の就業継続志向の集計結果を示した。すなわち「結婚しても仕事を続けたい」と思うかどうかを（4件法で尋ねた設問を肯定的回答と否定的回答の2カテゴリにまとめた）希望進路別、地域別に集計したものである。女子全体で地域差の有無に関するカイ二乗検定を行うと、10％水準で統計的に有意な差が見られる（$\chi^2 = 5.7$、自由度2、p<.10）。肯定回答は中間地方（82.0％）で多く、外縁地方（79.6％）や大都市圏（76.8％）で少ない[31]。実質的に大きな地域差とまでは言えないが、中間地方の場合、他の地域よりも継続したいと思えるような仕事に就きやすいか、又は仕事の継続を促す条件が存在する可能性が示唆される。

こうした地域差は、他の要因を統制してもなお、見られるのか。就業継続志向を被説明変数とする回帰分析を行っておきたい。元の4件法の項目に、1（「全くそうは思わない」）から4（「強くそう思う」）までの値を割り当てて用いる。説明変数には、地域3ブロックのダミー変数（外縁地方ダミー、大都市圏ダミー。基準カテゴリは中間地方）を使用するほか、母正規就業ダミー（母親が民間企業・

		「結婚しても仕事を続けたい」強くそう思う・そう思う	そうは思わない・全くそうは思わない
全体（+）	外縁地方（N=476）	79.6	20.4
	中間地方（N=499）	82.0	18.0
	大都市圏（N=1,024）	76.8	23.2
就職など（+）	外縁地方（N=118）	64.4	35.6
	中間地方（N=88）	71.6	28.4
	大都市圏（N=148）	57.4	42.6
専門・各種（n.s.）	外縁地方（N=108）	88.9	11.1
	中間地方（N=117）	84.6	15.4
	大都市圏（N=186）	83.3	16.7
短大（n.s.）	外縁地方（N=60）	78.3	21.7
	中間地方（N=65）	66.2	33.8
	大都市圏（N=150）	78.0	22.0
大学（**）	外縁地方（N=190）	84.2	15.8
	中間地方（N=229）	89.1	10.9
	大都市圏（N=540）	79.4	20.6

0.0　20.0　40.0　60.0　80.0　100.0（%）

■「結婚しても仕事を続けたい」強くそう思う・そう思う　□そうは思わない・全くそうは思わない

図5-8　高校3年生女子の結婚後の就業継続志向（希望進路別・地域3ブロック別）

（注）「高校生調査」より作成。無回答を除く。希望進路の定義は第1章を参照。

官公庁・団体などの正社員・正職員や自営業・家族従業者、自由業、経営者・役員の仕事に就いている場合は1、パート・アルバイトや学生、無職・専業主婦、その他の場合0を取る2値変数)、中学3年生時の成績(中3成績)、大学進学希望の有無(希望ありの場合1、なしの場合0を取る2値変数)を統制した(中3成績は、第2章で用いた変数と同一である。詳細は第2章第2節を参照)。

回帰分析の結果は、**表5-3**に示す通りである。地域3ブロックのダミー変数に着目すると、外縁地方(ただし10%水準)や、大都市圏(1%水準)の女子生徒の方が、中間地方の女子よりも、就業継続を志向しない傾向にあることがわかる(地域3ブロックのダミー変数は、もともと47都道府県を基礎に作成したものだから、通常の標準誤差を用いた推定では有意になりやすい。そこでここでは、ロバスト標準誤差を使用した)。なお、他の変数については、母親が正規で就業しているほど、中3成績が良いほど、また、大学進学希望をもつ生徒ほど、就業継続を志向していることが読み取れる。

表5-3　高校3年生女子の結婚後の就業継続志向に関する回帰分析

説明変数	係数	Robust SE
母正規就業ダミー	.129 ***	.028
中3成績	.047 **	.014
大学進学希望	.162 ***	.035
外縁地方	-.081 +	.046
大都市圏	-.132 ***	.038
定数	2.916 ***	.052
F値 (*df*)	23.3 (5, 46)	
有意確率	< .001	
Adjusted R^2	.035	
ケース数	1,980	

$^{+}p < .10$ $^{*}p < .05$ $^{**}p < .01$ $^{***}p < .001$.

3. 正規就業の機会の地域による相違

これまで議論してきた就業状況は、非正規雇用を含むものだった。では正規雇用に限る場合、どのような地域的相違が見られるのだろうか。先行研究では正規雇用についても、大都市圏より地方において女性の就業率は高いことが明らかにされている(武田ほか2004、安部・近藤・森2007、Abe, 2011など)。例えばAbe(2011)は、2007年の『就業構造基本調査』のミクロデータを用いて、女性の年代別就業率(正規、非正規別)を学歴別・地域別に集計している。それによれば、正規雇用就業率は高卒・短大卒が30代以降、大卒が40代以降で、大都市圏(Abeの区分では、「東京近郊」「東京」「中部」「関西」)より地方(「日本海」「その他」)の方が高い(ただし、どの地域でも大卒は高卒・短大卒より高い)。いっぽう、非正規雇用就業率は、40代以降で地方の方が大都市圏より低かった。

Abe(2011)の重要な発見は、日本海側7県(山形、新潟、富山、石川、福井、鳥取、島根)では大都市圏よりも30代以降の女性就業率が顕著に高いこと、子どもをもつ有配偶女性の正規雇用就業が多いことであった。先の武石(2007)も、6歳未満の子どものいる世帯の女性有業者(50歳未満)が正規雇用で働く割合は、北海道、神奈川、大阪、奈良の4県平均37.0%に対し、山形、福井、島根、高知の4県平均が52.2%であることから、「正規雇用の機会が、子どもを持つ女性の有業率の高さと関連している可能性がある」と指摘していた(p. 29)。

では、正規雇用で働く有配偶女性の仕事とはどのようなものか。Abe(2011)のTable 4a(p. 34)から作成した**図5-9**で見てみよう(地域区分は、本書での呼び方に直してある)。これは、学校を卒業した人のみを対象として(在学中や未就学を除く)、「正規の職員・従業員」として雇われている、25～54歳の有配偶女性の職業構成(「会社などの役員」を含む)を示したものである(年齢や、子どもの有無は区別していない)。それによれば、高校・短大(高専を含む)卒の場合、日本海側の女性の職業は、専門的・技術的職業従事者(8.4%)や生産工程・労務作業者(7.3%)が多いことに気づく。「正規雇用以外」を除いて構成比を算出し、大都市圏と比較してみると、生産工程が多く(日本海19.9%、南関東6.4%、東京6.0%)、事務従事者が少ない(日本海36.6%、南関東45.9%、東京46.8%)のが特徴である[32](販売従事者、サービス職業従事者など、他の職種は大差がない)。

いっぽう、大学・大学院卒の場合もやはり、日本海側では専門・技術(28.9%)の構成割合が高いことが図5-9から読み取れる。これも「正規雇用以外」を除いて構成比を算出し、大都市圏と比べると、専門・技術職の大卒女性が多く(日本海58.9%、南関東46.6%、東京36.4%)、事務職が少ない(日本海27.9%、南関東39.6%、東京46.3%)ことがわかる[33]。他の職種の構成比は、どの地域でも同様である。なお高校・短大卒、大学・大学院卒とも「その他」地方の傾向は日本海側に近く、「正規雇用以外」を除いた構成比は高校・短大の生産工程が11.8%、事務が36.3%、大学・大学院の専門・技術が58.9%、事務が28.1%となっている。

このような地域的相違は、最近になって生じたものというより、かなり前から見られる傾向であることも、明らかにされている。歴史的に見れば、高度成長期以降、女性は就業しなくなる傾向があったが、その流れが反転するのが1975年頃のことであった。原・盛山(1999)の記述を引用しよう。「1960年から1975年にかけて若年層の女性労働力率は一貫して低下を続けていた。つまり高度経済成長とそれに続くしばらくの間は『主婦化』が基調だったので

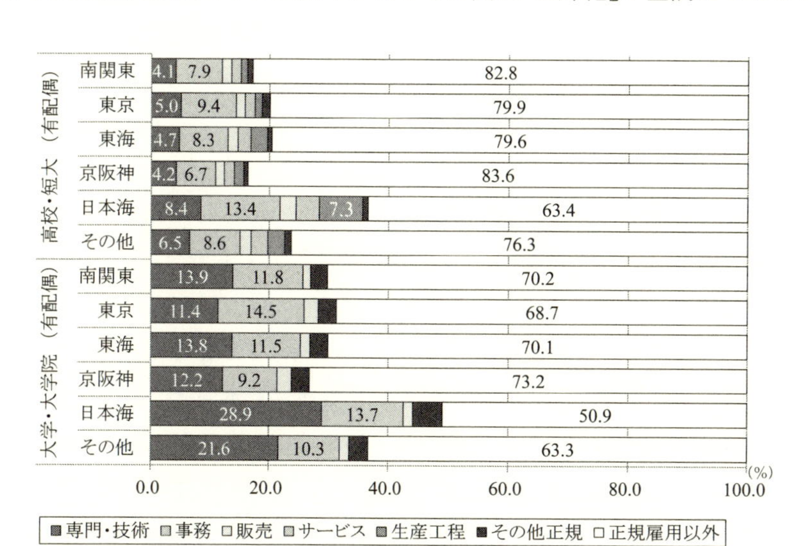

図5-9　正規雇用の有配偶女性の職業構成(地域別、最終卒業学校の種類別)

(注)Abe(2011)より作成。2007年の『就業構造基本調査』による。「その他正規」は、構成割合が2パーセント未満の職業(管理的職業従事者、保安職業従事者、農林漁業作業者、運輸・通信従事者。大学・大学院卒の場合はサービス職業従事者、生産工程・労務作業者も該当)の合計。「正規雇用以外」に無業者(家事、各種学校などへの通学等)を含む。

あり、これは、1946年から1950年の間に生まれた団塊の世代まで続いたのであった。この直後から趨勢は逆転する。25-29歳の労働力率は急速に上昇し始める」ことになる[34](p. 162)。

しかし、こうした労働力率の低下から上昇へ、という全国的な趨勢に関わらず、日本海側では、一貫して女性の就業率が高かったというのである。Abe(2012)は『国勢調査』の集計表をもとに、1955～95年の10年おき5時点について、25～44歳の女性の就業率を地域別に算出して図示している(地域区分は図5-9のものと同じ)。それを見ると、全国的には就業率が1975年を底に(5割を切る水準である)、以後、上昇する形状を示すのに対し(95年で6割弱)、日本海側7県では5時点とも就業率が高く、概ね7割前後を維持していることがわかる。また、75年の就業率の落ち込みも非常に小さい。いっぽう南関東や東海、「その他」地域では、1975年を底に上昇するパターンは日本全体と同様である。ただし就業率の絶対的な水準は異なっており、「その他」地域では1975年を除き、6割弱で推移している。なお、東京の就業率だけは一貫して増加している(p. 6、p. 26)。

では、日本海側7県の女性就業率が高い理由は何だろうか。Abe(2012)は、次の4つが考えられるとする。すなわち文化(労働規範)、ロールモデルの存在、通勤コストが低いこと、男性の所得が低いことである。このうち通勤コストや男性の賃金(ないし稼得)については、他の地方でも低いにもかかわらず、女性就業率は高くないことから満足しうる説明ではないと退ける。むしろ重要なのは、女性も多くが就業するという労働規範であったというのがこの論文の主張である。そうした規範が日本海側地域に資本の流入を促した。すなわち女性労働者を雇用できると期待して、製造業の企業が立地するようになり、1955年から95年にかけて、この地域の主要産業は農業から、製造業やサービス業へと劇的に変化したという(従来は農業中心であった他の地域では、見られないことである)。また、同じ期間に保育サービスの供給が、他の地域に比べて増加したことも、女性の就業率の高さが維持されることに寄与したとする(pp. 3-4)。

なお、特に北陸においては、3世代同居(近居)が多いことが、既婚女性の就業を促進する要因であると指摘されることがあるが[35]、この点については、さらなる検討が必要だと思われる。例えば、中澤・神谷(2005)は、金沢市と横浜市の高校(進学校)卒業生に対する調査を分析し、「核家族世帯に属する対象者を取り出して、その就業率およびフルタイム率を比べた場合でも金沢の方が高いことから、拡大家族構成比の大きさだけで地域コーホート間の就業率、フルタイム率の差異のすべてを説明することはできない」と指摘する。「末子年齢が0～3歳と4～6歳の階級では、公務員・教員あるいは医療・技術系専門職にフルタイムで従事する者の割合が30％を超えており、この部分が横浜対象者とのフルタイム率の実質的な差を構成している」というのである。さらには、「高校での進路指導が大学での教育学部や医療短期大学への進学を勧めるものであったことが、結果として出産後の就業率を高める要因の一つとなっている」と指摘する(p. 576)。

以上、この節では女性の就業状況について、地域による相違に着目して検討してきた。ある地域ほど、大卒学歴が女性の就業を促進するか、という本章冒頭に設定した問題への答えはノーである。この意味での地域的相違は特にない。しかし、中間地方の女性の就業率は、学歴を問わず高いことや、女子高校生の就業継続意識も、中間地方では希望進路を統制後も高い事実が見られる。学歴を問わず、そもそも女性が就業しやすい地域と、そうでない地域があるということだ。女性が就業しやすい地域ならば、女子高校生にとって、将来、結婚や出産後に大学で得た学歴や資格を活かして働ける可能性が見込めるだろう。第1節末尾で提示した正規就業機会変数は、このような文脈において妥当なものだと考えられる。

最後に、中間地方ではなぜ男子だけではなく、女子の大学進学(希望)率も高いのかについて、補足的な議論を行っておきたい。この地域では、女性の学歴間賃金格差が小さい(大卒者の高卒者に対する相対賃金が低い)だけでなく、(男性に対する)女性の相対賃金が低いから(第3章第2節第2項を参照)、大学を出た後は出身県内にいる限り、将来に(結婚や出産後も)正規就業(継続)の可能性が大きいにも関わらず、大卒女性にとって金銭的メリットが小さい中で、割に合わない就労を強いられる可能性が高いことにもなりうる。そのため大学進学を機に、大都市圏を中心とする県外へと移動する動機づけは、外縁地方に比べても強いことが予想される。

ただし第4章第2節で見たように、女性についても大卒労働力と、高卒労働力とは地方において代替的だったから（大卒女性でも、高卒女性と同じ程度には非労働力化していることも、これと整合的な事実である）、男子と同様、大学卒業後の職の得やすさという意味では、県外進学後に出身県に戻って就職する場合でも、いずれにせよ大学を出ておいた方が有利だという面もあるのではないかと考えられる。

第4節　小括

本章では、結婚やそれと密接に関わる非就業を考慮しつつ、女子の大学進学の便益に関する検討を行った。女性のうち生涯働き続ける人は少数派であること、また、男女間には賃金格差があるから、働き続ける場合でも就労以外からの収入（結婚を通じた、配偶者からの収入）も期待できる方がよいことを踏まえてのことである。

第1節の理論的検討では、「結婚市場」からのリターンも考慮した大学進学行動のモデルを紹介しつつ、進学の便益としては（男女に共通した、学歴間賃金格差に加え）次の2つの要素も考えられることを指摘した。第一に、所得のより高い（と期待される、高学歴の）配偶者との結婚に有利に働くことである。第二に、進学の結果、本人が賃金の高い職に就くことができ、そのことが将来、結婚して世帯を形成してから、家計内における夫との間の「交渉力」の増大に寄与する（さらにそれが家事負担の軽減や、世帯収入からの「取り分」増大につながる）ことである。将来に家庭内で、夫との間の交渉力増大に大卒学歴が寄与するには、それだけの所得が得られる仕事を持っていることが必要だと考えられる。そこで、将来の正規就業見込み（正規就業機会）が大きい県ほど、女子の大学進学率が高いのか検討することの必要性を説いた。

第2節では、大学進学と、将来の配偶者の属性との関係について考察した。

まず、そもそも大卒学歴取得が、配偶者との結婚に不利にならないのかどうか、地域的相違を検討すると、「大卒女性ほど(高卒女性に比べ)未婚でいやすい傾向」が、中間地方で小さいことがわかった。これは、中間地方の男性が全体として高学歴である事情を反映していると考えられる。いっぽう、配偶者学歴に着目すると、「大卒女性ほど大卒男性と結婚しやすい」見込みは、外縁地方とあまり差がなかった。

よって、結婚よりもむしろ就業のあり方こそが、女性どうしを地域間で分化させる重要なポイントとなる。ある地域ほど、大学進学が女性の結婚を有利(不利)にするといった事実は、特にないためである。そこで第3節で、女性の就業状況を分析したところ、中間地方では、女性の就業率が学歴を問わず高いことや、女子高校生の就業継続意識も、希望進路を統制しても高いことがわかった。女子高校生にとっての、将来の正規就業(自営を含む)見込みも高い。学歴を問わず、女性が就業しやすい地域と、そうでない地域とがあることから、女子高校生が将来、結婚や出産後、大卒学歴を活かして働ける可能性の大きさも、地域により異なることがわかる。第1節末尾で提起した議論は、以上の背景を踏まえたものである。

注

1　この他に、自身が教育で得た情報やスキルを配偶者に提供し、配偶者の生産性を高めることを通して、家計全体として生産性が高まるという議論も可能である。これは人的資本が学校や職場だけでなく、家庭内でも蓄積される(典型的には妻の教育が夫の人的資本ストックに影響する)という考え方に基づく。矢野(1982b)は東京都での調査データを用いて、有配偶女性に対象を限定し、妻の学歴が、夫の所得に有意な影響を与えているかを検証している。夫本人の学歴と労働経験年数を同時に考慮した重回帰分析を行うと、妻の学歴は危険率15%で有意になる程度であったという(p. 73)。

2　いっぽう男子の場合、専門学校卒という学歴のリターンは、高卒と有意な違いが見られないという(濱中2009)。実際、企業によっては高卒と同じ評価で採用され、賃金も変わらないというケースも報告されている(筒井2006、pp. 102-103)。さらに、2012年『就業構造基本調査』から、「正規の職員・従業員」に限り、年齢階級別の所得(税込み年収)を学歴別に推計すると、専門学校卒女性の賃金カーブは短大・高専卒女性に近いのに対し、専門学校卒の男性の場合は、高卒男性に近いという(朴澤2014b)。

3 「高校生調査」から、女子生徒の結婚希望年齢を希望進路別に集計すると、希望進路を問わず、30歳までの結婚を希望する者がほとんどを占める。

4 実は、男女間賃金格差(女子の男子に対する相対賃金)も、女性の未婚率と相関がある。これは高卒者の場合に顕著で、高卒者の女子相対賃金(高卒女子／高卒男子)が低い県ほど、高卒女子の未婚率は低い(図5-2④)。相関係数は、25～29歳でも.515という高い値を示す。労働市場における女性の位置付けが(男性に比べて)低い県ほど、結婚して夫の所得から世帯収入を得ることの動機づけが高まる可能性を示唆する。大卒者も、25～29歳を除いて、弱いながらも同様の傾向が見られる(図5-2③)。

5 木村(1998)は、この「結婚市場仮説」から、学歴と性別役割分業意識が関連している(高学歴ほど肯定的)という「予想を導くことができる」が、1995年のSSM調査結果によれば、実際にはそうなっていないと指摘する。しかし、矢野(1996)は学歴と性別役割分業意識の関連については明確に論究しておらず、そうした予想を導くことには、やや無理があるかも知れない。

6 もっとも、「結婚による間接的経済効果」は、「世帯収入および夫の収入の増加として測定できる」とは言え、それは「単に結婚のメリットを測ることだけを意味しているわけではない」とされる。「女性の非市場活動(家事などの不払い労働を念頭に置いたと見られる―引用者)の貢献を間接的に評価する一つの方法でもある」という(矢野1982b、pp. 71-72)。この「貢献」部分を、家計生産の成果として明示的に考慮したのが、後述するキャポリらのモデルだとも言えるだろう。

7 矢野(1982b)は同じ東京都での調査データから、妻の学歴別にみた夫の平均収入を、直接集計している。その結果もやはり、特に中学卒の女性に比べ、(夫の年齢構成にあまり差のない)高卒女性の場合に大きいという(p. 72)。

8 結婚の限界収益率は、それぞれ、次のように算出されている。中学から高校への進学は(ln高卒－ln中卒)／3。高校から短大への進学は(ln短大卒－ln高卒)／2。高校から大学への進学は(ln大卒－ln高卒) ／4。例えば「ln高卒」は、高卒女性の夫の期待生涯所得を対数変換したものを指す(矢野1996、p. 214)。

9 ただし、同様の方法で「ライフコースの限界収益率」を算出すると、「結婚・出産退職型」の人生を歩む場合、短大進学と大学進学の限界収益率は同程度(2.3%)になるという。「継続型」のライフコース展望の高校生ほど、4年制大学への進学を希望する傾向があるのも(「高校生調査」の分析による)、こうした背景があるためと見ることもできる(日下田・矢野2014)。

10 例えば40代前半では、大卒でも、女性の賃金は男性の8割ほどである(安部2011a)。なお明示的に書かれていないが、これはパートタイム労働者を含まない値と思われる。

11　「女に男並みの所得があれば、婚姻制度にほとんどなんのメリットもない」(上野2011、p. 228)という指摘すらある。なお、原・盛山(1999)は、女性の境遇が結婚しているか否か、結婚している場合は配偶者の地位によって異なることに関して、「男性にも理屈の上では同じことが言えるが、女性の有業率が低く、平均的には個人収入が低いために、その影響度はかなり小さい」と指摘する(p. 178)。

12　文脈は異なるが、この着想は、宇南山(2010、2011)による保育所の「潜在的定員率」の考え方に示唆を得たものである。

13　1968～69年の沖縄の値は、『沖縄統計年鑑』各年版による。

14　40～49歳の女性の労働力率と、大学進学率の正の相関も報告されている(荒井1995、田中1998)。

15　女性の場合とは逆に、30代男性の「高卒ほど(大卒に対して)未婚でいやすい程度」をオッズ比で見ると、外縁地方1.113、中間地方1.193、大都市圏1.222となる。これは「女性の結婚相手として、大卒男性が優先的に選ばれていく傾向」とも解釈できる。15ブロック別に見ると、北海道(1.017)で最小、東京(1.382)で最大であった。それほど大きな地域差ではない。

16　ただし、最も単純な指標である「内婚率」、つまり夫婦が同一学歴出身である組の割合の推移だけを見れば、横ばいとなっている。1995年SSM調査から、大学・短大、高校、中学の3カテゴリをもとに算出した志田・盛山・渡辺(2000)によれば、結婚時期の早いコホートから.641(1955年以前)、.639(1956-70年)、.662(1971-85年)、.671(1986年以降)であった。また、コホートの区切り方は異なるが、1985年及び95年調査を用いた白波瀬(2005)の集計でも同様の傾向が見られ、.665(1932-59年)、.637(1960-74年)、.637(1975-95年)と推移している(三輪2007、p. 85)。

17　5時点のケース数は、それぞれ次の通り。2,893、2,790、2,953、3,663、2,023。

18　矢野(1986)は、1981年の『社会生活基本調査』から見た女性の生活時間と、東京都で行った「女性の地位指標に関する調査」から性別役割分業観の学歴による違いを分析し、「家庭志向の強い低学歴層がやむをえず働きに出て、仕事志向の強い高学歴層がやむをえず家庭にとどまるという解釈が可能であり、行動と意識の逆転現象をみることができる」と述べている(p. 171)。

19　次に大きいのが高等学歴(短大・4年制大学卒業程度)で、初等学歴(中学卒業)が最も小さいという。なお、主婦への転換とは、「結婚の前年から翌年の間に無職化し、その後少なくとも3年間無職である状態」と操作的に定義されたものである(杉野・米村2000)。

20　もっともこうした余暇活動や、本文で紹介した結婚の間接効果(夫の期待生涯年収)など「非経済的効果は良妻賢母型教育の効果に近いところにあ」り、「夫依存型のタイプにとって有効だが、自立型にとっては必ずしも有力だとはいえない」ことから、(就業率の低さと、学校卒業後の教育訓練機会の不足によって)潜在化した女子教育の経済効果を、(自立型の女性にとって)現実のものとする環境整備が必要だとする(矢野1996、p. 217)。

21　労働力状態が「不詳」である者は、30代女性の学卒者計の1%程度を占める。高卒者や大卒者に限ると、この値は0.1%程度となるから、労働力状態不詳者の多くは、学歴不詳者から輩出していることが窺える。

22　むしろ重要なのは、希望進路との関連である。図5-7をもう一度見ると、専業主婦希望者の割合は、どの地域でも就職等や短大進学の希望者で多いのに対し、専門学校・各種学校や大学への進学希望者で少ないことがわかる。とりわけ就職等希望者は、全国計で48.7%が専業主婦希望を持つ(図では省略)。表5-2で見たように、最終学歴が高校卒の30代女性は40.1%が非労働力人口だったから、現実に将来、専業主婦になる者は希望者を下回るのかも知れない。

23　「郊外」とは1990年『国勢調査』最終報告書で設定された、7大都市圏(札幌、仙台、京浜、中京、京阪神、広島、北九州・福岡)の圏域のうち、「大都市」(東京都特別区部と、1990年当時の政令指定都市)を除いた上、市町村外通勤率が30%以上の市町村を指す。地方というのは、「大都市」と「郊外」以外の市町村のことである。

24　専修学校・高専・短大卒業の女性の場合は22.4%であった。この設問の選択肢は「就業継続型」のほか、「再就業型」(結婚や出産を機に退職し、子どもが手を離れたあと再就業する)、「退職型」(結婚や出産を機に退職してからは就業しない)、「その他」であった。学歴計では、このうち再就業型が最も多く(54.6%)、退職型(18.6%)、その他(4.4%)と続く。つまり、結婚や出産で仕事を辞める女性は全体の73.2%に達するが(再就業型と退職型の合計)、その4分の3(74.6%)は、子どもが手を離れてから再就業することを考えていることになる。なお、退職型も4大卒以上の女性が最も多く(23.0%)、短大等卒(19.3%)、高校まで(16.8%)と少なくなっていく(国立社会保障・人口問題研究所2011a)。

25　これ以外の選択肢については、理想のライフコースは「専業主婦」(結婚し子どもを持ち、結婚あるいは出産の機会に退職し、その後は仕事を持たない)が19.7%、「再就職」(結婚し子どもを持つが、結婚あるいは出産の機会にいったん退職し、子育て後に再び仕事を持つ)が35.2%、「その他・不詳」が6.3%であった。実際になりそうなライフコースの場合、専業主婦が9.1%、再就職が36.1%、その他・不詳が9.5%となっている。

26　「主婦専業度」は経営者・常時雇用、臨時雇用・パート・アルバイト、自営業主・家族従業者、専業主婦の順に高くなっていくと見なされている。

27　ただし、この5年後に行われた第5回「全国家庭動向調査」(2013年)では、29歳以下の賛成割合は41.6%であり、30歳代(38.9%)、40歳代(38.2%)、50歳代(36.0%)とあまり大きな差のない結果となった。ちなみに60歳代は、53.5%が賛成している(国立社会保障・人口問題研究所2015、p. 126)。

28　吉田(1995)はこうしたM字型カーブの地域差が、家族成員の多くが働く「多就業構造」と深く関わっていることを庄内地方の事例の検討から指摘している。

29　鹿児島でも、学歴を問わず有業率は高い（高卒45.5％、短大・高専卒46.8％、大卒49.6％。全体44.8％）。ただし、短大・高専卒だけ有業率が低い県もある。北海道（高卒32.8％、短大・高専卒27.9％、大卒36.0％。全体31.7％）や東京（高卒35.7％、短大・高専卒31.2％、大卒37.5％、全体33.8％）が該当する（武石2007、p. 28）。

30　地域別の分析ではないが、白波瀬（2010）も、夫婦共働き世帯のうち、妻の収入が夫の収入に匹敵する（7割以上の水準である）世帯が低所得層で多いことを指摘している。

31　希望進路別に同様の検定を行うと、有意な地域差は就職等の希望者（$\chi^2 = 4.9$、自由度2、$p<.10$）と、4大進学希望者（$\chi^2 = 10.8$、自由度2、$p<.01$）についてのみ見られる。どちらも、肯定回答は中間地方で最も多く（それぞれ71.6％、89.1％）、外縁地方ではやや少なく（64.4％、84.2％）、大都市圏で最も少ない（57.4％、79.4％）。

32　学歴や、正規雇用か否かは区別しない集計だが、武石（2007）も2002年の『就業構造基本調査』によって、50歳未満の女性有業者（6歳未満の子どものいる世帯）の職業構成の地域間比較を行い、山形・福井・鳥取・高知の4県で技能工、採掘・製造・建設作業及び労務がやや高いことを指摘する（pp. 29-30）。ただし、友澤（1989）によれば、かつては地域によっては、製造業で女子の新規高卒労働者が積極的に雇用される理由は、就職後3～5年で退職する者が多いため、結果として女子労働力は若く、低賃金レベルに維持できることや、不況期に女子退職者の補充を行わないことによって、他の従業員の雇用を維持できることである場合もあった（1980年代に中・南九州、つまり熊本・大分・宮崎・鹿児島の半導体産業を対象に行われた調査による）。

33　もっとも、「正規雇用以外」も含めた構成比で見ると、日本海の事務職（13.7％）は、南関東（11.8％）や東京（14.5％）と遜色ない水準である。Abe（2011）からは、正規雇用の有配偶女性の勤務先企業規模については分布がわからないが、地方には大企業が多くないことを踏まえれば、「中企業は、人材不足を解消するために、有能な（大卒の―引用者）女性を活用している」（矢野1996、p. 222）事実は、こうした大卒女性の就業の地域差を反映した結果である可能性もあるのかも知れない。今後の検討が必要である。なお矢野（1996）は1980年賃金センサスの分析をもとに、女子の場合は短大卒と大卒とで、生涯所得の企業規模間（従業員100～999人の中企業と、1000人以上の大企業の間の）格差が小さいこと、大卒女性の賃金は、中企業が大企業をむしろ上回ることを指摘している（p. 208）。

34　また、4年制大学を卒業した女子の卒業後無職率が従来は高かったが、「75年以降着実に低下し、かわって一般就職率が大幅に増加し始めた」という（原・盛山1999、p. 171）。

35　福井県知事の西川（2009）は、夫婦共働きが世帯数の約6割を占め、3世代の同居や近居が多い福井県では、祖父母が子どもの面倒を見たり、食事の準備をしたりするケースが多いことを紹介している(pp. 11-16)。佐藤(2010)も香川県東部の、もともと農業を中心とする地域におけるインタビュー調査をもとに、同様のケースを報告する。

第 6 章

大学進学率の地域格差の実証分析

本章では、大学進学率の地域格差の実証分析を行う。まず『学校基本調査』から算出された県別の進学率の規定要因分析を、男女別に行う。大学進学率全体だけでなく、県外進学率、県内進学率も被説明変数とする。説明変数に用いるのは、前章までの検討を踏まえて、収容率(序章)、相対就業者数(序章)、女性の正規就業機会(第5章)の3つに限られる。

分析の結果、収容率よりも、大卒労働需要の方が重要な要因であること、女子の分析においては、正規就業機会が独自の効果を持っていることが明らかとなる。なお県別データの分析で見出した関連性を、個人間の行動選択の違いへと一般化することは難しいため、「高校生調査」を用いた大学進学希望の分析も行う。

本章の構成は、まず第1節で説明変数の操作的定義を行った上で、第2節で県別の大学進学率についての、第3節では高校生個人の進学希望に関する規定要因分析を行う。最後に第4節で、以上の結果を要約する。

第1節　実証分析の枠組み

序章第3節の分析枠組みでは、大学進学率の地域格差を生じさせうる要因として、次の4つに本研究では着目すると述べた。すなわち、学業成績、家計所得(以上、個人レベルの変数)、収容率、相対就業者数(以上、地域レベルの変数)である。大卒相対賃金(学歴間賃金格差)、機会費用、直接費用についても考慮に値する(第2章、第3章)。また第5章における議論の結果、女子については正規就業機会も検討する必要があることがわかった。

このうち、本章で実際に分析に用いるのは、学業成績、家計所得、収容率、相対就業者数、正規就業機会であり、以下でこれらの操作的な定義を確認する(大卒相対賃金、機会費用及び直接費用を用いない理由は後述する)。なおデータソースは、個人レベルの変数はどちらも「高校生調査」で、地域レベルの変数は、原則として、公開された官庁統計による。

まず学業成績の指標には、中学3年生時の成績を用いる。これは「高校生調査」の高校生票で、学年全体での位置を「下のほう」、「中の下」、「中くらい」、「中の上」、「上のほう」の5段階自己申告で回答してもらったものである。

家庭所得には、両親の税込年収を用いた。「高校生調査」の保護者票では、父親、母親それぞれの税込み年収を順序尺度で尋ねているが、この各年収カテゴリに中間値を割り当てて、両親で合計したものである[1]。なお、父又は母の年収の無回答は、欠損値として扱った[2](年収の欠損値は計202ケース)。

以上が個人レベルの変数である。これらは、個人単位のデータ(「高校生調査」)を分析する際に用いる(第3節)。県単位のデータの分析においては(第2節)、家庭所得の指標には、第1章第1節で用いた「父親世代所得」(高校3年生の父親世代の平均年収)を使用する(学業成績の指標は、序章第1節及び第2章付論で見たように学力と進学率の相関が低いことから、本章では用いないことにした)。

次に、地域レベルの変数である。これらは、県単位データの分析(第2節)と、個人単位データの分析(第3節)の両方で用いる。

収容率は既述のように、2005年度の大学入学者数を2002年3月中卒者数で除したものである。

相対就業者数は序章でも述べたように、高卒労働力に対する、大卒労働力の相対的な規模として定義している。

最後に、正規就業機会については、第5章第1節で定義した通りである(将来に出身県で正規雇用、役員、又は自営として就業する可能性の大きさを示す)。

なお、ここで学歴間賃金格差、機会費用及び直接費用を用いない理由について触れておきたい。

まず学歴間賃金格差は、通常は大卒者と高卒者の期待生涯賃金を推計した上で、その差又は比を算出するところである。しかし、第3章第1節及び第2節で詳細に検討したように、本研究が元にした資料と推計方法による制約から(推計方法は第2章第2節も参照)、「大卒者の平均時給を高卒者の平均時給で除した値」を用いることにした。だが、やはり第3章第2節で論じたように、こう定義した大卒相対賃金と、大学進学率とは負の相関があり、理論的含意に反する結果となることがわかっている。本章第2節で行う回帰分析では、実際に大卒相対賃金も投入したが、係数は概ね有意でマイナスであった[3](結果の表は省略)。以上を踏まえ、最終的に本章の分析では、この変数は用いなかった。

機会費用も本章の分析に用いない。その理由は、大卒相対賃金との相関が比較的高いためである(詳細は、出身地別に機会費用の推計を行った第2章を参照)。

直接費用も、第2章で検討したように、大学進学率とプラス相関があり、理論的な含意に反する結果であった。そのため、ここでの分析では割愛した。

第2節　都道府県単位の大学進学率の分析

本節では、『学校基本調査』から県別に算出した進学率を被説明変数とする規定要因分析を行う。男女別の大学進学率、県外進学率、及び県内進学率をそれぞれ対象とし、全県と、地方県のみの場合に分けて分析を行う。序章第4節で触れたように、対象年は「高校生調査」の実施時期に合わせ、2006年度の進学率とした。

被説明変数として、県外進学率と県内進学率を区別して分析する理由は、第1章で見たように、そもそも県外進学率と県内進学率は負の相関関係にあり、県外進学率の水準が、県ごとの大学進学率全体の違いを左右することによる。進学の費用という観点では県外・県内よりも、自宅外・自宅という区別の方が重要であることは第1章の冒頭で述べた通りだが、同じ章の第3節末尾において、自宅外通学が県外進学と、自宅通学が県内進学と、それぞれ大部分において重なり合った現象であることも明らかになっている。そのため、県外・県内の区別を用いることにした。ただし、中央県では「県境をまたいだ自宅通学」が少なくないと考えられるから[4](第1章第3節)、県外進学率と県内進学率に関する分析は地方39県のみを対象に行う。

説明変数は、前節で操作的に定義した変数のうち、最終的には父親世代所得、4年制大学の収容率、相対就業者数を用いる。また、女子の分析では正規就業機会変数も使用する。先行研究から期待される符号は、相対就業者数が全てに正である。所得は、進学率全体と県外進学率に正、県内進学率に正又は負、収容率は進学率全体と県内進学率に正、県外進学率には負、正規就業機会(女子のみ)は全てに正だと考えられる。

1. 男子の都道府県別大学進学率の分析

2006年度の男子の大学進学率、県外進学率、及び県内進学率と、説明変数の相関行列を**表6-1**に示した(所得と収容率以外は、全て男子の指標)。

表6-1の右上半分を見ると、相対就業者数は進学率全体(.930)、県内進学率(.619)との相関が高い反面、県外進学率(.243)との相関が低いことがわかる。反対に、地方39県に限ると(表6-1の左下側)、県内(.243)より県外進学率(.527)との相関の方が高い。これは地方県の場合、進学率全体との相関は県内(.185)より県外進学率(.643)が高いことと対応している(この関係は47県全体では逆転する)。なお、県内と県外の進学率は負の相関関係にある(47県-.553、39県-.634)。

他の説明変数と、進学率の関係はどうだろうか。所得は、進学率全体との間に高い正の相関係数を示す(47県.890、39県.825)。47県全体では県内進学率(.507)と、地方39県では県外進学率(.597)との相関が高い。

収容率は、県内進学率との相関係数が47県全体(.742)、地方39県(.649)のいずれについても大きく、そのため進学率全体とも正の相関をもつようだ(47県.705、39県.484)。進学率全体と収容率の相関係数は、地方39県では.484にとどまっているが、これは収容率が強く規定する県内進学率と、進学率全体の相関が低い(.185)ことが背景になっていると考えられる。

表6-1　男子の大学進学率と説明変数の相関(分析単位は県)

	大学進学率	県外進学率	県内進学率	父親世代所得	収容率	相対就業者数
大学進学率	--	.380 **	.560 ***	.890 ***	.705 ***	.930 ***
県外進学率	.643 ***	--	-.553 ***	.329 *	-.120	.243 +
県内進学率	.185	-.634 ***	--	.507 ***	.742 ***	.619 ***
父親世代所得	.825 ***	.597 ***	.066	--	.616 ***	.804 ***
収容率	.484 **	-.126	.649 ***	.372 *	--	.751 ***
相対就業者数	.910 ***	.527 **	.243	.668 ***	.555 ***	--

$^{+}p<.10$ $^{*}p<.05$ $^{**}p<.01$ $^{***}p<.001$.

(注)行列の左下側は地方39道県、右上側は47都道府県の相関係数。表6-3も同様。

では以下、地方39県間の違いを中心に進学率の重回帰分析を行う。被説明変数を39県の県外・県内・全体の進学率、47県の進学率全体とした分析結果が**表6-2**である。3変数とも投入するとVIFが4を超える変数があり、多重共線性の疑いが強いことから(所得と相対就業者数の相関が高いため)、2変数ずつ使用した結果を示す[5]。

県外進学率の場合、自由度調整済決定係数は低いが、所得(+)、収容率(−)、相対就業者数(+)は全て統計的に有意で(有意水準は原則として5%。以下同じ)、符号も期待通りの効果を持つ。県内進学率には収容率だけが有意であった。所得や相対就業者数は無関係なのである(表6-1の単相関係数も低い)。進学率全体には所得、相対就業者数とも有意な正の効果を示すが(後者を用いたモデル2の方が説明力は高い)、収容率はモデル1で弱い関連を持つにすぎない(47県の進学率全体の分析も同様)。これは収容率の県外(偏回帰係数-.369)及び県内(.517)進学率各々への効果が、進学率全体(.148)では相殺されるためだろう[6](39県のモデル1の場合)。

以上の分析から相対就業者数の多い県ほど、(地方県出身者の)県外進学率や、進学率全体が高いことが明らかとなった。

表6-2　男子の大学進学率の回帰分析(分析単位は県)

被説明変数:	県外進学率(地方39道県)		県内進学率(地方39道県)		大学進学率(地方39道県)		大学進学率(47都道府県)	
説明変数	モデル1	モデル2	モデル1	モデル2	モデル1	モデル2	モデル1	モデル2
父親世代所得	1.070***		-.228		.842***		.846***	
	.748		-.204		.748		.735	
	5.876		-1.546		7.820		9.372	
収容率	-.369**	-.551***	.517***	.530***	.148*	-.022	.100**	.006
	-.404	-.603	.726	.743	.205	-.030	.253	.016
	-3.175	-4.390	5.486	4.966	2.146	-.365	3.224	.194
相対就業者数		1.184***		-.181		1.002***		.857***
		.861		-.169		.927		.917
		6.268		-1.131		11.198		10.919
定数	-.227*	.255***	.154+	.043	-.073	.297***	-.063	.322***
	-2.039	6.926	1.711	1.361	-1.105	17.050	-1.137	22.328
*F*値	17.8	20.3	15.2	14.2	45.4	87.4	109.1	140.3
自由度	2, 36	2, 36	2, 36	2, 36	2, 36	2, 36	2, 44	2, 44
有意確率	< .001	< .001	< .001	< .001	< .001	< .001	< .001	< .001
Adj. R^2	.470	.503	.428	.411	.700	.820	.825	.858

$^{+}p < .10$ $^{*}p < .05$ $^{**}p < .01$ $^{***}p < .001$.

(注)上段は非標準化係数、中断(下線部)は標準化係数、下段はt値。表6-4、表6-5も同様。

2. 女子の都道府県別大学進学率の分析

次に女子である。やはり2006年度の女子の大学進学率、県外進学率、及び県内進学率と、説明変数の相関行列が**表6–3**である（所得と収容率以外、全て女子の指標を示す）。

女子についてもやはり、表6-3の右上半分から見てみよう。相対就業者数は進学率全体（.911）、県内進学率（.601）との相関が高い一方、県外進学率（.192）と相関が低いことは男子と同様である。地方39県に限ってみると（表6-3の左下側）、県内進学率（.282）よりも県外進学率（.397）との相関の方が大きい。これも男子と共通の結果である（ただし.282と.397という相関係数の大きさの違いは、男子の場合よりも小さい）。女子の場合も地方県では、進学率全体との相関が県内進学率（.219）より県外進学率（.571）で高かった（この関係が47県全体では逆転することも、男子と同様である）。また、県内進学率と県外進学率は負の相関関係にある（47県-.597、39県-.676）。他の説明変数との相関についても検討する。所得や収容力と、（3種類の）進学率の相関は、ここでも男子とほぼ同様の結果が見られる。すなわち、所得と進学率全体の相関係数は大きく（47県.840、39県.775）、47県全体では所得と県内進学率（.486）、地方39県では県外進学率（.501）との相関が高い。収容率と県内進学率の相関係数は47県全体では.782、地方39県では.672であった（進学率全体との相関はそれぞれ.750、.449）。正規就業機会は、進学率全体（.552）、県外進学率（.504）との相関が大きいが、県内進学率とはほぼ無相関となる（.045）。39県に限っても同様であった（全体.628、県外.635、県内

表6–3　女子の大学進学率と説明変数の相関（分析単位は県）

	大学進学率	県外進学率	県内進学率	父親世代所得	収容率	相対就業者数	正規就業機会
大学進学率	--	.272 +	.609 ***	.840 ***	.750 ***	.911 ***	.552 ***
県外進学率	.571 ***	--	-.597 ***	.260 +	-.190	.192	.504 ***
県内進学率	.219	-.676 ***	--	.486 **	.782 ***	.601 ***	.045
父親世代所得	.775 ***	.501 **	.101	--	.616 ***	.729 ***	.499 ***
収容率	.449 **	-.226	.672 ***	.372 *	--	.743 ***	.297 *
相対就業者数	.839 ***	.397 *	.282 +	.561 ***	.511 **	--	.506 ***
正規就業機会	.628 ***	.635 ***	-.191	.436 **	.194	.507 **	--

+ $p < .10$　* $p < .05$　** $p < .01$　*** $p < .001$.

-.191）（表6-3）。

それでは以下、今度は女子の進学率についての重回帰分析を行う。やはり被説明変数を39県の県外・県内・全体の進学率、47県の進学率全体として分析する。上の相関行列から示唆されるのは、女子に関しては男子とやや異なり、県外進学率に対する相対就業者数の説明力が（地方39県で分析した場合）あまり高くない可能性である（相関係数は.397）。このことを踏まえて、男子と同じモデルで分析した結果と（**表6-4**）、正規就業機会の変数も追加して分析した結果の両方を示した（**表6-5**）。なお、所得や収容率と、相対就業者数の相関が高いため、4変数すべてを投入したモデルは多重共線性の疑いが高くなり（47県について進学率全体を分析した場合、VIFが3を超える変数がある）、結果が安定しない。そこで、ここでは所得と相対就業者数の、一方ずつを除いた結果を報告している[7]。

まず県外進学率の分析結果（地方39県のみ）から見てみたい。所得（+）、収容率（−）、相対就業者数（+）は全てのモデルで統計的に有意であった。これは男子の結果（表6-2）と同様である。女子についてのみ、独自に加えた正規就業機会（+）の効果も有意だった（モデル3・4）。以上はすべて、符号も期待通りの結果となっている（表6-4、表6-5）。

次に県内進学率だが、収容率が正の効果を持つものの、所得と相対就業者数が有意でないことは男子と同様であった。いっぽう正規就業機会は、県内進学率との単相関ではほとんど無相関だったが、他の説明変数と同時に考慮すると、有意なマイナス効果を持つことがわかる。これは将来、家事専従又はパート主婦になる可能性が高い県に住む高校生ほど、よりコストのかかる県外（自宅外）大学の投資を避けるということを意味しているのかも知れない（表6-4、表6-5）。

進学率全体に対する説明変数の効果はどうか。所得、相対就業者数とも有意な正の効果をもつことや（前者を用いたモデル1・3より、後者のモデル2・4の方が説明力は高い）、収容率との関連が弱いことは、やはり男子の分析結果と同様であった（特に地方県で関連が弱い）。男子について既に指摘したように、収容率の県外及び県内進学率各々への効果が、進学率全体で相殺されるためと考

表6-4　女子の大学進学率の回帰分析1(分析単位は県)

被説明変数:	県外進学率（地方39道県）		県内進学率（地方39道県）		大学進学率（地方39道県）		大学進学率（47都道府県）	
説明変数	モデル1	モデル2	モデル1	モデル2	モデル1	モデル2	モデル1	モデル2
父親世代所得	.727 ***		-.156		.571 ***		.534 ***	
	.679		-.174		.705		.609	
	5.091		-1.338		6.459		7.009	
収容率	-.328 **	-.397 ***	.424 ***	.411 ***	.096 $^{+}$	.014	.112 ***	.049 $^{+}$
	-.479	-.580	.737	.715	.186	.027	.375	.164
	-3.590	-3.887	5.676	5.001	1.705	.259	4.311	1.836
相対就業者数		.468 ***		-.047		.421 ***		.402 ***
		.694		-.083		.825		.789
		4.646		-.583		7.840		8.812
定数	-.134	.246 ***	.108	.021	-.026	.266 ***	-.007	.262 ***
	-1.532	9.506	1.510	.988	-.478	19.333	-.156	28.068
*F*値	14.6	12.3	16.5	15.1	30.7	43.0	84.5	117.2
自由度	2, 36	2, 36	2, 36	2, 36	2, 36	2, 36	2, 44	2, 44
有意確率	< .001	< .001	< .001	< .001	< .001	< .001	< .001	< .001
Adj. R^2	.418	.374	.449	.427	.610	.689	.784	.835

$^{+}p < .10$　$^{*}p < .05$　$^{**}p < .01$　$^{***}p < .001$.

表6-5　女子の大学進学率の回帰分析2(分析単位は県)

被説明変数:	県外進学率（地方39道県）		県内進学率（地方39道県）		大学進学率（地方39道県）		大学進学率（47都道府県）	
説明変数	モデル3	モデル4	モデル3	モデル4	モデル3	モデル4	モデル3	モデル4
父親世代所得	.485 ***		-.035		.451 ***		.453 ***	
	.453		-.038		.557		.517	
	4.028		-.291		5.393		5.688	
収容率	-.341 ***	-.365 ***	.431 ***	.392 ***	.090 $^{+}$	.027	.113 ***	.057 *
	-.499	-.533	.749	.680	.173	.051	.378	.189
	-4.830	-4.384	6.195	5.253	1.828	.533	4.580	2.176
相対就業者数		.268 **		.075		.343 ***		.356 ***
		.397		.132		.673		.698
		2.869		.897		6.135		7.245
正規就業機会	.601 ***	.605 ***	-.303 *	-.370 **	.298 **	.235 **	.190 *	.148 *
	.534	.537	-.320	-.391	.351	.276	.182	.142
	5.018	4.429	-2.569	-3.024	3.588	2.875	2.430	2.107
定数	-.189 **	.068	.136 $^{+}$	.129 **	-.053	.197 ***	-.023	.217 ***
	-2.761	1.505	2.015	3.187	-1.120	7.280	-.518	9.453
*F*値	24.7	19.0	14.9	15.4	31.5	37.2	64.6	85.7
自由度	3, 35	3, 35	3, 35	3, 35	3, 35	3, 35	3, 43	3, 43
有意確率	< .001	< .001	< .001	< .001	< .001	< .001	< .001	< .001
Adj. R^2	.652	.587	.523	.532	.706	.741	.806	.847

$^{+}p < .10$　$^{*}p < .05$　$^{**}p < .01$　$^{***}p < .001$.

えられる。ただし47県の進学率全体の分析では、収容率が有意な正の効果を示す場合がある(特に、所得と同時に考慮したモデル1・3)。これは女子の場合、(とりわけ中央県で)男子より県内進学率が高いことから、進学率全体に対する収容率の効果として顕在化した部分だと見られる。なお正規就業機会の変数は、進学率全体には有意にプラスの関連性があることがわかった(表6-5)。

表6-4と表6-5の分析全体を通して、男子の分析結果(表6-2)と異なる点は2つある。第一に、男子の場合と同じ変数の組み合わせを用いて分析すると(モデル1・2)、説明力(調整済み決定係数)は、概ね女子の方が男子より低いことである。ただし、県内進学率の分析は女子の方が説明力は大きい。第二に、正規就業機会を追加した分析では(モデル3・4)、そうでない場合(モデル1・2)より、すべての分析で説明力が高くなる。

第3節　高校生の大学進学希望の分析

県別集計データを用いた前節の分析からは、各県内の高校生が同質的でない限り、結果を個人レベルの関連性に一般化することができない(生態学的誤謬)。学力や、家計所得の指標が含まれ、高校生個人を単位とするデータが入用となる。そこで本節では、「高校生調査」データに県別データを結合させ、大学進学希望を分析する[8]。『学校基本調査』に合わせ、県外及び県内の大学への進学希望を区別した分析も行う。

出身県別にみた相対就業者数の大きさは、個人間で異なる家計所得や学力を統制してもなお、高校生の大学進学を促すのだろうか。以下ではこの点を確かめるため、大学進学希望の有無を被説明変数とする2項ロジスティック回帰分析を行う[9]。

1. 男子の大学進学希望の分析

表6-6に、男子の分析に用いる変数の記述統計を示した。「高校生調査」では、2005年11月時点で全国の男子の65.4%が大学進学希望を持っており、『学校基本

調査』の現役大学志願率(2006年3月卒業者)57.2%より高い。34.7%が県外、30.6%が県内の大学を第一志望としていた。地方39県に限ると大学進学希望率は60.0%で、県外進学希望は全体の36.3%、県内進学希望は23.7%となっている。

説明変数は、両親の税込年収(ただし自然対数を取った)、中学3年生時の成績を用いる。「高校生調査」を用いた先行研究を参考に(藤村2009、島2010)、主観的便益[10]、父学歴[11](大学・大学院卒か否か)も使用する。県単位の変数は、前節の収容率と相対就業者数である。

表6-6　男子のロジスティック回帰分析に用いる変数の記述統計

	地方39道県			47都道府県			備考
	平均値	標準偏差	*N*	平均値	標準偏差	*N*	
大学進学希望	.600	.490	1,100	.654	.476	2,000	1=大学進学希望あり, 0=それ以外
県外進学希望	.363	.481	1,100	.347	.476	2,000	1=県外進学希望あり, 0=それ以外
県内進学希望	.237	.426	1,100	.306	.461	2,000	1=県内進学希望あり, 0=それ以外
ln両親年収	6.462	.652	1,050	6.525	.647	1,892	「0円」には1を割り当て対数変換
中3成績	3.389	1.264	1,099	3.362	1.248	1,999	1, 2, 3, 4, 5を割り当てた
主観的便益	1.380	.259	1,098	1.388	.267	1,998	1, 1.15, 1.35, 1.7, 2を割り当てた
父大卒ダミー	.369	.483	1,098	.425	.494	1,992	1=大卒・院卒, 0=それ以外・不在
収容率	.249	.104	39	.325	.234	47	
相対就業者数	.217	.069	39	.249	.099	47	
(父親世代所得)	.648	.067	39	.671	.080	47	参考のため掲載。単位は千万円

表6-7が分析の結果である。ここでも中心的な関心は地方県にあり、39県の県外・県内・全体の進学希望、47県については大学進学希望全体を被説明変数とした。なお個人データに県単位の説明変数を加えた分析は、誤差項の独立性の仮定が満たされず第1種の誤りを犯しやすいため、表6-7の標準誤差(SE)は、cluster-robust standard errors(ロバスト標準誤差)を用いた(Skrondal & Rabe-Hesketh, 2004, pp. 259-260)。後の表6-9も同様である。

39県の結果から、県単位変数の効果を見ると、県外進学希望に対しては収容率(−)、相対就業者数(+)とも有意である。県内には収容率(+)のみ、大学進学希望全体には相対就業者数(+)のみ(ただし10%水準。p=.068)が有意な関連性をもつ。係数の符号も県単位の分析結果(表6-2)と一致する。47県での分析の場合、県単位の説明変数どうしの相関が高く(.751)、同時に投入すると、どちらも有意でないため個別に用いると、収容率(モデル1)、相対就業者数(モデル2)とも進学希望全体に正の効果を示す。

表6-7　男子の大学進学希望のロジスティック回帰分析(分析単位は高校生)

被説明変数:	県外進学希望(地方39道県)		県内進学希望(地方39道県)		大学進学希望(地方39道県)		大学進学希望(47都道府県)			
							モデル1		モデル2	
説明変数	係数	SE	係数	SE	係数	SE	係数	SE	係数	SE
ln両親年収	.518***	.135	-.025	.100	.458***	.128	.561***	.102	.544***	.102
中3成績	.471***	.061	.228**	.069	.675***	.075	.624***	.053	.628***	.053
主観的便益	.547*	.265	-.033	.260	.690*	.321	.700**	.224	.703**	.222
父大卒ダミー	.558**	.187	.568**	.190	1.255***	.143	1.258***	.127	1.244***	.126
収容率	-3.914**	1.241	4.271***	1.152	-.064	.756	.513**	.174		
相対就業者数	3.955*	1.838	-2.840	1.996	1.816+	.995			1.443**	.512
定数	-6.414***	1.076	-2.525**	.877	-6.490***	1.072	-6.662***	.754	-6.778***	.748
-2対数擬似尤度	1208.3		1087.0		1132.5		1958.8		1957.1	
Wald $\chi^2(df)$	128.9 (6)		32.3 (6)		280.4 (6)		397.5 (5)		378.9 (5)	
有意確率	< .001		< .001		< .001		< .001		< .001	
McFadden's R^2	.122		.053		.199		.198		.199	
ケース数	1,050		1,050		1,050		1,892		1,892	

$^{+}p < .10$　$^{*}p < .05$　$^{**}p < .01$　$^{***}p < .001$.

以上から、高校生の個人間で異なる家計所得や学力を統制してもなお、相対就業者数の多い県に住む高校生ほど、大学への進学希望を(地方県在住者の場合、県外進学希望も)もつ見込みが高いことが確かめられた。

同時に注目されるのは、個人レベル変数の効果である。便益に関する変数、学力(中3成績)は表6-7の全分析で有意(正の効果)だった。地方における大学進学では、学力は県内より県外進学に重要であることは(藤村1999)、個人データでも当てはまる。主観的便益の効果は、地方県在住者の場合、主に県外進学(そのため大学進学全体)に該当し、県内進学希望と関連性がないことがわかる。家計の資金調達能力を示す所得は、県内進学以外の全ての進学希望を高める効果がある。なお父親が大卒の生徒は、そうでない場合(父不在も含む)より進学を希望しやすい。

2. 女子の大学進学希望の分析

次に、女子生徒に関する分析を行う。分析に用いる変数の記述統計を示したものが**表6-8**である。高校3年生の秋時点で、全国の女子の48.0%が大学進学を希望していた。やはり『学校基本調査』の現役大学志願率(2006年3月卒業者)42.6%より高い値である。第一志望の大学は、23.8%が県外、24.2%が県内であった。県内進学希望率が高く、県外進学のそれを上回るほどである点が、男子(表6-6)とは異なっている。地方39県に限ると、44.7%が大学進学を、25.7%が県外進学を、19.0%が県内進学を希望するという結果だった。

説明変数については、男子の分析で用いたものに加え、先行研究を参考に(藤村2012)、兄弟姉妹の数(きょうだい数)も用いる。きょうだい数が多いほど、子ども1人あたりに支出できる教育費は少なくなるから、家計の資金調達能力は低いと見なすことができよう。きょうだい数の4年制大学進学に対する負の効果は、男性よりも女性の方が大きいという報告もある(平尾2006)。

また、母学歴として大卒ダミー（大学・大学院卒か否か)、短大ダミー（短大・高専卒か否か)を使用する。女子の場合、進路選択においては父親よりも母親の学歴を参照するのではないかという説があることによる(吉川2009)。また父学歴は、母学歴との関連性が高いことから、女子の分析では使用しなかった。なお、県単位の説明変数は、収容率、相対就業者数、正規就業機会を用いる。

女子の大学進学希望のロジスティック回帰分析の結果は、**表6-9**に示す通りである。39県の県外・県内・全体の進学希望、47県の大学進学希望全体を被説明変数としたことは、男子の分析と同様である。県単位の説明変数は、3つ全てを用いると、2つずつ投入した結果と比べ不安定となる。そこで、収容率と正規就業機会を用いた結果を報告する[12]。

表6-8　女子のロジスティック回帰分析に用いる変数の記述統計

	地方39道県			47都道府県			備考
	平均値	標準偏差	*N*	平均値	標準偏差	*N*	
大学進学希望	.447	.497	1,100	.480	.500	2,000	1=大学進学希望あり, 0=それ以外
県外進学希望	.257	.437	1,100	.238	.426	2,000	1=県外進学希望あり, 0=それ以外
県内進学希望	.190	.392	1,100	.242	.428	2,000	1=県内進学希望あり, 0=それ以外
ln両親年収	6.424	.739	1,057	6.498	.676	1,906	「0円」には1を割り当て対数変換
中3成績	3.353	1.233	1,100	3.363	1.222	1,998	1, 2, 3, 4, 5を割り当てた
主観的便益	1.344	.248	1,099	1.356	.254	1,999	1, 1.15, 1.35, 1.7, 2を割り当てた
母大卒ダミー	.099	.298	1,096	.119	.324	1,994	1=大卒・院卒, 0=それ以外・不在
母短大ダミー	.343	.475	1,096	.361	.480	1,994	1=短大・高専卒, 0=それ以外・不在
きょうだい数	2.461	.751	1,100	2.440	.737	2,000	
収容率	.249	.104	39	.325	.234	47	
相対就業者数	.233	.106	39	.273	.138	47	
正規就業機会	.358	.063	39	.369	.067	47	
（父親世代所得）	.648	.067	39	.671	.080	47	参考のため掲載。単位は千万円

では分析結果を検討していこう。まず地方39県についての結果である。県外進学希望に対する県単位変数の効果は、収容率(−)、正規就業機会(+)とも有意であった。県内進学希望に対しては、収容率(+)のみが有意な関連性を持つ。いっぽう大学進学希望全体については、正規就業機会が有意な正の効果をもつ(ただし10%水準。p=.097)(表6-9)。

表6-9　女子の大学進学希望のロジスティック回帰分析(分析単位は高校生)

被説明変数:	県外進学希望(地方39道県)		県内進学希望(地方39道県)		大学進学希望(地方39道県)		大学進学希望(47都道府県)			
							モデル1		モデル2	
説明変数	係数	SE	係数	SE	係数	SE	係数	SE	係数	SE
ln両親年収	.300 +	.176	.174	.119	.359 *	.142	.564 ***	.145	.541 ***	.147
中3成績	.646 ***	.066	.366 ***	.066	.754 ***	.066	.697 ***	.039	.698 ***	.040
主観的便益	1.033 **	.314	-.327	.361	.696 *	.281	.652 ***	.172	.655 ***	.167
母大卒ダミー	1.118 ***	.231	.023	.247	1.152 ***	.263	1.234 ***	.164	1.232 ***	.155
母短大ダミー	.477 **	.154	.501 **	.158	.746 ***	.124	.632 ***	.099	.636 ***	.099
きょうだい数	-.184 +	.098	-.480 ***	.106	-.509 ***	.098	-.382 ***	.076	-.381 ***	.077
収容率	-3.735 ***	.811	3.293 ***	.820	-.409	.554	.308 +	.186		
正規就業機会	5.531 *	2.349	-1.906	1.645	3.215 +	1.938			2.014 +	1.122
定数	-7.593 ***	1.586	-2.711 *	1.108	-6.188 ***	1.171	-6.595 ***	.967	-7.088 ***	.967
-2対数擬似尤度	1005.4		943.8		1163.9		2146.5		2143.0	
Wald $\chi^2(df)$	144.6 (8)		100.5 (8)		215.1 (8)		432.6 (7)		423.3 (7)	
有意確率	< .001		< .001		< .001		< .001		< .001	
McFadden's R^2	.167		.082		.199		.185		.186	
ケース数	1,056		1,056		1,056		1,902		1,902	

$^{+}p < .10$ $^{*}p < .05$ $^{**}p < .01$ $^{***}p < .001$.

次に47県全体の、大学進学希望の分析の結果である。収容率と正規就業機会を、同時に投入すると両方とも有意でない[13]。そこで、やはり個別に用いた結果、収容率(モデル1。ただし10%水準。p=.098)、正規就業機会(モデル2。ただし10%水準。p=.073)とも進学希望全体に正の効果をもつことがわかった(表6-9)。なお以上の分析における係数の符号は、全て県単位の分析結果(表6-4、表6-5)と同じものである。個人単位の変数(家計所得、学力など)の効果を一定にしても、正規就業機会の多い県に住む女子ほど、大学進学を希望する傾向があることになる。

個人単位の説明変数と、進学希望の関連性も検討しておこう。まず、便益に関わる変数だが、学力(中3成績)は県外進学希望、県内進学希望、進学希望全体(39県、47県とも)について有意な正の効果をもつことがわかる。係数の値は、県内よりも県外進学希望に対して大きいことは、男子と共通の結果である。主観的便益の大きさは、やはり県内進学希望とは有意な関連性がない(また、係数の符号はマイナスである)。

費用に関わる要因はどうだろうか。所得(両親年収)は他の変数と同時に考慮すると、地方県在住者の県内進学希望に対して有意でないが、県外進学希望や(ただし10%水準。p=.089)、進学希望全体には(39県、47県とも)有意な関連性を示している。きょうだい数は、表6-9のすべての分析で有意なマイナス効果をもつ(ただし県外進学希望に対しては10%水準で有意。p=.062)。

最後に母学歴の効果である。県内進学希望を除いては、予想通り、母親が大卒である方が(また、短大卒である方が)、そうでない生徒(母不在も含む)よりも進学希望を持っている傾向があることがわかる。興味深いのが県内進学希望で、母親が大卒の生徒と、高卒まで(又は不在)の生徒の間には有意な違いが見られない。いっぽう短大卒の母親をもつ女子は、母親が高卒までの(又はいない)者より、県内の大学への進学を希望する見込みが高いという結果であった。地方県において、女子の県内大学進学は、その一部においてはかつての(母の時代の)短大進学に相当するような選択となっている可能性を示唆する。

第4節　小括

本章では、第1節で操作的に定義した説明変数を用いて、県単位及び高校生個人単位のデータ分析を行った。男女共通の地域格差のメカニズムを探るとともに、家計行動の経済理論を応用した進学行動モデルに示唆を得て(第5章)、女子に特に強く働きうるメカニズムも考察することを目指した(大卒学歴の取得が、妻の夫婦間での交渉力の向上を通じ、家計からの「取り分」を増大させる、という「結婚市場」からの便益を考慮した)。地方県どうしの違いに特に関心を払い、そのために県外と県内の進学を別個に扱った。

分析によって明らかになったことは、以下の3点に集約される。このうち、最初の2つは男女に共通して当てはまる知見である。

第一に、出身県の相対就業者数の大きさを説明変数とし、県単位の大学進学率の回帰分析を行った結果、相対就業者数の多い県ほど地方県在住者の県外進学率や、進学率全体が高いことがわかった。県外と県内の進学率は負の相関関係にあるため、収容率は(県外に負、県内に正)、進学率全体にほとんど関連性を持たない。

第二に、「高校生調査」を用いた生徒個人単位の分析でも同様の結果を得た。大学進学希望の有無に関するロジスティック回帰分析を行うと、個人間で異なる家計所得や学力を統制してもなお、相対就業者数の多い県に住む生徒ほど大学進学希望を(地方県在住者の場合、県外進学希望も)持つ見込みが高いことが確かめられた。

以上から明らかになったことを端的にまとめると、大学進学率の地域格差は進学の費用のみならず、便益の要因によっても生じているということになる。地方にはなぜ進学率の低い県があるのか。それは、進学率全体の水準を左右する県外進学率が、学歴間の相対賃金(大卒／高卒)の大きい県ほど低いためである。そして相対賃金(若年)は、相対就業者数の少ない県ほど大きい(**図6-1**)。

第三に、女子に限って言えば、(先行世代の就業状況から期待される)将来の就業可能性、中でも出身県における将来の正規就業(自営を含む)の見込み(正規就業機会)の小さい県ほど、(進学のため高コストを払うメリットが小さいと考えられるから)やはり県外進学率及び大学進学率が低い。このことも、地方に進学率の低い県が存在する重要な理由だと考えられる。

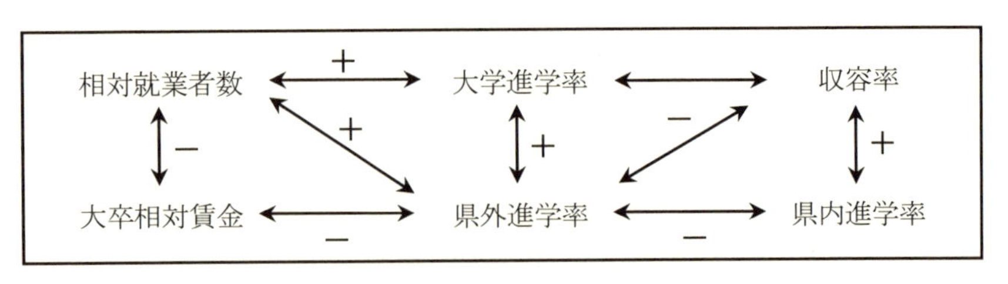

図6-1　(地方県における)大学進学の構図

注

1　値は次のように割り当てた。「収入はない」＝0、「100万円未満」＝50、「100～300万円未満」＝200、「300～500万円未満」＝400、「500～700万円未満」＝600、「700～900万円未満」＝800、「900～1,100万円未満」＝1000、「1,100～1,500万円未満」＝1300、「1,500万円以上」＝1600。

2　ただし、年齢・職業・学歴・年収の全てが無回答の父(又は母)は、欠損でなく不在と見なし、当該年収は0円とした。

3　具体的には次の2通りの分析を行った。第一に、表6-2及び表6-4のモデル2で、男女それぞれの相対就業者数の代わりに、男女それぞれの大卒相対賃金を投入した。すると県内進学率を例外として、どの分析でも、大卒相対賃金は有意でマイナス効果を示した(自由度調整済決定係数も、相対就業者数を用いた場合より小さい値になる)。県内進学率を被説明変数とした分析では、男子は大卒相対賃金はプラスで有意(決定係数は.503)、女子はプラスだが有意でない結果となった(決定係数は.431)。二番目の分析は、モデル2の2つの説明変数に、大卒相対賃金を単純に追加したものである。その場合、VIFの値が2を超える場合がほとんどであり、多重共線性の疑いが強くなる。ただし、女子の地方39県の分析は、この問題を免れている(県外進学率と、進学率全体に対してはマイナスで有意、県内進学率に対してはプラスだが有意でない)。

4　この問題に対処するために、県別の進学率を分析した先行研究には、ブロック別に算出した収容力を説明変数に用いた分析がある(浦田1989、藤村1999)。ブロック単位の大学進学率を分析した小林(2009)をも参照。

5　VIFの値は、大学進学率の分析(47県)のモデル2で収容率・相対就業者数とも2.292だが、他は全て2未満である。

6　この問題は、1980年のデータを用いた天野・河上・吉本・吉田・橋本(1984)の分析結果でも、既に示されている。すなわち、本研究と同じ定義(浪人を含む進学者数を、高卒者数で除した値)で、高等教育進学率(大学・短大の合計)を算出し、「高等教育収容力」(分子は高等教育入学者数、分母は高卒者数)などの変数に回帰させている(吉本執筆部分)。すると高等教育収容力の非標準化偏回帰係数は、高等教育進学率(全体)に対しては、ゼロに近い値(.047)であるのに対して、県内(高等教育)進学率には正(.266)、県外(高等教育)進学率には負(-.219)となっている(p. 20)。

7　VIFの値は、大学進学率の分析(47県)のモデル2で収容率・相対就業者数とも2.231、モデル4で収容率が2.273、相対就業者数が2.787である他は、全て2未満である。

8　第1章付論3で述べたように、「高校生調査」の第2回(2006年3月)段階の確定進路(大学の割合)と、第1回(2005年11月)段階の大学進学希望率とは、地域間の布置が大きく異ならないため、後者を用いた。

9　被説明変数の県間分散が大きい場合、切片が県によって異なる(ランダム)と想定し、県レベルの誤差項を導入するマルチレベル分析を行うのも一案だが、大学進学希望の級内相関係数(ICC)を算出すると.032であった。つまり県間分散は、個人間分散・県間分散の合計の3%を占めるに過ぎない。希望進路を教育年数に置き換えた期待教育年数を用いても、せいぜい4%ほどである。

10　島(2010)は進学の「主観的ベネフィット」が大きい男子ほど、大学進学希望をもつ傾向があることを明らかにしている。ここでは、大卒者の将来の収入は高卒の何倍かを尋ねた項目に、表6-6の値を割り当てた。

11　年齢・職業・学歴・年収の全てが無回答の場合、欠損でなく父が不在と見なした(後に使用する母学歴の変数でも同様)。近年では吉川(2006)など、親の学歴が、子の大卒学歴取得(大学進学)に影響しうることを多くの社会学者が指摘している。この理由は経済学的な観点では、高学歴の親ほど学歴の金銭的・精神的便益をよく理解していること、大学教育に関する情報を豊富に持つこと、遠い将来の便益を高く評価し、現在の教育投資費用をあまり負担に思わないことに帰せられる(荒井1995、p. 162)。

12　収容率と相対就業者数の2つを用いる場合、相対就業者数は県外進学希望と、進学希望全体(39県、47県とも)に有意な正の効果をもつ。

13　ただし、収容率と、正規就業機会の相関は高くない(.297)。

終 章

結論と含意

終章では、前章までに得られた知見を整理した上で(第1節)、本研究のもつ理論的・政策的インプリケーションについて議論する(第2節)。

第1節　本研究から得られた知見

1. 各章の知見の要約

なぜ地方には、大学進学率の低い県があるのか。地方県どうしでも進学率に相当な開きがあるのはなぜか。1990年代以降の日本で、大学進学率の県間格差が生じるメカニズムとはどのようなものか。本研究では、高校生の大学進学行動を高等教育投資と捉えた上で、その費用と便益に着目して、これらの問いに対する回答を試みてきた。

地方の県の大学進学率は三大都市圏より低いが、中でも東北や九州には、北陸や中国・四国などに比べ、いっそう低い県が少なくない。しかし、そうした地域でも中学校3年生の段階では学力の高い県があるし、大学進学希望率も低いわけではない。この事実は高校卒業時までに、学力以外の要因で大学進学を断念する者が少なくないこと、したがって、地域によっては「能力に応じた教育を受ける機会」が十分に与えられていないことを示唆する。大学進学率の地域格差の問題は依然、解明を要する重要な研究課題と言えよう。

序章では、以上の問題意識を述べた上で、本研究のアプローチを説明した。従来の研究では、進学率の地域格差は地域の社会経済特性(所得水準や学歴水準)や、大学の収容力(出身県内の大学教育の供給量)の違いに帰せられるとする説明が多かった。しかし先行研究には、「地方県どうしの違い」が十分に解明できていない、県外の大学への進学行動について説明の余地がある、という問題点があった。これらを克服するには、進学の便益を明示的に考慮することが不可欠なため、本研究は、従来はこの研究課題に適用されてこなかった人的資本論的な分析枠組みを設定する。そして、個々の高校生の(進学か否かの)選択行動が集積したものとして、進学率の地域差を把握することにした。

人的資本論の枠組みとは、教育投資から期待される便益(学歴間の期待生涯賃金の差)が、費用を上回ると見込まれるなら進学を選択する、という単純なモデルだが、学卒労働市場の地域によるセグメント化に着目すれば、進学の費用や便益を左右する要因には、学業成績や家計所得といった個人レベルの変数だけでなく、地域レベルの変数(「相対就業者数」や「収容率」)も想定できると考えたところに本研究の独自性がある。

第1章では、高等教育機会の地域格差の趨勢を記述的に明らかにした。『学校基本調査』から算出される大学進学率の地域格差は1990年代以降、拡大しつつあることを踏まえた上で、県ごとの進学率の分布を検討した。その結果、地方県では県外進学率(出身高校の所在地と違う県の大学への進学率)の水準が、大学進学率全体を左右すること、県内進学率(同じ県の大学への進学率)が低い県ほど県外進学率は高いことなどが明らかになった。地方でも大学進学率の高い県では、県内進学より、大都市圏を中心とする県外進学が主流となっている。また地方出身者にとって、県外の大学への進学とは多くの場合、自宅外通学を意味することが「高校生の進路についての調査」(「高校生調査」)から確認できた。

第2章では、大学進学の費用について地域別に検討した。最初に、家庭所得の地域差を分析した。「高校生調査」によれば、家計所得(両親年収)が高い生徒ほど大学進学希望率は高いこと、地方より大都市圏の方が、家計所得は高いことが確認できるが、進学率の最も低い地域の家計所得が大都市圏並みであったとしても、進学希望率はそれほど高い水準にならない可能性が大きいことも明らかになった。進学希望率の地域差は、学力中位層や低位層で大きいことが、その背景にあると考えられる。進学の機会費用(放棄稼得。大学在学中に高卒者として働いていれば、得られたであろう収入)、及び直接費用(平均的に予想される学生生活費)を出身地別に推計したところ、機会費用の大きい県ほど、大学進学率が高いことがわかった。結果として、直接費用も含めた進学費用全体が高い県ほど、進学率も高くなる。よって、「大学進学率の低い県は、進学費用が高いために低い」という説明は成立せず、このことからも、進学の便益も視野に入れる必要性が喚起されよう。

続く第3章では、大学進学の便益の地域差について議論している。学歴別の賃金を地域別に推計した上で、学歴間の(特に、高卒者と大卒者の)賃金格差の構造を中心に検討を行った。その結果、学歴間の賃金格差(大卒者の相対賃金)が小さい県ほど、県外進学率や大学進学率が高いことがわかった。これは一見、奇妙なことだが、次のように考えれば整合的に解釈できる。特に地方出身者にとって、県外進学の多くは大都市圏への進学だから、卒業後の就職先を大学の所在地に比較的近い地域で見つけることが期待できるならば、県外進学とはいずれ賃金水準の高い大都市圏で働くという可能性を意味する(出身県に戻って就職する場合も大卒であることは有利だという判断もあるだろう。第4章で分析するように、地方では、若年者の大卒相対賃金は、相対就業者数の多い県ほど低く、大卒と高卒の労働力は代替関係にあると見られるためである)。反対に、県内進学が卒業後の県内就職の蓋然性を高めるなら、進学から期待される便益は出身県における賃金格差に相当する。よって出身県の相対賃金が小さい者ほど、県外進学に動機づけられても不思議ではない。

以上の解釈を裏づけるため、第4章では、新規学卒者(大卒者、高卒者)の労働市場の地域的な相違を検討した。その結果、大卒者については3点が明らかになった。第一に、大都市圏所在の大学への就学は、地方出身者に大都市圏で就職するチャンスを提供している(一部の分野を除いて、大都市圏所在の大学の卒業者の多くが大都市圏で就職する)。しかし、第二に、出身県内の大学であれ、県外大学であれ、大学卒業後は出身県で就職する地方出身者が、ほぼ半数に達する。第三に、地方県の中には県外大学の卒業者(Uターン組)が大卒入職者の多くを占める地域も少なくない。いっぽう、高卒者については、地方の大学進学率の最も低い諸県において、(大都市圏を中心とした)県外就職が多いことや、地方でも進学率の比較的高い県では、製造業を中心に、県内就職が多いことがわかった。高卒者だけでなく、大卒者の労働市場も一定程度、県ごとに成立しているという意味で、学卒労働市場は地域によってセグメント化されていると言えよう。

第5章では、女子にとっての大学進学の便益について検討を行っている。女性の場合は男性と異なり、生涯にわたって労働参加することが規範化されておらず、出産などを機に労働市場から一度は退出するケースが少なくない。

結婚や出産後、大卒の学歴を活かせるような待遇で働ける条件があるなら、高い費用負担を伴う大学進学にも価値があると見なせるだろう。そこで女性の就業率（非正規雇用を含む）の地域分布を見ると、大都市圏で低く、一般に地方で高かった。重要なのは、地方でも進学率の高い県では、正規雇用（自営を含む）の就業が（それも、女性就業率が第二のピークを迎える40歳代後半時に）多いことである。また、そうした県では30歳代の大卒女性の未婚率も低かった（男女間賃金格差が存在する以上、結婚によって、世帯収入への配偶者からの貢献も期待できるようになる事実は、男性より女性にとって重要である）。以上を総合すると、地方でも進学率が高いのは、進学によって将来に有利な条件で就業でき、結婚の上でも不利になることの少ない地域だと言える。

第6章では、県別の大学進学率（『学校基本調査』による）の規定要因分析と、高校生個人の大学進学希望（「高校生調査」による）の分析を行った。共通して明らかになったのは、出身県の相対就業者数の大きい県ほど、県外進学率（進学希望率）や大学進学率（進学希望率）全体が高いことである。加えて、女子の場合は、（先行世代の就業状況から期待される）将来の就業可能性、中でも出身県における将来の正規就業（自営を含む）の見込み（「正規就業機会」）の大きい県ほど、やはりこの二つの進学率（進学希望率）が高い。相対就業者数や正規就業機会の大きな県ほど、将来に期待される進学の便益は大きいと考えられるから、進学率の地域格差は、費用のみならず便益の側の要因でも生じていることが示されたと言える。

2. 大学進学行動の3つの地域類型

以上の本研究の結果を、別の観点から大胆に要約するならば、大学進学選択には3つの地域類型が存在するという結論となる。最も進学率の高い大都市圏、地方にあるが大都市圏の近傍に位置し、進学率の比較的高い地域（北関東や北陸、中国・四国など）、日本列島の外縁部にある、進学率の最も低い地域（北海道、東北、九州・沖縄）の3類型であり、大学進学の支配的なパターンは、それぞれに異なっていることが明らかになった。以下、この観点から、**表終-1**にしたがって、研究全体の結果をあらためて整理しておきたい。

表終-1　大学進学行動の3つの地域類型

	低進学率 地域	中進学率 地域	高進学率 地域
典型的な地域	外縁地方	中間地方	大都市圏
進学先の所在地域・通学形態	県内(自宅)と県外(自宅外)が拮抗	県内(自宅)より県外(自宅外)が多い	自宅通学が主流
家庭所得	低い	中程度	高い
進学費用	低い	高い	低い
学歴間賃金格差	大きい	小さい	大きい
新規大卒者の就職機会	少ない反面、大卒者には稀少価値	多く、Uターン者も少なくないが、大卒過剰気味	多い
新規高卒者の就職機会	少なく、県外への就職者も多い	多く、県内就職がほとんど	多いものの、県外出身者との競争に晒される
大卒女性の結婚	未婚が多い	未婚が少ない	未婚が多い
大卒女性の就業	多い	正規が多い	少ない

表終-1に示したように、日本列島を、大学進学率の低い地域(仮に「低進学率地域」と呼ぶ)、中程度の地域(「中進学率地域」)、高い地域(「高進学率地域」)の3つに分けると、それぞれは概ね、本研究の地域区分(3ブロック)でいう外縁地方、中間地方、大都市圏が対応すると考えられる。進学先の大学の所在地域や通学形態に着目して対比した場合、低進学率地域では、県内の大学への進学(自宅通学による大学進学)と、県外の大学への進学(自宅外通学による大学進学)が拮抗している。いっぽう、中進学率地域は県内大学(自宅通学)よりも県外大学(自宅外通学)が多い傾向があり、高進学率地域では、自宅通学が主流となっている。大学進学率の県間分布は、進学率全体が高い県ほど、県外大学への進学率が高い傾向があると同時に、それが一定の水準を超えると、県外進学率は再び低くなっていく逆U字型の関係となっていることは、第1章第2節で見た通りである。

このように、3つの地域の間で、大学進学行動には構造的とも言えるパターンの違いが比較的明瞭に認められる。ではそれは、どのような要因で生じているのか。本研究の検討結果がまず示すのは、それは何らかの単一の要因のみによって生み出されたものではないことである。その意味では、もし「大学進学率の地域格差」という呼び方自体に、1つの変数の大小にリニアな形で対応しているような含意があるならば、別の捉え方を示唆する概念が用いられてもよいように思われる。例えば、大学進学か否かの選択の構造が、地域によって異なる(多様性がある)ことを前提にしつつも、複数の基本的なパターンに大別されることを表現した「大学進学行動の地域類型」などが考えられる[1]。

具体的にはこういうことである。確かに、低進学率地域、中進学率地域、高進学率地域の3類型には、家庭所得の面で低、中、高という3段階がリニアに対応している。しかし所得を統制しても、なお残る進学率の地域差が少なくないことは第2章第1節で見た通りである。

進学費用(直接費用と機会費用の合計)に目を転じると低進学率地域と高進学率地域で低く、試算の結果、最も高いと見られるのが中進学率地域であった。高進学率地域の場合、地元の進学機会が豊富である(自宅から通学できる範囲に大学や入学定員が多い)ため、低所得者でも(しばしば長い時間を要する)自宅通学によって、進学が可能となっている側面は否定できない。むしろ重要なことは、中進学率地域では、進学費用が低進学率地域より高いにもかかわらず、進学率は低進学率地域より大きいことである。このことは、中進学率地域では、それを補うだけ進学の便益が大きいことを示唆する。したがって本研究が強調してきたように、大学進学率の地域差を問題にする上でも、費用の要因だけでなく便益の要因を、明示的に分析の枠組みに取り込むことが重要だと言えよう。

そこで学歴間賃金格差(大卒者と高卒者の間の格差)に着目すると、格差が大きいのは低進学率地域と高進学率地域であり、中進学率地域では大卒者の(高卒者に対する)相対賃金が低かった。この背景にあるのは、新規学卒者の労働市場の地域的相違である。すなわち、中進学率地域では、大卒者の就職機会が多く、県外の大学に進学してからUターンしてくる者も少なくないのだが、それだけに大卒がやや過剰気味となっている。高卒就職機会も多く(特に製造業の雇用が多い)、ほとんどの高卒者が県内で就職する。以上から、大卒者の(高卒者に対する)相対的な稀少性を示す相対賃金が、あまり高くないのではないかと考えられる。このことが、大都市圏を中心とする県外大学への進学需要の背景にもなっている可能性がある。大都市圏所在大学の卒業者の多くが、

(大卒者の相対賃金の高い)大都市圏で就職するためである。

いっぽう、低進学率地域の学卒労働市場では、大卒者の就業機会も少ない反面、大卒者の稀少性も高いまま保たれている可能性がある(それが学歴間賃金格差の高さに結びついているのではないか)。また、先に述べたように県内進学(自宅通学)が多いことの背景には、地元の大卒賃金が高いから、県外へ出て行くメリットがあまりないとも解釈できる(もちろん所得が低いために、県外に行く余裕がないという場合もあるだろう)。同時に、これらの地域では高卒者の就職機会が少ないために、県外(その多くは大都市圏である)への就職者も多い。このことは他方では、高卒で賃金水準の高い大都市圏へ就職できる、という期待をも生むことになる。言いかえれば、大卒者になる(べく進学する)ことの金銭的な面での魅力が、その分だけ薄く感じられるであろう。

高進学率地域では、大卒、高卒とも就業機会が豊富である。だが高卒者の場合は、他の地域からの(相対的に優秀な)就職流入者との競争に晒され、なかなか高卒のまま良い職に就くことが難しい事情があると見られる。

本研究では、特に女子に焦点を当てた考察を行うため、大卒女性の結婚や就業のあり方についても検討したが(第5章)、最後にその結果に言及しておきたい。30歳代の、すなわち乳幼児の子育てを、母親として担う場合が多い年齢層について、大卒女性の未婚率を見ると、低進学率地域と高進学率地域で比較的高く、中進学率地域でやや低かった。また女性の就業率は、高進学率地域で低く、低進学率地域や中進学率地域では高かった。しばしば行われる、大都市と地方の対比を反復したような結果だが、「地方」どうしの違いが重要だというのが本研究の着目した点である。すなわち、中進学率地域では、単に(非正規雇用も含む)就業が多いだけでなく、正規雇用(自営を含む)の就業が多い(それも女性就業率が、第二のピークを迎える40歳代後半時に)というのが重要な特徴である。

以上の二点を総合すると、中進学率地域の女子は他の地域より、大学進学にメリットを感じることのできる文脈に置かれていると考えられる。大学進学の結果、結婚の上で不利になることが少ない上、将来に有利な条件で就業が継続できるためである。

第2節　理論的・政策的含意

1. 理論的な意義

本研究は、進学の費用のみならず、便益の要因を明示的に考慮したことにより、進学か否かの行動選択メカニズムがどの地域でも同じだとしても、結果として、地域間に進学率の差が生じうることを示したところに理論的な意義がある。特に、次の4点のオリジナリティを主張できると考える。

(1) 大学進学率の地域格差の問題への人的資本論の適用

第一に、日本の大学進学率の地域格差の問題を、明示的に人的資本論の枠組みによって分析しようとすること自体に、本研究の独自性がある。

大学進学行動を人的資本への投資として捉え、進学の意思決定は進学の費用と便益の両方を勘案して行われる、と考えるこの枠組みが従来、適用されなかった理由は、データの制約による。学歴別の賃金を、県別に入手することができなかったため、便益(高卒者と大卒者の間の賃金格差)に関する議論ができなかった。費用については、家計所得や、地元の進学機会(収容力)を県別に見ることによって議論できたが、費用に着目するだけでは、進学率の「地方県どうしの違い」(が、高い費用を要する県外進学率の高低によって生じていること)をうまく説明できない。本研究では便益に関する議論も詳しく行った。

(2)「集団間の進学率の差」の説明の補完

第二に、「集団間に進学率の差が生じるメカニズム」に関する人的資本論の説明をアレンジして、地域差の分析に使用できるようにしたところにも、独自性がある。

すなわち、個人が直面する「人的資本に対する需給曲線」を用いたベッカーの枠組みをベースにしながらも、本研究の独自性は、集計レベルの進学率を分析する場合、能力や所得という、個人レベルで概念化される変数のアグリゲートだけでなく、集団レベルで概念化される変数も、需要曲線や供給曲線を右側にシフトさせる(ことを通して、進学率を高める)と考えたところにある。

具体的には、大卒労働需要の大きさと、大学教育供給の多さを反映した変数、つまり相対就業者数と収容率である。大卒労働需要は、矢野(1984)がベッカーの議論を踏まえた上で、需要曲線を右側にシフトさせる要因として考慮すべきだと主張したものである。本研究はこの指摘を踏まえ、相対就業者数の多い地域ほど進学率が高いのではないかと考えた。この見方自体は、日常的な見聞を根拠に、以前から指摘されていたが(「地元に大卒向けの仕事が少ない地域では、進学しても仕方がないので進学率が低い」など)、教育経済学的な議論を受けて論理を組み立て、県別進学率の規定要因の分析に用いた研究は見られなかった。

本研究ではまた、人的資本投資の供給曲線を右シフトさせる要因として、「収容率」を想定した。収容率とは、どの大学でも良いならば、あるコホートのうち何割まで県内の大学に進学できるかを表現するから(収容率が100%を超えれば、全員が県内に進学できると想定する)、見方を変えれば、「大学進学のために県外に出なくてよい確率」という解釈もできる。言いかえれば、「大学進学のために追加的費用(下宿費用)をかけなくてよい確率」と言えるから、収容率が大きい地域ほど、同じ量の教育投資を行う(例：大学進学)ために要する費用が低いことになる。したがって、人的資本投資の供給曲線は右シフトする。

先行研究では供給側の要因、ないし「教育システム変数」として「収容力」変数が重視されてきたが、その系譜を踏まえつつ、人的資本論のフレームワークに整合的になるよう、本研究は需要側に位置づけたところに[2]、上の議論の意味がある。

(3) 地域による学卒労働市場のセグメント化

「大学進学率に地域差が生ずるメカニズム」に関して、今の説明を行うためには、その前提として、学卒労働市場が地域によってセグメント化されていると考える必要があるが、この想定を行うこと自体に、本研究の第三のオリジナリティがある。

学卒時の県間移動が、高卒者の場合より大規模に起こると予想される大卒労働市場も、地域による分断が、一定程度起こっていると見なせるならば、新規学卒者は、就職するにあたって就職先の県を自由に選べるわけではない(県ごとの労働市場間を自由に移動することができない)ことになる。これは、県ごとの高卒者や大卒者それぞれの賃金に関し、市場の価格調整メカニズムが円滑には働きにくいことを意味する。そのため、学歴別賃金構造や、学歴別の労働力供給の量が、県によって異なってくるのであり、大学進学の便益は、県ごとに異なりうるという議論が可能となるのである。

⑷ 大学進学の便益の再考

第四のオリジナリティは、女子の進学に関する考察を通して、大学進学の便益の源泉に再考を促す議論を行ったことである。第5章では、大卒学歴の取得が夫婦間での交渉力の向上を通じて、家計からの「取り分」を増大させるという「結婚市場」からの便益を考慮した進学モデルについて議論した。「大卒学歴が家計収入への妻の貢献度を高める」ことの条件となる変数は、「正規就業機会」には限られないかも知れないから、さらに適切な指標の追究が、今後の課題として残されている。しかし、次の趨勢を踏まえれば、この議論はますます日本に妥当しうる状況になりつつあると思われる。

上のモデルは、一見すると共働き夫婦に偏った議論に聞こえるかも知れないが、従来、夫の所得が高い世帯では低かった妻の就業率は、90年代以降に高まっている[3](橘木・迫田2013)。そのためか、かつて世帯間の所得格差を平準化する役割を果たした妻の所得は、近年の若い夫婦ではむしろ、格差を拡大することに寄与する。すなわち、1985年、1995年、2005年の3時点のSSM調査を分析すると、夫の年齢が30歳代の夫婦では、ジニ係数は夫単独の所得より、夫婦合算所得の方が大きくなるという。こうなる理由は、妻が仕事を続けている場合が多いためとも考えられるが、近年のデータでは夫が40歳代の場合も、ジニ係数は夫単独が夫婦合算所得を、僅かに上回る程度にまで縮小していることが示されている(尾嶋2011)。特に女子の進学の便益を考察する上では、家計生産の成果から得られる金銭的なメリットにも配慮することの重要性を示唆していると言えよう。

2. 政策的インプリケーション

本研究は、政策・実践に対しても幅広い含意を持っている。ここでは分析の結果から、直接に導ける政策的インプリケーションについて述べたい。すなわち、大学進学率の地域格差を縮小させることを目的にした場合に、どのような政策的選択肢がありうるかについて、基本的な考え方を論じる。

(1) 労働政策との総合政策

先述の通り、本研究の独自性は、大学進学の費用や便益を左右する要因としては、地域によって異なる変数も想定できるとしたところにあった。特に、便益の側については学卒労働市場が、地域によってセグメント化しているという認識のもと、相対就業者数が進学率(及び県外進学率)を規定する、最も重要な要因の一つであることを指摘した。ここでいう相対就業者数は、大卒労働力の高卒労働力に対する相対的な規模として定義していたから、これは、ある県における大卒労働需要であると同時に、大卒労働供給の規模をも意味している。そして、地方ではこの相対就業者数が大きい県ほど、学歴間賃金格差(大卒者の高卒者に対する相対賃金)は小さい傾向があった。

以上の知見から得られる政策的含意は単純である。北海道や東北、九州など一部の地方県では高卒者の賃金が余りに低い。これが大学教育の機会均等や、地域経済の振興にとってネガティブな影響を持つから、何らかの是正策がありうるというものだ。これらの地域で、高卒賃金がもう少し高ければ、(出身県内の相対賃金が低くなり)県外進学の動機づけが強まる(また、女性の正規就業機会の増加も、同様の効果を持つ可能性がある)。それが進学率全体の高さにつながる可能性はあるのではないか(同時に重要なのは、北陸や甲信、中国など高卒賃金の高い、つまり相対賃金の低い地方県では高卒就職者の県内就職割合も高く、地域経済の重要な担い手が確保されていることである)。

(2) 高等教育政策にとっての含意

地方における高卒者の賃金は、様々な要因(例:その県の最低賃金、企業の数など)に左右されると考えられることから、ここに直接、働きかける政策を打つのは容易ではないのだとすると、教育政策が単独でなしうることは何だろうか。①大学の新増設(入学定員増を含む。以下同じ)規制、②地方大学の充実のための補助金、③県外進学を促す奨学金の3つが考えられる。本研究の結果に従えば、これらの政策が高校生の進学行動に与える影響も、地域類型ごとに異なることが予想される。

まず、大都市の私立大学の新増設(入学定員増を含む)を認めない、あるいは定員超過の管理を極度に厳格化するなど、規制を強化する政策は、北関東甲信や北陸など、大都市近傍地域の大学進学率を低下させる可能性が否定できない。かつて、大都市圏での新増設規制が、大都市圏や、大都市圏近傍の地方の進学率を停滞・減少させた結果、日本全体での地域格差を縮小させる機能を持ったことを想起すれば、こうしたシナリオの再来も十分に予想されることである(ただし当時と異なって、18歳人口の急増の再来はない)。こうした大都市からのUターン就職の多い地域で、大卒人材の確保に支障を来たすことがあるとすれば、地域経済にどの程度マイナスとなるのかも検討する必要があるだろう。

地方大学の教育を充実させるための補助金は、東北や九州など、最も進学率の低い諸県において、有効と言えるかも知れない。県外より、相対的に県内進学が主流の地域だからである。進学率の上昇効果という観点では、主に、地方の私大への補助金の充実によって担われることになるだろうが、地方国立大学の充実も重要である。というのも「大都市圏出身者にとっての私立大学への自宅通学」と同等の費用で、良質の高等教育が受けられる機会が、全国に遍く存在していることが重要だと考えられるためである。地方の在住者にとって、「地方から地方(国立大学)」への進学が、一定の重要な割合を占めていることは第1章で見た通りだった[4]。地方国立大学が、大学所在地(例えば、県内)そのものというより、「地方在住者一般」に対して教育機会を提供している役割の重要性は、もう少し強調されてよいと思われる。

いっぽう、大都市近傍の諸県には、県の大学進学率全体の水準を左右する、県外進学をいっそう促すための奨学金政策が重要であるかも知れない。これらの地域で大学を新増設することは、県内進学を増やしても、進学率全体の向上には寄与しにくいだろうし、無理に県内に留めようとしても、就職や結婚を機に県外流出する可能性もある。すぐ次に言及するように、時あたかも東京圏への人口集中の是正を目的とした政策が実施に移されつつあるが、地方の人口減少の抑制と、高校生の進学意思決定の問題とは切り離し、それぞれに対処する方策を考えることも検討されてよいのではないかと思われる[5]。

補論　いわゆる「地方創生」政策について

終章第2節では、大学進学率の地域格差を縮小させる上では、どのような政策的選択肢を取りうるかについて基本的な考え方を整理した。ここではいま少し、現実の政策動向に即した検討を行うことにしたい。

先ほど地方の人口減少の抑制と、高校生の進学意思決定の問題は切り離し、それぞれに対処する方策を考えるべきではないかと述べた。これは論理的に正しかったとしても、現実問題として、区別して対処することはなかなか容易ではない。最も大学進学率の低い地方において、県外進学の促進によって進学率が向上しても(また、それにより他の地域との進学率格差は縮小したとしても)、地元に戻ってくる大卒者が少なければ、その地域からの人口流出に拍車をかける結果となり、別の問題を生じさせてしまうことになる。

地方からの若年人口流出と、大学進学との関係は、過去にも繰り返し議論されたテーマだが、近年、まさにこの問題が、いわゆる「地方創生」政策の文脈で再び重要な政策課題となった。本研究の最後に、この動向を押さえた上で、大学進学率の地域格差の縮小策について再び言及することにしたい。

2014年12月27日に閣議決定された「まち・ひと・しごと創生長期ビジョン――国民の『基本認識の共有』と『未来への選択』を目指して」はこう指摘する。「今日、大幅な転入超過が続いているのは東京圏だけである。(中略—引用者)この転入超過数の年齢構成を見ると、15～19歳(2.7万人)、20～24歳(5.7万人)の若い世代が大半を占めており、大学進学時ないし大学卒業後就職時の転入がその主たるきっかけとなっていることが分かる。かつては、東京圏の大学に進学しても、就職時に地元に帰る動きが一定程度あったが、近年そうしたUターンが減少する一方、地方大学卒業生が東京圏へ移動する傾向が強まっている。特に、若年女性においてそうした動きが顕著であ」る[6](p. 5)。

この認識のもと、具体的な政策が実行に移されているのだが、それは同じ日に閣議決定された「まち・ひと・しごと創生総合戦略」に示されている。これは「長期ビジョン」を受けて、「2015年度を初年度とする今後5か年の目標や施策の基本的方向、具体的な施策をまとめたもの」(p. 3)とされる[7]。この中でも、大学進学の問題が、地方からの若年人口流出の問題と関連させながら論じられる。「総合戦略」はまず、地方から東京圏への転入者を減少させ、東京圏から地方への転出者を増加させることを明示的に政策目標としつつ、「(2)地方への新しいひとの流れをつくる」などの政策パッケージを掲げる。その具体策としては「(ア)地方移住の推進」、「(イ)企業の地方拠点強化、企業等における地方採用・就労の拡大」、「(ウ)地方大学等の活性化」の3つの施策が挙げられている。

この「(ウ)地方大学等の活性化」については、さらに具体的な方策が3つ述べられている[8]。ここで重要なのは、「知の拠点としての地方大学強化プラン」と、「地元学生定着促進プラン」の2つである。その内容は、前者が「地方大学等の地域貢献に対する評価とその取組の推進」であり、後者が「地方大学等への進学、地元企業への就職や、都市部の大学等から地方企業への就職を促進するための具体的な措置」などとなっている。具体的にはそれぞれ、次のような案が考えられるという(pp. 36-39)。

「知の拠点としての地方大学強化プラン」

(a)地域社会経済の活性化や地域医療に大きく貢献する大学等の教育研究環境の充実を図る
(b)地元の地方公共団体や企業と連携し、地域課題の解決に積極的に取り組む大学を評価し、その取組を推進する
(c)地域活性化の中核となる国立大学においては、第3期中期目標期間(2016年度～2021年度)の評価に地域貢献の視点を採り入れるなど、大学の地域貢献に対する評価と資源配分が連動するようにしていく[9]
(d)経営改革や教育研究改革を通じて地域発展に貢献する地方私立大学の取組を推進する

「地元学生定着促進プラン」

(e)奨学金(「地方創生枠(仮称)」等)を活用した大学生等の地元定着の取組への支援策を講ずる[10]
(f)地方公共団体と大学等との連携による雇用創出・若者定着に向けた取組への支援策を講ずる
(g)都市部の大学生等が地方の魅力を実体験できる取組を推進する
(h)大都市圏、なかんずく東京圏の大学等における入学定員超過の適正化について資源配分の在り方等を検討し、成案を得る

先に、大学進学機会の地域格差の問題について、高等教育政策にとっての含意を論じた箇所では、①大学の新増設規制・定員管理、②地方大学の充実のための補助金、③県外進学を促す奨学金の3点に触れた。いま述べた(a)・(c)・(d)が②に、(e)が③に、(h)が①にそれぞれ関連していると思われる。このうち、②については、明確に(d)に対応した政策が既に打ち出されているため、ここでは簡単に言及するにとどめる(aやcについては、より詳細な姿が今後、明らかになる段階と見られる)。それに対して、③、①については、政策の方向性や内容に、中長期的には検討の余地もあると考えられるため、後でこの順にやや詳しく論じていくことにしたい。

②地方大学の充実のための補助金については、進学率の上昇効果という点で、地方私大に対する補助金が重要であると先に述べた。国の私学助成において、まさにこの点に対応したものが「私立大学等経営強化集中支援事業」である(「私立大学等」とは私立の大学、短期大学及び高等専門学校を指す。以下同じ)。これは私立大学等経常費補助金の特別補助において加算されるもので、「2020年度までを『私立大学等経営強化集中支援期間』として位置づけ、大学内・大学間のスピード感ある経営改革を進め、地方に高度な大学機能の集積を図る地方の中小規模の私立大学等(三大都市圏以外に所在する収容定員2000人以下の大学等)を重点的に支援」するものだとされる。「既存の未来経営戦略推進経費を発展的に解消」して、「経営改善の取組内容を点数化し、総合得点の高い上位の私

立大学等から採択」するという(文部科学省高等教育局私学部私学助成課 2015、p. 2)。

また、「私立大学等改革総合支援事業」も、「三大都市圏(過疎地域は除く)にある収容定員8,000人以上の大学等は対象外」とされている。「教育の質的転換、地域発展、産業界・他大学等との連携、グローバル化といった改革に積極的に取り組む私立大学等に対し、経常費(一般補助及び特別補助)・設備費・施設費を一体として措置する」形で、重点支援を継続するとある(文部科学省高等教育局私学部私学助成課2015、p. 2)。これらの補助金により、今後、どれだけ地元の学生の進学を促進する効果が見込まれるか、注目される。

1. 県外進学を促す奨学金政策

次に、県外進学を促す奨学金についてである。これも、既に政策として実現しつつあるから、現行の制度をさらに前へ進めることが重要だと考えられる。具体的には、文部科学省と総務省が連携し、2016年度から貸与を開始する日本学生支援機構の無利子奨学金(地方創生枠)というものである。先に見た閣議決定(2014年12月)を受け、両省がそれぞれ各都道府県知事と、各指定都市市長宛てに通知を発出しているが(2015年4月10日)、そこに制度の詳細が記されている。

すなわち、文部科学省高等教育局長名の「奨学金を活用した大学生等の地方定着の促進について(通知)」によれば、この事業の概要は次のようなものである。「地方公共団体と地元産業界、職業団体が協議・連携し、地方経済の牽引役となる産業や戦略的に振興する産業を定めるとともに、地方大学等に進学する学生や特定分野の学位を取得しようとする学生に対して無利子奨学金の地方創生枠への推薦を行うとともに、地元企業等に就業した者の奨学金返還を支援するための基金を造成する」という。地方公共団体が推薦した学生は、大学等(大学、短期大学、大学院、高等専門学校、専修学校専門課程)への入学後に在学採用され、卒業・修了後に自ら返還するのではなく、この基金から返還する仕組みとなっている。

この基金には、地方公共団体や地元産業界などが出捐することとされているが、総務省自治財政局長名による「奨学金を活用した大学生等の地方定着促進要綱について(通知)」に示された要綱によれば、地方自治体は、地方交付税交付金(特別交付税)によるサポートを受けることができる。すなわち、特別交付税は、地方公共団体が出捐した額(基金造成のため、他の地方公共団体や地方公共団体以外の法人へ支出した額を含む)を対象に(ただし、地方公共団体が、当該年度の基金への出捐総額の2分の1以上を出捐している場合は、出捐総額の2分の1の額が対象)、1団体あたり1億円を上限として措置される(措置率0.5。つまり半額を国が支給するというものである)。さらに、日本学生支援機構の無利子奨学金以外の奨学金についても、返還に係る基金に出捐した額が、特別交付税措置の対象となるという。

文部科学省の通知に添付された「地方創生枠の要件等に関する手引」によれば、基金を造成する地方公共団体が推薦者の選考を行うにあたっては、「大学等へ進学後、日本学生支援機構の無利子奨学金の貸与基準を満たすこと」という要件があるが、「その他の要件は、各基金を設置した地方公共団体(基金に出捐した地方公共団体を含む)において設定する」とされている。したがって、奨学生の進学先は「地方大学」でなく、大都市圏所在の大学でも構わない。

実際、国のこの制度に先駆けて、2015年度から独自に類似制度を開始した山口県では、日本学生支援機構の無利子奨学金を貸与された大学院修士課程修了者(工学、理学、農学、又は薬学分野のみ)又は6年制薬学部卒業者を対象として返還補助を行うとしているが、修了・卒業した大学の所在地は指定していない。指定しているのは就業先の地域であり、修了・卒業の翌年4月に、山口県内に本店又は支店(研究所等を含む)を有する製造業に就業し、その後10年間のうち通算8年以上、山口県内の製造業に従事した場合、奨学金の返還額に相当する金額を補助するというのである[11](就業期間が4年以上8年未満の場合、半額以上を補助)。20名(うち、薬剤師枠5名程度)を募集している。

以上を踏まえると、国の制度である無利子奨学金(地方創生枠)は、次の2点において前進させることが検討に値すると考えられる。第一に、現在は「1都道府県あたり各年度上限100名」(先述の「地方創生枠の要件等に関する手引」による)となっている推薦人数を、傾斜配分することである。最も大学進学率の低い諸道県に、多めに配分してもよいのではないか。

第二は、基金を造成する地方公共団体が設定することになっている、就業先地域の要件に一定のガイドラインを設けて、本格的な「就業地連動型奨学金」として機能させることである[12]。例えば就業先は、「就業後15年間のうち通算10年以上」などの緩やかな基準で、地方での就業を促すことが考えられてよいのではないか。というのも従来、大卒者のキャリア形成における1つの「主流」をなしてきたパターン（大都市所在の大企業に長期勤続し、職場訓練投資を受けられる基幹的従業員になる）を前提にすると、学卒直後の若い時期は、大都市圏の（規模の大きい）企業に勤務する選択肢を排除しない方が、現実的だと考えられるためである[13]。2015年10月から個人に通知されている社会保障・税番号制度（マイナンバー制度）の運用次第では、比較的長期にわたり、個人の居住地移動を追跡することを前提とした、奨学金の返還免除の制度を運用することも可能となるかも知れない。

いっぽう、学卒直後の地方就業者を増やす目的が重要ならば、例えば、個別の大学と、地方の道県とが（Uターン）就職に関する協定を結ぶなど[14]（何らかの機関が複数大学と複数道県を媒介するのもよい）、奨学金以外の方策こそが有効であるとも考えられる。先に触れた「地元学生定着促進プラン」のうち、具体策の(b)は、まさにこうした政策を想定したものである。各都道府県知事、各指定都市市長宛てに、総務省自治財政局長が出した「地方公共団体と地方大学の連携による雇用創出・若者定着促進要綱について（通知）」（2015年4月10日）によれば、地方公共団体と大学等が連携して行う取組のうち、地方公共団体の支出した経費には、1団体あたり1,200万円を上限として特別交付税を措置するという（措置率0.8）。具体的には、例えば、「地元企業と学生のマッチングによる地元企業との関わりの強化」のために「地元産業界と連携した、地元企業における長期インターンシップ等、実践的な職業教育を実施（必須科目化・単位認定）」する場合、インターンシップ生の受入れに要する経費（インターンシップ生の旅費、宿泊費）などを対象として想定している。特別交付税措置を受けるには、いくつもの要件を満たす必要があるものの、0.8という異例に高い措置率が注目される[15]。

2. 大学の新増設規制・定員管理

大学の新増設規制・定員管理については、先述した「まち・ひと・しごと創生総合戦略」では、東京圏における入学定員超過の適正化を検討するとしていた。実は、教育再生実行会議の「『学び続ける』社会、全員参加型社会、地方創生を実現する教育の在り方について（第六次提言）」（2015年3月4日）では、次のように、より踏み込んだ言及をしている。「大学進学時には、地方から都市部への大きな人口流出が生じているが、その背景には、都市部の大学等において定員を上回る学生を受け入れている実態があり、教育環境を改善する観点からも、この状況を是正する必要がある。このため、国は、入学定員超過に対する基盤的経費の取扱いの更なる厳格化など、特に大都市圏の大学等における入学定員超過の適正化について検討し、成案を得る」（p. 13）。

さらに、2015年6月に閣議決定された「まち・ひと・しごと創生基本方針2015――ローカル・アベノミクスの実現に向けて」では、「地元学生定着促進プラン」による「大学生等の地元定着の促進」のために、「私立大学等経常費補助金の配分や国立大学法人運営費交付金の取扱いにおける入学定員超過の適正化に関する基準の厳格化等を本年中に措置することを通じ、大学等における入学定員超過の適正化を図り、大都市圏への学生集中を抑制する」（p. 25）と言い切っている[16]。

私立大学等経常費補助金の一般補助では現在、定員超過率の水準に応じて、次のように補助金の不交付や減額措置が行われている。すなわち日本私立学校振興・共済事業団の定める「私立大学等経常費補助金取扱要領」（理事長裁定。2014年11月14日一部改正）によれば[17]、私立大学等の入学定員超過率（学部等ごとの入学定員の合計に対する入学者数の割合）が1.3倍以上（収容定員が8,000人以上の場合は1.2倍以上）、又は収容定員超過率（収容定員に対する在籍学生数の割合）が1.5倍以上（収容定員が8,000人以上の場合は1.4倍以上）ならば、補助金は交付されない（医歯系の学部には、さらに厳しい基準が適用される）。さらに「私立大学等経常費補助金配分基準」（理事長裁定。2015年3月2日一部改正）では、収容定員超過率が1.07倍以上になると、段階的に補助金が減額される措置を定めている。

いっぽう、国立大学法人運営費交付金の場合、「一定の定員超過率以上の学部等の学生数分の授業料収入相当額(超過授業料収入相当額)の100%を、運営費交付金債務のまま翌事業年度に繰り越し、中期目標期間終了時に国庫納付」する仕組みとされている。一定の定員超過率とは、2008年度は1.3倍、2009年度は1.2倍、2010年度からは1.1倍(入学定員100人以下の学部は1.2倍)であった[18]。

「まち・ひと・しごと創生総合戦略」などが述べているのは、こうした不交付・減額措置をさらに厳格化するという趣旨であろう[19]。その場合、果たして個別大学が、入学定員超過率を首尾よく一定の範囲内に抑えることが、どのくらい技術的に可能かという問題は別にしても(入学者選抜における歩留率の予測の精度を上げる必要があろう)、さらに検討を要するのは、入学定員増そのものを現行制度上、制限できない点である。既に入学定員の多い大学ほど、さらに規模を拡大させる可能性のあることを示唆する報告もある[20]。

既に述べたように、大都市圏における私立大学の入学者数(の増加)を制限するような政策は、大都市近傍地域の大学進学率を低下させる可能性があることは考慮に入れる必要がある。また、そもそも制限することは技術的・制度的にも容易なことではないだろう。ならばむしろ、大都市圏の私立大学に、地方出身者向けの入学枠を設けるような方策が考えられないだろうか。先ほどの奨学金(地方創生枠)と同様、地方自治体が基金を造成し(企業からの寄付を受け入れ、地方交付税からも措置される)、言わば(寄附講座ならぬ)「寄附定員」を設置するというものである[21](大都市の私学だけでなく、地元以外も含めた地方国立大学に設けるのも一案だろう)。さらに、その入学枠には授業料減額・免除もセットにする手もある。

この点で参考になるのは、英国の事例である。すなわち保守党と自由党の連立政権下において、ビジネス・イノベーション・技能省(Department for Business, Innovation and Skills: BIS)が2011年6月28日に発表した高等教育白書『学生中心の高等教育システムを目指して』("Students at the Heart of the System")は、大学の入学定員の管理を柔軟化する方針を打ち出した。合計で85,000人分の定員を、大学間に競争的に配分するほか、言わば「定員外」の入学枠の設定も可能とするというのである。日本学術振興会ロンドン研究連絡センター(2011)によれば、この競争的な追加入学枠を2012-13年度に設け、うち約65,000人は入学試験における成績優秀者向けとし、約20,000人は、それほど高い額でない授業料(7,500ポンド以下)を設定した大学に配分することを同白書は述べている。さらに、定員管理の枠外で、企業や慈善団体からの資金をもとにした入学枠も設定できる(p. 16)。

このようなドラスティックな制度改革が、日本の大学ですぐに可能となるわけではないだろうが、「学部ごとの入学定員に基づく我が国の大学の定員管理の在り方」を見直すことは、将来的な課題となるという指摘は、政策担当者からも既に行われている(義本 2015、p. 24)。また、国立大学についても次のように指摘されてきたところである。「理解しがたいのは、学生定員管理の厳しさである。国民が国立大学にまず期待することは、国立大学が持てる資源を最大限活かして、できるだけ多くの学生を受け入れ、良質の教育をすることである。市場原理の観点からも、社会の需要の変化に柔軟に対応して学生数を増減することが求められる。学生数の増加の厳しい抑制と組織ごとの学生定員の厳格な管理はその障害となる」(大﨑 2011、p. 165)。近い将来、大学の定員管理に関する制度や運用の見直しが検討課題となる際に、出身地を指定した入学枠という考えは、十分に議論に値する視点となるのではないか。

注

1　ただし、本研究が実際に用いた外縁地方、中間地方、大都市圏という3類型は、(呼び名こそ異なれど)佐々木(2006)や上山(2013)が強調する「中心－周辺型の三重構造」に由来するものであることは、序章第4節第1項でも述べた通りである。

2　もっとも、人的資本投資の供給曲線を右シフトさせる要因は、単に個人の所得だというよりも、「教育機会」の豊かさであるといった、指示する範囲がやや広い概念を用いる説明もされていたから(矢野1984)、収容率変数をここに位置づける本研究の議論も、それを敷衍させただけとも言えるかも知れない。

3　女性就業率が特に高い地方県では、今も夫の年収の低い世帯を中心に高いことは(武石 2007)、第5章で見た通りである。

4　いっぽう、地方国立大学の所在地域にとっては、大学は、他の地域から若者を呼び込む役割を果たすだろう。小林(2009)は1970年代後半以降、「国立大学の場合には、流出・流入とも増加しており、進学者の地域間移動はむしろ活発になっている」と指摘する(p. 135)。地方における国立大学進学率の高さが、多くは他県への進学に由来することは、つとに指摘されている(同, p. 141)。

5　加野(2004)も、地方において大学進学率の向上と、若者の地元引き留めの両方を狙いとして大学設置(新増設)が行われても、必ずしも有効に機能しないケースが少なくなかったことを指摘しつつ、大学進学の促進と、地域に必要な人材確保の問題とは区別して議論すべきだと主張する。

6　内閣官房まち・ひと・しごと創生本部事務局が作成した「まち・ひと・しごと創生長期ビジョン」参考資料集に、東京圏(東京、神奈川、埼玉、千葉の4都県)の転出入超過数(2013年)を年齢階層別に集計した結果(総務省統計局「住民基本台帳人口移動報告」による)が掲載されている(p. 8)。

7　「まち・ひと・しごと創生総合戦略」は、まち・ひと・しごと創生法(平成26年11月28日法律第136号)第8条に法的根拠がある。

8　小山(2015)の次の指摘からは、大学の地方移転すら議論されていた可能性が窺える。「この項目(『地方大学等の活性化』―引用者)がもし仮に、都市から地方への企業『や大学』？　の移転だとか地方大学等の『再編・淘汰』？　などと似て非なる表現になっていたら高等教育の現場は大混乱だ。前向きかつ細心の議論と調整の跡を読み取っていただきたいところだ」(p. 18)。

9　教育再生実行会議の「『学び続ける』社会、全員参加型社会、地方創生を実現する教育の在り方について(第六次提言)」(2015年3月4日)も、次のように述べている。「国公私立の大学は、地方においてそれぞれの強み・特色をいかして機能強化を図り、若者を地方につなぎとめ、かつ、呼び込むために魅力向上に取り組むことが求められている。このため、国は、地域活性化の中核となる国立大学においては、第3期中期目標期間の評価に地域連携の視点を取り入れるなど、大学の地域連携に対する評価と資源配分が連動するようにしていく。また、地方における大学機能の集積や大学間連携などの経営改革や、地方の『職』を支える人材育成などの教育研究改革を通じて地域の発展に寄与する私立大学の取組を支援する。国、地方公共団体は、学生が地方に定着する環境づくり等に貢献する公立大学の取組に対する支援を行う」(p. 14)。また、「大学教員が意欲的に教育研究に取り組めるよう、地方にある大学の教育研究環境の充実を図るために必要な財政基盤の確保を目指す」とある(p. 13)。

10　先述した教育再生実行会議の第六次提言も、次のように提言する。「国、地方公共団体は、地域の活性化を実践的に担うために重要な人材の確保の観点から、地方にある大学等への進学、地元企業への就職、都市部の大学等から地方の企業への就職を行う者を対象に、奨学金の優先枠(地方創生枠(仮称))を設けたり、返還額を軽減したりする措置を講じ、学生の地元定着へのインセンティブを高める取組を進める」(p. 13)。

11　「平成27年度　山口県高度産業人材確保事業　奨学金返還補助制度」募集要項による。山口県産業戦略部のウェブサイトを参照(最終アクセス日2015年6月29

日、http://www.pref.yamaguchi.lg.jp/cms/a11400/shougakukin/shougakukin.html/)。

12　米国には、こうした「就業地連動型奨学金」(location-contingent financial aid)プログラムを行っている州がある。卒業後の就業地(州)を指定した上で、在学中に給付を行うものや(メリーランド州。理工系学生が対象)、卒業後の返還に補助するもの(メイン州。税額控除による)などがあるという(Groen, 2011)。

13　地方出身者のUターン移動は、概ね30歳くらいまでの時期に多く行われることが指摘されている。例えば、江崎(2002)は長野県、宮崎県出身者を対象に居住経歴に関する調査を行い(高校の卒業生名簿を用いた郵送質問紙調査)、最初の就職から5年(遅くともせいぜい10年)以内のUターンが多いことから、単身か夫婦のみの世帯の人ほどUターンしやすいと指摘する。石倉(2009)は、釜石市出身者に対する調査データを用いて(やはり高校の卒業生名簿を用いた、郵送法による)、若い世代ほど、他地域への転出(他出)傾向が強まる一方、他出者に占めるUターン発生率も高まっていることや、Uターン行動のほとんどは、他出後10年以内に起こり、Uターン時には未婚であることを明らかにした。西野(2009b)も同じデータから、釜石居住者の9割以上が、30歳の時にはすでに釜石に住んでいると指摘する(p. 192)。

14　例えば、長野県は駒澤大学や立命館大学など、27の大学・短大と、長野県出身学生のUターン就職の促進を図るための協定を締結している。具体的には、次の内容で連携・協力しているという。(1) 学生に対する県内の企業情報、生活情報等の周知に関すること。(2) 学内で行う合同企業説明会等、企業情報提供イベントの開催に関すること。(3) 県の学生向け就職情報提供サービスへの登録呼びかけに関すること。(4) 保護者向けの就職セミナーの開催に関すること。(5) 学生のUターン就職に係る情報交換及び実績把握に関すること。長野県産業労働部のウェブサイトを参照(最終アクセス日2015年6月29日、https://www.pref.nagano.lg.jp/rodokoyo/sangyo/rodo/koyo/izumi/u-kyoutei.html/)。他にも、群馬県は88校、愛媛県は71校と協定を結ぶなど、同様の取り組みを行う自治体は少なくないという。これを大学側から見ると、例えば、神奈川大学は群馬、新潟、山梨、長野、愛媛の5県と協定を結び、インターンシップ受け入れ支援なども含む連携を行っている(『日本経済新聞』2015年6月8日付、19面)。

15　その要件とは次の4つである。地方公共団体と大学等の間で協定を締結した取組であること。雇用創出・若者定着に係る取組であること。文部科学省の補助事業(「地(知)の拠点大学による地方創生推進事業」又は「大学教育再生加速プログラム」)に採択されたものであること。まち・ひと・しごと創生法(平成26年法律第136号)に規定された地方版総合戦略に位置付けられたものである必要があること。ただし、地方公共団体と公立大学等が連携して行う取組の場合、文部科学省の補助事業に採択されていなくともよい(また、上限額は2,400万円となる)。

16　本書脱稿後、文部科学省高等教育局私学部長と日本私立学校振興・共済事業

団理事長の連名による「平成28年度以降の定員管理に係る私立大学等経常費補助金の取扱について（通知）」が、学校法人理事長宛てに発出された（2015年7月10日）。

17　これは、「私立大学等経常費補助金交付要綱」（文部大臣裁定。2014年11月14日最終改正）に基づいて定められたものである。

18　中央教育審議会大学分科会「中長期的な大学教育の在り方に関する第一次報告――大学教育の構造転換に向けて」（2009年6月15日）、参考図表3-42（定員超過・定員割れに関する取扱いの概要）を参照。同じ図表3-42によれば、他に、公私立大学の設置認可についても、大学（学部ごと）の過去4年間の平均入学定員超過率が1.3倍以上である場合（同一の法人が設置する大学等に全て適用）、学部等の設置は認可しない措置が取られている（「大学、大学院、短期大学及び高等専門学校の設置等に係る認可の基準」による）。

19　先述した中教審大学分科会「中長期的な大学教育の在り方に関する第一次報告」でも、「定員超過の取扱いの厳格化」を今後の検討課題の例としていた。すなわち、例示として「適正な定員管理は、質保証の観点から重要であり、大学の設置認可その他の取扱いにおいて、学部等の定員の超過状況を一層勘案する。／この場合、小規模大学等に配慮。／また、国立大学についても当然のこととして、適正な定員管理が求められる」と指摘する。

20　例えば、朝日新聞社と河合塾教育研究開発本部が、すべての国公私立大学（大学院大学を除く）を対象として、2014年4月～7月に共同で実施した調査「ひらく 日本の大学」によれば（私立大学の場合、全体の79％である459校が回答している）、2015年度以降の入学定員の方針を「拡大の方向」で検討しているのは、私立大学全体の15％であった。しかし、これを入学定員の規模別に見ると、300人未満で11％、300～999人が16％、1,000～2,999人は16％、3,000人以上の場合は32％だったという（『Guideline』2014年9月号、p. 62）。

21　小松短期大学は、企業グループの長期研修（主に、高卒の従業員向け）の一環で、社会人学生を地元外から受け入れている。それによって、教職員や施設設備を維持することが可能になり、地元の一般学生向けの入学枠が確保できるという側面があるとされる（新田・川道・木村 2014）。見方によってはこの事例は、寄付ではないものの、企業の資金を基礎に（短期）大学の定員が維持されていると解釈することができるだろう。

参考文献

〈和文文献〉

秋永雄一・島一則、1995、「進学にともなう地域間移動の時系列分析」『東北大学教育学部研究年報』第43号、pp. 59-76.

安部由起子、2011a、「男女雇用機会均等法の長期的効果」『日本労働研究雑誌』615号、pp. 12-24.

――――、2011b、「女性の就業と家計の居住地選択――男女雇用機会均等法の影響を中心に」『経済研究』第62巻第4号、pp. 318-330.

――――・近藤しおり・森邦恵、2008、「女性就業の地域差に関する考察――集計データを用いた正規雇用就業率の分析」『季刊家計経済研究』80号、pp. 64-74.

天野郁夫、1988、『大学―試練の時代』東京大学出版会。

――――、2000、『教育の21世紀へ』有信堂高文社。

――――・河上婦志子・吉本圭一・吉田文・橋本健二、1984、「進路分化の規定要因とその変動――高校教育システムを中心として」『東京大学教育学部紀要』第23巻、pp. 1-43.

荒井一博、1995、『教育の経済学――大学進学行動の分析』有斐閣。

――――、1998、「女子の大学進学率の時系列分析」『一橋論叢』119巻6号、pp. 656-670.

――――、2002、『教育の経済学・入門――公共心の教育はなぜ必要か』勁草書房。

石井まこと・木本喜美子・中澤高志、2010-11、「地方圏における若年不安定就業者とキャリア展開の課題(上)・(下) ――東北フリーター調査をもとに」『大分大学経済論集』第62巻第3・4号、pp. 47-68、第62巻第5・6号、pp. 77-110.

石倉義博、2009、「地域からの転出と『Uターン』の背景――誰がいつ戻るのか」東大社研・玄田有史・中村尚史編『希望学3　希望をつなぐ――釜石からみた地域社会の未来』東京大学出版会、pp. 205-236.

――――、2013、「『Uターン』とは何だろう①――人生設計と居住地選び」東大社研・玄田有史編『希望学　あしたの向こうに――希望の福井、福井の希望』東京大学出版会、pp. 246-252.

市川昭午、2003、『教育基本法を考える――心を法律で律すべきか』教育開発研究所。
伊藤薫、2003、「国内人口移動の分析方法と留意点――決定因の分析を中心として」『国際地域経済研究』第4号、pp. 45-62.
猪股歳之、1999、「産業構造の変動にともなう大卒就業者の増加過程――地域ブロック間格差の推移」『社会学年報』第28号、pp. 165-184.
――――、2002、「地域別大学進学率の推移とその背景――大学進学者数と18歳人口の変動に着目して」『社会学年報』第31号、pp. 159-177.
岩井八郎、2008、「『失われた10年』と女性のライフコース」『教育社会学研究』第82集、pp. 61-87.
岩間暁子、2008、『女性の就業と家族のゆくえ――格差社会のなかの変容』東京大学出版会。
岩脇千裕、2012、「新規学卒者に対する労働力需要」労働政策研究・研修機構編『中小企業における既卒者採用の実態』労働政策研究・研修機構、pp. 30-43.
上野千鶴子、2009、『家父長制と資本制――マルクス主義フェミニズムの地平』岩波書店。
――――、2011、『おひとりさまの老後』文藝春秋。
上山浩次郎、2011、「大学進学率の都道府県間格差の要因構造とその変容――多母集団パス解析による4時点比較」『教育社会学研究』第88集、pp. 207-227.
――――、2012a、「高等教育進学率における地域間格差の再検証」『現代社会学研究』第25巻、pp. 21-36.
――――、2012b、「大学収容率からみた教育機会の地域間格差」『北海道大学大学院教育学研究院紀要』第115号、pp. 1-15.
――――、2013、「大学進学率における地域間格差拡大の内実――大学収容力との比較を通して」『北海道大学大学院教育学研究院紀要』第118号、pp. 99-119.
潮木守一、1978、『学歴社会の転換』東京大学出版会。
――――、1984、「高等教育の地方分散化と大学進学率との関連(Ⅰ)」『名古屋大学教育学部紀要(教育学科編)』第31号、pp. 1-14.
――――、2008、「大学進学率上昇をもたらしたのは何なのか――計量分析と経験知の間で」『教育社会学研究』第83集、pp. 5-22.
内田照久・鈴木規夫、2013、「大学入試センター試験の中核受験者層と私立大学への出願状況」『大学入試研究ジャーナル』No. 23、pp. 85-93.
内田照久・橋本貴充・鈴木規夫、2014、「18歳人口減少期のセンター試験の出願状況の年次推移と地域特性――志願者の2層構造化と出願行動の地域特徴」『日本テスト学会誌』Vol.9、No. 1、pp. 47-68.
宇南山卓、2010、「少子高齢化対策と女性の就業について――都道府県別データから分かること」RIETI Discussion Paper、10-J-004.
――――、2011、「結婚・出産と就業の両立可能性と保育所の整備」『日本経済研究』

65号、pp. 1-22.
———・小田原彩子、2009、「新しい家族の経済学――Collectiveモデルとその応用」『国民経済雑誌』第200巻第4号、pp. 55-68.
浦田広朗、1989、「大学教育の供給構造と高校生の進学動向」『大学研究』第5号、pp. 159-170.
———、2011、「私立大学による地域教育機会の供給」広島大学高等教育研究開発センター『国立大学の機能に関する実証的研究――地方国立大学に注目して』広島大学高等教育研究開発センター、pp. 253-266.
———、2012、「大学進学率再考――高校教育を支えるものに学ぶ」『教育学術新聞』2472号、p. 2（2012年2月15日付）.
江崎雄治、2002、「Uターン移動と地域人口の変化」荒井良雄・川口太郎・井上孝編『日本の人口移動――ライフコースと地域性』古今書院、pp. 15-33.
NHK放送世論調査所編、1979、『全国県民意識調査』日本放送出版協会。
NHK放送文化研究所編、1997、『データブック全国県民意識調査』日本放送出版協会。
大井方子、2007、「地域移動：雇用ポテンシャルと学歴別新卒移動」雇用能力開発機構・統計研究会『就業環境と労働市場の持続的改善に向けた政策課題に関する調査研究報告書』、pp. 136-218.
———・篠崎武久・玄田有史、2006、「地域別に見た労働市場――労働移動と賃金格差の観点から（II）」雇用能力開発機構・統計研究会『雇用の多様化、流動化、高度化などによる労働市場の構造変化への対応策に関する調査研究報告書』、pp. 154-160.
大内伸哉・川口大司、2012、『法と経済で読みとく雇用の世界――働くことの不安と楽しみ』有斐閣。
大﨑仁、2011、『国立大学法人の形成』東信堂。
太田聰一、2005、「地域の中の若年雇用問題」『日本労働研究雑誌』539号、pp. 17-33.
———、2010、『若年者就業の経済学』日本経済新聞社。
———・玄田有史・近藤絢子、2007、「溶けない氷河――世代効果の展望」『日本労働研究雑誌』569号、pp. 4-16.
———・橘木俊詔、2012、『労働経済学入門　新版』有斐閣。
大竹文雄、1998、『労働経済学入門』日本経済新聞社。
大友篤、1996、『日本の人口移動――戦後における人口の地域分布変動と地域間移動』大蔵省印刷局。
大野由香子・山本勲、2011、「労働市場における地域寡占がパートタイム雇用者の賃金格差に与える影響」瀬古美喜・照山博司・山本勲・樋口美雄・慶應－京大連携グローバルCOE編『日本の家計行動のダイナミズム7　経済危機後の家計行動』慶應義塾大学出版会、pp. 167-186.
大森義明、2008、『労働経済学』日本評論社。

岡崎友典、1976、「高等教育就学機会と地方出身者――大卒Uターン者の実態と『大都市大学』の役割」『教育社会学研究』第31集、pp. 130-141.

岡田丈祐、2011、「高等教育の再拡大期における大卒就業構造の変容――1990年代以降の労働市場分析」『京都大学大学院教育学研究科紀要』第57号、pp. 517-530.

小方直幸、1998、『大卒者の就職と初期キャリアに関する実証的研究――大学教育の職業的レリバンス』広島大学大学教育研究センター。

尾嶋史章、1986、「教育機会の地域間格差と教育達成」『大阪大学人間科学部紀要』第12号、pp. 97-116.

――――、1988、「教育達成に及ぼす地域効果の分析」『大阪経大論集』第186号、pp. 77-97.

――――、2011、「妻の就業と所得格差」佐藤嘉倫・尾嶋史章編『現代の階層社会1 格差と多様性』東京大学出版会、pp. 113-127.

織田暁子、2011、「日本における男女間賃金格差の地域差に関する研究動向」『京都社会学年報』第19号、pp. 23-37.

香川めい・相澤真一、2006、「戦後日本における高卒学歴の意味の変遷――教育拡大過程前後の主観的期待と客観的効用の継時的布置連関」『教育社会学研究』第78集、pp. 279-301.

家計経済研究所編、2005、『リスクと家計――消費生活に関するパネル調査 平成17年版(第12年度)』国立印刷局。

片瀬一男・阿部晃士、1997、「沿岸地域における学歴主義と教育達成――『利口、家もたず、達者、家もたす』」『教育社会学研究』第61集、pp. 163-183.

片瀬一男・元治恵子、2008、「進路意識はどのように変容したのか――ジェンダー・トラックの弛緩?」海野道郎・片瀬一男編『〈失われた時代〉の高校生の意識』有斐閣、pp. 93-118.

加野芳正、2004、「コミュニティのなかの大学」『創造的コミュニティのデザイン――教育と文化の公共空間』有斐閣、pp. 127-149.

金子元久、1986、「高等教育進学率の時系列分析」『大学論集』第16集、pp. 41-64.

――――、1987、「教育機会均等の理念と現実」『教育社会学研究』第42集、pp. 38-50.

――――、2005、「高等教育の次の焦点――奨学金と授業料」『IDE―現代の高等教育』No. 474、pp. 5-11.

――――、2007、『大学の教育力――何を教え、学ぶか』筑摩書房。

――――、2013、『大学教育の再構築――学生を成長させる大学へ』玉川大学出版部。

――――・小林雅之、1996、『教育・経済・社会』放送大学教育振興会。

――――・小林雅之、2000、『教育の政治経済学』放送大学教育振興会。

――――・吉本圭一、1986、「高等教育機会の選択と家庭所得――選択モデルによ

る規定要因分析」『大学論集』第18集、pp. 101-126.

川口章、2008、『ジェンダー経済格差――なぜ格差が生まれるのか、克服の手がかりはどこにあるのか』勁草書房。

川田力、1993、「長野県佐久地方における大学進学行動と大学新規卒業者の就職行動」『地理学評論』第66巻第1号Ser. A、pp. 26-41.

河野銀子、2009、「女子高等教育の量的拡大と質的変容――1990年度以降の変化に注目して」『山形大学紀要　教育科学』第14巻第4号、pp. 359-370.

喜始照宣、2015、「進学・就職に伴う地域間移動のパターンとその推移――第7回人口移動調査の分析による検討」労働政策研究・研修機構編『若者の地域移動――長期的動向とマッチングの変化』労働政策研究・研修機構、pp. 12-45.

吉川徹、2001、『学歴社会のローカル・トラック――地方からの大学進学』世界思想社。

―――、2006、『学歴と格差・不平等――成熟する日本型学歴社会』東京大学出版会。

―――、2009、『学歴分断社会』筑摩書房。

木村邦博、1998、「既婚女性の学歴・就業形態と性別役割意識」尾嶋史章編『1995年SSM調査シリーズ14　ジェンダーと階層意識』1995年SSM調査研究会、pp. 23-48.

―――、2000、「労働市場の構造と有配偶女性の意識」盛山和夫編『日本の階層システム4　ジェンダー・市場・家族』東京大学出版会、pp. 177-192.

木村雄一、2005、「都市就業機会、適性・能力に対する学習と若年労働者の移動――バンコク労働市場についての実証」『アジア経済』第46巻第8号、pp. 22-41.

轡田竜蔵、2009、「地元志向と社会的包摂／排除」樋口明彦編『若者問題の比較分析――東アジア国際比較と国内地域比較の視点』法政大学社会学部科研費プロジェクト「公共圏と規範理論」、pp. 151-170.

黒羽亮一、2001、『新版　戦後大学政策の展開』玉川大学出版部。

元治恵子、2004、「女子高校生の職業アスピレーションの構造――専門職と女性職」『応用社会学研究』第46号、pp. 67-76.

厚生労働省編、2011、『平成23年版　労働経済白書――世代ごとにみた働き方と雇用管理の動向』日経印刷。

厚生労働省大臣官房統計情報部編、2002、『出生に関する統計』厚生統計協会。

国立社会保障・人口問題研究所、2011a、『現代日本の家族変動――第4回全国家庭動向調査』国立社会保障・人口問題研究所。

―――、2011b、『現代日本の世帯変動――第6回世帯動態調査』国立社会保障・人口問題研究所。

―――、2011c、『第14回出生動向基本調査　結婚と出産に関する全国調査　夫婦調査の結果概要』国立社会保障・人口問題研究所。

――――、2011d、『第14回出生動向基本調査　結婚と出産に関する全国調査　独身者調査の結果概要』国立社会保障・人口問題研究所。

――――、2015、『第5回全国家庭動向調査(2013年社会保障・人口問題基本調査)現代日本の家族変動』国立社会保障・人口問題研究所。

小杉礼子、2008、「新規高卒労働市場の変容――マクロ統計と調査地域の実態分析から」労働政策研究・研修機構編『「日本的高卒就職システム」の変容と模索』労働政策研究・研修機構、pp. 18-55.

――――、2010、『若者と初期キャリア――「非典型」からの出発のために』勁草書房。

小林雅之、1981、「選抜・配分装置としての学校――労働市場の内部化との関連で」『教育社会学研究』第36集、pp. 51-62.

――――、2003、「高等教育機会と高等教育政策――国立大学低授業料政策の意味」『国立学校財務センター研究報告』第8号、pp. 86-140.

――――、2007、「進学を阻むもの・強いるもの」『IDE――現代の高等教育』No. 491、pp. 36-43.

――――、2009、『大学進学の機会――均等化政策の検証』東京大学出版会。

小山竜司、2015、「地域と時代の分水嶺としての社会教育」『月刊公民館』696号、pp. 16-22.

近藤博之、1985、「青年調査」松原治郎編『教育調査法』有斐閣、pp. 110-126.

坂本和靖、2008、「世帯内における消費・余暇配分の構造」チャールズ・ユウジ・ホリオカ・財団法人家計経済研究所編『世帯内分配と世代間移転の経済分析』ミネルヴァ書房、pp. 21-47.

坂本有芳、2009、「人的資本の蓄積と第一子出産後の再就職過程」『国立女性教育会館研究ジャーナル』第13号、pp. 59-71.

佐々木洋成、2006、「教育機会の地域間格差――高度成長期以降の趨勢に関する基礎的検討」『教育社会学研究』第78集、pp. 303-320.

佐藤香、2004、「東京における社会移動――東京出身者と地方出身者の地位達成過程」松本康編著『東京で暮らす――都市社会構造と社会意識』東京都立大学出版会、pp. 53-72.

――――、2008、「家族・地域からみた仕事や暮らしの変化」樋口美雄・財務省総合政策研究所編『人口減少社会の家族と地域――ワークライフバランス社会の実現のために』日本評論社、pp. 35-58.

佐藤友光子、2010、「地域のなかの親と子」岩上真珠編著『〈若者と親〉の社会学――未婚期の自立を考える』青弓社、pp. 138-167.

澤口恵一・嶋﨑尚子、2004、「成人期への移行過程の変動――学校・職業・家族の共時性」渡辺秀樹・稲葉昭英・嶋﨑尚子編『現代家族の構造と変容――全国家族調査(NFRJ98)による計量分析』東京大学出版会、pp. 99-120.

志田基与師・盛山和夫・渡辺秀樹、2000、「結婚市場の変容」盛山和夫編『日本の階

層システム4　ジェンダー・市場・家族』東京大学出版会、pp. 159-176.
篠崎武久、2007、「地域間賃金格差と地域内賃金構造」雇用能力開発機構・統計研究会『就業環境と労働市場の持続的改善に向けた政策課題に関する調査研究報告書』、pp. 219-277.
芝祐順・南風原朝和、1990、『行動科学における統計解析法』東京大学出版会。
島一則、1996、「昭和50年代前期高等教育計画以降の地方分散政策とその見直しをめぐって」『教育社会学研究』第59集、pp. 127-143.
―――、1999、「大学進学行動の経済分析――収益率研究の成果・現状・課題」『教育社会学研究』第64集、pp. 101-121.
―――、2010、「男子の大学進学行動の経済モデル分析――ミクロデータによる検討」『大学論集』第41集、pp. 97-108.
清水昌人、2013、「大都市圏における転出入と大学への進学移動」『人口問題研究』第69巻第2号、pp. 74-87.
社会工学研究所、1976、『人口のJ・Uターン現象における要因構造分析』社会工学研究所。
周燕飛、2008、「若年就業者の非正規化とその背景：1994-2003年」『日本経済研究』第59号、pp. 83-103.
白波瀬佐和子、1999、「階級・階層、結婚とジェンダー――結婚に至る階層結合パターン」『理論と方法』第14巻第1号、pp. 5-18.
―――、2005、『少子高齢社会のみえない格差――ジェンダー・世代・階層のゆくえ』東京大学出版会。
―――、2010、『生き方の不平等――お互いさまの社会に向けて』岩波書店。
―――、2011、「少子化社会の階層構造――階層結合としての結婚に着目して」石田浩・近藤博之・中尾啓子編『現代の階層社会2　階層と移動の構造』東京大学出版会、pp. 317-333.
杉浦裕晃、2012、「地域間労働移動の実態と時系列分析」石黒格・李永俊・杉浦裕晃・山口恵子『「東京」に出る若者たち――仕事・社会関係・地域間格差』ミネルヴァ書房、pp. 21-46.
―――・李永俊、2012、「地域間移動と格差問題」石黒格・李永俊・杉浦裕晃・山口恵子『「東京」に出る若者たち――仕事・社会関係・地域間格差』ミネルヴァ書房、pp. 71-87.
杉野勇・米村千代、2000、「専業主婦層の形成と変容」原純輔編『日本の階層システム1　近代化と社会階層』東京大学出版会、pp. 177-195.
盛山和夫、2000、「ジェンダーと階層の歴史と論理」盛山和夫編『日本の階層システム4　ジェンダー・市場・家族』東京大学出版会、pp. 3-26.
関満博、2012、『地域を豊かにする働き方――被災地復興から見えてきたこと』筑摩書房。

関根さや花、2010、「結婚市場における女性の高学歴化と学歴同類婚の効果」『経済学研究論集』第33号、pp. 23-40.

高松里江、2012、「性別職域分離が賃金に与える影響とそのメカニズムに関する実証研究――技能に注目して」『フォーラム現代社会学』11号、pp. 54-65.

武石恵美子、2007、「マクロデータでみる女性のキャリアの変遷と地域間比較」『法政大学キャリアデザイン学会紀要』第4号、pp. 19-34.

武田祐子・神谷浩夫・中澤高志・木下礼子・若林芳樹・由井義通、2004、「ジェンダー・マップ2000」由井義通・神谷浩夫・若林芳樹・中澤高志編『働く女性の都市空間』古今書院、pp. 24-51.

橘木俊詔・浦川邦夫、2012、『日本の地域間格差――東京一極集中型から八ヶ岳方式へ』日本評論社。

橘木俊詔・迫田さやか、2013、『夫婦格差社会――二極化する結婚のかたち』中央公論新社。

田中耕一、1984、「地域移動と高校教育」日本青少年研究所『学校教育とその効果――第2回高校生将来調査(追跡調査)』日本青少年研究所、pp. 253-305.

田中重人、1996、「戦後日本における性別分業の動態――女性の職場進出と二重の障壁」『家族社会学研究』第8号、pp. 151-161.

―――、1997、「高学歴化と性別分業――女性のフルタイム継続就業に対する学校教育の効果」『社会学評論』第48巻第2号、pp. 130-142.

―――、2000、「性別分業を維持してきたもの――郊外型ライフスタイル仮説の検討」盛山和夫編『日本の階層システム4　ジェンダー・市場・家族』東京大学出版会、pp. 93-110.

田中寧、1994、「戦後日本の大学教育需要の時系列分析――内部収益率理論の再考察」『経済経営論叢』第28巻第4号、pp. 73-95.

―――、1998、「女子の大学進学率決定要因(1)――男子との比較　都道府県別のクロスセクション分析」『経済経営論叢』第33巻第1号、pp. 122-147.

谷謙二、2000、「就職・通学移動と国内人口移動の変化に関する分析」『埼玉大学教育学部地理学研究報告』第20号、pp. 1-19.

田原宏人、2007、「子育ての自由の平等と福利追求の自由の不平等」田原宏人・大田直子編『教育のために――理論的応答』世織書房、pp. 91-121.

―――、2009、「教育・子育てにおける選択の自由の地位」広田照幸編『自由への問い5　教育――せめぎあう「教える」「学ぶ」「育てる」』岩波書店、pp. 52-72.

陳珍珍、1999、「女性の就業パターンに関する一考察――日本の6県の比較を通して」『経済論叢』第163巻第2号、pp. 72-92.

塚原修一、1986、「進学・就職にともなう高校生の地域間移動に関する研究――進学・就職選択の優先度と県内地域差の分析」『国立教育研究所研究集録』第12集、pp. 1-16.

筒井美紀、2001、「生産労働の外国人女性と高卒女子無業者――ジェンダー・エスニシティによる職務階層秩序形成の可能性」『国立女性教育会館研究紀要』第5号、pp. 77-88.

――――、2006、『高卒労働市場の変貌と高校進路指導・就職斡旋における構造と認識の不一致――高卒就職を切り拓く』東洋館出版社。

粒来香・林拓也、2000、「地域移動から見た就学・就職行動」近藤博之編『日本の階層システム3　戦後日本の教育社会』東京大学出版会、pp. 57-76.

鶴田典子、2006、「希望進路の決定時期、および希望進路変更パターンについて」石田浩編著『高校生の進路選択と意識変容』(東京大学社会科学研究所研究シリーズ　No. 21)東京大学社会科学研究所、pp. 43-54.

竇心浩、2004、「教育機会均等問題と進学選択理論――高等教育進学を中心に」『東京大学大学院教育学研究科紀要』第43巻、pp. 109-119.

――――、2007a、「1990年代における中国高等教育機会の地域間格差――省別学生募集制度に着目して」『教育社会学研究』第80集、pp. 311-330.

――――、2007b、『中国高等教育の大衆化と教育機会の地域間格差』東京大学学位請求論文。

東京大学大学院教育学研究科大学経営・政策研究センター編、2007、『高校生の進路追跡調査　第1次報告書』東京大学大学院教育学研究科大学経営・政策研究センター。

東京都生活文化局企画部編、1982、『女性の地位指標に関する調査報告書』東京都生活文化局企画部。

友澤和夫、1989、「周辺地域における工業進出とその労働力構造――中・南九州を事例として」『地理学評論』第62巻第4号Ser.A、pp. 289-310.

友田泰正、1970、「都道府県別大学進学率格差とその規定要因」『教育社会学研究』第25集、pp. 185-195.

内閣府、2003、『平成15年版　国民生活白書――デフレと生活―若年フリーターの現在』ぎょうせい。

――――男女共同参画局、2013、『男女共同参画白書　平成25年版』内閣府男女共同参画局。

永井暁子、2010、「釜石の結婚問題」『社会科学研究』第61巻第5・6合併号、pp. 87-99.

長尾由希子、2008、「専修学校の位置づけと進学者層の変化――中等後教育機関から高等教育機関へ」『教育社会学研究』第83集、pp. 85-106.

中川聡史、2001、「結婚に関わる人口移動と地域人口分布の男女差」『人口問題研究』第57巻第1号、pp. 25-40.

――――、2005、「東京圏をめぐる近年の人口移動――高学歴者と女性の選択的集中」『国民経済雑誌』第191巻第5号、pp. 65-78.

中澤高志、2008、『職業キャリアの空間的軌跡――研究開発技術者と情報技術者のライフコース』大学教育出版。

―――・神谷浩夫、2005、「女性のライフコースにみられる地域差とその要因――金沢市と横浜市の進学高校卒業生の事例」『地理学評論』第78巻第9号、pp. 560-585.

中澤渉、2011、「高等教育進学機会の地域間不平等」『東洋大学社会学部紀要』第48巻第2号、pp. 5-18.

中島ゆり、2007、「大学生の就職活動と地域移動」小杉礼子編『大学生の就職とキャリア――「普通」の就活・個別の支援』勁草書房、pp. 77-116.

中田喜文、2002、「日本の男女賃金格差の実態」『季刊家計経済研究』54号、pp. 26-33.

中村高康、2011、『大衆化とメリトクラシー――教育選抜をめぐる試験と推薦のパラドクス』東京大学出版会。

中村高康編著、2010、『進路選択の過程と構造――高校入学から卒業までの量的・質的アプローチ』ミネルヴァ書房。

西川一誠、2009、『「ふるさと」の発想――地方の力を活かす』岩波書店。

西野淑美、2002、「大学進学において都市規模が持つ意味」伊藤由樹子ほか『全国大学生活協同組合連合会「学生生活実態調査」の再分析（1991年～2000年）』東京大学社会科学研究所、pp. 36-50.

―――、2009a、「岩手県釜石市出身女性の地域移動とライフコース」『都市政策研究』第3号、pp. 203-231.

―――、2009b、「釜石市出身者の地域移動とライフコース――釜石を離れる・釜石に戻る」東大社研・玄田有史・中村尚史編『希望学3　希望をつなぐ――釜石からみた地域社会の未来』東京大学出版会、pp. 163-203.

―――、2012、「岩手県釜石市出身者の世代間職業移動についての試論」『福祉社会開発研究』5号、pp. 5-13.

新田雅道・川道敏弘・木村春彦、2014、「産学連携による技術者教育の評価検討」『工学教育』62巻6号、pp. 81-86.

日本学術振興会ロンドン研究連絡センター、2011、「英国学術調査報告」『JSPS London』Vol. 29、pp. 16-17.

日本労働研究機構、1998、『新規高卒労働市場の変化と職業への移行の支援』日本労働研究機構。

根岸友子・谷謙二、2004、「就職システムから見た1990年代における高校新卒者の就職先の変化――埼玉県北部のA工業高校の事例」『埼玉大学教育学部地理学研究報告』第24号、pp. 27-37.

南風原朝和、2002、『心理統計学の基礎――統合的理解のために』有斐閣。

橋本鉱市、2012、「高等教育懇談会による『昭和50年代前期計画』の審議過程――抑制政策のロジック・アクター・構造」『東京大学大学院教育学研究科紀要』第51

巻、pp. 117-134.

橋本由紀・宮川修子、2008、「なぜ大都市圏の女性労働力率は低いのか――現状と課題の再検討」RIETI Discussion Paper Series 08-J-043。

濱中淳子、2009、「専修学校卒業者の就業実態――職業教育に期待できる効果の範囲を探る」『日本労働研究雑誌』No. 588、pp. 34-43.

――――、2013、『検証・学歴の効用』勁草書房。

林拓也、1998a、「地位達成過程における地域効果――機会の地域間格差に着目して」三隅一人編『1995年SSM調査シリーズ4　社会階層の地域的構造』1995年SSM調査研究会、pp. 69-86.

――――、1998b、「女性の地位達成過程における地域効果」三隅一人編『1995年SSM調査シリーズ4　社会階層の地域的構造』1995年SSM調査研究会、pp. 87-101.

――――、2002、「地域間移動と地位達成」原純輔編著『流動化と社会格差』ミネルヴァ書房、pp. 118-144.

林祐司、2009、『正社員就職とマッチング・システム――若者の雇用を考える』法律文化社。

原純輔、2006、「社会階層研究と地域社会」『地域社会学会年報』第18号、pp. 45-61.

――――・盛山和夫、1999、『社会階層――豊かさの中の不平等』東京大学出版会。

原芳男・矢野眞和、1975、「人材の独占――企業と大学」『中央公論経営問題』第14巻第2号、pp. 346-368.

樋口美雄、2004、「地方の失業率上昇の裏に若者の地元定着増加あり」『週刊ダイヤモンド』4024号、p. 25.

――――・太田清・家計経済研究所編、2004、『女性たちの平成不況――デフレで働き方・暮らしはどう変わったか』日本経済新聞社。

日下田岳史、2006、「大学への自宅進学率の経済モデル」『教育社会学研究』第79集、pp. 67-84.

――――・矢野眞和、2014、「女子高校生のライフコース展望からみた進路選択の差異とその合理性」『東京大学大学院教育学研究科紀要』第53巻、pp. 81-93.

平尾桂子、2006、「教育達成ときょうだい構成――性別間格差を中心に」日本家族社会学会全国家族調査委員会編『第2回家族についての全国調査第2次報告書』No.2、pp. 17-27.

――――、2007、「働き続ける大卒女性は増えているのか」『ソフィア』第55号、pp. 489-501.

――――、2008、「人口変動とジェンダー・家族――女子教育の効用とその変化」『教育社会学研究』第82集、pp. 89-107.

――――、2010、「職業経歴と結婚イベント――JGSS-2009ライフコース調査による動態的分析」大阪商業大学JGSS研究センター編『日本版総合的社会調査共同研究拠点　研究論文集[10]』大阪商業大学JGSS研究センター、pp. 205-216.

平木耕平、2008、「学力の地域間格差と千葉県の位置づけ――県内の『水準』と『分布』をめぐる問題に着目して」千葉県検証改善委員会『平成19年度「全国学力・学習状況調査」分析報告書』千葉県検証改善委員会、pp. 8-20.

――――、2011、「教育収益率の地域差と地域移動効果――JGSSデータを用いた所得関数の分析」大阪商業大学JGSS研究センター編『日本版総合的社会調査共同研究拠点　研究論文集[11]』大阪商業大学JGSS研究センター、pp. 273-285.

平山洋介、2009、『住宅政策のどこが問題か――〈持家社会〉の次を展望する』光文社。

――――、2011、『都市の条件――住まい、人生、社会持続』NTT出版。

福田節也、2003、「日本における離家要因の分析――離家タイミングの規定要因に関する考察」『人口学研究』第33号、pp. 41-60.

――――、2005、「離婚の要因分析」家計経済研究所編『リスクと家計――消費生活に関するパネル調査　平成17年版(第12年度)』国立印刷局、pp. 49-63.

――――、2006、「未婚女性の離家・ライフスタイル・結婚」『季刊家計経済研究』第72号、pp. 31-42.

――――、2007、「ジェンダーシステムと女性の結婚選択(2)――日本における『女性の経済的自立仮説』の検証」『季刊家計経済研究』第76巻、pp. 54-62(訂正版).

藤村正司、1999、「大学大衆化と進学行動――学力・所得・供給構造」『大学研究』第19号、pp. 117-137.

――――、2009、「大学進学における所得格差と高等教育政策の可能性」『教育社会学研究』第85集、pp. 27-48.

――――、2012、「なぜ女子の大学進学率は低いのか？――愛情とお金の間」『大学論集』第43集、pp. 99-115.

不破麻紀子、2012、「就業環境の地域差と高学歴女性の就業」『社会科学研究』第64巻第1号、pp. 114-133.

朴澤泰男、2000、「政策実現手段としての設置認可行政――高等教育計画の実施過程における機能を中心に」『日本教育行政学会年報』第26号、pp. 137-149.

――――、2012、「大学進学率の地域格差の再検討――男子の大学教育投資の都道府県別便益に着目して」『教育社会学研究』第91集、pp. 51-71.

――――、2014a、「女子の大学進学率の地域格差――大学教育投資の便益に着目した説明の試み」『教育学研究』第81巻第1号、pp. 14-25.

――――、2014b、「専門学校進学の社会的位置付け――マクロ統計からの考察」小林雅之(研究代表者)『「専修学校における生徒・学生支援等に対する基礎調査」調査研究報告書』平成25年度文部科学省「生涯学習施策に関する調査研究」、東京大学政策ビジョン研究センター、pp. 23-35.

――――、2014c、「私立専門学校生の家庭給付収入――出身地による差の分析」小林雅之(研究代表者)『「専修学校における生徒・学生支援等に対する基礎調査」調査研究報告書』平成25年度文部科学省「生涯学習施策に関する調査研究」、東京大学政策ビジョン研究センター、pp. 141-157.

———、2014d、「地方における高等教育機会と大学・短大進学行動——都市雇用圏を単位とした計量分析」『一橋大学・大学教育研究開発センター年報・2013年度』、pp. 29-40.

———、2015a、「女性の地域移動歴と所得の関係について——有配偶者の学歴に着目した考察」『一橋大学・大学教育研究開発センター年報・2014年度』、pp. 47-70.

———、2015b、「大学進学率の地域格差の変化と課題」『大学時報』第365号、pp.70-77.

本田一成、2010、『主婦パート　最大の非正規雇用』集英社。

舞田敏彦、1999、「大学進学率の地域格差の分析——鹿児島県を事例として」『九州教育学会研究紀要』第27号、pp. 141-147.

———、2003、「大学進学率の地域間格差の分析——都道府県内における地域差を中心に」『学校教育学研究論集』第8号、pp. 1-11.

———、2004、「僻地出身者における高等教育就学機会——奄美群島内の一高校卒業生の事例から」『日本社会教育学会紀要』第40号、pp. 101-110.

———、2013a、『教育の使命と実態——データからみた教育社会学試論』武蔵野大学出版会。

———、2013b、「学力と大学進学率」データえっせい、2013年10月20日（最終アクセス日2015年6月29日、http://tmaita77.blogspot.jp/2013/10/blog-post_20.html）.

間渕泰尚、1997、「大学進学率の地域間格差の変動——高等教育計画期を中心として」『東京大学大学院教育学研究科紀要』第37巻、pp. 91-100.

三隅一人、1998、「階層地域差と地域移動との関連」三隅一人編『1995年SSM調査シリーズ4　社会階層の地域的構造』1995年SSM調査研究会、pp. 3-25.

———、1999、「女性の地域移動と階層特性——1995年SSMデータによる分析」『比較社会文化』第5巻、pp. 113-122.

三輪哲、2007、「日本における学歴同類婚趨勢の再検討」『SSJ Data Archive Research Paper Series 37 家族形成に関する実証研究』東京大学社会科学研究所、pp. 81-94.

村山詩帆、2007、「大学教育機会の地域間格差の再検討——進学移動の構造と過程に照準して」『大学教育年報』第3号、pp. 62-74.

文部科学省、2011、『平成23年度　学校基本調査の手引（学校用）高等学校——学校調査／卒業後の状況調査』文部科学省。

文部科学省高等教育局私学部私学助成課、2015、「平成27年度　私立大学等経常費補助金の予算（案）」『月報私学』第208号、p. 2.

八代尚宏、1980、『現代日本の病理解明——教育・差別・福祉・医療の経済学』東洋

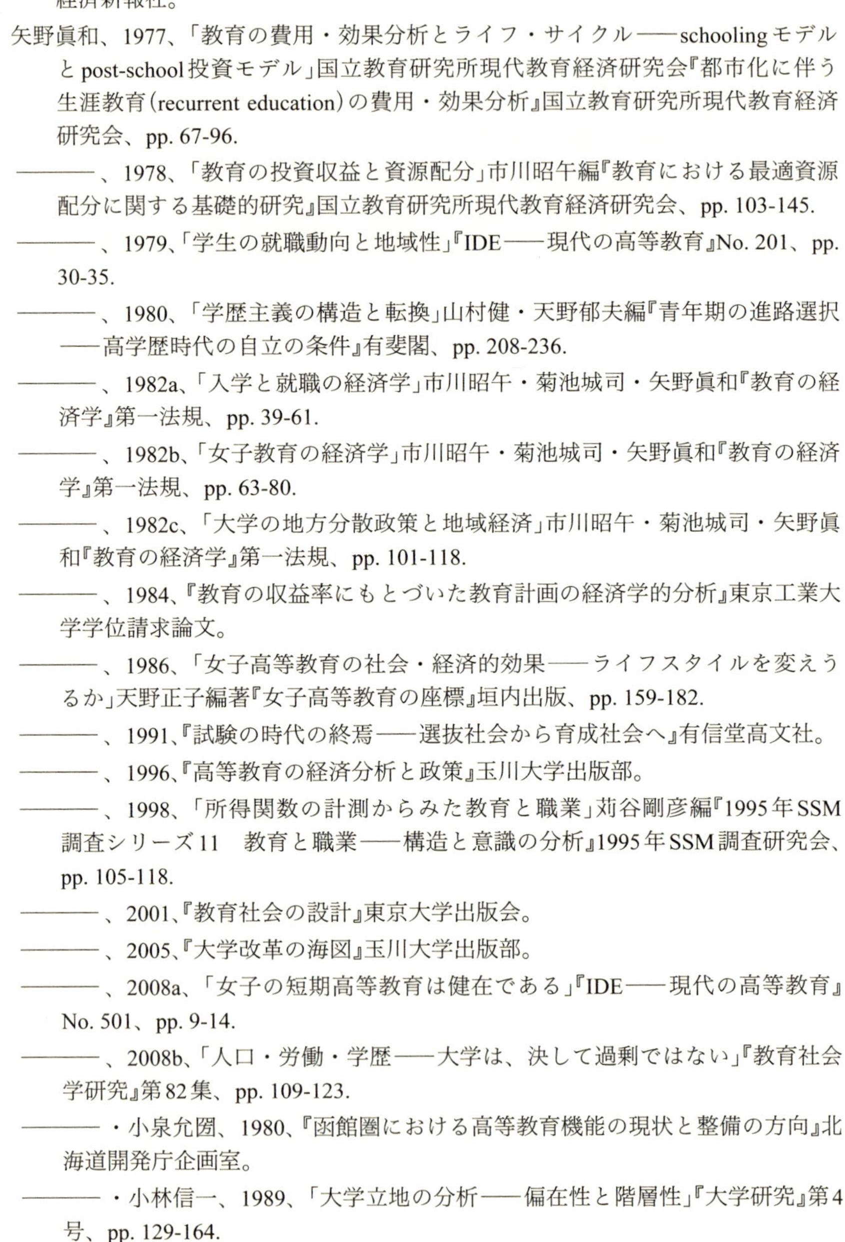

経済新報社。

矢野眞和、1977、「教育の費用・効果分析とライフ・サイクル――schoolingモデルとpost-school投資モデル」国立教育研究所現代教育経済研究会『都市化に伴う生涯教育(recurrent education)の費用・効果分析』国立教育研究所現代教育経済研究会、pp. 67-96.

———、1978、「教育の投資収益と資源配分」市川昭午編『教育における最適資源配分に関する基礎的研究』国立教育研究所現代教育経済研究会、pp. 103-145.

———、1979、「学生の就職動向と地域性」『IDE――現代の高等教育』No. 201、pp. 30-35.

———、1980、「学歴主義の構造と転換」山村健・天野郁夫編『青年期の進路選択――高学歴時代の自立の条件』有斐閣、pp. 208-236.

———、1982a、「入学と就職の経済学」市川昭午・菊池城司・矢野眞和『教育の経済学』第一法規、pp. 39-61.

———、1982b、「女子教育の経済学」市川昭午・菊池城司・矢野眞和『教育の経済学』第一法規、pp. 63-80.

———、1982c、「大学の地方分散政策と地域経済」市川昭午・菊池城司・矢野眞和『教育の経済学』第一法規、pp. 101-118.

———、1984、『教育の収益率にもとづいた教育計画の経済学的分析』東京工業大学学位請求論文。

———、1986、「女子高等教育の社会・経済的効果――ライフスタイルを変えうるか」天野正子編著『女子高等教育の座標』垣内出版、pp. 159-182.

———、1991、『試験の時代の終焉――選抜社会から育成社会へ』有信堂高文社。

———、1996、『高等教育の経済分析と政策』玉川大学出版部。

———、1998、「所得関数の計測からみた教育と職業」苅谷剛彦編『1995年SSM調査シリーズ11　教育と職業――構造と意識の分析』1995年SSM調査研究会、pp. 105-118.

———、2001、『教育社会の設計』東京大学出版会。

———、2005、『大学改革の海図』玉川大学出版部。

———、2008a、「女子の短期高等教育は健在である」『IDE――現代の高等教育』No. 501、pp. 9-14.

———、2008b、「人口・労働・学歴――大学は、決して過剰ではない」『教育社会学研究』第82集、pp. 109-123.

———・小泉允圀、1980、『函館圏における高等教育機能の現状と整備の方向』北海道開発庁企画室。

———・小林信一、1989、「大学立地の分析――偏在性と階層性」『大学研究』第4号、pp. 129-164.

———・濱中淳子、2006、「なぜ、大学に進学しないのか――顕在的需要と潜在

的需要の決定要因」『教育社会学研究』第79集、pp. 85-104.

山口恵子、2012、「大都市に就職した工業高校卒業生の地元意識」石黒格・李永俊・杉浦裕晃・山口恵子『「東京」に出る若者たち――仕事・社会関係・地域間格差』ミネルヴァ書房、pp. 195-227.

山口県統計分析課、2007、「統計データで追う！高校新卒者の就職動向」（最終アクセス日2015年6月29日、http://www.pref.yamaguchi.lg.jp/cms/a12500/topics/index/apd1_7_2011020801134042.pdf）.

山口泰史、2002、「地方の時代と若年層の地元定着」荒井良雄・川口太郎・井上孝編『日本の人口移動――ライフコースと地域性』古今書院、pp. 15-33.

――――・荒井良雄・江崎雄治、2000、「地方圏における若年者の出身地残留傾向とその要因について」『経済地理学年報』第46号、pp. 43-54.

――――・江崎雄治・松山薫、2011、「新規大卒者のUターン移動と就職――山形県庄内地域の事例」『季刊地理学』第62巻第4号、pp. 211-221.

山田昌弘、2007、『少子社会日本――もうひとつの格差のゆくえ』岩波書店。

――――、2012、『ここがおかしい日本の社会保障』文藝春秋。

山本眞一、1979、「大学進学希望率規定要因の分析」『教育社会学研究』第34集、pp. 93-103.

――――、2008、『転換期の高等教育――より良い大学づくりのために』ジアース教育新社。

勇上和史、2010、「賃金・雇用の地域間格差」樋口美雄編『バブル/デフレ期の日本経済と経済政策　第6巻　労働市場と所得分配』慶應義塾大学出版会、pp. 399-438.

吉田義明、1995、『日本型低賃金の基礎構造――直系家族制農業と農家女性労働力』日本経済評論社。

吉本圭一、1988、「研究の課題と方法」雇用促進事業団雇用職業総合研究所編『高卒就職者の職業別進路に関する研究』雇用促進事業団雇用職業総合研究所、pp. 1-13.

――――、1991、「戦後経済と教育の構造変動――選抜システムの成熟と組織的取引の発達」『教育社会学研究』第48集、pp. 42-64.

――――、1993、「都道府県別にみた大学・短大進学と地域移動」『教育と情報』420号、pp. 2-9.

吉本澄司、2015、「数字を追う――地方創生・東京一極集中是正に関連する論点の再検証」日本総合研究所　リサーチ・フォーカス、No.2014-054.

義本博司、2015、「大学と地方創生」『IDE―現代の高等教育』No. 571、pp. 18-25.

労働政策研究・研修機構編、2008、『「日本的高卒就職システム」の変容と模索』労働政策研究・研修機構。

渡部芳栄、2007、「18歳人口減少期の大学進学行動と地域移動」『大学教育年報』第3

号、pp. 41-52.
———、2012、「教育社会学における『地域』研究の動向——『教育社会学研究』の量的傾向の分析を中心に」『福島大学地域創造』第24巻第1号、pp. 31-40.

〈英文文献〉

Abe, Yukiko, 2011, "Regional Variations in Labor Force Behavior of Women in Japan," Center for Economic Institutions Working Paper Series, No. 2010-12, Institute of Economic Research, Hitotsubashi University.

———, 2012, "Historical Development of Regional Differences in Women's Participation in Japan," Working Paper, Graduate School of Economics and Business Administration, Hokkaido University.

Becker, Gary S., 1975, *Human Capital: A Theoretical and Empirical Analysis, with Special Reference to Education*, 2nd Edition,（＝1976、佐野陽子訳『人的資本——教育を中心とした理論的・経験的分析』東洋経済新報社）.

———, 1991, *A Treatise on the Family*, Enlarged Edition, Cambridge: Harvard University Press.

Becker, William E., 1990, "The Demand for Higher Education," Stephen A. Hoenack and Eileen L. Collins eds., *The Economics of American Universities: Management, Operations, and Fiscal Environment*, Albany: State University of New York Press, pp. 155-188.

Bennett, Robert, Howard Glennerster, and Douglas Nevison, 1995, "Regional Rates of Return to Education and Training in Britain," *Regional Studies*, 29(3), pp. 279-295.

Chiappori, Pierre-Andre, Murat Iyigun, and Yoram Weiss, 2009, "Investment in Schooling and the Marriage Market," *American Economic Review*, 99(5), pp. 1689-1713.

Chiswick, Barry R., 1974, *Income Inequality: Regional Analyses within a Human Capital Framework*, New York: National Bureau of Economic Research.

Groen, Jeffrey A., 2011, "Building Knowledge Stocks Locally: Consequences of Geographic Mobility for the Effectiveness of State Higher Education Policies," *Economic Development Quarterly*, 25, pp. 316-329.

Kaneko, Motohisa, 1987, *Enrollment Expansion in Postwar Japan*, Hiroshima: Research Institute for Higher Education, Hiroshima University.

Manski, Charles F., 1993, "Adolescent Econometricians: How Do Youth Infer the Returns to Schooling?," Charles T. Clotfelter and Michael Rothschild eds., *Studies of Supply and Demand in Higher Education*, Chicago: University of Chicago Press, pp. 43-60.

Nakata, Yoshi-Fumi and Carl Mosk, 1987, "The Demand for College Education in Postwar Japan," *The Journal of Human Resources*, 22(3), pp. 377-404.

Ono, Hiroshi, 2004, "In Pursuit of College Quality: Migration Decisions among Japanese College Students," *Research in Sociology of Education*, 14, pp. 103-123.

Organisation for Economic Co-operation and Development, 2007, *OECD Regions at a Glance*, (＝2008、OECD編著、神谷浩夫監訳、由井義通・久木元美琴・武田祐子・若林芳樹・中澤高志訳『地図でみる世界の地域格差――都市集中と地域発展の国際比較』明石書店).

Skrondal, Anders and Sophia Rabe-Hesketh, 2004, *Generalized Latent Variable Modeling: Multilevel, Longitudinal, and Structural Equation Models*, Boca Ratona: Chapman & Hall/CRC.

付記

日本版General Social Surveys（JGSS）は、大阪商業大学比較地域研究所が、文部科学省から学術フロンティア推進拠点としての指定を受けて（1999-2008年度）、東京大学社会科学研究所と共同で実施している研究プロジェクトである（研究代表：谷岡一郎・仁田道夫、代表幹事：岩井紀子、代表副幹事：保田時男）。東京大学社会科学研究所附属日本社会研究情報センターSSJデータアーカイブがデータの作成と配布を行っている。

本研究を遂行するにあたり、次の研究助成を受けた。

・平成17年度～平成19年度　日本学術振興会科学研究費補助金　特別研究員奨励費　課題番号05J10381
・平成22年度～平成23年度　日本学術振興会科学研究費補助金　若手研究(B)　課題番号22730657
・平成26年度～平成27年度　日本学術振興会科学研究費助成事業　若手研究(B)　課題番号26780474
・平成26年度　一橋大学研究支援員制度

本書のうち、意見にわたる部分は個人的見解であり、所属機関や関係機関の見解ではない。

あとがき

本書では、地方の高校生にとっての大学進学機会というテーマについて、多くの紙数を費やして論じてきた。しかし、自らも地方出身の上京組である筆者は(むしろ、だからこそと言うべきかもしれないが)、この問題にもともと強い関心があったわけではない。どちらかと言えば、成り行きで選んだのに近かったというのが実情である。

だが、たまたま取り組むことになったテーマでも、調査を進めるうちに、今までわかっていなかったことが見えてくると、「他人事」とは思えなくなる瞬間というのが確かにあった。自らの来歴に根差した問題なのだという自覚も生じてくる。そのことは5年前の地震によって、決定的なものとなったように思う。

そう考えながら書き進めた本書は、東京大学に提出した博士論文を原型としたものである。2つの学会誌に掲載された論文が核になっているため、記述の一部が既発表論文と重複する箇所がある(朴澤2012、2014a、2015a、2015b)。また、終章第3節(今後の課題)は本書に含まれていない(「はしがき」で、その大要に言及した)。すべての原稿が揃うまでに、5年以上の時間を要したことから、所によっては文章が特に硬いと感じられる表現も残されているかも知れない。どうかご寛恕いただけたら幸いである。

ほとんど書き下ろしに近い形で博士論文を書き続ける上で、推進力となってくださったのは金子元久先生であった。筆者が高等教育の問題に関心を持ち始めたのも、学部学生の頃に受けた高等教育概論の講義がきっかけである。以来、大学院生の時もゼミに参加させていただいた他、多くの面でお世話になったが、10年ほど前に日本学術振興会特別研究員として、受け入れていただく前後頃から、定期的なご指導をいただくようになった。何が政策対応を要する、公共的なイッシューであるのか、広い視野から見渡すことの重要性を、指導を通して学ばせていただいた。この論文でも、(誤った)袋小路に入り込み、視野狭窄になりがちとなる所を、引き戻していただくこともしばしばであった。東大のご退職までに提出できなかったことが悔やまれる。謝意を表現できる適切な言葉も見当たらないが、まずは本書の刊行により、お礼に代えさせていただければと思う。

金子先生から引き継いで、論文を完成へと導いてくださったのが中村高康先生である。主査をお引き受けくださったばかりか、草稿に何度も隅々まで目を通してくださり、論旨が明確に伝わるよう仕上げる上で、いくつもの貴重なアドバイスをいただいた。そのおかげで、決して読みやすいとは言えない筆者の論文は、目に見えるように改善されたと思う。中村先生には学部学生の頃、あるレポートの提出が遅れてご迷惑をおかけしたが、今回も最終的に形となるまでに、予想以上の時間を要してしまった。最後まで面倒を見てくださったことに感謝を申し上げたい。

博士論文の審査委員を務めてくださった小林雅之先生、佐藤香先生、小方直幸先生、橋本鉱市先生にも御礼を申し上げたい。

小林先生には、今まさに進行中の研究も含め、共同研究のチャンスを与え続けていただいている。実は、高等教育計画の問題を扱った修士論文で、最も参考にさせていただいた著作が小林先生のご研究であった。大学進学機会の問題でも先達であることは言うまでもない。本書のような、焦点を絞った研究の遂行が許されるのも、既にこのテーマを開拓してくださっていたからである。非常に有難いことだと感じている。

佐藤先生には筆者の修行時代に、社会調査のプロセスを実地で経験する機会を幾度も設けていただいた。筆者が高校生の進学問題に取り組むきっかけを、最初に作ってくださったのも佐藤先生である。その具体的な成果を本書に組み入れることはできなかったが、調査や分析を通して得た経験は、確かに本書の行間に息づいているものと願う。あらためてお礼を申し上げる次第である。

5人の審査委員の先生方からは、専門的な見地に立った、きめ細かなご指導をいただいた。いただいたご指摘の中には、筆者の力量不足のため、本書の内容に十分には反映できなかったものもある。また、本来は引用すべき文献を、適切に引用できていない箇所もないとは言えない。当然のことながら、本書に残された誤りは、すべて筆者自身の責任に帰せられるべきものである。

本書は、教育学・教育社会学のほか、経済地理学や労働経済学、社会階層論など、様々な分野の先行研究の助けを借りて論述を進めている。地域(間)の問題の解明には、総合的なアプローチが必要であることは言うまでもないが、理論や方法が曲がりなりにも確立したディシプリンというより、発展途上の「対象の学問」である高等教育論の研究には、多分野の文献への目配りが不可欠だということだろう。さらに言えば、筆者はもともと、教育行政学の分野で学問的な手ほどきを受けた。「3つ子の魂百まで」と感じている。

その教育行政学について、学部・大学院の期間を通じてご指導くださり、筆者を研究の世界へと迎え入れてくださったのが小川正人先生である。小川先生は、先行研究との違いを明確にすることを常に指導生に説いておられた。大学院のゼミでは、自由闊達な議論が行われたことを昨日のことのように思い出す。その中で、漸進的な制度改革の重要性と、そのためのバランス感覚の必要性を学ばせていただいたと思う。そのことの有難みを、今になって痛感している。

他にも、研究者として職業生活を営めるようになるまで、大変お世話になった先生方や先輩方、ご同業の方々は数多い。この場ですべての方に謝辞を捧げることができないのが残念でならないが、お1人だけ、本書で中心的に使用した「高校生調査」を主導され、また、折に触れて励ましをいただいた矢野眞和先生のお名前を挙げさせていただきたい。

本書の大部分は、一橋大学大学教育研究開発センターの在職中に書かれたものである。センター長を務められた山﨑秀記先生、筒井泉雄先生をはじめとする関係各位には、自由な研究環境を与えていただいたことに篤く御礼を申し上げたい。現在の職場である国立教育政策研究所高等教育研究部でも、寛容な同僚たちに恵まれている。感謝したい。

東京大学大学院教育学研究科・教育学部図書室、一橋大学経済研究所附属社会科学統計情報研究センター資料室をはじめ、多くのライブラリアンの方々にもお世話になった。

本書が無事、刊行にこぎ着けることができたのは、ひとえに東信堂の下田勝司社長と二宮侑紀氏の多大なご尽力のおかげである。筆者のわがままにお付き合いくださり、出版まで導いてくださったことに深く感謝申し上げたい。

最後に、私事に渡るが、この場を借りて家族への謝意も述べさせていただきたいと思う。本書の原型は5年、いや10年前に完成していなければならなかった。その長い間、辛抱強く待ち、支え続けてくれた父・泰治と母・公代に感謝したい。妻・亜希子にも日頃から多くの相談に乗ってもらい、励ましてもらっている。30代の全期間にわたり取り組んだ研究に一区切りがつこうとしている今、次は自らが支える側としての務めを果たせるよう、日々を大事に過ごしていきたいと考えている。

2016年1月

朴澤 泰男

事 項 索 引

カ行

サ行

タ行

ハ行

マ行

ラ行

人名索引

欧字

ア行

カ行

サ行

タ行

ナ行

ハ行

マ行

ヤ行

著者紹介

朴澤 泰男（ほうざわ やすお）

国立教育政策研究所高等教育研究部　総括研究官
1976年　京都府生まれ（宮城県出身）
1998年　東京大学教育学部卒業
2003年　東京大学大学院教育学研究科博士後期課程単位修得退学
日本学術振興会特別研究員、一橋大学大学教育研究開発センター講師を経て
2015年より現職
専攻：高等教育論、教育政策論

主要著書・論文

『教育機会均等への挑戦――授業料と奨学金の8カ国比較』（共著、東信堂、2012年）
「奨学金は大学中退を抑制するか――時系列データを用いた検討」『季刊家計経済研究』第110号（2016年、近刊）
「大学進学率の地域格差の変化と課題」『大学時報』第365号（2015年）
「私立大学における奨学金受給率の規定要因」『教育社会学研究』第78集（共著、2006年）

高等教育機会の地域格差――地方における高校生の大学進学行動

2016年　2月　28日　　初 版　第1刷発行　　〔検印省略〕
定価はカバーに表示してあります。

著者©朴澤泰男　／発行者 下田勝司　　印刷・製本／中央精版印刷

東京都文京区向丘 1-20-6　　郵便振替 00110-6-37828
〒 113-0023　TEL (03) 3818-5521　FAX (03) 3818-5514　　発 行 所 株式会社 東 信 堂

Published by TOSHINDO PUBLISHING CO., LTD.
1-20-6, Mukougaoka, Bunkyo-ku, Tokyo, 113-0023, Japan
E-mail : tk203444@fsinet.or.jp　　http://www.toshindo-pub.com

ISBN978-4-7989-1339-1 C3037 © Yasuo, Hozawa

東信堂

東信堂

大学の自己変革とオートノミー—点検から創造へ	寺﨑昌男	二五〇〇円
大学教育の創造—歴史・システム・カリキュラム	寺﨑昌男	二五〇〇円
大学教育の可能性—教養教育・評価・実践	寺﨑昌男	二五〇〇円
大学は歴史の思想で変わる—FD・評価・私学	寺﨑昌男	二八〇〇円
大学改革 その先を読む	寺﨑昌男	一三〇〇円
大学自らの総合力—理念とFD そしてSD	寺﨑昌男	二〇〇〇円
大学自らの総合力Ⅱ—大学再生への構想力	寺﨑昌男	二四〇〇円
アウトカムに基づく大学教育の質保証—チューニングとアセスメントにみる世界の動向	深堀聰子	三六〇〇円
高等教育質保証の国際比較	羽田貴史・米澤彰純・杉本和弘 編	三六〇〇円
学士課程教育の質保証へむけて—学生調査と初年次教育からみえてきたもの	山田礼子	三二〇〇円
主体的学び 創刊号	主体的学び研究所編	一八〇〇円
主体的学び 2号	主体的学び研究所編	一六〇〇円
主体的学び 3号	主体的学び研究所編	一六〇〇円
「主体的学び」につなげる評価と学習方法—カナダで実践されるICEモデル	S・ヤング&R・ウィルソン著 土持ゲーリー法一監訳	一〇〇〇円
ポートフォリオが日本の大学を変える—ティーチング/ラーニング/アカデミック・ポートフォリオの活用	土持ゲーリー法一	二五〇〇円
ティーチング・ポートフォリオ—授業改善の秘訣	土持ゲーリー法一	二〇〇〇円
ラーニング・ポートフォリオ—学習改善の秘訣	土持ゲーリー法一	二五〇〇円
アクティブラーニングと教授学習パラダイムの転換	溝上慎一	二四〇〇円
大学生の学習ダイナミクス—授業内外のラーニング・ブリッジング	河井亨	四五〇〇円
アカデミック・アドバイジング その専門性と実践—日本の大学へのアメリカの示唆	清水栄子	二四〇〇円
CT(授業協力者)と共に創る劇場型授業—新たな協働空間は学生をどう変えるのか	筒井洋一・山本以和子・大木誠一 編著	二〇〇〇円
「学び」の質を保証するアクティブラーニング—3年間の全国大学調査から	河合塾編著	二〇〇〇円
「深い学び」につながるアクティブラーニング—全国大学の学科調査報告とカリキュラム設計の課題	河合塾編著	二八〇〇円
アクティブラーニングでなぜ学生が成長するのか—経済系・工学系の全国大学調査からみえてきたこと	河合塾編著	二八〇〇円
初年次教育でなぜ学生が成長するのか—全国大学調査からみえてきたこと	河合塾編著	二八〇〇円

〒113-0023　東京都文京区向丘 1-20-6　TEL 03-3818-5521　FAX03-3818-5514　振替 00110-6-37828
Email tk203444@fsinet.or.jp　URL:http://www.toshindo-pub.com/

※定価：表示価格（本体）＋税